CULTURE OU
MISE EN CONDITION ?

le goût des idées

collection dirigée
par
Jean-Claude Zylberstein

Parus

HANS MAGNUS ENZENSBERGER

Culture ou mise en condition ?

Essais

*Traduit de l'allemand et préfacé
par Bernard Lortholary*

Paris
Les Belles Lettres
2012

Titre original :
Einzelheiten

© 1962, by Suhrkamp Verlag, Frankfurt-am-Main
© Bernard Lortholary, pour la traduction française

© 2012, pour la présente édition
Société d'édition Les Belles Lettres
95 bd Raspail 75006 Paris.
www.lesbelleslettres.com

ISBN : 978-2-251-20025-5
ISSN : 2111-5524

Notice du traducteur

C'était en 1965. De Gaulle préparait sa seconde élection présidentielle, et Régis Debray, futur médiologue, son agrégation de philosophie. Ils furent tous deux reçus.

Mais la médiologie était encore loin d'exister. Il y avait la sémiologie, qui débordait de son domaine linguistique d'origine, mais lentement, et assez peu en direction d'objets ressortissant à l'« industrie culturelle », ce concept et champ de recherche remontant à la première école de Francfort dans les années 1930 (Benjamin, Adorno, Horkheimer...) et repris par les survivants, après guerre, dans leur « théorie critique », mais qui n'avait guère en France de correspondants, aux deux sens du mot.

Certes, Roland Barthes avait dès 1957 réuni et publié en volume ses célèbres *Mythologies*, qu'on a parfois rapprochées du présent livre, ou encore des *Minima moralia* d'Adorno. Mais ce dernier ouvrage est un exemple on ne peut plus parlant d'un certain isolement français : écrit par Adorno pendant son exil aux États-Unis et publié en Allemagne en 1951, il a beau être considéré par certains comme le meilleur de son auteur, il a dû attendre sa traduction française jusqu'en 1980 !

C'est dire le flair exceptionnel dont fit preuve une fois de plus, au début des années soixante, l'immense et infatigable éditeur des Lettres nouvelles, Maurice Nadeau, lorsqu'il s'intéressa aux articles et essais réunis en un livre par un jeune poète allemand inconnu en France sous le titre « Détails » (*Einzelheiten*, titre original).

Je ne résiste pas au plaisir de citer, pour sa parfaite justesse, la quatrième de couverture que Nadeau rédigea pour ce qu'il choisit d'intituler *Culture ou mise en condition ?* :

« Enzensberger [...] analyse ici en les démystifiant divers éléments de la vie culturelle de notre temps, muée depuis peu en
une véritable "industrie de la culture". Avec une intelligence et
un humour peu communs, il démonte les mécanismes d'un grand
quotidien bourgeois, ceux du célèbre *Spiegel*, des actualités filmées,
des livres de poche, des organisations touristiques... autant d'outils
destinés, consciemment ou non, à façonner les esprits, à les pré-
fabriquer ou à les abrutir. Quelques études littéraires pénétrantes
(sur Böll, Grass, Johnson et divers poètes) complètent ce recueil,
ainsi qu'un essai sur l'"avant-garde" politique et littéraire, aussi
méchant que sain et lucide. »

C'était, il faut le redire, en 1965. On ne parlait pas encore de NTIC,
à peine parlait-on de *mass media* (sans accent, et certainement pas
de média au singulier), l'informatique était encore dans les limbes
(scientifiques et militaires), le mot lui-même venait juste d'être créé
(en 1962), et l'on était à des années-lumière de notre actuel asservis-
sement total aux ordinateurs et à leurs réseaux. Et pourtant ces textes
d'Enzensberger demeurent d'une actualité proprement stupéfiante :
c'est encore une bonne part de notre actualité, et traitée dans un style
dont la vivacité incisive rappelle que l'auteur est le plus cosmopolite
des écrivains allemands, comme je le constate avec émerveillement
à chaque livre de lui que je traduis.

Celui-ci fut le premier. J'avais rencontré Geneviève Serreau par
le théâtre et, en quête de traductions, je passais la voir dans le grand
bureau qu'elle partageait avec Maurice Nadeau depuis dix ans et pour
dix ans encore, rejointe bientôt par l'épatante Anne Sarraute (qui a fait
marcher la boutique – double boutique, Lettres nouvelles et *Quinzaine
Littéraire* – pendant plus de quarante ans). Ce bureau était alors chez
Julliard, rue de l'Université, en face de la cour de Gallimard. Je me
souviens d'y avoir fait la connaissance de Michel Butor (de retour des
États-Unis et se détournant déjà du genre roman, où il avait pourtant
remporté deux succès) ou encore d'un germaniste et sociologue (né
en 1929 comme Enzensberger) qui allait faire bientôt parler de lui
avec son *Système des objets* (1968) et sa *Société de consommation*
(1970), Jean Baudrillard.

C'est Maurice Nadeau qui me proposa de traduire *Einzelheiten*, et
je lui en saurai toujours gré – et d'autant plus que je n'ai pas connu

d'éditeur qui fût non seulement plus correct, mais plus aimable avec ses traducteurs.

Relisant mon travail en vue de cette réédition, pour laquelle je remercie Les Belles Lettres, je n'ai pas perçu la nécessité d'en moderniser certains termes : faisant fi de tout jargon, ils demeurent aujourd'hui tout à fait pertinents.

B. L.
Avril 2012

I

LE FAÇONNEMENT INDUSTRIEL

DES ESPRITS

Chacun, fût-il l'être le moins indépendant, se flatte d'être souverain dans le domaine de sa conscience. Depuis qu'il n'est plus question que de l'âme, qu'on fasse appel au confesseur ou au psychanalyste, la conscience passe pour le dernier refuge que le sujet, devant un monde catastrophique, cherche et croit trouver en lui-même, comme si c'était une citadelle capable de résister à un siège quotidien. Même dans les pires conditions, celles du pouvoir totalitaire, nul ne veut s'avouer à lui-même qu'il y a peut-être longtemps déjà que la citadelle est tombée[1]. Nulle illusion n'est plus tenace, tant est vaste et profonde l'influence de la philosophie, même sur ses détracteurs. Car la fausse croyance que l'individu, faute de l'être ailleurs, peut rester le maître dans sa propre conscience est le produit d'une philosophie qui n'a cessé de dégénérer de Descartes à Husserl, une philosophie essentiellement bourgeoise, un idéalisme en pantoufles, ramené à la mesure du particulier.

En sens opposé, on peut lire dans un vieux livre : « La conscience est *a priori* un produit de la société et le restera aussi longtemps qu'il existera des hommes[2]. » La vérité contenue dans cette phrase ne s'est pas toujours manifestée automatiquement ni *a priori*. Elle porte sa date

---

1. L'« émigration intérieure » en Allemagne sous Hitler offre des exemples de cette illusion. Un très pénétrant exposé de semblables phénomènes dans le monde communiste est dû à Czeslaw Milosz, *Verführtes Denken* (Les perversions de la pensée), Cologne 1953.
2. Karl Marx, *Die deutsche Ideologie* (L'idéologie allemande), 1re partie (1845/46).

en elle-même. Sans doute, dès le début de toute division du travail, il était admis déjà qu'un petit nombre pensait, jugeait et décidait pour le grand nombre ; aussi longtemps toutefois que l'entremise a joué clairement pour chacun, aussi longtemps que le professeur est intervenu ouvertement devant l'élève, l'orateur devant l'auditeur, le maître devant le disciple, le prêtre devant la communauté, le conditionnement de la conscience passait inaperçu, dans la mesure même où il allait de soi. N'est visible que ce qui n'est pas transparent : c'est seulement quand il prend des proportions industrielles que le phénomène social de la direction et du conditionnement de la conscience pose un problème.

L'industrie du façonnement des esprits est un produit des cent dernières années. Cette industrie a connu des développements si rapides, si multiples, que son existence, en tant qu'elle forme un tout, est encore aujourd'hui peu comprise et quasi incompréhensible. Ses manifestations, il est vrai, fascinent et inquiètent notre temps, mais les controverses qu'elle suscite couramment semblent n'être pas à la hauteur de leur objet, parce qu'elles ont peine à le concevoir comme un tout. Chacune de ses branches provoque de nouvelles discussions, de nouvelles critiques, comme si, avec le cinéma parlant ou la télévision, était apparu chaque fois quelque chose d'essentiellement nouveau. En fait, la nature de ce qu'on appelle les grands moyens d'information ne saurait se déduire de leurs conditions et de leurs données techniques.

Le terme d'industrie culturelle, auquel on a eu recours jusqu'ici, correspond aussi mal à la chose. Il faut l'attribuer à une illusion d'optique de ceux dont le métier est d'en faire la critique et qui ont trouvé bon que la société, sans plus s'interroger, inscrive cette industrie au chapitre de ce qu'on appelle la vie culturelle ; ce qui leur vaut de porter le nom désastreux de critiques culturels. Il n'est pas rare en outre qu'ils éprouvent satisfaction et fierté à voir ainsi leur caractère inoffensif attesté et leur activité classée. N'empêche que ce terme indique, fût-ce confusément, l'origine de ce « produit social » qu'est la conscience. Cette origine est étrangère à toute industrie. Le terme impuissant de « culture » voudrait rappeler que la conscience, fût-elle fausse, peut bien être reproduite et « dirigée » industriellement, mais non pas produite. Comment, alors, peut-elle être produite ? Dans et par le dialogue de l'individu avec l'autre. Cet individu agit ainsi socialement, mais il ne saurait être remplacé par un travail d'équipe ou une collectivité, et surtout pas par un procédé industriel. Cette vérité d'évidence tient à l'essence paradoxale de l'industrie chargée de façonner les esprits et, pour une bonne part, en fait le caractère insaisissable. Elle est monstrueuse, parce qu'il ne s'agit jamais pour elle de ce qui est productif, mais toujours seulement d'une tâche d'intermédiaire, de secondes et de troisièmes moutures, de vérités instillées au compte-gouttes, et du côté fongible de ce qu'elle multiplie et apporte au consommateur. Ainsi pour elle la chanson devient rengaine et la pensée d'un Karl Marx n'est plus qu'un slogan creux. Mais cela même indique son point faible, en dépit de sa prépondérance. Elle n'en veut rien savoir. Philosophie et musique, art et littérature, ces choses dont après tout elle vit, elle les écarte, les relègue « en bas de page », leur assigne des endroits réservés où elles devront être gardées à vue. Le terme d'industrie culturelle lui sert ainsi à refouler ce dont elle vit. Il innocente le procédé et camoufle les conséquences sociales et politiques qui résultent de la médiatisation et de l'altération industrielles de la conscience.

Inversement, la critique des idéologies et la critique de la propagande politique méconnaissent la portée de l'industrie du façonnement des esprits, lorsqu'elles voient ses effets limités à la théorie et à la pratique politiques au sens étroit ; comme si ce façonnement industriel se bornait à des mots d'ordre, comme si l'on pouvait séparer de la conscience publique une conscience privée qui serait capable de puiser ses jugements en elle-même.

Tandis que l'on discute avec passion et isolément les nouveaux instruments techniques, radio, film, télévision et industrie du disque, et aussi les puissances que sont la propagande, la réclame, les *public relations,* l'industrie du façonnement des esprits, elle, dans son ensemble, est laissée de côté. Le journalisme, par exemple, sa branche la plus ancienne et, à plus d'un égard, aujourd'hui encore la plus instructive, est à ce propos à peine mentionné : sans doute parce qu'il ne peut plus passer pour une nouveauté culturelle, faire techniquement sensation. La mode, les « stylistes », les conseillers religieux et le tourisme ne sont guère encore reconnus et étudiés comme des formes du façonnement industriel des esprits ; de même il y aurait lieu d'abord d'étudier la manière dont la conscience « scientifique » est industriellement inculquée, en prenant pour exemples la nouvelle physique, la psychanalyse, la sociologie, les sondages de l'opinion publique et autres disciplines. Mais surtout nous n'avons pas suffisamment conscience que le façonnement industriel des esprits n'a pas encore atteint son plein développement ; qu'il n'a pas pu encore se rendre maître de sa pièce essentielle, l'éducation. L'industrialisation de l'enseignement n'a commencé que de nos jours ; tandis que nous en sommes encore à discuter d'emplois du temps, de systèmes scolaires, du manque de professeurs et de la pleine utilisation des locaux, déjà se préparent les moyens techniques qui font de tout débat sur la réforme scolaire un anachronisme.

Le façonnement industriel des esprits nous contraindra dans un très proche avenir à le prendre en considération comme une puissance radicalement nouvelle, sans commune mesure avec ses commencements, et qui croît avec une grande rapidité. Il est proprement l'industrie-clé du vingtième siècle. Partout où, de nos jours, un pays civilisé est occupé ou délivré, partout où s'accomplit un coup d'État, une révolution, un chambardement, le nouveau régime ne s'empare plus en premier lieu de la rue et des centres de l'industrie lourde, mais des postes émetteurs, des imprimeries et des services de télécommunications. Tandis que les directeurs et les experts des industries lourdes et des industries productrices de biens de consommation, comme aussi des services publics, peuvent en général conserver leurs postes, les fonctionnaires des industries chargées de façonner les esprits sont remplacés sans délai. Dans ces cas extrêmes, la position-clé de ces industries devient visible.

Quatre conditions nécessaires à leur existence apparaissent au premier coup d'œil. On peut les énoncer brièvement ainsi :

1. Le rationalisme, au sens le plus large du mot, est la condition philosophique préalable de toute industrialisation de l'opinion. Celle-ci s'adresse à l'homme émancipé, alors même qu'elle procède à sa mise en tutelle. Elle ne peut instituer son monopole que si celui de la théocratie est aboli, et avec lui la croyance à la révélation, à l'illumination divine, à l'Esprit Saint visitant l'homme par l'intermédiaire du clergé. Cette condition philosophique, depuis l'abolition de la théocratie tibétaine, est universellement réalisée.

2. La condition politique préalable du façonnement industriel des esprits est la proclamation (mais non suivie de réalisation) des droits de l'homme, et en particulier de l'égalité et de la liberté. Le type historique, à cet égard, est pour l'Europe la Révolution française, pour les pays communistes la révolution d'Octobre, et pour les pays d'Amérique, d'Asie et d'Afrique la libération du colonialisme. Seule la fiction selon laquelle chaque homme a le droit de disposer du destin de la communauté et du sien propre fait de l'opinion que l'individu, et aussi bien la société, ont d'eux-mêmes, une donnée politique, et de son inculcation industrielle, la condition de toute domination future.

3. Économiquement, l'accumulation primaire précède son développement. Au stade du capitalisme naissant (ou à un stade analogue), c'est-à-dire aussi longtemps que travailleurs et paysans vivent tout juste du produit de leur travail, l'industrialisation de l'opinion n'est ni possible ni nécessaire. À ce stade, la contrainte économique non voilée ôte toute force à la fiction selon laquelle le prolétariat aurait à décider de sa propre organisation ; pour se maintenir, il suffit à la minorité au pouvoir d'utiliser les procédés préindustriels de médiatisation des consciences. C'est seulement lorsque l'industrie des matières première est édifiée et la production massive des biens de consommation assurée que l'industrie de l'opinion peut se développer. L'amélioration des méthodes de production exige un degré de formation toujours plus élevé non seulement de la classe dirigeante, mais aussi de la majorité des citoyens. L'élévation de leur niveau de vie et la diminution parallèle de leurs heures de travail leur permettent de prendre conscience des choses d'une manière moins passive. En même temps sont libérées des énergies qui ne sont pas sans danger pour les hommes au pouvoir. Le phénomène s'observe aujourd'hui dans plus d'un pays en voie de développement, où il avait été longtemps artificiellement retardé ; ce qui reste à réaliser dans ces pays, et la chose peut se faire d'un jour à l'autre, ce sont les conditions politiques, mais non économiques, de la naissance du façonnement industriel des esprits.

4. Le processus économique de l'industrialisation apporte pour ainsi dire de lui-même avec lui les ultimes conditions préalables, à savoir les conditions technologiques, sans lesquelles les esprits ne sauraient être

industriellement façonnés. Les principes de la technique de la radio, du film, du phonographe et de la télévision ne furent posés que vers la fin du xixᵉ siècle, donc en un temps où la technique de l'électricité avait depuis longtemps été introduite dans la production industrielle. La dynamo et le moteur électrique ont précédé l'amplificateur et la caméra. Ce retard historique correspond au développement économique. Bien entendu, les conditions techniques du façonnement industriel des esprits n'ont pas à faire partout l'objet d'une nouvelle conquête ; on les a partout et une fois pour toutes sous la main.

En revanche, ses conditions politiques et économiques ne sont pleinement remplies jusqu'à ce jour que dans les parties du monde les plus riches. Mais leur réalisation est partout imminente. Il s'agit là d'un processus irréversible. Par suite, toute critique à l'adresse de cette industrie qui en demande la suppression est vaine et dénuée de sens. Elle revient à proposer la mesure de suicide qui consisterait à faire rétrograder l'industrialisation en général et à la liquider. Qu'une telle liquidation de notre civilisation par elle-même soit techniquement possible prête aux projets de ses critiques réactionnaires une macabre ironie. Ce n'était pas ce qu'ils demandaient : ne devaient disparaître que l'ère moderne, l'homme des masses et la télévision. Ceux qui les critiquaient comptaient bien leur survivre.

Toujours est-il que les effets du façonnement industriel des esprits ont été décrits et redécrits en détail, parfois avec une grande pénétration. En ce qui regarde les pays capitalistes, la critique s'est particulièrement occupée des « grands moyens de diffusion » et de la publicité. Conservateurs et marxistes se sont mis par trop facilement d'accord pour déplorer leur caractère commercial. De telles plaintes ne vont pas au fond du problème. Outre qu'il n'est guère plus immoral de gagner sa vie à répandre des nouvelles ou des symphonies qu'à répandre des pneus de voiture, de telles critiques négligent ce qui distingue de toutes les autres cette industrie des esprits. Dans ses branches les plus évoluées, en effet, elle ne vend plus du tout des marchandises : livres et journaux, images et enregistrements ne sont pour elle que des substrats matériels qui, grâce au perfectionnement technique croissant, s'amenuisent chaque jour davantage et ne jouent un rôle économique important que dans ses branches antiques, comme l'édition. Déjà la radiodiffusion n'a plus rien de comparable avec une fabrique d'allumettes. Ses produits sont entièrement immatériels. Ce qu'elle fabrique et répand dans le public, ce ne sont pas des marchandises, mais des opinions, des jugements et des préjugés, des contenus de conscience de toute sorte. Plus leur support matériel se réduit, plus abstraite et plus pure est la forme sous laquelle on les livre, moins l'industrie vit de leur vente. Si déjà l'acheteur d'un journal illustré ne paie qu'une fraction de son prix de revient, les émissions de la radio et de la télévision sont livrées pour un prix insignifiant ou pour rien à celui qui les reçoit ; mieux, elles s'imposent à lui et le poursuivent — pour ne rien dire de la réclame proprement dite et de la propagande politique. Elles n'ont en aucune façon de prix et échappent désormais à toute notion commerciale. Toute critique du façonnement industriel des esprits qui s'adresse seulement à sa forme capitaliste vise trop court et manque ce qu'il y a en lui de radicalement nouveau et spécifique, ce qu'est proprement son action. Ce qui est décisif à cet égard, ce n'est pas, ou du moins pas en première ligne, le système social qui l'utilise ; ce n'est pas non plus le fait qu'elle fonctionne sous une direction étatique, publique ou privée, c'est sa mission sociale. Cette mission est aujourd'hui, plus ou moins exclusivement, partout la même : perpétuer les rapports de force existants, quelle que soit leur nature. Elle n'a pour objet que d'inculquer une certaine façon de penser, afin de l'exploiter.

Entendons-nous d'abord sur la notion d'exploitation non matérielle. Pendant la période d'accumulation primaire, l'exploitation matérielle du prolétariat vient au premier plan dans tous les pays ; cela vaut, comme il apparaît par l'exemple de la Russie stalinienne et de la Chine rouge, même pour les sociétés communistes. Mais à peine cette période est-elle révolue qu'on voit l'exploitation n'être plus seulement économique, mais concerner également les consciences. La distinction entre maître et esclave ne dépend pas seulement du fait que l'on dispose du capital, des fabriques et des armes, mais aussi — et cela chaque jour plus clairement — du fait que l'on dispose des consciences. Dès que la production des biens de consommation est devenue suffisante, les vieilles revendications, rejetées dans l'ombre pendant des décennies par les contraintes économiques, les crises et la terreur, montrent de nouveau leur force. Nul moyen de les désavouer. Une fois qu'elles se sont fait entendre, il n'est pas de pouvoir dont le principe ne soit menacé ; qui ne dépende du consentement de ceux sur lesquels il s'exerce ; qui ne doive viser à obtenir ce consentement, se justifier lui-même sans relâche, même là où il s'appuie sur la seule force armée[3]. L'exploitation matérielle doit s'abriter derrière l'exploitation non matérielle et obtenir par de nouveaux moyens le consentement des sujets. L'accumulation de la puissance politique prend le pas sur celle des richesses. Ce n'est plus seulement de la capacité de travail qu'on s'empare, mais de la faculté de juger et de se prononcer. Ce n'est pas l'exploitation qui est supprimée, mais la conscience que l'on en a. Commence alors l'élimination du choix, à une échelle industrielle, grâce, d'un côté, à la mise à l'index, à la censure, au monopole d'État portant sur tous les moyens de production de l'industrie spécialisée dans le façonnement des esprits ; d'un autre, grâce à l'« autodiscipline » et à la pression économique. À la misère matérielle se substitue une misère morale qui trouve son expression la plus claire dans la diminution progressive des facultés politiques de l'individu : en face d'une masse de zéros politiques, par-dessus la tête desquels même le suicide collectif peut être décidé, se dresse une minorité toujours plus réduite d'hommes politiquement tout-puissants. Que cette situation soit admise et supportée de bon gré par la majorité est aujourd'hui le résultat le plus important du façonnement industriel des esprits.

Mais ses effets présents n'en manifestent pas l'essentiel. De même qu'entre l'existence d'une industrie textile ou sidérurgique et le travail des enfants ou la déportation il n'y a pas de rapport nécessaire, de même l'existence du façonnement industriel des esprits n'a pas pour suite nécessaire cette exploitation non matérielle avec laquelle nous avons aujourd'hui partout à compter. Elle ne présuppose pas seulement comme un droit théorique, chez chaque individu, prise de conscience, jugement, faculté de décision ; elle ne cesse de les remettre en évidence, comme sa propre négation. Seules se laissent exploiter des forces qui ont une réalité ; pour les domestiquer au service du pouvoir, encore faut-il d'abord les éveiller. L'impossibilité d'échapper à l'emprise de l'industrie chargée de façonner les esprits

---

3. Nulle part on ne prend plus au sérieux la « formation des consciences », la « conscience des masses » et sa manipulation que dans les pays communistes.

est souvent signalée et toujours présentée comme une preuve de la nature dangereuse de cette industrie ; mais le fait qu'elle amène tous les individus à prendre part à la chose commune peut très bien se retourner contre ceux au service de qui la machine fonctionne. Elle ne saurait arrêter son propre mouvement et il s'y présente nécessairement des moments qui vont à l'encontre de sa mission présente, laquelle est de stabiliser les rapports de force existants. La nature de ce mouvement est telle qu'on n'est jamais totalement maître de cette industrie. Elle ne se laisse transformer en système clos qu'au prix de sa propre mort, en d'autres termes, que si on lui retire à elle-même de force la conscience de ce qu'elle est, et si on se dessaisit de ses effets les plus profonds. Mais à ces effets, aujourd'hui, aucune puissance ne peut plus renoncer.

L'ambiguïté qui veut que l'industrie chargée du façonnement des esprits doive toujours commencer par accorder à ses consommateurs ce qu'elle se propose de leur retirer, se répète sous une forme plus aiguë si l'on considère ses producteurs, les intellectuels. À vrai dire, ce ne sont pas eux qui disposent de l'appareil industriel, c'est l'appareil industriel qui dispose d'eux, mais ce rapport lui non plus n'est pas sans équivoque. On a assez souvent reproché à cette industrie de procéder à la liquidation des « valeurs culturelles ». Les événements montrent combien elle est contrainte de recourir aux minorités proprement productives ; pour autant qu'elle rejette leur travail, reflet d'aspirations actuelles, comme incompatible avec sa mission politique, elle se voit tenue de se rabattre sur les services d'intellectuels opportunistes et sur l'adaptation de vieilleries qui s'effritent entre leurs mains[4]. Ceux qui gouvernent ce façonnement industriel des esprits sont incapables, quels qu'ils soient, de lui communiquer ses impulsions premières ; celles-ci sont justement dues aux minorités qu'il s'agit d'éliminer, aux créateurs qu'il relègue ou statufie, et dont l'exploitation conditionne celle des usagers. Ce qui vaut pour les consommateurs de cette industrie vaut à plus forte raison pour ses producteurs : ils sont tout à la fois ses partenaires et ses ennemis. Occupée du soin de multiplier une certaine forme de pensée, elle multiplie ses propres

4. Qu'on se rapporte par exemple à ce que dans l'Allemagne de l'est on appelle la « sauvegarde de l'héritage culturel de la nation ».

contradictions et augmente la différence entre ce dont elle est chargée et ce qu'elle exécute.

Toute critique du façonnement industriel des esprits qui méconnaît cette ambiguïté est inutile ou dangereuse. La somme de sottises qui entre ici en jeu ressort déjà du fait que la plupart de ses observateurs ne réfléchissent pas du tout à leur propre position : comme si la critique culturelle n'était pas elle-même une partie de ce qu'elle critique, comme si elle pouvait, de quelque façon que ce soit, s'exprimer sans utiliser l'industrie chargée du façonnement des esprits, ou plutôt sans que celle-ci se serve d'elle[5].

Toute pensée non dialectique perd ici ses droits, tout retour en arrière est exclu. Perdu aussi serait celui qui, par répugnance pour l'appareil industriel, se retrancherait derrière une prétendue exclusive, car il y a beau temps déjà que les modèles industriels ont pénétré jusque dans l'organisation des petites chapelles. En somme, reste à distinguer incorruptibilité et défaitisme. Il ne s'agit pas de rejeter cet appareil industriel dans un geste d'impuissance, mais d'entrer dans son jeu dangereux. Il y faut des connaissances nouvelles, il y faut une vigilance armée contre toute forme de pression.

Le rapide développement du façonnement industriel des esprits, son accession au rang d'instance-clé de la société moderne transforment le rôle social de l'intellectuel. Il se voit exposé à de nouveaux dangers et à de nouvelles éventualités. Il doit compter avec des tentatives de corruption et de chantage d'une espèce nouvelle et subtile. Volontairement ou non, consciemment ou non, il devient le complice d'une industrie dont le sort dépend de lui comme il dépend du sien, et dont la mission actuelle, qui est de cimenter le pouvoir établi, est incompatible avec la sienne. Quelle que soit son attitude, il n'engage pas dans ce jeu seulement ce qui lui appartient.

---

5. On trouve des exemples particulièrement frappants de cette critique non réflexive chez Friedrich Georg Jünger, Romano Guardini et Max Picard.

LE JOURNALISME
OU LA DANSE DES ŒUFS

Description d'un
« *Journal universel pour l'Allemagne* »

« Elle s'avançait d'un pas si vif et si sûr entre les œufs, posant le pied tout près d'eux, que l'on pensait à tout moment qu'elle ne pouvait manquer d'en écraser un ou, dans ses rapides volte-face, d'en projeter un autre au loin. Pas le moins du monde ! Elle n'en toucha aucun…, n'en abîma aucun et, pour finir, s'immobilisa à côté, ôta le bandeau qu'elle avait sur les yeux et acheva son numéro par une révérence » (*Les Années d'apprentissage de Wilhelm Meister,* II, 8).

« Pour la *Frankfurter Allgemeine Zeitung* la vérité des faits est sacrée. Elle s'applique à garder une stricte objectivité dans la relation des événements. Elle s'efforce toujours d'être juste à l'égard de ceux qui ne partagent pas ses opinions… Par suite, elle est aujourd'hui pour les esprits cultivés de toutes les conditions sociales ce que sont le *New York Times* pour les États-Unis, le *Times* pour la Grande-Bretagne, *Le Monde* pour la France » (Circulaire publicitaire de 1960).

Rappel préliminaire

Le règne de Hitler a brisé les reins à la presse allemande. Pas un des journaux qui donnent le ton aujourd'hui n'a plus de douze ans d'âge. Les grandes feuilles du pays, de la *Vossische* à la *Deutsche Allgemeine,* du *Berliner Börsen-Courier* jusqu'à la *Frankfurter Zeitung,* n'existent plus. Pas une d'entre elles n'a ressuscité après la Seconde Guerre mondiale. Nos grands journaux bourgeois sont morts.

Qui veut ignorer cette vérité simple et évidente ne sera guère en état de porter un jugement critique sur la situation de la presse dans la République fédérale. Mais on ne peut mesurer ce que signifie cette vérité sans jeter un regard en arrière sur l'histoire du journalisme.

Incontestablement, la presse est fille de l'ère bourgeoise. Sans doute les historiens suivent-ils ses origines jusqu'au xve siècle ou même jusqu'aux *cursus publici* et aux *acta diurna* de l'antiquité romaine ; toutefois, ni ces publications, ni les feuilles volantes, correspondances, relations et *messagers boiteux* du commencement des temps modernes n'avaient les droits et les devoirs qui font proprement l'essence de la presse ; c'est seulement la bourgeoisie montante et finalement victorieuse qui leur a donné cours. Depuis, la presse a le devoir de renseigner pleinement tous les citoyens sur toutes les affaires publiques, et le droit, en se fondant sur ces nouvelles, d'exprimer son opinion critique. Avoir obtenu satisfaction sur ce point compte parmi les plus grandes conquêtes historiques de la bourgeoisie. Une part éminente en revient aux vieilles feuilles d'Europe et d'Amérique qui, pour autant qu'elles existent toujours, donnent le ton encore aujourd'hui, et sont indispensables. Ce n'est pas le fait du hasard si toutes ont été fondées au cours d'un même siècle, l'espace de temps qui s'étend de 1780 à 1880 : la *Neue Zürcher Zeitung* (1780), *The Times* (1785), la *New York Herald Tribune* (sous le nom de *New York Herald,* 1835), la *Deutsche Allgemeine Zeitung* (1843), *The Guardian* (sous le nom de *Manchester Guardian,* 1850), *The New York Times* (1851), la *Frankfurter Zeitung* (sous le nom de *Frankfurter Handelszeitung,* 1856), *Dagens Nyheter* (1864) et le *Berliner Börsen-Courier* (1867). Même les rares feuilles plus anciennes n'ont conquis qu'à ce moment-là le crédit dont elles ont joui depuis (par exemple la *Vossische Zeitung,* fondée en 1722, et la *Berlingske Tidende,* fondée en 1749). L'histoire politique de l'Occident, dans la dernière partie du xviiie siècle et pendant tout le xixe, se reflète jusqu'au détail local dans les luttes tenaces qui se sont livrées alors pour la liberté de la presse. Les avances et les reculs de la démocratie bourgeoise ne se lisent nulle part plus exactement que dans les divers procédés habituels de la censure, avouée ou secrète, et plus tard dans les lois relatives à la presse.

L'époque classique de la bourgeoisie est révolue ; la société industrielle d'aujourd'hui, dans ses modifications si diverses, tantôt obscures, tantôt menaçantes, ne se laisse plus mesurer à son aune, même là où une nouvelle *upper class* se partage le pouvoir avec les restes de l'ancienne bourgeoisie. Encore aujourd'hui, la situation où se trouve sa presse est un sûr indice du degré de liberté intérieure qu'une société a su garder. Les grandes conquêtes du siècle bourgeois survivent, à titre de postulats immuables, à l'époque de leur réalisation. Elles deviennent une condition de toute démocratie future. Là où elles sont ouvertement trahies, comme en Espagne ou dans la République démocratique allemande, ce n'est pas seulement une classe de la société qui y perd, c'est toute la communauté qui se délabre. Les principes et les libertés de la presse bourgeoise transcendent les intérêts de la classe qui les a énoncés et conquis ; même là où ils se tournent contre ces intérêts, ils finissent par avoir le dernier mot ; ils ne peuvent pas être repris.

C'est une des plus graves erreurs du socialisme démocratique que de ne pas l'avoir compris. Il n'y a nulle part au monde, à ce jour, même dans les vieilles démocraties du nord et de l'ouest de l'Europe, une presse quotidienne socialiste qui puisse se mesurer avec ses adversaires libéraux et conservateurs. Ce fait s'explique par des causes économiques et historiques. Aussi longtemps que l'existence d'un journal dépendra des rentrées qui lui viennent des annonces et de la publicité, un organe qui représente les intérêts de ses annonceurs aura la partie plus belle que celui qui les combat. Aussi n'est-ce pas ordinairement un capitaliste qui viendra, comme bailleur de fonds, au secours d'une feuille d'opposition, mais un parti, qui, du fait de son passé, apportera avec lui l'idée fixe d'une discipline qu'on peut à la rigueur exiger de fonctionnaires, mais non de journalistes.

Tant que durera cette situation (et l'on n'en prévoit pas la fin), tout lecteur doué d'esprit critique en sera réduit à lire les journaux bourgeois des pays démocratiques ; les rares feuilles qui méritent ce nom resteront la mesure de ce que le journalisme peut présentement réaliser. Un journal qui a la prétention de faire partie de ces feuilles s'expose par là même à la critique la plus rigoureuse et au jugement le plus sévère.

Méthode

Parmi tous les journaux allemands, il n'en est pas qui se targue plus expressément du titre de journal bourgeois d'autorité mondiale que la *Frankfurter Allgemeine*. Elle voudrait « agir et parler, au dedans et au dehors, pour l'Allemagne tout entière » et voit cette prétention réalisée grâce à ce qu'elle appelle son « succès d'édition ». Le journal constate qu'il est « répandu dans l'Allemagne tout entière avec une régularité qui peut paraître véritablement incroyable » ; qu'il « parle même à l'étranger au nom de l'Allemagne, la preuve en est sa diffusion dans tous les pays du monde[1] ».

Dans ces conditions, il y a lieu de s'étonner qu'il ne se soit trouvé encore personne pour soumettre à un examen minutieux cette entreprise de presse. Même si la *Frankfurter Allgemeine Zeitung* ne jouit, dans le pays et à l'étranger, que de la moitié de l'influence et du crédit qu'elle s'attribue, une analyse critique de son activité s'impose ; car les principes fondamentaux de la démocratie exigent que les grands instruments publicitaires soient en tout temps soumis à un contrôle public. La presse jouit chez nous à cet égard d'une position paradoxalement privilégiée. Tandis que, de plein droit, elle examine, commente et critique constamment toutes les affaires publiques, elle reste elle-même en somme à l'abri des attaques. Toutes les autres positions, à l'intérieur des industries de l'information, ont leur vis-à-vis critique ; il existe une critique établie, bien que souvent insuffisante, pour la radio, la télévision et le film, pour ne rien dire des arts établis de longue date, qui ont de tout temps trouvé leurs juges. C'est seulement en face de la presse que fait défaut une telle instance ; elle n'a d'autre correctif que la concurrence inorganique des journaux entre eux, le suffrage des abonnés et la soupape de sûreté constituée par la

---

1. « L'art de lire le journal », *Frankfurter Allgemeine Zeitung* du 18 juin 1960.

lettre du lecteur, avec laquelle la rédaction peut en user à sa guise. La presse, en des temps meilleurs, a créé, à l'usage de la critique qui la visait elle-même, un forum plus ouvert, en lui ouvrant ses propres colonnes et en portant *coram populo* les divergences d'opinion et les querelles de feuille à feuille. Dans d'autres pays, cet usage profitable est encore aujourd'hui pratiqué ; il y a même des journaux qui consacrent une place fixe à la critique de presse. Les grands journaux de la République fédérale, au contraire, s'ignorent réciproquement ; le dialogue critique se borne à des citations de pure politesse et à des attaques camouflées où l'adversaire n'est pas désigné par son nom. Une sorte d'accord tacite s'est introduit qui abandonne la lutte entre journaux aux spécialistes de la publicité et de la vente. Chaque rédaction évite de chercher noise à ce qui gravite autour des autres. On donne pour discrétion de bon goût ce qui épargne seulement à tel ou tel le chagrin d'une critique et assure à tous le paisible confort qui caractérise le climat de l'actuelle presse quotidienne allemande.

Mais l'analyse critique d'un journal n'a pas à compter seulement avec les difficultés nées des institutions, mais aussi avec des difficultés de méthode. Le foisonnement quotidien d'une matière infinie ne peut être embrassé du regard. L'examiner dans le détail est extrêmement difficile. Les données sont si abondantes que leur quantité même masque déjà ce dont il retourne. L'observateur se trouve en présence d'une nuée diffuse et sans contours d'informations particulières dont la structure interne n'est pas facile à déterminer. À cela s'ajoute qu'il n'est pas en mesure de vérifier ces informations, parce qu'il ne dispose pas des moyens dont dispose le journal : correspondants, agences et archives. En outre, le processus selon lequel sont choisies les nouvelles lui échappe : la rédaction filtre à huis clos le matériel qui lui parvient. Le critique, s'il veut contrôler la méthode de travail d'un journal, est donc réduit à se référer au journal même et à ses concurrents. Il doit, quant à la méthode, faire de nécessité vertu. L'enquête qui va suivre renonce de bout en bout à recueillir des faits pour son propre compte ; elle n'apporte aucune information d'aucune sorte qui ne soit accessible à tout lecteur de journaux ; elle s'abstient de toute « mise en cause » de personnes responsables du journal examiné, et se refuse à jeter le moindre regard vers les « coulisses » de la rédaction. Elle s'en tient à ce qui est vérifiable pour chacun, à la comparaison et à l'interprétation des textes.

Dans ce travail, outre la *Frankfurter Allgemeine* elle-même[2], sont utilisés pour l'essentiel, mais non exclusivement, les journaux suivants : *Die Welt*, la *Süddeutsche Zeitung*, *The Times*, *The Guardian*, la *Neue Zürcher Zeitung*, *Le Monde*, *The New York Times* (édition internationale), la *New York Herald Tribune* (édition européenne), la *Berlingske Tidende*, *Politiken* et *Dagens Nyheter*. Les sources communistes ne sont nulle part utilisées, même en vue de rapprochements. Deux seulement des journaux nommés sont plus ou moins d'opinion social-démocrate ; tous les autres représentent des opinions bourgeoises, depuis le *Guardian*, résolument libéral, jusqu'à l'archiconservatrice *Neue Zürcher Zeitung*. À qui veut la juger la *Frankfurter Allgemeine* elle-même apporte un élément particulièrement important. Dans la série d'articles intitulée « L'art de lire le journal », elle a ébauché un auto-portrait, formulé et discuté, jusque dans le détail rédactionnel, le programme et les ambitions du journal[3]. La série mérite l'attention, car elle n'est pas une production des services de publicité, mais de la rédaction elle-même. Elle permet par suite de mesurer la valeur du travail de cette rédaction d'après ses propres exigences et ses propres critères, et non pas seulement d'après ceux du critique.

La grande abondance de textes qui se présente à l'analyse exige enfin certaines limitations dans le temps et les faits. Étendre à une plus longue durée de temps le travail qui consiste à rassembler des matériaux « contre » ou « pour » le journal examiné serait peu loyal et pourrait fausser le résultat. Aussi ne considérera-t-on ici qu'un court espace de temps et ne citera-t-on (abstraction faite de la série de déclarations déjà mentionnée) que neuf numéros consécutifs, à savoir les numéros 284 à 292 du 7 au 16 décembre 1961.

En outre, pour des raisons de méthode et en considérant que sa rédaction politique donne le ton au journal, on renonce à faire porter

2. Dans cette enquête, le journal est toujours cité d'après son édition nationale et le premier tirage de celle-ci. Toutefois les citations ont été comparées avec l'édition régionale destinée à Francfort-sur-le-Main (édition dite S-Ausgabe), qui est imprimée en dernier lieu. Les divergences essentielles sont signalées en note.

3. Commencée dans la *Frankfurter Allgemeine Zeitung* du 12 mars 1960, la série paraît chaque samedi et n'était pas encore achevée à la fin de 1961.

la discussion sur la partie économique et sur les pages consacrées à l'auto, aux sports, aux arts, à la littérature et à la femme. L'analyse se limite donc à la partie politique du journal. Elle se conforme à la distinction classique entre informations et commentaires. On examine d'abord la « une » et ses manchettes, puis la « politique des informations » du journal en général. Suit une discussion des commentaires. Dans cette discussion, pour des raisons de place, préférence est donnée aux « commentaires », aux dépens de l'éditorial. Finalement, à la lumière d'un exemple particulièrement important, on analysera la manière dont se combinent informations et commentaires.

La « une »

La « une », c'est ce que le journal offre en tout premier lieu à ses lecteurs : le premier texte en première page, avec son titre. À elle seule la manchette en dit long sur le caractère du journal et sur ses intentions, car par elle la rédaction fait connaître ce qu'elle tient pour le plus important. C'est là aussi le point de vue de la *Frankfurter Allgemeine Zeitung.* « Dans la foule des nouvelles qui, d'heure en heure et d'un grand nombre de sources, affluent aux services de la *Frankfurter Allgemeine Zeitung,* la rédaction choisit chaque jour les plus importantes, les plus intéressantes, et les place en tête du journal… Elle se refuse au cliché. Son ambition est d'offrir au public de l'ouvrage sur mesure, non de la confection. C'est là son mérite propre. Et cela ne va pas sans frais. Bonnes, exclusives, les informations coûtent cher ; et le morceau de choix, le plus cher, doit constituer la "une" de la *Frankfurter Allgemeine Zeitung*[4] ».

Entre le 7 et le 16 décembre 1961, la *Frankfurter Allgemeine* s'ouvrait sur les manchettes suivantes :

« Ferme position du Bundestag sur la liberté de Berlin. »

« Le Danemark repousse les attaques soviétiques contre Bonn. »

« Les soldats doivent désormais faire dix-huit mois de service. »

---

4. « L'art de lire le journal », *Frankfurter Allgemeine Zeitung* du 12 mars 1960.

« Adenauer ne peut modifier le point de vue de de Gaulle[5]. »

« Les ministres des Affaires Étrangères ouvrent la série des conférences de Paris[6]. »

« Brandt fait un exposé à Paris devant les ministres des Affaires Étrangères occidentaux[7]. »

« Gratification de Noël seulement pour les fonctionnaires en activité et les soldats. »

« Strauss s'emploie à faire de l'OTAN une puissance atomique. »

« Large accord au sein de l'OTAN sur la politique atomique[8]. »

Un simple coup d'œil sur ces titres montre que leur valeur d'information est extrêmement mince. Que le Bundestag exige la liberté de Berlin, qu'Adenauer se prononce pour l'unité de l'Occident, ce ne sont pas là des nouvelles, mais des lieux communs de la politique allemande qui, depuis des années, sont proclamés sans relâche. Que le ministre de la Défense, Strauss, s'employât à faire de l'OTAN une puissance atomique n'était pas non plus, à la date du 15 décembre 1961, une nouveauté, mais un fait familier, depuis beau temps déjà, à quiconque lit les journaux. Il en est de même du « travail sur mesure » que la rédaction a fait les 11, 12 et 13 décembre. Ce qu'elle choisit le 11 décembre comme « l'information la plus importante, la plus intéressante » et met en tête du journal, « Adenauer ne peut modifier le point de vue de de Gaulle », pouvait se lire dès le 9 du même mois en première page du même journal (« Adenauer chez de Gaulle à Paris. La France reste inflexible ») ; que les ministres des Affaires étrangères aient ouvert la série des conférences de Paris, que Brandt y ait fait un exposé devant les ministres des Affaires étrangères occidentaux, voilà qui peut fournir à la *Frankfurter Allgemeine* les manchettes des deux numéros suivants, mais ces constatations n'apprennent rien au lecteur qu'il ne sache déjà. Ce qu'on prétend lui vendre comme dernière nouvelle, il l'a

5. Dans la dernière édition, cette manchette subit un remaniement instructif. Elle devient : « Adenauer et de Gaulle se prononcent en faveur de l'unité de l'Occident. »

6. Dans la dernière édition : « Washington se rapproche de la position française ».

7. Dans la dernière édition : « La France raidit son opposition à des sondages au Kremlin »

8. Dans la dernière édition : « L'OTAN défend les libertés de Berlin ».

déjà trouvé dans le même journal, des jours auparavant. La seule, parmi les manchettes citées, qui offre une information sérieuse et essentielle est celle du 9 décembre. Elle instruit le lecteur de la décision du cabinet d'allonger de six mois le service militaire. Cette mesure elle-même ne pouvait, à vrai dire, lui paraître quelque chose de nouveau ; on la déduisait aisément, dès avant les élections au Bundestag, de différents indices et démentis.

Mais la « une », il est vrai, n'est pas constituée seulement par son titre, et l'on pourrait concevoir que l'ambition de la rédaction « d'offrir un travail sur mesure, et non de confection », si elle se dément régulièrement dans les manchettes, porte ses fruits dans le texte qui suit. La vérification est facile. Le texte de la « une » du 11 décembre commence de la manière suivante : « Le chancelier de la République fédérale et le président de Gaulle ont constaté samedi, en discutant du problème de Berlin, qu'il y a entre eux concordance de vues tant sur les buts à atteindre que sur la nécessité de maintenir la solidarité entre les puissances alliées. Dans la discussion des problèmes concernant l'unité de l'Europe, ils sont parvenus à une "entière unité" de vues. »

L'admirable, dans des performances rédactionnelles de cette sorte, c'est seulement la témérité avec laquelle les gens qui en sont responsables chantent leurs propres louanges : « La *Frankfurter Allgemeine Zeitung* », déclare la prose publicitaire qu'elle consacre à sa présentation, « attache une valeur prépondérante à une information originale. Elle se refuse à utiliser le cliché[9]. » Il est superflu de faire remarquer que l'échantillon cité ne saurait être formulé de manière plus vide, plus insignifiante, plus verbeuse. Pas une syllabe ne s'y écarte du style terne des communiqués officiels qui, comme on sait, ne servent pas à instruire le public de ce qui s'est passé, mais au contraire à l'envelopper dans un nuage de poussière verbale.

Il n'est pas sans intérêt de s'arrêter sur la façon dont la rédaction elle-même dépeint la réalisation de sa présentation. « C'est un travail excitant qui enflamme les passions et lessive les cerveaux. Bien des efforts et des dons de toutes sortes y sont nécessaires, et avant tout le jugement, l'instinct du chasseur, les antennes qui permettent de sentir

---

9. « L'art de lire le journal », *Frankfurter Allgemeine Zeitung* du 12 mars 1960.

l'importance et l'effet d'une information. À la *Frankfurter Allgemeine Zeitung,* de nombreux rédacteurs participent à cette chasse, dans une alternance constante et souvent épuisante, qui fait que tantôt on est absorbé tout entier par l'information qui vient de tomber, tantôt on se concerte rapidement et brièvement sur son contexte avec le voisin. Finalement, — après des heures de préparation et de choix, d'appels téléphoniques pour plus ample information et de recherches fastidieuses — la majeure partie de la rédaction politique se rassemble dans la salle qui sert de quartier général des informations. Il s'agit maintenant d'esquisser les grandes lignes et de trouver le "chapeau". Il convient de faire vite... Même les jours creux, les trains n'attendent pas[10]. » Nous avons vu quel gibier l'instinct cynégétique de la guilde des tireurs de Francfort abat quotidiennement, et nous avons le droit de considérer cet impressionnant tableau de la battue comme un témoignage d'humour involontaire.

On est amené dès lors à chercher une explication rationnelle de la malchance qui poursuit cette rédaction dans sa chasse aux nouvelles. On serait presque tenté de la chercher dans un jeu malin du hasard. Ne se pourrait-il pas que nous ayons, absolument contre notre intention, choisi pour base de notre analyse une période comptant uniquement des « jours creux » ? Pour ne pas faire de tort à la rédaction, nous présentons une comparaison de son butin avec les manchettes de la presse mondiale. Il en ressort bientôt que l'histoire du monde, pendant ces dix jours-là, n'a eu aucunement à enregistrer un calme plat.

Le 7 décembre, la *Frankfurter Allgemeine,* nous l'avons vu, surprend ses lecteurs en leur apprenant que le Bundestag persiste à demander la liberté pour Berlin. Les grands journaux du monde occidental annoncent le même jour un tournant de la politique américaine dont les suites sont incalculables : « U.S. President Urges Trade Initiative » (*The Times*) : « US Alliance With Common Market » (*The Guardian*) ; « Kennedy Bids US Industry Back 'Bold' Tariff Policy Geared To European Bloc » (*The New York Times*) ; « Kennedy Hints Tariff Cut To Breach European Wall » (*New York Herald Tribune*) ; « Kennedy opfordrer U.S.A. til Fællesmarkeds-samarbejde » (*Berlingske Tidende*) ; « Kennedy vil ökonomisk samordning med Europa » (*Politiken*). Tous

---

10. « L'art de lire le journal », *Frankfurter Allgemeine Zeitung* du 12 mars 1960.

ces titres sont à la « une ». La seconde place dans la presse mondiale est occupée par les nouvelles du Congo ; on y trouve en manchette : « De violents combats se poursuivent à Élisabethville » (*Le Monde*) ; « U.N. Planes Attack Katangese » (*New York Herald Tribune*) ; « U.N. Fighter-Bombers Strike at Katanga Force » (*The Times*) ; « Kritisk situation i Congo — FN gär til luftangreb » (*Berlingske Tidende*) ; « Svensk-indisk luftangreb lammer Katangas flyveväber » (*Politiken*) ; « Flyg stoppar uppmarsch i Katanga » (*Dagens Nyheter*)[11].

Même tableau le 14 décembre. La première page des journaux de la presse mondiale est occupée par le différend déclaré entre les gouvernements américain et anglais au sujet de l'action des Nations Unies au Congo, par le prochain procès Eichmann et par la menace de conflit au sujet de Goa. Ce jour-là, la *Frankfurter Allgemeine* trouve à annoncer, comme « la nouvelle la plus importante et la plus intéressante : « Gratification de Noël seulement pour les fonctionnaires en activité et les soldats. »

On pourrait voir dans ce beau souci de se limiter un signe de patriotisme et penser que la rédaction estime que charité bien ordonnée commence par soi-même. Cette hypothèse non plus ne résiste pas à l'examen. Entre le 7 et le 16 décembre, les journaux suivants ont tenu le verdict et le jugement rendus dans le procès Eichmann pour « la nouvelle la plus importante et la plus intéressante » et les ont par suite mis en première place : la *Neue Zürcher Zeitung* (trois fois), *Politiken* (deux fois), la *New York Herald Tribune* (deux fois), *Le Monde, The Times, The New York Times* et la *Berlingske Tidende* (une fois). En dépit de son désir d'« agir et de parler, à l'intérieur du pays et à l'étranger, pour l'Allemagne tout entière », la *Frankfurter Allgemeine* n'a pu se résoudre à faire ce pas. Cela peut n'être pas sans rapport avec les « antennes qui permettent de sentir l'importance et l'effet d'une nouvelle », antennes que la rédaction se vante si bien de posséder.

---

11. Certains journaux cités usent de la faculté d'employer la « double manchette » ; ils placent en tête deux nouvelles à la fois. Le sens des titres danois et suédois, dans l'ordre où ils apparaissent ci-dessus, est le suivant : « Kennedy invite les États-Unis à participer au Marché Commun » ; « Kennedy désire une collaboration économique avec l'Europe » ; « Situation critique au Congo — Attaque aérienne des forces des Nations Unies » ; « Une attaque aérienne suédo-indienne paralyse l'aviation du Katanga » ; « Des avions stoppent les mouvements de troupes au Katanga ».

Bref, on peut dire que, des cinq événements marquants de la période envisagée ici (la guerre du Congo et ses conséquences politiques, la rupture entre l'Union soviétique et l'Albanie, la fin du procès Eichmann, le conflit de Goa et le plan de Kennedy en faveur d'une collaboration entre les États-Unis et le Marché commun), pas un seul n'a paru en première page dans la *Frankfurter Allgemeine*. (L'un d'eux, à savoir le discours sensationnel prononcé par Kennedy le 6 décembre, ne trouve absolument pas place dans la partie politique du journal, mais est relégué, pour on ne sait quelles raisons, dans la partie économique ; même là, réduit à une note de vingt-cinq lignes, il n'occupe qu'une place secondaire.)

Ce n'est donc pas seulement d'un point de vue absolu que la valeur d'information de la première page et de son titre est mince ; elle le demeure si l'on juge la *Frankfurter Allgemeine* par rapport à d'autres journaux et d'après les événements qu'ils annoncent. On pourrait tirer de ce fait des conclusions défavorables sur les capacités de nos rédacteurs, mais cette explication ne suffit pas. Il n'est pas de journaliste chevronné de qui l'on puisse attendre un tel degré de dilettantisme. Il convient donc de ne pas perdre de vue le texte même des titres, et non pas leurs auteurs. Comme ces textes, visiblement, ne servent pas à annoncer les nouvelles du jour les plus importantes, à quoi donc sont-ils destinés ?

Ce qui distingue les titres cités de ceux de la presse mondiale, ce n'est pas seulement leur mince valeur d'information, mais aussi l'étroitesse de leur horizon. Deux des neuf titres (et les seuls qui aient au sens strict le caractère de nouvelles) se rapportent à la politique intérieure allemande (9 et 14 décembre). Cinq autres contiennent des noms allemands : Berlin, Bonn, Adenauer, Brandt et Strauss. Les deux autres en-tête parlent, au moins dans leur sous-titre, de Berlin. (En revanche, nous l'avons dit, le nom d'Eichmann ne paraît pas en tête du journal, bien qu'il soit sans doute possible d'origine allemande.) Dans ce choix s'exprime un provincialisme dont aucun journal étranger qui se respecte ne serait capable. Ce qui frappe, c'est le besoin de s'assurer à chaque instant de sa propre importance, c'est la tendance à regarder son propre pays comme le nombril du monde ; ce qui frappe, c'est l'étroitesse délibérée du champ visuel et l'étonnant égocentrisme de la perspective. On pourrait s'accommoder de la pauvreté des titres, si du moins ils étaient rédigés de manière impartiale[12]. Ce n'est pas du tout le cas. Beaucoup d'entre eux sentent la rhétorique et affectent un ton pathétique, comme s'ils étaient destinés non à renseigner, mais à persuader. Que la République fédérale, que ses alliés, que la ville de Berlin elle-même « insistent pour obtenir la liberté de Berlin » est une affirmation parfaitement justifiée. Mais que cette affirmation soit répétée sans relâche, tournée et retournée de toutes les manières, que ces répétitions continuelles soient présentées comme des nouvelles, voilà qui échappe à toute explication rationnelle. (Rien que dans les neuf numéros analysés ici, la *Frankfurter Allgemeine,* en dehors des manchettes indiquées, contient les titres suivants : « Schröder exige la suppression du mur » ; « Lemmer et Brandt mettent en garde contre tout fléchissement » ; « Les liens étroits de Berlin avec l'Allemagne fédérale confirmés » ; « L'Occident est fermement attaché aux libertés de Berlin ».) Il ne s'agit pas là d'informations, mais d'affirmations[13]. La technique de la répétition continuelle de mots d'ordre politiques est bien connue, grâce à la propagande totalitaire ; son efficacité dans une démocratie peut toutefois être mise en doute. Le civisme du lecteur n'en sera guère rehaussé ; s'il ne fait preuve d'aucun esprit critique, la monotonie et l'ennui des mots d'ordre habillés en nouvelles l'endormiront ; s'il les lit d'un œil critique, il accordera d'autant moins de crédit à une affirmation qu'elle sera répétée plus souvent.

À vrai dire, les mots d'ordre, si l'expression en est spontanée, n'agissent pas seulement sur leurs lecteurs, mais également sur leurs

12. *La Neue Zürcher* est le seul journal d'autorité mondiale à procéder ainsi. Elle suppose les événements extérieurs déjà connus et se soucie plus de l'approfondissement que de la rapidité de l'information. De la façon dont sont rédigés ses titres, qui pourraient servir pour les chapitres d'une chronique : ils ne disent rien des événements décrits et se contentent de les désigner par leurs noms. Par exemple : « Verdict au procès Eichmann » ; « Le premier jour de la Conférence à quatre de Paris » ; « L'action militaire des Nations Unies au Katanga ». Il ne s'agit pas de manchettes, mais de tables des matières qui permettent de trouver l'information, sans fournir sur elle de détails De là les petits caractères dans lesquels elles sont composées. La notion de la « une », telle qu'elle est comprise par la *Frankfurter Allgemeine* et par les autres journaux, est absolument étrangère à la *Neue Zürcher*. Il va de soi que ses titres ne se limitent aucunement à l'horizon de la Suisse et que le libellé en est rigoureusement impartial.

13. De même l'évocation, déguisée en nouvelle, de l'« unité de l'Ouest », qui, précisément en ce 11 décembre, n'était pas un fait, mais un rêve de la rédaction.

auteurs. En ce sens, les rédacteurs de la *Frankfurter Allgemeine Zeitung* sont probablement les premières victimes de leur propre rituel. Ceux qui pratiquent le métier de persuader le payent, sous la forme de l'autosuggestion. Il est facile de se persuader de la valeur de ce que l'on s'est souvent dit d'abord à soi-même. Mais de là il n'y a pas loin à la croyance superstitieuse en la puissance du mot imprimé ; il semble parfois que la rédaction du journal croie sérieusement que la réalité se règle sur l'image qu'elle en donne.

Ce soupçon est renforcé en nous par les deux manchettes auxquelles nous n'avons pas encore rendu justice. Elles sont si loin de correspondre aux faits auxquels elles font allusion qu'elles nécessitent une discussion détaillée. La première (« Large accord au sein de l'OTAN sur la politique atomique ») n'est pas loin de constituer une fausse nouvelle ; dans quelle mesure, cela apparaîtra vers la fin du prochain chapitre, consacré à la politique du journal en matière d'informations. La seconde manchette se trouve en tête du numéro du 8 décembre 1961. Elle est ainsi conçue : « Le Danemark repousse les attaques soviétiques contre Bonn. » La formule est si peu conforme aux faits qu'elle a pour résultat d'induire le lecteur en erreur. Le candide lecteur doit en conclure, comme de la première phrase du texte, à une vague de germanophilie qui aurait déferlé inopinément sur le Danemark. Il est encore fortifié dans cette opinion par le premier sous-titre « Le ministre des Affaires étrangères Krag rend hommage au désir de paix de la République fédérale ». En réalité, ce qui domine dans le Parlement danois, théâtre de l'action, ce sont, comme le sait quiconque connaît la situation, les voix défavorables à l'Allemagne. Elles ne jouissent pas, il est vrai, de l'attention de la presse allemande, et la *Frankfurter Allgemeine* ne saurait songer à leur accorder ne fût-ce qu'une note de cinq lignes. Aussi bien n'y a-t-il pas lieu de le faire. Aussi peu, à vrai dire, que de monter en épingle une déclaration du ministre des Affaires Étrangères danois — déclaration de pure tactique — de manière à suggérer au lecteur ingénu une image radicalement fausse de l'état d'esprit qui règne dans ce pays voisin, aimable, mais non pas oublieux. Ce qui est arrivé réellement à Copenhague le 7 décembre 1961, le lecteur de la *Frankfurter Allgemeine* ne l'apprend qu'en lisant le second sous-titre de la manchette, imprimé en petits caractères : « Le commandement de l'OTAN en mer Baltique approuvé par le Parlement. » Voilà la nouvelle en cause, et c'est sous cette forme ou une forme analogue qu'elle est donnée par toute la presse mondiale. Pour la rédaction de la *Frankfurter Allgemeine,* elle n'est qu'un prétexte à congratuler son propre pays et finalement à se congratuler elle-même. Le geste manque d'élégance ; il est parfaitement déplaisant quand il a le public pour témoin. Ici non plus, la manœuvre n'est pas particulièrement convaincante. Un journal qui rejette ainsi à l'arrière-plan l'événement lui-même pour tirer de ses à-côtés un bénéfice politique ne doit pas être trop bien pourvu de ce côté-là. Ne cherche la confirmation de ses dires que celui qui en a besoin. C'est à cet égard seulement que la « une » de la *Frankfurter Allgemeine Zeitung* constitue un « travail sur mesure », coupé sur la politique officielle allemande et fait pour en dissimuler les points faibles.

Politique en matière d'informations.

L'examen de sa première page a déjà fourni quelques indications sur la politique de la *Frankfurter Allgemeine* en matière d'informations. Il est vrai que la « une » n'est qu'un élément du journal, bien que, selon la judicieuse remarque de la rédaction, c'en soit « le meilleur morceau, et le plus cher ». Il est donc nécessaire d'examiner dans son ensemble la politique du journal en matière d'informations. Pour cela, le mieux sera de partir d'une discussion des principes hautement proclamés par la rédaction elle-même et de voir dans quelle mesure elle les met en pratique.

Ils sont simples et louables. « Meilleure est l'information, meilleur est le journal[14]. » « Sur le devoir du journal de publier toutes les nouvelles essentielles, il n'y a pas divergence de vues entre les lecteurs et la rédaction... Y a-t-il des événements qui ne se trouvent pas consignés dans la *Frankfurter Allgemeine Zeitung* ?... Y a-t-il des nouvelles qu'elle étouffe, ou qu'elle donne seulement à dose homéopathique ? Rien de semblable[15]. » Voilà qui est bien dit et ne laisse rien à désirer quant à la clarté.

---

14. « L'art de lire le journal », *Frankfurter Allgemeine Zeitung* du 11 juin 1960.
15. *Ibid.,* 25 février 1961.

Moins claire est la façon dont la rédaction répond ailleurs à cette question : « Use-t-on de ménagements ?[16] ». Sans doute, ici aussi, on embouche bruyamment la trompette des principes : « La vérité, toute la vérité doit se trouver dans le journal, sans restrictions dues à de faux ménagements — même s'il s'agit de ménager le gouvernement, de ménager "Bonn" ». Déjà, si l'on ausculte de plus près cette phrase, il devient clair que cette résolution de dire « toute la vérité » ne va pas aussi loin qu'elle en a l'air. Elle est démentie en effet par l'adjectif « faux ». Il signifie, ni plus ni moins, qu'il y a des ménagements de deux sortes, ceux qui sont vrais ou justifiés, d'un côté, ceux qui sont faux, de l'autre. Par là, de la « vérité tout entière » on fait soigneusement deux parts, et la rédaction est absolument libre de décider à laquelle de ces deux entières vérités tel fait doit être rattaché. Aussi bien s'explique-t-elle plus précisément dans la suite, bien que sous la forme d'une question qui sent sa rhétorique : « La communauté nationale, l'État et autres institutions sociales, ne sont-ce pas des chose qu'il faut soutenir et défendre ? » Qui voudrait se dérober à cet appel en faveur de la communauté nationale ? Qui serait assez dépourvu de cœur pour chercher à savoir ce qu'il faut entendre par les « autres institutions sociales », au soutien desquelles la *Frankfurter Allgemeine Zeitung* se sent appelée ? Nous n'aurons pas la prétention d'interpréter cette subtile distinction entre vrais et faux ménagements en disant que la rédaction tient pour vrai ce qui est utile à la nation ; pourtant le texte n'exclut pas une telle interprétation.

D'ailleurs les ménagements du journal, ménagements vrais (par opposition aux « faux »), ne se limitent pas à son propre pays. « Y a-t-il aussi des ménagements en politique extérieure ? » demande la rédaction, et cette question n'est, elle aussi, qu'une figure de rhétorique. « On a, par exemple, entendu exprimer l'opinion que la *Frankfurter Allgemeine Zeitung* n'a pas suffisamment stigmatisé les méthodes de torture utilisées en Algérie, du côté français, contre les rebelles qu'on interrogeait, méthodes dont la presse française s'est occupée de très près... Ne vaut-il pas aussi pour les nations, le principe selon lequel chacun doit d'abord se mêler de ses affaires ?... Et en des instants délicats une certaine réserve n'est-elle pas indiquée à l'égard d'un pays

---

16. *Ibid.*, 4 mars 1961.

voisin où un nom comme Oradour n'est pas oublié ? Ici aussi il y a responsabilité[17]. » Deux remarques s'imposent sur ce point. D'abord celle-ci : celui qui condamne dans le passé terreur, torture, méthodes de la Gestapo et camps de concentration ne saurait les approuver dans le présent ni même faire à cet égard « certaines réserves ». Sans doute y a-t-il à l'égard des victimes d'Oradour « une responsabilité » ; mais elle ne devrait pas être cherchée là où l'on recouvre aujourd'hui un nouvel Oradour du manteau « des considérations de politique extérieure ». Les réactions aux crimes du présent révèlent à tout coup ce que valent les exorcisations rituelles des crimes passés et les proclamations réitérées de respect des droits de l'homme.

Le soupçon que les morts d'Oradour sont destinés ici à justifier une manœuvre politique ne fait que se confirmer si l'on réfléchit que la *Frankfurter Allgemeine Zeitung* n'est pas le moins du monde disposée à épargner avec le même tact les sentiments d'autres pays voisins. On n'a jamais en tout cas remarqué qu'elle fît preuve d'« une certaine réserve en des moments délicats » quand il s'est agi de la Pologne, de la Tchécoslovaquie et de la Russie soviétique, et pourtant la rédaction du journal doit savoir que les occupants allemands ont commis dans ces pays des crimes encore bien pires que ceux qu'ils ont commis en France.

La notion de morale double ne suffit pas à caractériser une telle attitude ; car la distinction entre « vrais » et « faux » ménagements, déjà fort contestable en elle-même, se complique, comme il apparaît maintenant, d'une autre distinction subtile : de « faux » ménagements peuvent devenir « vrais », si la politique extérieure le demande, et réciproquement.

« La vérité, l'entière vérité » que l'on doit « apprendre par le journal » est donc déjà à peu près méconnaissable si l'on s'en rapporte à l'interprétation que la *Frankfurter Allgemeine* donne de son propre travail. Cela ne doit pas nous dispenser d'examiner quelle est en fait sa politique en matière d'informations. Ici encore nous nous limitons aux neuf numéros parus entre le 7 et le 16 décembre.

Le procédé le plus simple, ou plutôt la seule méthode possible, est d'examiner ses lacunes en matière de nouvelles. Il n'est pour ainsi dire

17. *Ibid.*, 4 mars 1961.

pas de quotidien qui ne présente de telles lacunes. Le simple fait de ne pas publier toutes les nouvelles ne saurait constituer un grief ; les limites matérielles, à elles seules, mais aussi les possibilités intellectuelles du lecteur, interdisent que l'on soit absolument complet dans la relation des événements. Par suite, un choix est nécessaire. S'il est objectif et sans préventions, les lacunes seront sans signification particulière et ne laisseront paraître clairement aucun dessein intéressé. Là où, au contraire, ces lacunes ne constituent pas une masse désordonnée, mais révèlent un plan concerté, on aura le droit de conclure à une politique d'informations trompeuse, sans objectivité, tendancieuse. En particulier, il faut poser au journal, à propos de sa relation des faits, les questions suivantes : 1) De quoi le lecteur n'est-il pas informé du tout ? 2) Sur quoi a-t-il des informations tronquées ou retouchées ? 3) Que doit-il inférer des allusions et des sous-entendus ?

1° Pour des raisons faciles à comprendre, il est relativement rare que les nouvelles importantes soient passées sous silence. « Tenter d'étouffer une nouvelle immanquablement destinée à être publiée serait ridicule, étant donné le grand nombre d'organes d'information qui, heureusement, existent chez nous[18]. » « Tout comme quand il s'agit de la caisse d'un établissement, les détournements se découvrent tôt ou tard[19]. » N'empêche que, pour s'en tenir aux neuf numéros étudiés, on peut noter nombre de cas où la *Frankfurter Allgemeine* passe sous silence des nouvelles d'intérêt général. Indiquons ici sommairement les plus importantes d'entre elles :

a) Mme le procureur Dr Barbara Just-Dahlmann, du Service central de recherche des crimes nazis, lit à Loccum un rapport où elle se plaint que ce travail d'enquête se heurte à des obstacles du côté de la police criminelle et auprès des parquets eux-mêmes ; selon elle, on trouve aujourd'hui encore dans ces services des hommes eux-mêmes impliqués dans les crimes qu'il s'agit de rechercher. La *Süddeutsche Zeitung* en informe ses lecteurs le 13 décembre. L'affaire se répand et retient fort l'attention de la presse étrangère. Le 15 décembre, le même journal revient sur ce sujet et fait état de

---

18. *Ibid.*, 25 février 1961.
19. *Ibid.*, 4 mars 1961.

protestations officielles contre le rapport. La *Frankfurter Allgemeine* ignore totalement l'événement.

b) Le 8 décembre 1961, la *Süddeutsche Zeitung* annonce la condamnation à une peine de réclusion d'un ancien officier supérieur SS. Le jugement a été prononcé par un jury de Francfort. La *Frankfurter Allgemeine* est muette sur l'événement.

c) Le 12 décembre, la *Süddeutsche Zeitung* publie sous ce titre : « L'aile gauche de la C.D.U. (Union chrétienne démocrate) passe à l'action » un compte rendu de deux colonnes, venant de Bonn, sur « quatorze propositions pour une juste participation des salariés au revenu national », propositions présentées par cinquante-cinq députés de la C.D.U. On chercherait vainement ces propositions dans la *Frankfurter Allgemeine*.

d) « Magasins de vivres en prévision d'un conflit » et « En cas de crise, rétablissement des services de ravitaillement » annoncent le 8 décembre la *Süddeutsche Zeitung* et *Die Welt,* qui s'appuient sur un communiqué d'agence en provenance de Bonn. Même des journaux étrangers, par exemple *Dagens Nyheter,* rendent compte le même jour de ces mesures, à propos desquelles des décisions ont déjà été prises au ministère du Ravitaillement et au ministère des Affaires économiques. Les lecteurs de la *Frankfurter Allgemeine Zeitung* n'en sont pas informés.

e) Le 8 décembre, le *Parlamentarisch-Politische Pressedienst* annonce que le gouvernement fédéral prépare « la construction, à l'extérieur, d'une résidence de repli pour le gouvernement fédéral de Bonn » ; « la construction d'un vaste abri bétonné souterrain a déjà commencé[20] ». Le 12 décembre, le *Hamburger Abendblatt* publie un reportage qui indique où ont lieu les travaux. À Francfort, rien ne transpire de toute l'affaire.

f) *The New York Times* publie le 6 décembre sept propositions que le gouvernement fédéral projette de faire à Paris en faveur d'une confédération politique des pays de la C.E.E. ; la sixième prévoit « de communes mesures de défense » au sein de l'OTAN (!). Le jour suivant, *Die Welt* rend compte de ces plans du gouvernement fédéral. La *Frankfurter Allgemeine* n'en dit mot.

---

20. Cité d'après le *Spiegel* du 17 janvier 1962.

g) « Le chancelier ouest-allemand Konrad Adenauer a, au cours des 72 dernières heures, assuré au président Kennedy qu'il partage le désir de la Maison Blanche d'entreprendre des négociations sur Berlin avec l'Union soviétique », annonce le 9 décembre, de Bonn, la *New York Herald Tribune*. Cette nouvelle, la *Frankfurter Allgemeine* l'ignore ; bien plus, elle communique, à la même date, de Paris, qu'on croit « discerner des indices montrant que les divergences de vues entre la France et la République fédérale (sur la question de savoir s'il faut négocier à propos de Berlin) sont moindres qu'entre Français et Anglo-Saxons », ce qui revient à dire le contraire.

2° Nouvelles tronquées et retouchées. Ici aussi nous ne donnons qu'un choix parmi les cas qu'on a pu observer au cours de la période étudiée ; un exposé complet est impossible, ne serait-ce que faute de place.

a) Le 7 décembre, la *Frankfurter Allgemeine* publie la nouvelle suivante : « Bonn, 6 décembre (UPI). Le gouvernement fédéral a, par la voie diplomatique, attiré l'attention du gouvernement yougoslave sur le fait qu'une instruction criminelle est en cours contre le consul yougoslave Grabovac, consul général à Munich. Selon les usages diplomatiques, cet avis revient à demander le rappel de ce consul dans les plus brefs délais. » Des communications parues à la même date dans d'autres journaux allemands, par exemple la *Süddeutsche* et *Die Welt,* montrent que cette communication de l'UPI a été arbitrairement tronquée, et cela de telle sorte que le lecteur est mis dans l'impossibilité d'en discerner le vrai sens. Seule la suite de cette communication, épargnée par la *Frankfurter Allgemeine* à ses lecteurs, révèle que l'instruction engagée contre Grabovac avait pour but de faire la lumière sur un événement survenu au cours de la guerre des partisans en Yougoslavie, et qu'on craignait à Bonn les suites politiques de l'affaire, en liaison avec l'affaire Vracaric. Ce qui a poussé la rédaction à tronquer la communication de l'UPI ne peut faire l'objet que de suppositions pour qui voit les choses du dehors. Il est probable qu'elle partageait les craintes de Bonn et que, par suite, elle a fait jouer les « vrais » ménagements. C'est seulement quand ces craintes sont devenues sans objet du fait du départ de Grabovac, le 9 décembre, que le journal reprend l'affaire en détail et fait enfin savoir, avec deux jours de retard, de quoi le consul était inculpé[21].

b) Le 14 décembre a lieu, entre le président de la SPD (parti social démocrate allemand) Ollenhauer et le ministre de l'Intérieur Höcherl, un entretien sur la législation relative à l'état d'urgence. La presse allemande en rend compte le lendemain ; *Die Welt* consacre à cette intéressante question 140 lignes, la *Süddeutsche Zeitung* 70. Les mots « loi sur l'état d'urgence » se détachent dans les titres des deux journaux. Les lecteurs de la *Frankfurter Allgemeine* doivent se contenter de 24 lignes et du maigre titre « Ollenhauer chez Höcherl ». Mais surtout on leur tait qu'au ministère des Affaires intérieures « on a soulevé la question de savoir si l'on ne pourrait pas instituer un service obligatoire dans la police » (*Süddeutsche Zeitung*). La version de la *Frankfurter* s'en tient à des banalités.

c) Le 9 décembre, la presse mondiale s'occupe de l'introduction en Union soviétique d'un nouveau droit civil et d'un nouveau code de procédure civile. La loi garantit — rapportent en parfait accord *The Times,* la *New York Herald Tribune,* la *Berlingske Tidende* — le droit de tous les citoyens soviétiques à la propriété privée. Ce droit, dit-elle, est nécessaire à la satisfaction des besoins matériels et culturels des citoyens, mais il ne doit pas permettre à l'individu de se procurer, grâce à ce qu'il possède, des revenus qu'il ne doive pas à son travail. Les journaux de l'Ouest entrent au reste dans le détail, tant sur les droits à succession et autres points que sur les attaques dont les méthodes staliniennes d'interrogatoire et de torture ont été l'objet au Soviet suprême, de même que les aveux arrachés dans les procès à sensation. La *Frankfurter Allgemeine Zeitung* est incapable de manifester quelque intérêt à ces événements ; elle se contente d'une note de douze lignes sous ce titre insignifiant : « Fin de la session du Soviet suprême[22]. » On y lit : « On a discuté l'après-midi le troisième et le quatrième points de l'ordre du jour, l'institution d'un nouveau droit civil et d'un nouveau code de procédure civile, ainsi que les arrêtés du Praesidium du Soviet suprême. » Après quoi le journaliste

---

21. Dans l'édition régionale du 8 décembre se trouve un entrefilet de huit lignes, qui ne jette qu'une maigre lumière sur la nouvelle de la veille.
22. Note réduite à six lignes dans l'édition régionale.

estime visiblement avoir fait son devoir. On n'apprend pas du tout ce qui s'est passé, mais il est donné à entendre, dans le plus misérable jargon administratif, qu'il s'est passé quelque chose ; quelque chose qui ne regarde pas le lecteur.

d) La frontière entre la nouvelle tronquée et la nouvelle retouchée n'est pas toujours facile à tracer. Nous avons déjà attiré l'attention sur la manchette, si peu conforme aux faits, du 8 décembre, et sur l'exploitation oratoire que la *Frankfurter Allgemeine* a faite ce jour-là de quelques déclarations secondaires du ministre danois des Affaires étrangères. Reste à ajouter que la nouvelle de l'approbation, par le parlement danois, du commandement germano-danois en mer Baltique, qui était l'occasion de ces exercices de haute école, a été présentée elle-même tronquée et retouchée. La séance du parlement de Copenhague, le 7 décembre, avait été gâtée par un événement très peu conforme aux vues de la rédaction. Devant le palais du parlement, mille à trois mille personnes avaient manifesté contre le projet de loi, et, pendant la séance, des tracts de protestation avaient été jetés des tribunes dans la salle. Naturellement, la rédaction est parfaitement libre de tenir de telles manifestations pour dénuées d'importance. Sa décision de n'en rien dire fût-elle à mettre au compte d'un jugement politique, et non d'un souci de farder la vérité, il faut bien remarquer cependant qu'elle est seule à en juger ainsi : les autres journaux allemands, comme les journaux étrangers de l'Ouest, ont, tous sans exception, rendu compte de ces manifestations, et il est à présumer que cette façon d'agir reflète une autre conception de la nature de la démocratie que celle que l'on rencontrerait sans doute dans les salles de rédaction de la *Frankfurter Allgemeine Zeitung :* à Hambourg et à Munich, à Paris et à Londres, à Stockholm et tout particulièrement à Copenhague, on respecte manifestement l'opinion d'une minorité, même si elle n'est pas au pouvoir.

La retouche que le journal apporte à la nouvelle concerne la structure du commandement unique prévu. Manifestement, il faut éviter de faire connaître au lecteur allemand que les Danois, probablement pour « honorer » le désir de paix des Allemands, se sont assurés non seulement une solide prépondérance dans cette force, mais encore le commandement suprême de ladite force. La *Frankfurter Allgemeine* indique, il est vrai, très exactement comment les deux nations se partagent les quatre sous-commandements, à savoir selon un rapport de trois à un ; en revanche elle ne dit mot d'un détail beaucoup plus important, à savoir que le chef suprême de cette force, de même que son chef d'état-major, maintenant comme dans l'avenir, sera un Danois.

Toutes ces manipulations ont quelque chose de mesquin, au point qu'on hésite à leur appliquer l'expression, proposée par la rédaction elle-même, de « détournements ». N'oublions pas toutefois que leur effet s'accumule à la longue, et que l'insuffisance voulue d'informations qui en résulte peut atteindre des proportions considérables.

3° Nouvelles qui peuvent seulement être inférées d'allusions et de sous-entendus. Il n'est pas rare que la lecture de la *Frankfurter Allgemeine* suppose des capacités de diplomate et une perspicacité de détective. Le lecteur qui n'a recours à aucun autre journal se voit soudain en présence de faits dont il ne sait rien et sur lesquels la rédaction « revient » sans en avoir jamais fait mention.

a) Le 15 décembre, la *Frankfurter Allgemeine Zeitung* publie une déclaration du ministre bavarois de la Justice sur Ludwig Erhard : « Le docteur Haas, ministre de la Justice et président de "land", a vivement critiqué la remarque faite récemment par le ministre des Affaires économiques Erhard sur le pacte de coalition, qu'il prétend ne pas connaître et dont il ignore même l'existence. » Le lecteur de cette note fera de vains efforts pour se rappeler la remarque d'Erhard : son journal ne l'en a pas informé. Il lui aurait fallu, deux jours plus tôt, ouvrir *Die Welt* ou la *Süddeutsche* pour apprendre ce qui s'était passé (« Erhard : Ce papier ne m'intéresse pas »). Ainsi, il doit se contenter de la réplique à un texte qu'il ne connaît pas.

b) Le 12 décembre, la *Frankfurter Allgemeine* publie un entrefilet de dix-sept lignes. Titre : « Soupçonné d'espionnage[23]. » La nouvelle se trouve à l'endroit le plus mal placé dont dispose la rédaction pour les informations politiques : page 4, colonne 5, tout en bas. L'article commence ainsi : « Les informations selon lesquelles le conseiller de gouvernement Peter Fuhrmann, de Hanovre, âgé de 46 ans, récemment arrêté sous l'inculpation de trahison, aurait travaillé dans le service

---

23. L'édition régionale de la veille consacre quinze lignes à l'événement.

militaire de protection (MAD) n'ont pas été confirmées lundi par le parquet. » Une fois de plus, le lecteur est dupé. Des informations n'ont pas été confirmées par le parquet, annonce la proposition principale. Mais quelles informations ? Certainement pas celles de la *Frankfurter Allgemeine ;* ce journal, en effet, n'a jusqu'ici rien rapporté de tel, et il n'est pas sans se féliciter de son silence ; il plane sur sa phrase une ombre de blâme à l'adresse de ces informateurs non nommés dont les nouvelles, si elles n'ont pas été démenties, n'ont pas non plus été confirmées[24]. Celui qui est attrapé, à ce jeu de cache-cache, c'est le lecteur. Des journaux étrangers, par exemple la *New York Herald Tribune* ou *Dagens Nyheter,* lui auraient fourni dès le lundi des détails plus exacts, plus précis que ceux que la *Frankfurter Allgemeine* lui offre le mardi.

Pourquoi cette manœuvre ? Serait-ce que la rédaction du journal avait eu à faire face, la veille du 11 décembre, à un tel flot de nouvelles que la place lui avait manqué pour annoncer cette affaire d'espionnage ? Quand on critique la politique suivie par un journal en fait d'informations, il faut toujours s'attendre à la réponse que le manque de place ou l'heure limite de la rédaction sont responsables de tout. Pour ce qui est de l'heure limite, elle peut difficilement justifier des retards de quarante-huit heures. Quant au manque de place, un journal ne saurait s'en plaindre quand il perd son temps à publier des comptes rendus parfaitement superflus et dignes du carnet mondain, et consacre, comme c'est le cas précisément ce 11 décembre, une demi-colonne de la première page à l'arrivée d'un homme d'État à l'aérodrome et à la déférente narration de son déjeuner. Le passage est trop long et trop insignifiant pour être cité ici. Au reste, la rédaction de la *Frankfurter Allgemeine Zeitung* nous épargne la peine de chercher davantage les motifs de sa tactique de dissimulation et d'atermoiement, grâce à une simple proposition subordonnée de son numéro du 13 décembre. Ce jour-là, l'affaire d'espionnage a enfin trouvé place à la première page du journal. Les dernières feuilles de chou ayant accueilli la nouvelle, la rédaction

---

24. Le surlendemain, la *Frankfurter Allgemeine Zeitung* en arrive elle aussi à la conclusion que Fuhrmann a bien travaillé pour le MAD ; cela, « d'après ce qu'ont laissé entendre avec la plus grande prudence les milieux informés », est ressorti des interrogatoires.

de la *Frankfurter* s'est persuadé que le souci de ménagement auquel elle avait obéi — mais non pas à l'égard de ses lecteurs — était vain. Mais elle n'en tire pas pour autant la leçon de renoncer désormais à tenter d'étouffer les faits ; au contraire : « À Bonn… des bruits ne cessent de circuler depuis quelques jours (!), selon lesquels on a eu à déplorer dans le domaine de l'information et de la défense de nouvelles et graves défaillances ; toutefois la sûreté de l'État exige que l'on renonce à donner des détails. » La question se pose de savoir comment le journal est si bien renseigné sur ce qu'exige la sûreté de l'État. La rédaction décide-t-elle seule, ou bien, dans les cas douteux, va-t-elle demander conseil à Bonn ? Le silence obstiné du journal doit-il être attribué à de tels conseils ? Mais, s'il en est ainsi, le journal était-il bien avisé de les suivre ? Sauf erreur de notre part, c'est la loi, et non une conversation téléphonique entre Francfort et Bonn, qui, dans ce pays-ci et jusqu'à nouvel ordre, décide de ce qu'il faut entendre par crime de haute trahison et violation de secrets d'État. Si les rédactions des autres organes de presse qui, avant comme après le 12 décembre, ont rendu compte d'une façon beaucoup plus détaillée de cette affaire d'espionnage, se sont rendues coupables de ces crimes, on ne voit pas pourquoi personne jusqu'à ce jour ne leur a demandé de comptes. Puisqu'il n'en a rien été, les appréhensions de la *Frankfurter Allgemeine* paraissent vaines. Nous avouons tout net que nous voyons mal un journal jouer le rôle d'instrument de la sécurité de l'État. Il existe un nombre suffisant de services occupés de ce soin. Au reste, les tâches d'autorité n'incombent pas à la presse. Son devoir est de se soucier de répandre, et non de dissimuler, les informations. La liberté de l'information est limitée par la loi ; un journaliste n'a pas à la restreindre, mais à en faire pleinement usage.

Dans les deux cas cités, la rédaction s'est vue contrainte de rattraper ses négligences. Elle s'efforce de sauver la face au moyen d'un tour de passe-passe ; elle suppose froidement le lecteur au courant de ce qu'elle a complètement négligé de lui faire connaître. On a le droit de se demander comment elle se comporterait si elle n'avait pas à subir la concurrence de la presse étrangère et de la presse allemande. Mais ce régulateur lui-même peut ne pas fonctionner ; la *Frankfurter Allgemeine* peut pratiquer en grand la méthode indiquée à l'égard des nouvelles du jour : c'est ce que nous allons exposer, pour finir, à propos d'une affaire d'importance.

Le mercredi 13 décembre 1961, le Conseil des ministres de l'OTAN se réunit à Paris pour sa session d'automne. Le même jour, la *Frankfurter Allgemeine Zeitung* écrit dans sa chronique de Paris : « La question de l'admission de l'OTAN au droit de disposer de l'arme atomique ne sera mûre qu'au printemps, selon toute prévision, en raison des divergences d'opinions entre les divers États membres. »

Le lendemain, les choses changent de face. « Difficultés sur le droit de consultation en matière d'armement atomique — L'OTAN doit prendre bientôt une décision », tel est le titre d'un article de trois colonnes envoyé de Paris par l'expert militaire du journal, Adalbert Weinstein. On y lit : « Discutera-t-on aussi de la quatrième puissance atomique à la Conférence atlantique ? On a parlé de réserver l'examen de cette question… Pourtant la pression exercée par les Soviets sur les alliés exige une contre-offensive politique. En outre, les ministres ne se rencontrent que deux fois par an. » Weinstein rappelle ensuite une offre faite, dit-il, par le président américain au printemps de 1961 : « Les États-Unis pourraient se déclarer prêts à mettre à la disposition du commandement atlantique une partie de leurs sous-marins à fusées Polaris. » Le fait qu'une telle mesure nécessiterait l'assentiment du Congrès américain et que cet assentiment est tout à fait problématique est passé sous silence. Mais Weinstein va au-delà de l'offre des Polaris : « Le véritable problème politique — si et comment l'OTAN pourrait devenir quatrième puissance atomique — ne serait pas résolu pour autant. Les armes atomiques sont des armes politiques… Elles constituent… une force technique d'un nouveau genre qui, du fait de l'action qu'elle exerce, prend un caractère politique. À la longue, l'OTAN ne pourra supporter que le monopole de l'atome, et par suite le monopole politique de l'action, appartienne à une seule nation au sein d'une alliance de peuples libres… L'OTAN est en danger de se disloquer si les États-Unis ne remédient pas à "l'individualisation nationale" de la force atomique en étendant à une quatrième puissance atomique le droit d'en discuter avec eux. » Ainsi Weinstein revendique ce droit de participer aux discussions, non seulement au sujet des cinq sous-marins atomiques dont a parlé Kennedy, mais au sujet des armes atomiques en général ; s'il n'est pas fait droit à cette revendication, l'expert menace l'OTAN de dislocation.

Le but de cet article demeurerait incompréhensible si l'on ne savait qu'Adalbert Weinstein entretient des rapports cordiaux avec le ministre de la Défense Strauss[25].

En fait, la *Frankfurter Allgemeine* peut annoncer de Paris le lendemain que Franz-Josef Strauss a précipité les choses et fait mettre à l'ordre du jour la question qui auparavant passait pour n'être pas encore mûre. Son en-tête proclame : « Strauss s'emploie à faire de l'OTAN une puissance atomique. » Le compte rendu commence ainsi : « Le projet, agité dès l'an dernier par les États-Unis, de faire de l'OTAN une puissance atomique distincte, est en voie de réalisation. À la séance du Conseil des ministres du pacte atlantique, le ministre de la Défense de la République fédérale Strauss a fait jeudi matin, à Paris, des propositions sur la méthode à suivre pour le règlement de cette question... Le ministre de la Défense a esquissé à ce propos les principes de la politique future de l'OTAN. Le moins qu'on puisse dire est que ces principes ont trouvé au sein du Conseil atlantique un large assentiment. » Il n'est plus question dans l'article de « divergences d'opinions entre les divers États membres ». Dans un commentaire du même jour, Adalbert Weinstein fait à plusieurs reprises l'éloge de Strauss pour la « réserve » dont il a fait preuve à la conférence.

Le 16 décembre, enfin, la *Frankfurter Allgemeine Zeitung* peut annoncer en première page, en manchette : « Le Conseil atlantique, au cours de son débat sur les questions militaires, a réalisé un large accord sur le projet destiné à faire de l'OTAN la quatrième puissance atomique. Il a approuvé également les propositions concrètes du ministre fédéral de la Défense Strauss sur les moyens d'atteindre ce but. » Cette campagne de trois jours de la *Frankfurter Allgemeine* trouve son couronnement dans la manchette : « Large accord de l'OTAN sur la politique atomique[26]. »

---

25. Comparer également à ce sujet l'éditorial de Weinstein du 5 décembre 1961 sur « l'OTAN et la quatrième puissance atomique », article par lequel le journal a commencé sa campagne.

26. L'édition locale du journal en date du 16 décembre relègue en dernière place du sous-titre l'affirmation mise en évidence quelques heures plus tôt, que l'OTAN est

Le jugement à porter sur cette façon d'informer, seule une comparaison peut nous l'enseigner. Nous nous bornons à choisir un petit nombre de citations de la presse mondiale ; à vouloir les rapporter toutes, on emplirait des pages et des pages.

La *Süddeutsche Zeitung* annonçait le 11 décembre de Paris (« Une semaine de conférences ») : « Pour étonnant que soit le fait... la discussion projetée sur le programme militaire de l'an prochain serait remise à plus tard... La responsabilité de cet ajournement incombe aux États-Unis. Le programme militaire actuel de l'OTAN — connu sous la désignation MC 70 — expire en 1963. Dès l'an dernier, un nouveau plan a été examiné... Puis les États-Unis ont bloqué les projets en faisant le silence. Finalement, le ministère américain de la Défense donnait son accord, et l'on s'attendait que le nouveau programme militaire... fût mis à l'ordre du jour du Conseil atlantique. Mais au dernier moment un veto américain est intervenu. Le nouveau programme prévoit le renforcement de la défense européenne au moyen des armes atomiques avec toutes ses conséquences politiques. Le président Kennedy voudrait par suite, suppose-t-on, attendre les prochaines négociations avec les Soviets. Son jeu s'inspire de cette idée que l'armement atomique des troupes européennes lui servira d'atout en face des Soviets. »

Le 12 décembre, on lit dans *Die Welt* : « Les milieux politiques et militaires influents croient que les États-Unis, dans la situation présente, n'ont aucun intérêt à accélérer d'eux-mêmes la réalisation de leur projet de mettre des sous-marins Polaris à la disposition de l'OTAN. De nombreux signes indiquent au contraire qu'en raison surtout de possibles négociations Ouest-Est, ils aimeraient reléguer ce problème à l'arrière-plan. »

Le 13 décembre, on peut lire dans la *New York Herald Tribune* et dans beaucoup d'autres journaux un compte rendu relatif à des déclarations du Premier Ministre français Debré : « En ce qui concerne une force

« largement d'accord sur la politique atomique ». Elle est remplacée par la manchette : « L'OTAN prend fermement position en faveur des libertés de Berlin », donc par une des formules de conjuration qui sont de convention. À supposer que la rédaction eût reconnu que dans son zèle elle était allée trop loin cette fois, elle ne s'est crue nullement tenue de modifier le texte de son information : les phrases citées se trouvent dans toutes les éditions du journal.

atomique occidentale intégrée, a dit Debré, elle n'est souhaitée de personne » (« no one wanted it »).

Dans *Die Welt* du même jour, on lit cette information de Paris : « Dans les discussions des ministres de l'OTAN, la question que, pour simplifier, on désigne par la formule "L'OTAN quatrième puissance atomique" ne sera très vraisemblablement pas examinée. Tous les participants sont persuadés que les États-Unis ne souhaitent pas pour le moment qu'une décision soit prise à ce sujet... Les Américains ont réussi à persuader tous les États membres que, pour le moment et en raison des efforts faits pour supprimer la tension Est-Ouest, une discussion ne serait pas politiquement opportune... On dit que le ministre américain de la Défense Mc Namara se serait mis d'accord lundi à Londres avec son collègue britannique Watkinson pour que le problème du droit de disposer des armes stratégiques, et aussi des armes atomiques tactiques, ne soit pas abordé à la session de Paris. »

À un autre endroit du journal, il est rapporté que « les Français ne tiennent pas à ouvrir jeudi au Conseil atlantique un débat sur les problèmes politiques et militaires soulevés par le droit de disposer de l'arme atomique et par une participation à la force nucléaire, qui au surplus n'est pas souhaitée par l'Amérique et la Grande-Bretagne ». Le 14 décembre, le *New York Times* publie une dépêche de son correspondant parisien qui annonce « une démarche ouest-allemande pour faire de l'OTAN une puissance atomique indépendante ». « M. Strauss a dit qu'il avait l'appui du gouvernement américain pour ce projet. Ni chez les représentants des États-Unis, ni chez les délégués des petites puissances européennes membres de l'OTAN, on n'a noté d'indices d'un quelconque appui sérieux en faveur d'une telle démarche. »

Le 15 décembre, la presse mondiale annonce l'« offensive de Strauss à Paris » (*Die Welt*). On lit dans la *Süddeutsche Zeitung :* « L'initiative allemande à propos de la question atomique a surpris, car, la veille encore, on avait eu l'impression que la République fédérale ne voulait pas pour le moment présenter de requête sur ce point, Anglais et Américains faisant preuve actuellement d'une certaine réserve à l'égard de cette idée. » La rédaction de ce journal ne laisse pas non plus ignorer à ses lecteurs que Strauss, allant bien au-delà des offres conditionnelles faites par Kennedy antérieurement,

« demande des fusées à moyenne portée pour les forces militaires de la zone centrale de l'OTAN ».

The Times rend compte le même jour de l'initiative allemande sous ce titre : « M. Strauss défend l'idée d'une force armée à base de fusées — Opposition britannique au Conseil de l'OTAN — Divergences d'opinion sur les questions stratégiques. »

La *New York Herald Tribune* dépeint ainsi le déroulement des opérations : « Un des résultats de la discussion militaire a été une proposition du ministre ouest-allemand de la Défense Franz-Josef Strauss, relative à une force atomique de dissuasion de l'OTAN, mais cette proposition n'a guère retenu l'attention et a été rapidement écartée » (« It was given an almost perfunctory reception and shunted swiftly to one side »).

Enfin voici le compte rendu du *Guardian* du même jour sur le même sujet : « Le Conseil des ministres de l'OTAN a décidé aujourd'hui que toute tentative pour tirer dès maintenant au clair la question de la formation d'une force atomique de l'OTAN sera cette fois encore ajournée. Une proposition allemande de hâter la décision sur ce point par la création d'une commission spéciale a été repoussée ; le Conseil permanent de l'OTAN est chargé de suivre l'affaire… La question d'une force atomique de l'OTAN, c'est-à-dire la question d'un programme de l'OTAN pour la production ou l'acquisition de fusées à moyenne portée, a été ajournée tout au long de l'année écoulée principalement pour des raisons politiques… Le président du Standing Group a déclaré qu'au point de vue militaire tout le nécessaire avait déjà été fait, et que la mise en application du programme dépendait exclusivement de décisions politiques. »

On peut tirer en quelques mots la conclusion de la comparaison entreprise ici : les informations de la *Frankfurter Allgemeine Zeitung* sont inconciliables avec celles des autres organes de la presse. Tout effort pour enjoliver les faits vient se heurter au principe de contradiction. Il est exclu que les deux parties aient raison. Comme aucun des journaux cités ne s'est vu amené à publier démenti ou rectification, nous nous trouvons devant un choix. Si nous ne pouvons nous résoudre à tenir pour faux ce qu'ont publié *Die Welt*, la *Süddeutsche Zeitung*, *The Times*, *The New York Times*, la *New York Herald Tribune* et le *Guardian*, lesquels sont d'accord sur l'essentiel, et nous ne le pouvons pas, nous sommes forcés de faire la constatation que voici. La rédaction de la *Frankfurter Allgemeine Zeitung* a, en l'espace de six jours et sur un seul sujet :

1. passé sous silence l'attitude hostile de l'Angleterre et des États-Unis dans la question d'une force atomique de l'OTAN ;

2. passé sous silence la relation existant entre cette attitude et les négociations Est-Ouest envisagées ;

3. passé sous silence le discours du Premier Ministre français Debré, d'où il ressort que la France ne désire pas la création d'une telle force ;

4. passé sous silence le fait que c'est contrairement au désir des alliés que Strauss a fait mettre ses propositions à l'ordre du jour de la conférence de Paris ;

5. passé sous silence la différence entre l'offre conditionnelle de Kennedy de mettre cinq sous-marins Polaris à la disposition de l'OTAN et la demande de Strauss, relative à des fusées de moyenne portée, à utilisation terrestre ;

6. passé sous silence le fait que le Conseil des ministres a repoussé la proposition de Strauss.

Les affirmations suivantes de la *Frankfurter Allgemeine Zeitung* sont en contradiction flagrante avec les faits tels que les représentent les organes les plus en vue de la presse internationale :

1. l'affirmation que le « projet de faire de l'OTAN une puissance atomique distincte » était « en voie de réalisation » ;

2. l'affirmation que « les propositions concrètes du ministre fédéral de la Défense Strauss » avaient « été admises » ;

3. l'affirmation que le Conseil atlantique, « dans son débat militaire, avait abouti à un large accord sur le projet de faire de l'OTAN la quatrième puissance atomique ».

Le titre de la manchette du 16 décembre, « Large accord à l'OTAN sur la politique atomique », est absolument unique en son genre dans la presse mondiale de cette date. L'affirmation qui y est contenue est contredite par de nombreuses informations données par des journaux indépendants les uns des autres et jouissant d'une haute considération internationale. Elle est insoutenable.

Quelles sont les raisons qui ont conduit la rédaction de la *Frankfurter Allgemeine Zeitung* à mener cette campagne en faveur du ministre de la Défense Strauss ? Ce n'est pas notre affaire d'en débattre. Il semble exclu qu'elle ait été victime d'une erreur, ou plutôt de toute une série d'erreurs ; en pareil cas, en effet, la possibilité lui serait restée de publier une rectification. Or elle n'y a pas eu recours. Elle aussi a, bien entendu, à sa disposition les autres grands journaux d'Allemagne et de l'étranger, et elle peut, grâce à eux, s'apercevoir le cas échéant de ses erreurs et les corriger. L'impression qu'elle a agi en connaissance de cause est renforcée par l'enchaînement logique de ses omissions et de ses contrevérités. Elles forment par leur assemblage un modèle de propagande qui donne un parfait démenti aux grands principes dont la rédaction se pare dans sa profession de foi : « présenter les faits sans prévention ». « Faire d'une information précise et soucieuse de l'actualité la loi suprême », affirmer que « la qualité du journal dépend de la qualité des nouvelles », autant de maximes par lesquelles la *Frankfurter Allgemeine Zeitung* a posé elle-même les critères qui condamnent sa politique en matière d'informations.

Le Commentaire

À l'auteur du Commentaire la rédaction demande la « connaissance des relations qui unissent les faits » et « un jugement guidé par l'instinct ». « Le tact ne gâte rien. La conscience de ses responsabilités vis-à-vis de la communauté passe avant tout… L'humain est pour la rédaction plus essentiel que la force brutale[27]. » Elle ne tarit pas d'éloges sur ses propres membres et sur sa propre activité. Donnons-nous donc la peine d'examiner ce qui, tout rayonnant de toutes les vertus journalistiques, s'y imprime sur le papier, et citons intégralement l'œuvre de conscience, de tact et d'humanité qui a orné, le 15 décembre 1961, les colonnes de la *Frankfurter Allgemeine*.

« À Titovo Uzice

» Me[28]. S'il est des guerres dont le temps a peine à effacer les traces, ce sont bien les guerres de partisans. Nul ne saurait dire ce

---

27. « L'art de lire le journal », *Frankfurter Allgemeine* du 19 mars 1960.
28. La *F.A.Z.* a l'habitude de désigner par un sigle de deux lettres ses principaux collaborateurs. C'est le cas ici (*N. du T.*).

qui, dans de telles passes d'armes, est loyal, ce qui est à la rigueur permis et ce qui est absolument inadmissible. Comme il n'est pas de règles qui en fixent les limites, le monde doit subir les séquelles des guerres de partisans jusqu'à ce que le dernier combattant, d'un côté comme de l'autre, emporte sa haine avec lui dans la tombe. Chez les ci-devant partisans qui dirigent aujourd'hui les destinées de la Yougoslavie communiste, la fierté de la victoire et la haine à l'égard de leurs adversaires de jadis, yougoslaves et allemands, demeurent presque aussi ardentes aujourd'hui qu'elles l'étaient en 1945. Au début de novembre, les dirigeants yougoslaves se sont émus au-delà de toute mesure raisonnable, parce qu'un ancien chef de partisans yougoslaves a été, par méprise, incarcéré pendant deux jours en Allemagne, et qu'ils ont dû rappeler il y a quelques jours leur consul général à Munich à cause de son sanglant passé de partisan.

» Pour la troisième fois en peu de temps, la semence sanglante va lever le 20 décembre, jour où, à Titovo Uzice, chef-lieu de district yougoslave, doit passer en jugement un Allemand de cinquante et un ans qui, en son temps, dans un poste notoirement subalterne, avait participé à la guerre contre les partisans et, ce faisant, s'était peut-être — nous ne le savons pas — inspiré jusqu'à un certain point de leurs méthodes. Quoi qu'on lui reproche ou qu'on "prouve" contre lui, le jugement ne servira ni la légalité ni la justice. La notion de "crime de guerre", qui est déjà assez malaisée à définir, mais qui parfois peut fournir un instrument d'appréciation tant bien que mal utilisable, ne saurait s'appliquer aux excès commis dans la guerre contre les partisans, parce que souvent dans cette guerre tous les moyens de s'attaquer à l'adversaire étaient bons et que, par suite, pour se défendre, celui-ci se voyait imposer des moyens tout aussi regrettables ou, disons-le, aussi atroces.

» Que reste-t-il alors à faire ? Si la haine ne peut s'éteindre, du moins ne devrait-on pas l'alimenter. Si, obéissant à des considérations de ce genre, les Yougoslaves refoulaient leur prisonnier au-delà de la frontière la plus proche et lui déconseillaient de manière pressante de la franchir de nouveau, ils agiraient sagement. Et s'ils ne perdaient pas de vue du moins que l'afflux des touristes allemands dans leur pays pourrait se trouver ralenti par le procès de Titovo Uzice, au grand dommage de leur balance de devises, ils ne seraient pas sans doute des Salomons, mais en tout cas des calculateurs avisés. »

Plus d'un lecteur de ce Commentaire le regardera comme un vrai cantique d'amour. Ne tient-il pas le langage de la sagesse, de la réconciliation ? Ne prend-il pas position de la façon la plus nette contre la haine et contre la guerre ? Avec des nuances, il est vrai. Il faut distinguer guerre et guerre : d'un côté, il y a la guerre régulière, de l'autre, la guerre de partisans. Sans doute, même dans la guerre régulière, les choses ne semblent pas toujours aller comme elles devraient ; comment pourrait-on sans cela parler de crimes de guerre ? Notre commentateur en parle, non sans restriction mentale, d'ailleurs. Il met le mot entre guillemets, visiblement désireux de prendre ses distances ; le définir lui paraît difficile. Quoi qu'il en soit, il a l'esprit assez large pour admettre que cette notion peut, « parfois » tout au moins, fournir un instrument d'appréciation « tant bien que mal utilisable ».

Il en va tout autrement dans le cas où il s'agit de la guerre de partisans. Cette notion paraît d'emblée lumineuse à l'auteur, si bien qu'il ne s'arrête pas un instant à des questions de définition. De même, pour lui, cette forme de guerre ne soulève aucune question de morale ou de droit, et il n'est besoin d'aucune démonstration pour affirmer que « personne » ne saurait dire en pareil cas « ce qui est à la rigueur permis et ce qui est absolument inadmissible ». Dans la phrase suivante apparaît, il est vrai, la figure de ce « personne », et cela, sous l'aspect mythologique du « dernier combattant », lequel, manifestement, n'arrive pas à trouver le repos pour la seule raison qu'à l'inverse de l'auteur de ce Commentaire, il a une opinion bien arrêtée sur ce qui est inadmissible et sur ce qui est permis. De là vient tout le mal. Si tout le monde faisait sienne la neutralité morale de l'auteur, « le temps » finirait par « effacer » les choses.

On est amené alors à chercher les coupables. Cela ne devrait être qu'un jeu d'enfant pour un commentateur chez qui « le jugement est guidé par l'instinct ». C'est pourtant un des traits les plus frappants de la guerre de partisans qu'elle a lieu ordinairement non entre partisans et partisans, mais entre partisans et soldats réguliers. D'un côté, donc, le brave soldat allemand de la « territoriale », qui s'en tient aux « règles du jeu » et ne songe pas le moins du monde à provoquer une guerre de partisans ; de l'autre, l'indigène, assez brutal pour machiner, par pure malignité, cette forme de guerre particulièrement répréhensible, et qui, à une force d'occupation bienveillante, « impose ses méthodes », ces formes de lutte « regrettables ou, disons-le, atroces », qui font la triste célébrité de la guerre de partisans. Naturellement, le « territorial » allemand ne se laisse imposer de telles méthodes « que jusqu'à un certain point » ; la tenue exemplaire et réservée des occupants allemands est bien connue de la rédaction par ce qu'on sait d'Oradour, comme elle en témoigne elle-même.

« La conscience d'être responsable vis-à-vis de la communauté passe avant tout » ; ce sentiment de responsabilité n'empêche pas le commentateur de fausser purement et simplement l'histoire. Il baptise sans sourciller « défenseurs » les envahisseurs allemands de la Yougoslavie, et agresseurs les soldats de la résistance yougoslave. Ce que l'armée de la Grande Allemagne, en dehors de la proie qu'elle avait déchiquetée, avait à défendre sur le sol du pays envahi, n'est bien sûr l'objet d'aucune explication plus précise ; peut-être était-ce ce sens de l'« humain », qui est, pour la rédaction de la *Frankfurter Allgemeine Zeitung*, « plus essentiel que la force brutale ».

Ce n'est donc pas sa faute si « le monde subit les séquelles de la guerre de partisans ». Les « agresseurs » de 1941-44, donc les Yougoslaves, doivent en porter le blâme. En eux « brûle la haine », ils « s'émeuvent au-delà de toute mesure raisonnable » lorsqu'en Allemagne, en 1961, des partisans yougoslaves sont poursuivis par la justice pénale allemande. Le commentateur reste étranger à toute émotion de ce genre, même contenue dans des limites raisonnables, tant que c'est en Allemagne fédérale que lève « la semence sanglante ». En revanche, qu'un Allemand, en Yougoslavie, soit cité devant les tribunaux, cela décidément le dépasse. Ce qu'a fait cet homme, « nous ne le savons pas ». Nous ne voulons pas non plus le savoir. Nous ne sommes pas curieux. « Quoi qu'on lui reproche ou qu'on "prouve" contre lui, le jugement ne servira ni la légalité ni la justice ». Me, pour qui la conscience d'être responsable vis-à-vis de la communauté passe avant tout, et même avant la vérité, Me passe lui-même avant tout. Il est la Cour suprême qui peut casser le jugement de Titovo Uzice avant même qu'il soit rendu, et cela, sans même s'appuyer sur des faits, des témoins, des motifs. Son dernier, son meilleur atout, il l'a réservé pour la dernière phrase de son article. « Le tact ne gâte rien » : le dernier atout de la *Frankfurter Allgemeine Zeitung* en matière de haine et d'amour est la balance des devises. Nous partageons ardemment l'espoir de Monsieur Me de voir « se ralentir l'afflux des touristes allemands », et cela, une fois pour toutes, si ces touristes partagent les opinions de ce journaliste si humain. Si le jugement de Titovo Uzice épargne à l'avenir aux Yougoslaves la vue de Monsieur Me et de ses pareils, alors il aura eu un heureux effet, un effet qui ne peut qu'être avantageux aussi à notre pays et qui ne saurait trouver son équivalent en devises.

On pourrait en demeurer là avec ce Commentaire. Son auteur, en fin de compte, avec sa conception de la défense et de l'agression, n'est pas seul de son espèce chez nous ; et dans une démocratie qui peut s'offrir une *Deutsche Soldaten-Zeitung* (Journal allemand des soldats) et un *Reichsruf* (La voix du Reich), il doit être libre de représenter publiquement cette conception. De même, chacun est libre de corriger à sa guise les faits historiques ; et celui qui est d'avis que ce sont les pays occupés qui ont « dicté » leurs méthodes aux troupes d'occupation allemandes peut aller jusqu'à se réclamer d'une tradition communément admise ici, selon laquelle la Seconde Guerre mondiale elle-même nous a été tout bonnement « imposée ».

Mais ce qui fait que ce Commentaire mérite d'être étudié, ce ne sont pas tant les opinions qui y sont affichées que la manière dont il est écrit. Il est, littéralement, à double sens. L'auteur compte bien avoir affaire à des lecteurs pressés, qui n'ont ni le temps ni le désir de soumettre le texte à une analyse et de vérifier ses prémisses. Ces lecteurs seront dupes de la phraséologie de façade qui dissimule le fond de l'argument ; ils concluront qu'il s'agit pour l'auteur de légalité et de loyauté, de sagesse et de justice ; qu'il voudrait guérir le monde des « séquelles des guerres de partisans » et éteindre le « feu de la haine », et qu'il fonde ses jugements sur la « raisonnable mesure ». Seul celui qui défait cet emballage de beaux mots remarque ce que l'on veut subrepticement faire pénétrer dans la conscience du lecteur : que les habitants de la Yougoslavie auraient mieux fait pendant la guerre de se tenir cois, au lieu de résister ; que leur résistance doit être considérée comme une agression ; que si les poursuites de la justice allemande contre des Yougoslaves ne sont pas blâmables, celles de la justice yougoslave contre des Allemands le sont d'autant plus ; qu'il n'y a pas lieu de faire grand cas de la notion de crime de guerre et qu'il y a lieu de n'en faire aucun du jugement d'une cour de justice étrangère ; et que c'est une preuve de bon sens de clarifier les questions de morale et de droit en tenant compte de la balance des devises.

Cette technique de l'hypocrisie pourrait s'appeler méthode du palimpseste. Le lecteur a devant lui, à première vue, un texte respectable, qui honore son auteur et dont le vocabulaire fait conclure à des sentiments raisonnables et démocratiques. C'est seulement en y regardant de plus près qu'on peut lire, sous le premier, un second texte, marchandise qu'il s'agit de placer sans que le lecteur s'en aperçoive ; un second texte dicté par un insondable mépris de ces principes mêmes que le premier professe d'un ton déclamatoire.

À cet égard, le Commentaire cité n'est pas un cas unique. Nombreuses sont les gloses, nombreux les commentaires et éditoriaux de la *Frankfurter Allgemeine Zeitung* qui sont des palimpsestes. L'article d'Adalbert Weinstein cité plus haut parle lui aussi de démocratie et de « peuples libres », sans dire carrément au lecteur où il veut en venir, à savoir à l'installation de fusées de moyenne portée en Allemagne de l'Ouest, fusées pour l'utilisation desquelles le gouvernement allemand aurait son mot à dire, et à la suppression du « monopole politique qui fait qu'une seule nation peut agir », à savoir l'Amérique. Et la phrase selon laquelle l'OTAN est « en danger de se disloquer » si cela ne se fait pas, cette phrase qui se veut toute sollicitude envers « l'alliance des peuples libres », enferme au fond d'elle-même une menace évidente à l'adresse des Américains.

La pensée de la *Frankfurter Allgemeine Zeitung,* pour se servir de ses propres expressions, n'est « pas toujours facile à discerner. Souvent, il faut la lire entre les lignes, maintes fois elle se camoufle derrière les grands mots ou les éditoriaux à grandes tirades. Presque toujours, elle s'enveloppe de formules idéologiques apparemment stéréotypées, mais dont les modifications requièrent la plus grande attention[29] ». Ce jugement ne témoigne pas, à vrai dire, que la rédaction

29. *Ibid.,* 3 décembre 1960.

se connaisse elle-même. Elle le prononce, non à propos de ses propres commentaires, mais à propos de la « pensée de Moscou ».

Exemple

Sur la politique de la *Frankfurter Allgemeine Zeitung* en matière d'informations et sur ses Commentaires, nous savons à quoi nous en tenir. Reste à se demander comment concourent ces deux aspects de son travail de rédaction. « Dans l'éditorial, nous faisons de la politique. Informations et nouvelles le précèdent et en sont le fondement[30]. » « La nette séparation entre les faits et l'opinion qu'on en a, dans le journal comme dans l'esprit, doit être le principe suprême. Sans lui, il n'est pas de pensée ordonnée[31]. » C'est en nous pénétrant de ces phrases de la rédaction que nous allons vérifier sur un exemple dans quelle mesure elle en est elle-même pénétrée. Nous choisissons à cet effet les comptes rendus du journal sur l'action des Nations unies au Congo, dans ses éditions du 7 au 15 décembre 1961 et dans son éditorial « Confusion au Katanga », de Jürgen Tern, paru le 15 décembre.

(Le conflit armé au Katanga avait commencé le 5 décembre, date à laquelle la gendarmerie du Katanga avait barré la route entre l'aérodrome et le centre d'Élisabethville). Le lundi, le ministre des Affaires étrangères du Katanga, Kimba, promet à des représentants de l'ONU que la barrière sera levée le mardi matin. En fait, elle est renforcée au cours de la nuit. Des civils blancs, du côté katangais, auraient amené des véhicules blindés et donné des ordres à la gendarmerie en uniforme ; des civils belges auraient, de leurs villas, ouvert le feu sur les soldats de l'ONU[32].

Le 6 décembre, le ministre de l'Intérieur katangais, Munongo, invite la population du pays à entreprendre une « guerre totale » contre l'ONU. Le commandant en chef des troupes de l'ONU au Congo, Sean McKeown, déclare à Londres que les accusations portées par le D[r] O'Brien, haut fonctionnaire des Nations Unies,

---

30. *Ibid.*, 15 mai 1960.
31. *Ibid.*, 7 mai 1960.
32. Cf. *Le Monde* du 7 décembre 1961.

contre la Rhodésie, l'Union sud-africaine, la Belgique et la Grande-Bretagne sont fondées[33] (O'Brien avait accusé ces puissances de sabotage). Le même mercredi, le Premier Ministre du Katanga, au cours d'une conférence de presse à Paris, dit qu'il est « porté à croire que les États-Unis ont voulu se rendre agréables aux Soviets aux dépens du Katanga, à supposer qu'il ne s'agisse pas d'une poignée de communistes qui opèrent au State Department ». Il reproche au gouvernement américain de trouver « tout à fait normal d'écarter et de tuer au Katanga de pauvres nègres pour faire plaisir à ses amis communistes de l'ONU ». Tschombé continue en disant : « J'affirme solennellement que, d'après tout ce que je sais et d'après les informations que m'a fournies mon propre gouvernement, pas un seul mercenaire ne sert dans notre armée[34]. » Le quartier général des Nations Unies à New York fait savoir que cette affirmation de Tschombé ne correspond pas à la réalité ; tous les correspondants de la presse mondiale annoncent par la suite, d'une seule voix que les troupes de Tschombé sont dirigées par des mercenaires blancs. (On ne trouve pas parmi eux de collaborateurs de la *Frankfurter Allgemeine* ; bien que la rédaction se rende compte, selon ses propres déclarations, que « les nouvelles de qualité et propres au journal reviennent cher » et qu'elle « consente des sacrifices » pour son « service particulier d'informations[35] », elle se contente, à l'inverse de tous les grands journaux du monde, de laconiques communiqués d'agences en provenance du Congo).

Tschombé, d'ailleurs, pendant son séjour à Paris, fait la déclaration suivante : « Je sais que l'Union minière m'a laissé tomber, et qu'elle mise maintenant sur le gouvernement central. La société me paiera cher cette trahison. Nous sommes prêts à faire sauter toutes les installations de l'Union minière à Élisabethville, à Kolwesi et à Jadotville. » (L'Union minière est la plus grande entreprise du Katanga, une société minière belge.) Tschombé continue en disant qu'il résistera à ses adversaires, « dût toute la population périr dans la lutte et toute

33. Cf. *Le Monde* du 7 décembre 1961 ; *Die Welt* du 7 décembre 1961.
34. Cf. *Le Monde* du 7 décembre 1961 ; *New York Herald Tribune* du 7 décembre 1961 ; *The New York Times* du 7 décembre 1961 ; *Die Welt* du 7 décembre 1961.
35. « L'art de lire le journal », *Frankfurter Allgemeine Zeitung* du 12 mars 1960.

l'économie du pays être anéantie ». « Des négociations seraient pour l'instant sans objet[36]. »

Le 7 décembre, le représentant de l'ONU à Élisabethville, Brian Urquhart, déclare : « Nous cherchons à éviter que la population civile soit entraînée dans les opérations militaires. Mais si nous sommes encore attaqués par des civils, nous serons contraints de prendre des mesures qui pourront entraîner des dommages matériels et peut-être des pertes en vies humaines[37]. »

D'Oslo, on annonce le même jour que le colonel Egge, ex-chef de la sûreté de l'ONU, a pleinement confirmé les accusations d'O'Brien et de McKeown. Les difficultés actuelles au Katanga doivent être attribuées selon lui « à un petit groupe de colons européens ». « Cette poignée de Blancs plus ou moins fascistes représente d'importants intérêts financiers. Ce sont eux qui exercent en fait le pouvoir, et non le gouvernement de marionnettes katangais. La population indigène du Katanga est relativement paisible et ne nourrit à l'égard des Nations Unies en général aucune d'espèce d'hostilité[38]. »

Le jeudi soir, à la radio, un porte-parole du gouvernement du Katanga s'adresse à la population en ces termes : « Chassez du Katanga tous les soldats de l'ONU. Que chaque Katangais choisisse son Gourka, son Suédois, son Irlandais ou son Norvégien. Nous savons qu'il y en a assez pour tout le monde. Empoisonnez vos flèches ! Tuez-les ![39] »

Le vendredi, le ministre des Affaires étrangères américain Rusk assure les Nations Unies et leur secrétaire général du complet appui de l'Amérique[40].

Le 8 décembre, le secrétaire général adresse au ministre des Affaires Étrangères belge Spaak un télégramme où il accuse l'Union minière d'avoir payé des mercenaires contre l'ONU et mis à leur disposition des blindés et des bombes[41].

36. Cf. *Le Monde* du 8 décembre 1961.
37. Cf. *Politiken* du 8 décembre 1961 ; *Dagens Nyheter* du 8 décembre 1961.
38. Cf. *Le Monde* du 8 décembre 1961.
39. Cf. *Neue Zürcher Zeitung* du 9 décembre 1961 ; *Politiken* du 8 décembre 1961 ; *New York Herald Tribune* du 9 décembre 1961.
40. Cf. *The Times* du 9 décembre 1961 ; *Le Monde* du 10 décembre 1961.
41. Cf. *Neue Zürcher Zeitung* du 11 décembre 1961 ; *New York Herald Tribune* du 11 décembre 1961 ; *Süddeutsche Zeitung* du 11 décembre 1961.

Le commandant en chef des troupes de l'ONU au Congo dit, le 10 décembre, que Tschombé a perdu tout contrôle sur ses troupes, que des mercenaires blancs, qui combattent pour un groupe d'intérêts financiers, tiennent les leviers de commande[42].

Le représentant de la Croix-Rouge internationale à Élisabethville, Georges Olivet, accuse les mercenaires du Katanga d'avoir utilisé l'insigne de la Croix-rouge pour camoufler des opérations militaires. Cinquante véhicules au moins le porteraient sans y avoir droit[43].

Le 11 décembre, le commandant en chef des forces de l'ONU McKeown déclare à Léopoldville que les troupes de Tschombé bénéficient de livraisons de munitions en provenance de la Rhodésie du nord[44]. Sir Roy Welensky aurait mis lui aussi des armes à leur disposition[45]. Sur ces entrefaites, des employés de l'Union minière quittent secrètement le pays et se rendent en Rhodésie du nord, afin de se mettre en sécurité[46].

Le conseiller militaire du secrétaire général de l'ONU, le général de brigade Rikhye, montre à New York un plan d'opérations de l'armée katangaise, plan qu'on a pris à l'ennemi et qui a été élaboré par des officiers français ; ces officiers ont été relevés de leur grade et renvoyés de l'armée française pour leur attitude d'extrême droite. Rikhye affirme que l'armée katangaise a utilisé les installations de l'Union minière. Au même moment, un porte-parole de l'ONU met en garde l'opinion publique contre la guerre de propagande entreprise par le gouvernement Tschombé contre les Nations Unies[47].

(Le gouvernement britannique fonde sa décision de refuser aux Nations Unies les livraisons de bombes promises sur de prétendues déclarations du général de l'ONU McKeown et du fonctionnaire de l'ONU Sture Linner, selon lesquelles les Nations Unies ne souhaitent

42. Cf. *New York Herald Tribune* du 11 décembre 1961 ; *Süddeutsche Zeitung* du 11 décembre 1961 ; *Dagens Nyheter* du 11 décembre 1961 ; *The Times* du 11 décembre 1961.

43. Cf. *New York Herald Tribune* du 11 décembre 1961 ; *Süddeutsche Zeitung* du 11 décembre 1961 ; *The Times* du 11 décembre 1961.

44. Cf. *Politiken* du 12 décembre 1961.

45. Cf. *The Guardian* du 11 décembre 1961.

46. Cf. *New York Herald Tribune* du 12 décembre 1961.

47. Cf. *The Times* du 12 décembre 1961 ; *The Guardian* du 12 décembre 1961 ; *Le Monde* du 13 décembre 1961.

pas d'armistice au Congo.) Le 12 décembre, il apparaît que Linner n'a pas fait les déclarations qu'on lui attribue ; au même moment, des porte-parole de l'ONU contestent que McKeown se soit prononcé contre l'idée d'un armistice[48].

De son côté, Tschombé déclare, au cours d'une conférence de presse à Élisabethville, le même jour, qu'il ne souhaite pas de négociations et assure qu'il n'est pas question de songer à un armistice[49].

À New York, un porte-parole des Nations Unies dément catégoriquement que les forces de l'ONU aient attaqué les installations industrielles de l'Union minière. Les assertions du gouvernement Tschombé, comme celles de la société minière, seraient fausses[50].

Le 13 décembre, le secrétaire général des Nations Unies répond au gouvernement britannique, qui l'invite à ménager sans délai un armistice au Congo, en laissant entendre que « ni Tschombé, ni Munongo, ni Kimba ne tiennent à débattre une cessation des hostilités. Munongo serait même allé jusqu'à déclarer que son gouvernement n'accepterait jamais de négocier[51] ».

Le ministre de l'Information du gouvernement du Katanga déclare en présence d'un représentant de la presse française : « Pour nous, les types des Nations Unies sont des bêtes féroces. Il faut tous les supprimer. Il ne saurait être question de faire des prisonniers[52]. »

Le résumé donné ici des événements du Katanga n'est pas seulement incomplet, il est unilatéral. La raison en est simple. Il est constitué (à l'exception des cinq phrases mises entre parenthèses) par les nouvelles que la *Frankfurter Allgemeine Zeitung* a cachées à ses lecteurs. Après tout ce que l'expérience nous a appris sur la politique de ce journal en matière d'informations, nous ne saurions nous étonner de voir se dessiner distinctement dans ces omissions une idée directrice tout à fait caractéristique. Les informations passées sous silence mettent en cause,

---

48. Cf. *The Times* du 12 décembre 1961 ; *The Times* du 13 décembre 1961 ; *Die Welt* du 13 décembre 1961.

49. Cf. *New York Herald Tribune* du 13 décembre 1961.

50. Cf. *The Times* du 13 décembre 1961 ; *The Guardian* du 13 décembre 1961 ; *The New York Times* du 13 décembre 1961.

51. Cf. *Neue Zürcher Zeitung* du 15 décembre 1961.

52. Cf. *Le Monde* du 14 décembre 1961.

toutes sans exception, le gouvernement Tschombé et les Européens qui se dissimulent derrière lui, les mercenaires d'Élisabethville comme les « lobbies » katangais de Belgique, de Grande-Bretagne, de la Rhodésie du Nord et de l'Union sud-africaine.

Sur ces groupes et sur l'Union minière du Haut-Katanga, la *Frankfurter Allgemeine Zeitung,* au contraire des journaux sérieux d'Allemagne et de l'étranger, ne s'est, à aucun moment du conflit, sentie tenue de donner des renseignements exacts. Ses lecteurs ne pouvaient donc rien savoir, le 15 décembre, ni des détails du conflit katangais résumés plus haut, ni de ses arrière-plans économiques[53]. De même, la résolution du Conseil de sécurité du 24 novembre, sur laquelle s'appuie l'intervention des Nations Unies au Katanga, n'est pas citée ; elle charge le secrétaire général, en lui donnant à cet effet pleins pouvoirs, d'éloigner du Katanga « tous les mercenaires étrangers et tous les conseillers politiques, au besoin par la force », pour y rétablir l'ordre public.

C'est ainsi qu'est instruit le lecteur, quand la rédaction de la *Frankfurter Allgemeine* lui propose un éditorial de Jürgen Tern sur la question du Katanga. Voici les passages principaux de cet article :

Le gouvernement américain s'est depuis longtemps engagé à fond dans la « libération » violente du Katanga, que l'appareil des Nations Unies a tentée, recourant même à des bombardements d'installations industrielles. Aussi les tentatives des Français et des Britanniques de remettre en vigueur l'armistice conclu il y a quelques semaines entre les Katangais et le corps expéditionnaire des Nations Unies, mais écarté ensuite par celui-ci, ont-elles pour l'instant peu de chances d'aboutir... C'en est fait de la tranquillité et de l'ordre qui, au Katanga, même après la proclamation de l'indépendance, contrairement à ce qui s'est passé dans le reste du Congo, avaient été à peu près maintenus. Et l'Union minière du Haut-Katanga a dû maintenant suspendre son activité et interrompre ses ventes de cuivre. C'est là l'effet des

---

53. Des renseignements détaillés sur les intérêts en jeu dans l'Union minière et ses attaches indirectes avec les gouvernements de la Belgique, de la Rhodésie du Nord, de l'Union sud-africaine, ainsi qu'avec des personnalités influentes du parti conservateur anglais sont donnés en particulier par : *Dagens Nyheter* du 7, *Le Monde* du 8, la *New York Herald Tribune* du 8, *Die Welt* des 9 et 13, ainsi que *The New York Times* des 11 et 12 décembre 1961.

attaques aériennes des forces de l'ONU sur les établissements de cette Union minière, de la production de laquelle dépendent la vie et la richesse du Katanga. Naturellement les esprits brouillons ne manquent pas de mauvaises raisons pour justifier également ces destructions. Seulement ces belles déclarations n'empêchent pas que le minerai ne se transforme plus en richesses…

Ce que le général de brigade indien Rikhye, qui remplit les fonctions de conseiller militaire du secrétaire général U Thant, a allégué à New York pour justifier l'intervention de l'ONU n'a pas paru convaincant… Quoi que l'on dise aujourd'hui du cas de « légitime défense » où se seraient trouvées les chemises bleues de l'ONU, l'objectif de l'ONU et de son appareil était et reste de briser les forces de l'armée katangaise — en arrêtant ses officiers français et belges — et du même coup celles de la prétendue « domination capitaliste » de l'Union minière… Cet objectif est indéniable… L'appareil de l'ONU croit pouvoir appuyer son action sur la dernière résolution du Conseil de sécurité. Outre que la résolution du secrétariat général de l'ONU est interprétée dans un sens très large, une telle résolution ne peut fonder ni juridiquement, ni politiquement, une action contraire à la nature propre des Nations Unies, contraire à la loi fondamentale qui fait à l'organisation mondiale un devoir d'assurer la paix… On doit se demander sérieusement ce qui incite le gouvernement américain à prendre si résolument parti contre Tschombé, et par suite à soutenir l'offensive des Nations Unies au Katanga… Les Nations Unies, au Congo, doivent retrouver le chemin de leur devoir : celui d'assurer la paix. Nous avons tous encore besoin d'elles ; elles incarnent l'espoir de la paix pour le monde entier. »

Ici encore, ce ne sont pas les opinions de la *Frankfurter Allgemeine Zeitung* qui sont mises en cause, mais ses méthodes[54]. Nous nous sommes familiarisés avec ces méthodes. Grâce au matériel mis ici sous les yeux du lecteur, le palimpseste de Jürgen Tern se déchiffre sans difficulté, et il est désormais notoire que ses jugements reposent sur

---

54. Des journaux en vue, comme la *Neue Zürcher Zeitung* et *The Daily Telegraph,* ont exprimé de vives critiques sur l'action de l'ONU ; toutefois, ils n'ont jamais subordonné leur politique en matière d'informations à leurs idées préconçues et n'ont jamais laissé ignorer à leurs lecteurs des faits qui ne concordaient pas avec leur façon de voir.

la manipulation préalable, et pratiquée systématiquement plus d'une semaine durant, des nouvelles en provenance du Congo, manipulation dont Jürgen Tern, comme directeur de la *Frankfurter Allgemeine Zeitung,* est personnellement responsable. Si notoire qu'on n'a plus envie de poursuivre dans ses plus subtiles ramifications cet imbroglio de demi-vérités et de demi-mensonges, de retouches et d'escamotages : le palimpseste révèle à première vue les moyens mis en œuvre. Ce sont toujours les mêmes, depuis les suppositions dissimulées, qu'on se garde bien d'avouer pour telles, jusqu'au traitement arbitraire des faits, tantôt étouffés, tantôt mutilés ; depuis la présomptueuse prétention au rôle d'autorité juridique suprême (dans le cas présent, Tern se comporte en gardien de la charte de l'ONU) jusqu'aux guillemets, qui permettent de sournoises distinctions ; depuis l'allusion, avec clignement d'yeux, aux « intérêts bien compris » (entendez intérêts financiers) jusqu'à la conclusion en trémolos, qui doit persuader le lecteur sans malice des sentiments irréprochables de l'auteur.

« Lorsque, après l'écroulement du Reich hitlérien, il fallut créer une nouvelle presse allemande » — ainsi s'exprime la rédaction de la *Frankfurter Allgemeine Zeitung* sur le thème « Information et opinion » —, « le grand impératif qui passa avant tout fut la nette séparation entre information et opinion. Car c'est en effaçant consciemment la frontière qui doit les séparer que le national-socialisme avait égaré le public. L'indication "Information à ne donner que sous forme de commentaire" était alors le pain quotidien de la "conférence de presse du Reich". Une fausse nouvelle est bien vite démasquée aux yeux du lecteur ; en revanche, la nouvelle amalgamée au commentaire, et qui n'est pas présentée à l'avance comme une nouvelle, donne à penser que l'on commente des faits déjà bien établis. Dans ces conditions, ce n'est pas une information que l'on transmet, mais une opinion que l'on suggère. Ce mélange malhonnête du fait et de l'opinion dans les colonnes d'un journal se poursuit selon une progression géométrique dans les esprits[55] ».

Ce n'est pas un sentiment de triomphe que nous inspirent ces considérations, mais ce sentiment de honte qui nous saisit devant l'impudence.

---

55. « L'art de lire le journal », *Frankfurter Allgemeine Zeitung* du 7 mai 1960.

Conclusion

Le cœur et la langue sont comme mari et femme ; ils ont d'innombrables enfants.
Quand tous deux sont désunis, chaque mot est un fils de catin.

Friedrich von Logau.

Ce n'est pas par plaisir qu'on parle un langage double. Chez l'individu, la méchanceté peut être la cause de tel ou tel acte particulier ; les méthodes journalistiques de la *Frankfurter Allgemeine Zeitung für Deutschland,* dans leur ensemble, ne sauraient s'expliquer psychologiquement. Qui veut en pénétrer le sens profond doit s'interroger sur leur fonction sociale.

Leur ensemble est pareil à un code. Dans son mode d'action et dans sa structure, ce code présente une déconcertante analogie avec une autre forme de langage double, qui nous est bien connue par l'histoire : le langage de l'esclave. Le formalisme de ce langage ressemble à la technique du palimpseste, telle qu'elle est utilisée dans les commentaires de la *Frankfurter Allgemeine.* Le langage de l'esclave, lui aussi, exige une double interprétation, lui aussi est à double sens. Il met au premier plan ce qui convient aux oreilles des maîtres, à l'arrière-plan ce qui sert aux esclaves à se comprendre entre eux. Or, il y a au moins cent cinquante ans (ne devrions-nous pas dire plutôt dix-sept ?) que l'esclavage est supprimé en Allemagne, et il n'existe plus de serfs dans la République fédérale. En revanche, il existe, après comme avant, des maîtres et des sujets.

En fait, le langage de la *Frankfurter Allgemeine* se conçoit surtout comme un langage de maîtres. Cela explique son analogie de structure avec le langage des esclaves, dont il est le retournement. Ce qu'on peut lire derrière les lignes apparentes du palimpseste permet à ceux qui, dans le pays, exercent le pouvoir politique et économique, de s'entendre, parfois aussi de s'expliquer entre eux. Or une telle entente serait aussi possible loin du public, et c'est bien ainsi qu'elle a lieu, pour l'essentiel : à huis clos. Cependant, toute domination est forcée aujourd'hui d'obtenir l'accord, ou tout au moins l'acceptation, de ses sujets, précisément parce que ceux-ci ne sont pas des serfs. Celui qui exerce la domination ne peut pas se permettre d'éviter leur oreille ; il doit la rechercher ; mais de telle sorte qu'ils comprennent seulement ce qui leur est destiné et ne peut nuire aux maîtres, à savoir le trompe-l'œil, la phraséologie de façade.

Ainsi s'explique le sentiment qui gagne parfois le critique à la lecture de la *Frankfurter Allgemeine Zeitung :* l'impression que ce qu'elle publie est passé par la censure. Une censure a bien lieu, effectivement, mais elle ne vient pas d'un service officiel. Elle est exercée par le public. Si la vérité sur les maîtres était ouvertement exprimée, on ne pourrait pas compter sur son acquiescement ; on ne peut pas, ou pas encore, parler net et franc. De là le langage double que parlent dans ces colonnes les maîtres de l'heure : langage à la fois arrogant et plat, plein de dignité et de servilité, d'honorabilité et de cynisme ; de là cette « danse des œufs » entre les « vrais » et les « faux » ménagements, ce sourire des augures, cette savante technique de l'hypocrisie et ce jeu de cache-cache quotidien avec la vérité.

« On ne saurait assurer l'indépendance d'un journal plus parfaitement que ne l'a été celle de la *Frankfurter Allgemeine Zeitung*[56]. » Il faut ajouter foi à ces affirmations et à d'autres semblables. Avec un tel journal, rien à démystifier ; il n'a besoin de personne pour tirer les ficelles ; chacun de ses responsables est son propre tireur de ficelles. Celui qui parle le langage des maîtres n'a pas besoin de s'inquiéter pour son indépendance ; nulle puissance n'ira lui ravir ce dont elle profite elle-même. Mais les fonctionnaires du journal se trompent s'ils croient pouvoir tirer de cette situation des conclusions en leur propre faveur. Pour eux ne joue pas ce que peuvent encore alléguer comme excuse les plus sinistres collaborateurs du *Reich* et du *Neues Deutschland :* à savoir qu'ils ont été et sont exposés à des pressions massives, à de quotidiennes menaces de violences, à un incessant chantage. Personne ne peut contraindre les responsables de la *Frankfurter Allgemeine Zeitung* à renier quotidiennement le code d'honneur du journaliste qu'ils ont eux-mêmes signé. Ce qu'ils font, ils le font librement et de leur propre mouvement. Il n'y a pas de circonstances atténuantes.

Par son nom même, et dans ses propres proclamations publicitaires, cette *Allgemeine Zeitung für Deutschland* annonce la prétention de

56. *Ibid,* 25 juin 1960.

représenter notre pays. Il est à craindre que cette prétention ne soit pas dénuée de fondement ; quant à l'admettre et à la reconnaître, notre pessimisme ne va pas jusque-là. Disons-le : pour qui veut observer le climat politique, moral et intellectuel de la République fédérale ; pour qui veut étudier jusque dans le moindre détail idéologique les illusions et les appétits de sa politique officielle, ainsi que l'image qu'elle aime à se faire du monde ; pour qui est disposé à consacrer à cette étude beaucoup de patience, une prudence critique et une grande pénétration d'esprit — pour celui-là la *Frankfurter Allgemeine* sera indispensable et, c'est à craindre, le restera.

Celui, en revanche, qui veut savoir ce qui se passe réellement en matière de politique allemande et internationale ; celui qui tient à être renseigné de façon sûre, qui n'a pas envie d'être contraint, jour après jour, de se frayer un chemin, à travers un morne amas d'équivoques et de suggestions, jusqu'à une information à lacunes ; celui qui n'a pas envie d'être tenu en tutelle ; bref, celui qui cherche un journal bon à quelque chose — celui-là fera bien de s'abonner à l'un des grands journaux de ce monde qui demeurent fidèles aux vieilles règles du jeu, celles qu'a conquises la bourgeoisie et qui sont maintenues encore aujourd'hui dans les pays véritablement libres. C'est cela qui a valu à la vieille *Frankfurter Zeitung,* dont la *Frankfurter Allgemeine* se réclame à tort, d'être considérée dans le monde entier. Celui qui, pour attirer le public, met en vitrine les règles qui étaient celles de ce journal, mais n'en tient aucun compte dans la salle de rédaction, trahit non seulement une grande tradition, mais sa vocation de journaliste.

LE LANGAGE DU *SPIEGEL*

La critique sociale, ou ce qui passe pour tel, souffre communément à l'idée qu'elle doit démasquer son objet. Elle aime se représenter ce dont elle s'occupe comme impénétrable au regard. Cette conception reflète l'impuissance du critique devant les puissances auxquelles il a affaire. Elle n'est pas seulement paranoïaque, en tant qu'elle fait de son vis-à-vis une conjuration démoniaque ; elle est fausse. Le pathos irrationnel échoue devant la plupart des faits sociaux justement parce qu'ils sont patents. C'est leur évidence même qui les rend invisibles.

Cela vaut, par exemple, pour l'hebdomadaire allemand *Der Spiegel*. Les tentatives pour « démystifier » cette puissante publication n'ont pas manqué. Un responsable du parti communiste, du nom de Neumann, a exprimé l'hypothèse que le *Spiegel* serait « un organe des services secrets britanniques ». Du côté catholique, on a demandé « pour le compte de qui... le *Spiegel* combat la foi chrétienne ». Les milieux syndicaux tiennent ce journal pour un instrument des capitalistes ; dans l'industrie, il passe pour être « à gauche ». À tous les adversaires du journal il vient tôt ou tard à l'esprit de poser la question de ses « ressorts secrets ».

C'est là une question tout à fait superflue. La situation matérielle et financière du *Spiegel* est claire comme le jour, plus que celle de la plupart des autres organes de presse allemands. La maison d'édition du journal a la forme juridique d'une société à responsabilité limitée ; dans le nom de la société apparaît, à côté du titre du journal, le nom de Rudolf Augstein. Le *Spiegel* est l'organe de cet homme. Ce n'est pas seulement un associé, c'est aussi l'éditeur du journal, non pas un éditeur qui se contente de surveiller la marche de l'affaire, mais le principal collaborateur du journal, qui, sous le pseudonyme de Jens Daniel, écrit de véhéments éditoriaux et est au fond le rédacteur en chef du *Spiegel :* cas unique en Allemagne.

Erich Kuby dépeint cet homme, non sans styliser le portrait, mais après l'avoir vu personnellement, dans les termes suivants : « Un homme très jeune, d'une extrême sensibilité, doté d'une intelligence en lame de rasoir, plein de tristesse et de pessimisme, et de la crainte de voir le sentiment le dominer et l'amener à tomber dans le panneau, plein de dégoût et plein de l'espoir qu'un jour peut-être quelque chose d'inespéré arrivera, inespéré pour un homme qui sans cesse espère tout et dont l'air blasé est une arme[1]. »

Le second associé de l'affaire, John Jahr, qui figure dans ce périodique avec le titre d'« éditeur », n'a aucune influence sur les décisions d'Augstein en matière de rédaction. On a voulu voir en lui, parce qu'il a des intérêts dans l'illustré *Constanze,* un homme de confiance d'Axel Springer, le magnat de la presse le plus important et le plus dénué de scrupules de l'Allemagne de l'Ouest. Un lien direct entre le *Spiegel* et le consortium Springer ne saurait toutefois être prouvé[2].

L'histoire de cette entreprise n'est pas longue à rappeler. Le premier numéro du journal parut sous le titre *Diese Woche* (Cette semaine), en novembre 1946, dans les kiosques. Les autorités militaires anglaises le contresignaient. Toutefois la responsabilité qui pesait ainsi sur elles leur parut bientôt trop lourde ; un mois plus tard, elles s'en déchargeaient. Augstein, alors âgé de vingt-trois ans, obtint pour lui l'autorisation nécessaire et baptisa le périodique du nom qu'il porte aujourd'hui.

Il tirait alors à 15 000 ; en 1956, ce chiffre était presque multiplié par dix-huit[3]. Le *Spiegel* a été huit fois au moins interdit ou saisi ; une commission parlementaire a été désignée de son nom ; il est devenu aujourd'hui une véritable institution, propre à la République fédérale. Les sondages d'opinion indiquent que chaque numéro de

---

1. Erich Kuby, dans les *Frankfurter Hefte* (Cahiers francfortois) de juillet 1953.
2. À dater du 1er juin 1962, John Jahr a cessé d'être l'associé du *Spiegel*.
3. À la fin de 1961, le tirage du *Spiegel* se situait aux environs de 490 000.

cet hebdomadaire est lu en moyenne par environ deux millions de personnes. Sans doute existe-t-il dans la presse ouest-allemande des tirages bien supérieurs à celui du *Spiegel* ; toutefois il est lu non seulement par les classes aisées de la société (le prix de la livraison est largement supérieur à celui d'autres hebdomadaires), mais avant tout par les milieux dont on dit qu'ils façonnent l'opinion, professeurs, journalistes, employés supérieurs, représentants d'associations d'étudiants, hommes politiques, depuis le conseiller municipal jusqu'au ministre. Grâce à la composition de son public, l'efficacité du *Spiegel* se trouve encore multipliée. À cela s'ajoute que le tirage du *Spiegel* à destination de l'étranger est très important : près d'un dixième des exemplaires vendus passe les frontières et est largement répandu dans le monde.

Ces facteurs sont, pour l'économie de l'entreprise, pour son service de publicité, d'une importance décisive. La moitié environ des pages du *Spiegel* est occupée par les annonces. Le produit de ces annonces peut se monter par mois à près d'un million de marks[4]. Le fait que le journal ne manque aucunement de telles commandes a amené plus d'un observateur, préoccupé des connexions possibles entre le service de publicité et la politique de la rédaction, à se livrer à des suppositions. Kurt Pritzkoleit écrit dans son livre *Die neuen Herren* (Les nouveaux maîtres) :

« Quelles considérations ont bien pu conduire les Établissements fédéraux réunis de l'aluminium et l'affaire sidérurgique la plus importante d'Allemagne.. à confier d'énormes annonces à ce journal ? Se sont-ils imaginé que cette publicité leur vaudrait de vendre un seul kilo d'aluminium ou une seule tonne de fer en barres de plus qu'ils ne l'auraient fait sans ces coûteuses annonces ?... et que penser d'une annonce qui, occupant toute la page, bat sous sa forme lapidaire tous les records de brièveté, puisqu'elle se compose des seuls mots : "Union commerciale — Société par actions — Capital 46 millions de DM — Düsseldorf" ? Combien de lecteurs attachent un sens à cette raison sociale : "Union commerciale" ? De quel commerce s'agit-il donc ? Seuls les initiés... savent qu'il s'agit de la réunion des firmes commerciales de l'ex-Stahlverein (Union de l'acier). Et il est douteux qu'ils soient amenés eux-mêmes par cette

4. En 1961, d'un million et demi à deux millions environ.

annonce à changer de fournisseur ou à acheter les actions de l'Union commerciale...

» Dans ce genre de publicité, le public joue-t-il un rôle ? ... Quelles sont au juste les considérations économiques qui peuvent inciter des firmes comme la Hansa Stahl Export GmbH, Friedrich Krupp, ... Ruhrstahl AG, Hoeschwerke AG, Mannesmann AG, Phoenix-Rheinrohr AG, ... Farbwerke Hoechst AG, Farbwerke Bayer AG, Schrottag, Demag, ... etc., à faire insérer de coûteuses annonces dans un périodique destiné à la masse, dont les lecteurs sont avant tout des consommateurs qui ne connaissent que de nom les firmes énumérées et ne seront jamais en mesure de couvrir leurs besoins en fer ou en acier autrement que par l'achat d'un paquet de clous ou de vis ?

» Ces annonces n'ont en fait aucune justification économique... S'il faut leur donner un sens, ... ce ne peut être que celui-ci : les annonceurs, par de lucratives commandes, cherchent à s'assurer la bienveillance d'un périodique qui est beaucoup lu et qui passe pour être très porté à critiquer[5]. »

De telles considérations en disent sans doute plus long sur la morale de l'industrie lourde allemande que sur celle du *Spiegel*. En tout cas, la symbiose amorcée ici n'a pas sensiblement influé sur l'indépendance de la rédaction. Elle ne tient, au contraire d'autres grandes entreprises de presse de la République fédérale, aucun compte de ses annonceurs.

Le succès du *Spiegel* — et par là sa puissance — ne s'explique ni par des personnages agissant en coulisse ou des bailleurs de fonds, ni par les méthodes de ceux qui y passent des annonces. Il est seul de son espèce en Europe. En revanche, il existe aux États-Unis, depuis trente-cinq ans, des hebdomadaires comparables. *Time* et *Newsweek* ont parrainé la naissance du *Spiegel*. Ce parrainage, le journal le reconnaît expressément dans son sous-titre. Ce sous-titre est : « Le magazine allemand d'information » et est copié du *Time* (« The weekly News-Magazine »). Même les déclarations concernant son programme faites par le périodique américain, dans le numéro « jubilaire » paru à l'occasion de son vingt-cinquième anniversaire, coïncident sur la plupart des points avec ce qu'on est convenu d'appeler le statut du

5. *Die neuen Herren*, Munich, 1955.

Spiegel, qui détermine la méthode de travail des rédacteurs et des collaborateurs.

Pourtant la connaissance de tels renseignements et d'autres analogues n'est nullement nécessaire pour analyser le succès du *Spiegel.* Le secret de ce journal saute aux yeux. Ce qui le caractérise le mieux, c'est le langage dont il se sert. Qu'il ait su se créer une langue particulière, qu'on chercherait vainement hors de ses colonnes, les deux citations suivantes en font foi. Elles peuvent servir de test préliminaire ; chaque habitant de la République fédérale devinera leur source — ou croira la deviner.

« X..., qui est mort le 9 novembre à l'hôpital de S..., était dans l'industrie culturelle de son temps une curiosité. Dans sa courte existence, il a joué le rôle de clown et obtenu de cette façon deux résultats : on lui payait les verres dont il ne pouvait se passer, et l'on ne prenait pas en mauvaise part les vérités amères de sa poésie. Il est devenu finalement une sorte de phénomène national. Ses quatre-vingt-dix poèmes ont dû être réimprimés sept fois. À l'âge de seize ans, il abandonna l'école — par aversion pour ce qu'on voulait lui faire apprendre. Un an durant, il essaya du métier de reporter, sans grand succès. Dans les cafés, il se fit une grande réputation — comme conteur et encore plus comme grand buveur de bière. Lorsqu'enfin il ne se trouva plus personne pour l'accueillir ou payer ses dettes, indigné, il retourna dans sa patrie. Demander l'aumône lui semblait aussi naturel que de s'entourer de gens sordides et de se livrer à des orgies d'alcool qui se prolongeaient le plus souvent plusieurs jours. Il perdait de plus en plus tout empire sur lui-même. Même à des amis bienveillants il n'apparut plus bientôt que comme un bouffon des lettres. Il alla finalement jusqu'à voler des chemises à ceux qui lui donnaient l'hospitalité. Pour ses biographes, le poète, de son vivant déjà, était moralement mort. Lorsqu'au cours d'une tournée s'est produite sa mort physique, une émotion inaccoutumée s'est emparée des milieux littéraires. Les versions les plus contradictoires ont circulé sur les causes de sa mort, et parmi elles la plus absurde prétendait que X... avait été empoisonné par des poètes concurrents. La version la plus vraisemblable, ou plutôt la seule vraie, est celle du médecin de service de santé de S..., qui dit que X... est mort d'une intoxication par l'alcool, compliquée d'une pneumonie. »

« Y…, vingt-sept ans, expert en droit administratif, a été appelé le 11 juin par le Président de P… à faire partie du cabinet comme secrétaire d'État chargé de mission. Ainsi a trouvé sa conclusion provisoire une carrière fulgurante, commencée sans gloire il y a sept ans. La Faculté de droit de l'Université de Z… avait alors, sans autre forme de procès, mis dans la corbeille à papier la thèse du jeune Y… Sa famille, fort influente, avait néanmoins réussi à lancer comme référendaire au tribunal fédéral ce raté atteint de vagues accès de génie, après que celui-ci, grâce à des conquêtes de nature intime, se fut fait un certain nom dans les milieux de la haute finance. Toutefois, le slalom entre les dossiers laissa d'abord froid le débutant, dont les dispositions étaient plutôt sentimentales. Il eut l'idée d'essayer plutôt la carrière d'écrivain à sensation ; il y déploya bien vite un flair digne d'attention. Déjà sa première œuvre, un roman à scandale, troussé de manière très aguichante et tout chamarré de sentimentalité, choqua le public international et eut pour conséquence une épidémie de suicides. L'ouvrage suivant sorti du tiroir à hobbies du juriste dilettante fut un informe drame de chevalerie. Il dut en payer l'impression de ses propres deniers, n'ayant trouvé personne pour l'éditer. Ce poète du dimanche s'était introduit chez le chef du gouvernement de P… à la faveur de soirées de beuverie prolongées, de courses au clocher et de parties de maîtres. La population était à vrai dire peu séduite par cette forme coûteuse de mondanités semi-officielles. De leur côté, les milieux gouvernementaux influents avaient peine à les considérer comme une preuve d'aptitude au poste richement doté qu'il occupait au sein du cabinet. Le ministre Q… éleva même contre la nomination de ce benjamin trop ami du vin une protestation officielle. Y… s'assura toutefois en temps voulu, grâce à des soirées de lectures littéraires et à d'adroites offensives de charme, la protection de la coterie de dames qui faisait partie de l'entourage intime du chef du gouvernement. Y…, quand sa nomination fut assurée, déclara : "Sans moi, le vieux ne peut plus ni nager ni patauger." »

La première de ces deux histoires se trouvait dans le n° 51 (1956) du *Spiegel*. La lettre X remplace ici le nom du plus grand poète anglais depuis Eliot et Pound, le Gallois Dylan Thomas. La seconde histoire concerne Johann Wolfgang Goethe. Elle n'a jamais paru dans le *Spiegel*, pour la seule et unique raison que le *Spiegel* n'existait pas encore en 1776.

L'expérience montre que la langue dont se sert ce journal rend méconnaissable ce dont elle s'empare. Drapés dans son jargon, ni les traits de Goethe, ni ceux de Dylan Thomas ne sont reconnaissables. Il serait faux de parler d'un *style* du *Spiegel*. Le style est toujours sélectif ; il n'est pas applicable à n'importe quel sujet. Il est lié à l'écrivain. La langue du *Spiegel,* au contraire, est anonyme, elle est le produit d'une collectivité. Elle masque celui qui l'écrit comme elle masque ce sur quoi il écrit. Il s'agit d'une langue universelle de mauvaise qualité : elle se tient pour compétente quel que soit le sujet. Du christianisme primitif au rock and roll, de la poésie à la loi sur les cartels, de la bagarre des trafiquants de stupéfiants à l'art minoen, tout est coulé dans le même moule. L'omniprésent jargon enveloppe ce dont il parle, donc tout sans exception, de son grossier filet : le monde est ligoté par les « ficelles » du métier. Nulle expression ne saurait mieux caractériser la langue du *Spiegel* que celle-ci, qui provient de sa propre sphère. On cherche à justifier rationnellement ces ficelles en disant qu'elles sont une garantie que tout le monde comprendra. Le magazine *Time,* dans un article-programme paru à l'occasion de son jubilé, motive ainsi son jargon :

« Le magazine tout entier doit être intelligible pour *un* homme quelconque et un homme occupé — conception tout à fait différente de celle qui préside aux rubriques des quotidiens, lesquelles s'adressent à tel ou tel groupe particulier. Pour que le contenu tout entier du *Time* pût pénétrer l'esprit du lecteur, il a fallu d'abord le traduire dans une langue que n'importe quel homme pût comprendre. Plus tard, partant de cette idée, on a formulé la maxime : *Time* se présente comme s'il était écrit par un homme quelconque pour un homme quelconque. »

La formation d'une langue spéciale adaptée au but propre du journal est ici ouvertement proclamée comme principe de rédaction ; l'article parle même de « traduction » nécessaire et souligne par-là que le jargon du magazine est étranger à la langue écrite courante. On fait prompte justice de celle-ci, et cela, prétend-on, par égard pour le lecteur, qu'il ne faut absolument pas croire capable de la comprendre, parce qu'elle dépasse son horizon.

Ce lecteur est une figure mythologique que l'on rencontre dans tous les secteurs de l'industrie culturelle ; il rappelle cet archétype de l'*anima* dans le cinéma allemand, qui porte le nom de Lieschen Müller.

« Les rédacteurs du *Spiegel* se considèrent eux-mêmes », selon les termes de leur éditeur, « comme des lecteurs moyens… Cela signifie que les rédacteurs du *Spiegel* n'ont pas le droit d'être trop intelligents ». Naturellement il n'existe « un » lecteur du *Spiegel* que depuis qu'il existe un *Spiegel* : le journal le produit comme étant la base même de son existence. Il ne se contente pas de ramener ses sujets à la mesure de ce lecteur, il ramène aussi le lecteur à la mesure du magazine. Il l'amène à son niveau, il le forme. Ce n'est pas une affaire toute simple, mais un processus compliqué de domestication que l'on peut étudier en détail dans les lettres de lecteurs reproduites chaque semaine sur plusieurs colonnes par le magazine. Elles montrent que le dressage, du moins auprès d'une partie des lecteurs, a parfaitement réussi. De nombreux auteurs de lettres ont véritablement assimilé la langue du *Spiegel* ; beaucoup essaient même de la surpasser. Il est dans la nature même de ces « ficelles » d'être facilement transmissibles ; elles s'y prêtent. Car bien qu'elles n'aient rien de simpliste et soient tout au contraire le comble de l'artifice, chacun peut en user, car elles n'ont rien à voir avec la personnalité de qui les emploie ni avec le sujet dont elles traitent. Ce qui paraît complexe dans leur structure, c'est justement ce qui est « ficelles » et tours de passe-passe, donc tout simplement ce qui s'apprend. Les coquetteries avec sa propre astuce, que peut se permettre celui qui ne s'en laisse pas conter, l'utilisation hâtive de termes techniques, les mots à la mode semés çà et là, l'argot du jour, l'apprêt demandé en passant à des ornements de rhétorique, ajoutez à cela un petit nombre de gags syntaxiques empruntés le plus souvent à des modèles anglo-saxons : telles sont quelques-unes des spécialités les plus marquantes de la langue du *Spiegel*. Comment l'article banal est empaqueté comme un article rare, et vendu à des gens qui ne se doutent de rien et qui s'imaginent d'autant plus être au fait qu'ils ne se doutent de rien, c'est ce qu'a décrit exactement Theodor W. Adorno dans ses études sur l'industrie culturelle. Le besoin profond de dialogue, voilà ce qu'exploite adroitement la langue du *Spiegel*. Elle s'apparente à cet égard à la langue insipide et inconsistante du *Reader's Digest*. À vrai dire, elle est moins prudhommesque : elle ne se donne pas pour « ce qu'il y a de meilleur », mais pour le fin du fin. L'exemple suivant montre comment une simple phrase est transposée dans cette langue hautement spécialisée : « Lors de la cérémonie de clôture des seizièmes jeux olympiques d'été, les salves d'honneur australiennes ont fait martialement écho à la guerre des muscles de Melbourne. Les artilleurs de Sa Majesté la reine d'Angleterre ont apporté le tonnerre de la guerre, qui gronde actuellement en coulisse, à ce spectacle olympique qui, au milieu d'un monde fort peu paisible, faisait penser à une mauvaise pièce de théâtre. Ils ont, par leurs coups de canons, réduit à un vain bruit et à une vaine fumée la cordialité de comices agricoles qui voulait marquer cette cérémonie de clôture, et tous les discours en faveur de l'égalité et de la fraternité entre sportifs. »

Une analyse détaillée de ce passage est superflue. Dans le *Spiegel* — ainsi s'exprime son directeur — « on doit trouver un allemand concis, coloré ». Si l'on tente de retraduire en allemand ce passage de son périodique, cela donne deux phrases, effectivement concises : « Lors de la cérémonie de clôture des jeux olympiques, des salves d'honneur ont été tirées. Cela nous a déplu. »

Si l'auteur du passage s'était exprimé de cette sorte, neuf lignes de lecture inutile auraient été épargnées à ce lecteur moyen si occupé. D'autre part, la clarté de l'information n'en eût pas souffert. Il est à présumer que le journaliste ne s'est pas soucié d'être compris. Dans la conception du *Spiegel,* il n'y a pas lieu de distinguer la modeste nouvelle de son interprétation. Information et commentaire sont si bien entortillés dans les « ficelles » qu'on ne peut plus les séparer.

Mais ce qui distingue le texte du *Spiegel* de toute autre façon de présenter les faits, ce n'est pas seulement qu'il les obscurcit de son jargon et de ses préventions cachées, c'est aussi son humour forcé. On perçoit chez lui la plaisanterie tirée par les cheveux de quelqu'un qui joue le rôle d'amuseur et doit à tout prix attacher son public. Or sur ce qui est comique et ne l'est pas, la contestation est difficile. Si le magazine, par exemple, écrit du chanteur à la mode américain Presley qu'il est « extraordinaire » et « transporte » ses auditeurs « du Dixieland au Kinseyland », c'est là du fort mauvais allemand, mais cela ne manque pas d'un certain comique, en rapport avec le caractère peu raffiné du sujet. Les contorsions du chanteur, à qui étaient consacrées les onze premières pages du numéro, « faisaient », écrit le *Spiegel,* « naître l'impression qu'il avait avalé un marteau pneumatique ». L'éclat de rire qui accueille de telles plaisanteries devient désastreux si c'est Gide et Claudel, Sartre et Freud qui en font les frais. Lorsqu'à Berlin-Est on a arrêté le jeune professeur de philosophie Wolfgang Harich, le *Spiegel* est allé dénicher dans sa vie un épisode où se trouvait impliquée une dame originaire de la Thaïlande, et s'est demandé « si c'était pour des raisons métaphysiques ou physiques » qu'il « était allé s'installer avec cette dame siamoise au n° 1 de la Podbielski-Allee à Berlin ».

Dans de telles plaisanteries s'exprime un humour qui tient le milieu entre la grivoiserie et la diffamation. Il rappelle les soirées de variétés cauchemardesques qui, il y a vingt ans, sous la devise « La force par la joie », avaient tant d'amateurs. On n'a renouvelé que le décor, tout comme on enjolive de bandes de chrome les articles de fabrication un peu ancienne. Celui qui réfléchit aux sources troubles d'un tel rire sait que la maxime « Le ridicule tue » peut prendre une fort sinistre signification : les applaudissements donnés à l'amuseur peuvent devenir aisément l'exultation de ceux qui traitent les tableaux à coups de canif et manifestent leur approbation si le casse-tête entre en action.

Ce qui est fait pour amuser le lecteur du « magazine allemand d'information » est un démenti à ce sous-titre. En fait le *Spiegel* n'est aucunement un journal d'information. Le contenu en est bien plutôt constitué d'un assemblage de « stories », d'anecdotes, de lettres, de conjectures, d'interviews, de spéculations, de potins et d'images. Incidemment le lecteur tombe sur un article de fond, une carte géographique, un tableau statistique. De toutes les formes d'information, celle qui se présente le plus rarement est celle qui donne son nom au magazine : l'information pure et simple. « La forme sous laquelle le *Spiegel* apporte son contingent de nouvelles au lecteur », est-il dit dans le programme du *Spiegel*, « est le récit (story) ». Cette forme de présentation typique demande plus ample examen. À première vue, elle semble offrir des avantages au lecteur pressé : elle le dispense du travail de synthèse, en lui mâchant la besogne et en ordonnant les informations particulières en un tout accessible. Le procédé se fonde sur une conception atomistique de la nature de l'information, conception selon laquelle chaque nouvelle peut se décomposer en une masse homogène de particules. (Cette conception est partagée par la cybernétique moderne ; là les particules élémentaires d'information s'appellent *bits*.) Mais comment la masse ainsi préparée et homogénéisée est-elle synthétisée en récit ?

La traduire dans la langue du *Spiegel* ne suffit pas. Si le processus de décomposition éloigne la nouvelle de son contexte d'origine, la synthèse en forme de récit la transforme en une œuvre pseudo-esthétique, dont la structure n'est plus dictée par le sujet, mais par une loi étrangère au sujet. Chaque nouvelle a une source qu'il est possible d'indiquer ; temps, lieu, auteur en sont inséparables. Ces données font partie du minimum indispensable à toute nouvelle de journal, fût-ce la plus brève. Elles manquent dans le *Spiegel* parce qu'elles sont inconciliables avec le principe du récit : récit et information s'excluent l'un l'autre. Tandis que l'information en général n'est pas faite pour divertir et n'a pas pour objet de faire plaisir, mais de mettre au courant, le récit suppose de tout autres conditions : il doit avoir commencement et fin, il a besoin d'une action et avant tout d'un héros. Les vraies nouvelles manquent fréquemment de ces qualités : tant pis pour les nouvelles !

Que le héros soit indispensable, le programme du *Spiegel* le pose expressément en fait : « Rien n'intéresse autant l'homme que l'homme. Aussi les histoires du *Spiegel* devraient-elles avoir une haute portée humaine. Elles devraient parler d'hommes qui accomplissent une tâche. » Que faut-il entendre par « une haute portée humaine » ? La question reste entière. La formule, à la fois emphatique et boiteuse, ne laisse rien présager de bon. Le programme du *Spiegel* évite de parler de l'arrière-plan idéologique du héros de récit. Le magazine américain *Time* s'exprime plus clairement à cet égard : « Les événements nouveaux », dit-il, « ne doivent pas leur naissance à des "forces historiques" ou à des gouvernements ou à des classes sociales, mais à des individus ». Voilà le héros justifié. *Human interest,* récits de chair et de sang : ces mots d'ordre se fondent sur cette fausse vérité que l'histoire est faite par l'individu. Le caractère avant tout social des phénomènes historiques est nié, tandis qu'on bouscule au passage la notion marxiste de classe. L'anecdote détermine la structure d'un tel mode d'information ; l'histoire devient historiette.

Une telle conception de l'histoire se donne bien à tort pour démocratique, car l'individu dont elle prétend prendre en main les intérêts en face de la collectivité n'est nullement le simple citoyen,

mais au contraire l'homme en vedette, qui se distingue des autres par
le succès ou la puissance, et dont le magazine consacre les privilèges
en le présentant sur sa couverture sous la forme d'une icône naturaliste.
Cette conception de l'individu et de son pouvoir de faire l'histoire
rappelle les mots de ralliement totalitaires relatifs au principe du chef
et au culte de la personnalité, plutôt que les maximes classiques de
la démocratie. Cependant, il faut attribuer cet aspect idéologique
du héros beaucoup moins à une intention de la rédaction qu'à une
contrainte née de la forme du récit, laquelle n'est pas appropriée à la
description de situations historiques. Ainsi la révolution hongroise
d'octobre 1956 est devenue dans le *Spiegel* une histoire à sensation
sur Imre Nagy, qui apparaissait également sur la première page.
N'importe quel travailleur insurgé eût mieux représenté cet événement
historique que cet homme dépassé par les événements[6].

Si manifestes que soient les insuffisances du « récit » pour les
fins de l'information, si grand que soit le tort fait au magazine, en
tant qu'organe d'information, par le jargon dont il est l'esclave, sa
réputation de feuille bien renseignée n'en a pas souffert. Cela peut tenir
d'abord au fait que le *Spiegel* met le prix aux informations qu'il publie.
Au contraire d'une grande partie de la presse quotidienne, il ne s'est
jamais contenté de mettre à contribution télégraphe et bélinographe
et de compter sur le matériel que fournissent les agences de presse.
Il a, dès l'origine et avec beaucoup d'esprit de suite, en Allemagne et
à l'étranger, établi un réseau de correspondants qui lui est propre, est
très étendu et fonctionne bien. Ces collaborateurs, de leur côté, ne se
sont pas contentés d'informations officielles et officieuses ; ils ont su
trouver le chemin de sources confidentielles. En outre, le magazine
dispose d'archives uniques en leur genre. Si les sources du *Spiegel*
sont parfois troubles, on peut cependant, en règle générale, s'en

6. Depuis, la rédaction, par la force des choses, s'est à plusieurs reprises écartée
du principe de la couverture-icône. Parmi les numéros 42 à 52 de l'année 1961, il y en
a trois sur la couverture desquels aucun portrait n'apparaît plus : les investissements
croissants des Américains en Europe sont illustrés par des bannières étoilées et des
caricatures ; les difficultés des armateurs allemands par un tableau de leurs pavillons ;
un compte rendu sur la peinture naïve par une reproduction. Sur deux autres couvertures illustrées l'élément portrait n'apparaît qu'à l'arrière-plan : le visage de James
Joyce derrière une page du manuscrit d'*Ulysses,* la tête de Gomulka derrière une carte
représentant la frontière Oder-Neisse.

remettre à elles. Le programme du périodique formule ce postulat sans équivoque : « Toutes les nouvelles utilisées dans le *Spiegel* doivent être d'une exactitude rigoureuse. » Pour assurer le respect de ce principe, la rédaction a institué un système de vérification qui lui est propre. Chaque manuscrit, avant d'aller à la composition, est soumis à un contrôle au service des archives du journal. La vérification est opérée point par point : toute affirmation relative à des faits est contrôlée quant à son exactitude. Les critères sont d'ordre logique : une chose qu'on affirme peut être d'une exactitude certaine, d'une fausseté certaine, ou être simplement possible. Le travail du vérificateur revient donc à lire le texte à l'envers et à défaire le travail de préparation qui avait permis de passer des parcelles d'information au « récit ».

Il ressort déjà de ces faits combien la véracité dont se vante le périodique profite peu au lecteur : les spécialistes du service des archives du *Spiegel* sont au fond les seules personnes qui, grâce à leur entraînement, soient en mesure d'analyser les informations du journal. Le postulat selon lequel toutes les nouvelles utilisées doivent être d'une exactitude rigoureuse vaut du point de vue du producteur, mais non du point de vue du lecteur. Si, lors d'une enquête faite en 1954, 91 % des lecteurs qui y participèrent furent d'avis que le *Spiegel* était objectif, ils furent victimes d'une illusion. L'objectivité, en effet, est un critérium qui n'est d'aucune façon applicable au « récit ». Ce qui est déterminant pour le succès d'un « récit », c'est uniquement son effet. L'exigence d'exactitude ne ressort pas de son essence, comme c'est le cas pour la nouvelle : elle lui est apportée du dehors ; oui, strictement parlant, un récit ne peut pas être exact, tout au plus peuvent l'être les détails qui y sont utilisés. C'est seulement dans ce sens qu'on peut prétendre que le *Spiegel* veut dire la vérité, ou plutôt doit la dire. Ce n'est pas d'être exact qu'on lui demande, mais d'être inattaquable, et cela d'un point de vue purement juridique. Seule passe pour fausse dans ce sens une affirmation pouvant entraîner un procès qui pour le journal serait perdu d'avance. Plutôt que d'exactitude, on devrait donc parler de non-inexactitude. Moralement parlant, cependant, une double négation n'est pas, comme en logique, identique à une affirmation.

Si le « récit » ne peut pas se réclamer de l'objectivité de la nouvelle, il lui manque également le caractère de légitimité auquel peuvent prétendre les autres formes d'expression journalistique, comme les commentaires ou l'éditorial. Dans les colonnes du périodique lui-même apparaît clairement la distinction qu'il convient de faire ici. Les éditoriaux de Jens Daniel appartiennent aux meilleures productions de la presse allemande des dernières années. La façon de procéder de leur auteur est inattaquable, qu'il ait raison ou non dans ses conclusions. Son cas est parfaitement clair : il prend la responsabilité de ce qu'il dit et, ce qui est encore plus important, ne revendique pour ce qu'il avance aucune valeur objective d'aucune sorte. Au contraire : il agit sur le lecteur précisément grâce au caractère résolument subjectif de son article, grâce à sa conviction, grâce à son engagement. Jamais il ne tente de donner son interprétation des nouvelles pour ces nouvelles elles-mêmes.

Or c'est précisément ce que fait celui qui écrit des « récits ». Il reste délibérément anonyme, il ne joue pas cartes sur table, il travaille dans l'obscurité. Ce n'est pas malignité de sa part, cela tient aux lois de la forme qu'il a choisie et qui est une forme esthétique. Le « récit » est une forme dégénérée de l'épopée ; il invente action, enchaînement, continuité esthétique. Par suite son auteur doit se comporter en conteur, en démiurge omniprésent, à qui rien ne demeure caché et qui, à tout instant, comme un Cervantes dans le cœur de don Quichotte, peut lire dans le cœur de ses héros. Mais tandis que don Quichotte dépend de Cervantes, le journaliste, lui, est aux prises avec la réalité. Aussi son procédé est-il foncièrement malhonnête, son omniprésence, présomptueuse. Entre la simple exactitude de la nouvelle, dont il fait fi, et la vérité supérieure du vrai conte, qui lui reste interdite, il doit se faufiler en trichant. Il doit interpréter les faits, les ordonner, les modeler, les arranger. Mais c'est justement cela qu'il n'a pas le droit d'avouer. Il n'a pas le droit de reconnaître qu'il donne à son récit la couleur épique. C'est une position sans issue. Pour la tenir, l'auteur de « récits » se voit contraint de retoucher, d'écrire entre les lignes. Aucune publication n'a été plus loin que le *Spiegel* dans l'art de la suggestion, du laisser-entrevoir et du clin d'œil.

Il n'est pas facile de faire d'un tel art une vertu ; il spécule trop visiblement sur la curiosité du voyeur, il se fait d'une façon trop criante des alliées de l'envie, de la médisance et de la malignité. Certains ont néanmoins justifié ces procédés par les exigences d'une attitude critique, disant que certains faits ne sauraient être portés à la connaissance du public qu'entre les lignes, et qu'il vaut mieux en parler par allusion que pas du tout. L'argument vise la presse quotidienne sérieuse du pays, dont on dit qu'elle a peur de « choquer ». L'expression vient de l'argot militaire, c'est-à-dire d'une société où il s'agit avant tout de « s'aligner ». L'idée que les informations d'intérêt général ne doivent paraître qu'entre les lignes est issue de postulats semblables. Qui pense ainsi tient la censure pour une chose toute naturelle et s'en est déjà accommodé. Il renonce à faire des possibilités de la démocratie l'usage qui seul peut la réaliser. Une telle prudence n'est pas seulement superflue, elle constitue une trahison, héritage du fascisme dont le journalisme allemand devrait enfin se débarrasser.

C'est son attitude critique, ou ce qu'on tient pour tel, qui a (outre ses particularités de style et la trouvaille du « récit ») valu au *Spiegel* sa réputation, son succès et sa force. Ce qu'il faut en penser, une simple réflexion nous l'apprendra. Tous les efforts tentés jusqu'à ce jour pour attribuer au *Spiegel* des convictions, quelles qu'elles soient, ont échoué. Le journal n'a pas de position. Celle qu'il semble prendre de temps à autre répond plutôt aux besoins du « récit » à travers lequel on peut la deviner : elle en est le piquant. Elle est, souvent peu de semaines après, démentie par une autre histoire, parce que celle-ci exige une autre « sensation ». Celui donc qui voudrait accorder au journal une base de convictions se voit continuellement dupé. Il ne récoltera que des indications triomphantes, relatives à l'« objectivité » et à l'indépendance du magazine, s'il prend les pointes que pousse celui-ci pour une direction. L'idéologie du *Spiegel* n'est rien qu'une omniscience sceptique, qui doute de tout, sauf d'elle-même. C'est déjà dire que le *Spiegel* ne peut faire preuve d'esprit critique, mais seulement d'un succédané. Une critique dont le levier n'a d'autre point d'appui que le point d'appui imaginaire d'un scepticisme incapable de douter de lui-même se fera toujours la servante des événements. Celui qui n'est pas prêt à prendre position (et c'est justement ce qui est interdit au journaliste du *Spiegel*), celui-là réduit d'avance sa critique à une simple tactique, et avoue, avant même de l'exercer, qu'elle n'enfoncera que des portes ouvertes. Il prétend bien vouloir changer le monde, mais il ne sait pas à quelle fin. Son but change selon les exigences tactiques du moment, lesquelles changent de leur côté à l'instant même où le « récit » prend le chemin de la composition : sa critique est sans perspective, elle est aveugle. S'il était besoin d'une preuve que cet aveuglement n'est pas inhérent au métier de journaliste, il suffirait de jeter un coup d'œil sur les meilleurs hebdomadaires critiques d'Europe : sur le *New Statesman, L'Express*[7], *France-Observateur* et *L'Espresso.* Pour chacun d'eux, abstraction faite de leurs particularités, le moindre détail tactique est l'occasion d'un examen critique approfondi.

Mais si le réalisme tactique, tel que l'entend le *Spiegel*, n'admet pas que les questions soient posées de manière radicale, ses rédacteurs n'en cherchent pas moins avec le plus grand soin à donner à chaque ligne qui paraît dans le magazine un vernis radical. L'inauthentique, pour n'être pas percé à jour, se donne pour l'authentique et réciproquement : là où l'on pose des questions radicales, le *Spiegel,* avec un sourire suffisant, les rend suspectes, comme inauthentiques. La pseudo-critique n'a d'autre choix, en effet, que de discréditer la vraie, où qu'elle se montre.

Ce qui manque au *Spiegel* en énergie critique, il cherche à le remplacer par des airs inquisitoriaux. À l'aide de son réseau d'informations et de ses abondantes archives, le magazine a porté la technique des « fiches » à la perfection. Ses grands récits donnent parfois l'impression qu'il est de leur propos (et de leur compétence) d'introduire une procédure contre le personnage auquel ils sont consacrés. Caractéristique à cet égard est un infamant détail de forme : c'est la fameuse tournure dont la justice se sert pour désigner l'accusé. « Il suivit », lit-on dans un récit du *Spiegel*, « *le sieur* Dylan Thomas jusqu'au pays de Galles ». Ou bien : « La lettre de Khrouchtchev dévoila au *sieur* Tito… ». Les règles selon lesquelles l'accusé est interrogé et jugé restent cependant le secret de la rédaction.

Tant qu'il s'agit de producteurs de films ou de chanteurs à la mode, qui s'intéressent à tout prix à la publicité, et à qui ce que l'on dit d'eux est égal, pourvu qu'on parle d'eux, aussi longtemps donc que les victimes de la méthode sont implicitement d'accord avec elle (cela peut valoir également pour certains hommes politiques), il n'y a pas grand-chose à lui objecter. En de tels cas, on pourra

7. Ancienne formule (*N. d l'Éd.*).

accepter tranquillement le magazine comme une sorte d'illustré fait de pièces et de morceaux, comme une *Bild-Zeitung*[8] améliorée. Que ses prétentions et ses méthodes soient plus raffinées que celles de son grossier modèle ne change rien à la chose.

Le lecteur tel que le *Spiegel* l'a découvert et formé ne sera pas disposé, bien sûr, à se laisser comparer au consommateur d'illustrés et de journaux du boulevard. La différence de prétentions et de méthodes est à ses yeux d'ordre qualitatif. Il est confirmé dans cette idée par la propagande du journal, qui opère volontiers au moyen de formules publicitaires telles que la suivante :

Qui ne voudrait, comme Thésée, avancer d'un pas sûr ?
Qu'il est beau de pouvoir se dire : Je sais à quoi m'en tenir !
Le Spiegel est — vous le verrez vous-même —
Le fil d'Ariane de notre temps !

En fait, le périodique compte sur un lecteur que, tout comme l'acheteur d'illustrés, on se représente comme une table rase. On ne suppose chez lui que la connaissance routinière du jargon. Ce lecteur idéal est un être sans origines, sans histoire et sans mémoire. C'est proprement l'être a-historique. Les images, en apparence objectives, immuables, qui sont projetées sur la table rase de sa conscience, ne sont là que momentanément et virtuellement. Leur contexte doit sans cesse être présenté de nouveau, aussi souvent qu'elles apparaissent : la première image s'est dissipée avant que surgisse la seconde. Historicité et mémoire sont remplacées chez le lecteur qu'on attend ici par les archives du magazine, sorte d'énorme silo de faits. Le passé y est omniprésent, comme l'actualité chez le reporter. Par suite, la dimension historique, interdite à la forme du « récit », échappe également au lecteur qui lui est destiné. Toutes les situations données sont par principe représentées comme inconnues de lui : seule leur apparition dans le magazine leur prête momentanément la dignité de l'existence. Le monde devient, selon l'expression de Günter Anders, la matrice du magazine, et le « récit », son fantôme.

---

8. Feuille du soir à sensation — à très bas prix et à très fort tirage — qui n'a pas même son correspondant en France (*N. d. T.*).

Son lecteur proclame son accord avec l'image que le périodique se fait de lui en émettant la prétention, bien que totalement ignorant, de pouvoir tout comprendre et juger. Sa croyance que nul ne saurait lui en faire accroire est fortifiée par le fait même qu'on ne cesse de lui en faire accroire. On lui suggère le sentiment d'une supériorité qu'en réalité il ne possède pas. Ce n'est pas le rôle d'un acteur, mais celui d'un spectateur qu'on lui met en main. Les aperçus et les révélations que lui fournit le magazine font de lui un voyeur ; il peut, sans prendre la moindre responsabilité, voir ce qui se passe « dans les coulisses ». « Le *Spiegel* éclaire les coulisses de notre tumultueux théâtre du monde… » « Moi, le sage, au contraire, je lis dans le *Spiegel* le dessous des événements » (formules publicitaires du magazine). Ce qu'on offre ainsi au lecteur, c'est une place près du trou de la serrure. Le magazine lui ôte le droit de décider : la décision est préfabriquée dans le « récit ». Tandis que la nouvelle est un moyen sûr pour qui veut s'orienter, et, à ce titre, est un moyen de production, le « récit » n'est rien d'autre qu'un bien de consommation. Une fois consommé, il ne laisse après lui que des résidus émotionnels qui agissent sous forme de ressentiment : par exemple, l'envie ou la malignité. Sans doute, de nombreux « récits » contiennent-ils des invitations voilées à l'action. Seulement ces invitations ne s'adressent jamais au lecteur, mais au personnage, chaque fois différent, auquel on s'attaque, que l'on « démasque ».

Moralement, le procédé décharge le consommateur en lui ôtant toute responsabilité et en lui mettant sous les yeux une fois par semaine la perversion du monde, entendez celle des autres, avec lesquels il n'a rien de commun, pour lesquels il n'a pas à prendre parti et sur lesquels il ne peut avoir d'influence. *Intellectuellement,* il ne l'éclaire aucunement sur sa situation de fait, celle de l'ignorance, mais la lui dissimule par tous les moyens. Par suite, il n'est pas orienté, mais égaré.

Naturellement, le conditionnement du lecteur ne réussit jamais qu'en partie ; il demande du temps. Le lecteur idéal du *Spiegel* est une abstraction, mais pas le moins du monde une chimère. Comment cette abstraction, pas à pas et presque imperceptiblement, devient une réalité, nous allons le montrer ici par un exemple qui permettra en même temps de vérifier toutes les thèses soutenues ici sur le magazine et ses méthodes. Nous choisissons à cet effet le cas du philosophe Jean-Paul Sartre, dont le *Spiegel* s'est occupé à différentes reprises. Il ne peut s'agir ici de constater des erreurs de fait et de réfuter les dires du magazine. Une discussion sur l'œuvre de Sartre ou sur sa personne serait hors de propos. On ne citera donc que des textes du *Spiegel*. Le commentaire ne portera que sur la façon dont le magazine présente les choses. Pour souligner le caractère typique des faits, on remplacera ici le nom du protagoniste par une lettre conventionnelle.

En décembre 1956, quelques mois après l'insurrection hongroise, il a paru dans les toutes premières pages du *Spiegel* un reportage consacré à X… Sa photo sur la couverture porte cette légende : « Les mains sales de Moscou. » Bien avant qu'il ait pu commencer sa lecture, celui qui regarde la photo se voit suggérer par ces mots une opinion préconçue, qui n'a rien à voir avec la photo elle-même, qui n'est appuyée d'aucune preuve et qui ne peut que prévenir le lecteur contre le héros du « récit ». Le titre de celui-ci, « Le pauvre sympathisant X… » continue cette manœuvre. Le regret à la fois ironique et protecteur avec lequel X… est mentionné, et le soupçon exprimé que l'écrivain X… est plus occupé du succès que de la vérité (légende : « La vérité est-elle identique au succès ? ») se réunissent en un tintamarre de sentiments où l'on ne voit pas trace d'argument.

La « sensation » de ce « récit » est l'incendie du quartier général du parti communiste français par des manifestants. « Mais les flammes éclairaient la conscience trouble de ce philosophe qui, des années durant, d'une manière fort obscure et fort confuse, a tour à tour collaboré avec les communistes ou les a taquinés. Ce flirt long de douze ans entre X… et les communistes peut être regardé comme caractéristique de l'état d'esprit de tout un ramassis d'intellectuels, en France et hors de France, gens chez qui le culte des idées remplace la simple bonne foi quotidienne. »

Ici l'intention de diffamer et non plus d'informer se dissimule à peine. Les épithètes « obscure », « confuse » et « trouble » donnent à entendre que X… se livre à de sombres activités, qu'il pêche « en eau trouble ». Les expressions « flirt » et « taquiner » veulent rabaisser une discussion passionnée de douze ans au niveau d'une polissonnerie. La référence à « la simple bonne foi quotidienne », dont l'auteur est manifestement préoccupé, devient peut-être plus claire si l'on fait un rapprochement avec une histoire parue dans le *Spiegel* en 1949 :

« "Probablement le génie français le plus séditieux depuis Voltaire" » : c'est ainsi qu'un critique français a qualifié X…, admirant cet auteur tout en relevant chez lui de graves contradictions philosophiques. X… est philosophe, dramaturge, critique et, *last but not least,* écrivain politique ; c'est un littérateur de formation latine, comme l'était aussi le vieux Voltaire. Un homme très sûr de lui, brillant dialecticien et d'une intelligence volontiers agressive… Autant ses écrits et ses drames provoquent de discussions, autant l'homme privé intéresse peu le public… X… est d'ailleurs sociable et ne se dérobe ni aux interviews ni aux discussions …(Il) séduit d'emblée par sa lucidité et son intelligence. Il ne se complaît pas dans le rôle de l'écrivain célèbre et n'ennuie pas non plus par une affabilité banale. »

C'est avec ce « ramassis », qu'il vilipende aujourd'hui, que l'honnête auteur de ce « récit » a donc fraternisé sept ans plus tôt. On lisait alors dans le *Spiegel :* « Sous la direction de X… est apparu ce front littéraire démocratique auquel les gouvernements du "troisième front" sont redevables de plus d'un acte de soutien… X… entend par démocratie sociale une démocratie qui laisse véritablement à l'individu la liberté du choix et ne le lie que par la responsabilité personnelle. »

Sept ans après, alors que X… se conforme rigoureusement aux maximes de 1949, le journaliste juge opportune cette apaisante assurance :

« En France et en particulier à Paris, les chatoyantes prises de position de brillants esprits ont aussi peu d'influence sur la politique du jour que partout ailleurs… Il n'en est pas moins vrai que le parti communiste français… a pu s'offrir les apparences d'une attitude intellectuelle aussi longtemps qu'il avait à son bord d'illustres compagnons de route tels que X… »

« D'illustres compagnons de route » : ironique révérence de qui se donne l'air d'estimer sa victime. À noter ici également que l'expression « avoir à son bord » épargne à l'auteur le soin de définir exactement les rapports qui existaient et qui existent entre X… et le parti communiste. De quoi s'agissait-il ? Ce point est escamoté. Les tournures sournoises de ce genre ne se discernent pas facilement à première vue. C'est sur cette opacité que repose leur action sur le lecteur non prévenu.

« Après la Libération… il cultiva autour de lui son horreur du contentement de soi et de la bonne conscience. » Comme le caractère honorable de cette attitude ne saurait faire de doute, seul l'emploi du jargon peut — pour ne pas sortir de ce jargon même — la rendre « véreuse ». Qui « cultive son horreur » pour quelque chose se paye manifestement un luxe intellectuel aux frais de ses contemporains.

« Comme beaucoup de moralistes avant lui… il a pris sentimentalement position pour les malheureux, les opprimés, les mal lotis, auxquels il a apporté la bonne nouvelle de la justice humaine. » Sentimentalement, c'est-à-dire sans avoir soumis sa position à un examen raisonné. Les « malheureux » se voient inopinément transformés en « mal lotis », en pauvres diables, qui n'arriveront jamais à rien. Avec un humour plein de délicatesse, l'auteur se divertit à l'idée qu'un philosophe leur « apporte la bonne nouvelle » : pour les réalistes de sa trempe, X… se transforme là en prédicateur ambulant qui, comme seul Billy Graham peut le faire, prête le flanc à une raillerie débitée d'un ton condescendant.

« Mais X… était prêt à faire un pas de plus : "Notre but, écrivait-il en 1945, est de changer l'ordre social existant." Il est arrivé ainsi comme de lui-même au voisinage… des communistes. » Dans cette phrase, la pseudo-critique laisse voir le bout de l'oreille. Qui veut changer quelque chose à l'ordre social existant arrive « comme de lui-même » au voisinage des communistes. De là à poser en fait qu'esprit critique égale communisme, il n'y a qu'un pas.

« En 1952, les communistes ne prirent pas mal les naïves avances de X… et ses hérésies… », mais, peu après, le clown qui d'une manière si éhontée fait des avances au communisme et qui, ce faisant, n'a pas assez de bon sens pour comprendre ce qu'il fait (car c'est bien là le sens du mot « naïves »), peu après, donc, « ce philosophe d'aspect insignifiant, qui fait presque l'effet d'un petit bourgeois, que son infirmité, quand il est exposé aux regards du public, met quelque peu dans l'embarras, dut… passer la camisole de force ».

Le cas est clair : X… n'est pas seulement un enragé petit bourgeois, qui se donne en spectacle ; ce n'est pas seulement un pauvre diable d'aspect insignifiant, myope et qui louche (« autant ses écrits et ses drames provoquent de discussions, autant l'homme privé intéresse peu le public » : c'est ce qu'on lisait plus haut) ; le philosophe est manifestement un cas clinique. Il est fou. On ne passe la camisole de force, chacun le sait, qu'aux malades mentaux.

« La langue de X... s'est revêtue désormais du vocabulaire rituel des théoriciens du parti communiste. À l'imitation des jésuites, il a pratiqué la restriction mentale. Il a cru... avoir fait un pacte qui ne le liait pas en tant que philosophe, mais en tant que frère convers d'un ordre prolétarien, dont il doit respecter le rituel baroque. »

L'auteur nous débite ici au détail un autre de ses ressentiments : un sourd anticléricalisme, dirigé en particulier contre les jésuites. Les termes « rituel », « dogme », « jésuites », « frère convers », « ordre » proviennent tous de ce domaine. Ils n'ont absolument rien à faire avec le cas de X... On suppose ici chez le lecteur, et en même temps on exploite, une attitude intellectuelle qui se tient faussement pour éclairée. Pour obtenir l'effet désiré, on doit mettre à contribution même la Bible :

« Quand des hommes de main parisiens mirent le feu à l'immeuble (de L'Humanité), on vit se déchirer en deux le rideau du temple qui cachait les secrets de X..., et apparaître à nu cet étrange mélange de charlatanerie, d'ignorance des réalités et de lieux communs à prétentions philosophiques que ce brillant esprit... avait mijotés et servis en manière de potion à toute une génération d'intellectuels étonnés. »

Contexte et phraséologie transforment les mots « potion » et « rideau du temple » en mauvais instruments de propagande. Une potion qui est « servie » comme un cocktail est ipso facto falsifiée. « L'écrivain politique et le littérateur de culture latine, comme l'était aussi le vieux Voltaire » s'est inopinément transformé en un charlatan qui, au point de vue politique, ignore tout simplement les réalités de notre temps. Que sont devenues « la lucidité et l'intelligence » par lesquelles il « séduisait » d'emblée ? Voici soudain qu'elles ne suffisent plus qu'à développer « des lieux communs à prétentions philosophiques », comme le Spiegel, ennemi de toute banalité, le constate avec étonnement. « Mis au pied du mur, le maître en l'art d'enfiler les perles et d'arrondir les mots en autant de sophismes recula devant la seule solution honnête et se réfugia dans son domaine à lui, la dialectique. »

Par ce terme de « arrondir les mots », il faut entendre ici des efforts de formulation qui trahissent plus de soin que ceux d'un « récit » du *Spiegel*. La dialectique passe pour être un domaine à part qui ne concerne pas l'homme normal. Ce n'est donc pas une méthode indispensable à la pensée philosophique, connue depuis l'antiquité, mais un refuge pour les sophistes qui ne savent plus à quel saint se vouer. (Ce ne serait pas faire fausse route que de rapprocher cette diffamation des intellectuels, cette aversion pour l'art de « tourner les mots » — comme d'ailleurs ce ressentiment contre l'ordre des jésuites — des formules fascistes.)

« On est tenté », ainsi le magazine résume-t-il le cas X…, « de chercher une autre explication à sa prétendue "abjuration du communisme", et on a de la peine à exclure des raisons d'opportunité ». La rédaction a visiblement de la peine à renoncer à la diffamation pure et simple ; elle ne le fait que pour éviter des suites judiciaires. Au contraire, il est sans danger de donner pour une citation l'expression « abjuration du communisme », quoiqu'elle n'ait, bien entendu, jamais été employée par X… Celui qui le « prétend » n'est donc autre que le prétentieux *Spiegel*. L'analyse d'un seul « récit », et sa simple comparaison avec un « récit » précédent paru dans le même journal, suffisent à montrer sans ambiguïté de quel côté est l'opportunisme dont parle le *Spiegel*.

Cette analyse confirme en détail les thèses auxquelles a conduit l'examen du magazine dans son ensemble. On peut les résumer de la façon suivante : 1) La langue du *Spiegel* obscurcit ce dont elle parle. 2) « Le magazine allemand d'information » n'est pas un magazine d'information. 3) Le *Spiegel* ne pratique pas la critique, mais un succédané de la critique. 4) Le lecteur du *Spiegel* n'est pas orienté, mais désorienté.

À ces quatre thèses on peut en ajouter — et en opposer — une cinquième : le *Spiegel* est indispensable, aussi longtemps qu'il n'existera en République fédérale aucun organe critique capable de le remplacer. Il est le seul journal qui n'ait cure des associations d'intérêts, de la bureaucratie ministérielle et des fonctionnaires ; le seul qui ne soit disposé à pratiquer sous aucune forme cette autocensure volontaire qui est chose courante dans la presse ouest-allemande ; le seul qui ne croie pas devoir le respect aux puissants pour la seule raison qu'ils détiennent le pouvoir. Ce qui paraît tout naturel au journalisme des pays vraiment démocratiques : faire tout l'usage possible des libertés qui lui sont reconnues par la loi, est resté jusqu'à ce jour un cas exceptionnel en Allemagne. Cette exception est le *Spiegel*. C'est ce qui a fait de lui une institution.

Soutenir que le *Spiegel* est indispensable n'est pas le réhabiliter. Ce magazine a le pouvoir d'écarter de son poste un fonctionnaire corrompu, de s'en prendre ouvertement à un ministre, de livrer à la risée générale les mensonges officiels ; mais il a aussi le pouvoir de corrompre l'opinion de millions de lecteurs. Aussi longtemps qu'il fait usage de ce pouvoir, il met par là même en question son droit de saisir l'opinion. Constater qu'il est indispensable revient presque à avouer qu'on a fait banqueroute ; cette constatation va plus loin que tout ce que l'on peut dire à propos d'un hebdomadaire, car elle ne concerne plus à proprement parler le *Spiegel,* mais la situation intérieure de notre pays en général. Chaque peuple, a dit un jour un Américain célèbre, a la presse qu'il mérite. Chaque peuple, pourrait-on ajouter, mérite la presse dont il a besoin. Le fait que nous ayons besoin d'un magazine de l'espèce du *Spiegel* n'est pas un argument en faveur d'un journal qui a fait du truquage sa morale ; c'est un argument contre notre presse tout entière, contre notre état social en général ; c'est, en un mot, un argument contre nous[9].

Sur les moyens de production de la critique

Le critique peut moins encore que tout autre écrivain se retrancher derrière le douteux prétexte qu'il écrit seulement pour sa propre édification et qu'il n'est pas tenu par suite de publier. Son travail n'exige pas seulement d'être fait, mais aussi d'être divulgué ; sinon, il reste dépourvu de sens et de suites. Ses moyens de production ne

---

9. On a renoncé à mettre à jour cet article de 1956, bien que, depuis, le sujet dont il traite se soit considérablement modifié ; amélioré ou détérioré, le lecteur peut en décider en comparant l'état de choses d'alors à celui d'aujourd'hui ; le présent essai l'y aidera, non pas seulement pour ce qui est de la méthode, mais aussi justement du fait de la différence des temps. — Les indications numériques périmées ont été corrigées dans les notes. Des améliorations de forme que rien ne signale ont été apportées ; elles ne touchent nulle part à l'essentiel de l'analyse.

comportent donc pas seulement chaise et table, papier et crayon, mais aussi les grands équipements de l'industrie de l'information. Mais, comme on sait, il ne peut disposer librement de ces équipements. Souvent, ils se trouvent entre les mains de ceux à qui s'adressent ses critiques. Cela ne veut pas dire que leur publication soit exclue ; seul le pouvoir totalitaire se sent trop faible pour la tolérer et assez fort pour l'interdire par la force. Au contraire, une société qui se prétend démocratique doit admettre la critique, ne serait-ce que pour confirmer ces prétentions. Elle lui accorde une marge dont les limites ne sont pas fixées par la critique elle-même, mais par les intérêts du pouvoir, donc selon des points de vue tactiques. Le critique abandonne sa propre position dès qu'il reconnaît ces limites ; dès qu'il les franchit, il perd ses moyens de production. C'est là son dilemme quotidien. Il ne peut le résoudre par la violence. Il n'est ni du devoir, ni dans les possibilités de la critique de supprimer son objet. Celui qui attend d'elle qu'elle liquide le pouvoir, qu'elle renverse le rapport des forces, gaspille ses espoirs ou ses appréhensions. La critique n'a pas l'intention de changer le monde par la violence, elle montre le choix qui s'offre à lui ; elle n'est pas révolutionnaire, mais révisionniste. Devant ce qui ne se prête pas de soi-même au changement, elle demeure impuissante. La révision dont elle est chargée ressemble chaque fois à une preuve par l'exemple. Comme le résultat n'en peut être prédit, cette preuve doit dans chaque cas être tentée.

La critique ne peut, avec ses propres forces, se défaire une fois pour toutes de son dilemme. Elle doit lui trouver une solution dans chaque cas. Il y faut de la ruse. La question des moyens de production est pour le critique une question tactique. Elle atteint son point le plus aigu quand la remise en cause concerne l'industrie de l'information elle-même : l'objet de la critique coïncide alors avec son moyen. L'auteur peut obvier à ce dilemme en se repliant vers des domaines en marge de cette industrie et en se servant de moyens qui de toute façon ne s'adressent qu'à des minorités. Ces moyens périphériques ne le compromettent pas, ou du moins pas au même degré. Mais ce repli vers des moyens d'expression exclusifs exige qu'on se limite délibérément à un public de gens du même bord, ou encore d'initiés, et qu'on laisse les ignorants à leur ignorance.

Le dilemme a ceci de bon qu'il oblige le critique à prendre clairement conscience des buts qu'il vise dans son travail, ainsi que du public qu'il aimerait atteindre. Pourquoi écrit-il, et pour qui ? Il se doit de se répondre à lui-même sur ces points, et c'est à cette réponse qu'il lui faut conformer son attitude tactique.

(Exemple. Une version dialoguée de la présente enquête sur « La langue du *Spiegel* » a été diffusée en 1957 par le poste Radio-Essay de la Süddeutsche Rundfunk à Stuttgart. Cette émission a éveillé un certain intérêt. La rédaction du magazine, quelques jours après l'émission, a demandé l'autorisation de reproduire en partie le manuscrit dans ses colonnes. Cette autorisation a été accordée.)

SECOND POST-SCRIPTUM :
Sur l'approbation venue du mauvais côté

Les éclatantes contradictions internes que notre civilisation offre au premier regard sont communément, et non toujours à tort, ressenties comme autant de menaces. Mais, en même temps, elles garantissent les libertés qui nous restent. Tant que ces contradictions peuvent se manifester, il est possible de modifier la société sans la détruire. C'est seulement lorsque, par la violence, on les étouffe, lorsque la communauté nie ses antagonismes et se donne pour monolithique, que disparaît la possibilité d'une révision. Le seul monde qui soit d'accord avec lui-même est le monde totalitaire.

La critique suppose les contradictions du réel, elle y trouve son point de départ et ne peut être elle-même exempte de contradictions. L'attention est appelée là-dessus par le reproche qu'on lui fait de susciter l'« approbation venue du mauvais côté ». Quiconque s'exprime publiquement entend une fois ou l'autre ce reproche ; rares sont ceux qui ne sont pas une fois ou l'autre tentés d'éviter cette approbation, d'en tenir compte, ainsi que de tous ceux qui leur imputent ce dont ils ne peuvent répondre : l'opinion de leur public.

Il est aisé de voir que la critique, dans les conditions actuelles, doit user de tactique ou se taire ; mais cette règle cesse d'être vraie et devient une échappatoire si on la détache de ce qui la fonde. Prise abstraitement et absolument, elle prive la critique des conditions nécessaires de son existence. Il faut marquer ici une limite à l'attitude tactique, esquisser la forme que doivent prendre tous les calculs où l'on tient compte de l'« approbation du mauvais côté ».

D'abord ces calculs supposent que le critique a pris parti avant même de se mettre au travail ; ce qu'il voudrait tout d'abord démêler, on le lui met dans la bouche et on lui trouve tout de suite les mots pour le dire. Aucun doute non plus, dès l'abord, sur le nombre de façons qu'il peut y avoir de voir la réalité. On n'a le droit de compter que jusqu'à deux.. Le terme de « fausse approbation » se rapporte à un monde rigoureusement symétrique, d'où les nuances sont bannies ; il tente de tirer le critique toujours vers le même camp, le blanc. Là il peut parler aussi longtemps qu'il veut. Les membres de son parti n'ont pas le temps de l'écouter. Ils sont trop occupés à épier les signes d'approbation dans le camp noir, le camp ennemi. De cette façon, ils font de leurs ennemis les arbitres de leurs propres discours. Peu importe ce qui, dans les propos de leur porte-parole, est vrai ou n'est pas vrai ; une critique qui, par tactique, s'engage dans de telles règles de jeu et s'incline devant elles, devient parfaitement fongible.

Ce qui est utile à l'adversaire doit être soigneusement évité. Le sens de cette phrase apparaît clairement si on la retourne : ce qui est utile aux gens de notre bord doit se faire ou se dire. La forme de ces deux propositions est totalitaire.

Cette façon de parler de l'approbation venue du mauvais côté et le fait d'exiger du critique qu'il ait à s'en garder montrent combien, à la suite de la guerre froide, les schémas totalitaires ont envahi nos façons de penser. En Allemagne, pays coupé en deux, on les rencontre quotidiennement. Que quelqu'un (a), en République fédérale (A), exprime une critique contre un dirigeant (X) de son propre pays, on déduit des applaudissements qui accueillent ses paroles en République démocratique allemande (B) qu'il apprécie (B) outre mesure. Si (a) a quelque chose à reprocher à un dirigeant nommé (Y) qui exerce dans (B) : il a en (A) un certain succès et on le tient automatiquement pour un partisan de (X). Celui qui raisonne ainsi ne remarque pas, la plupart du temps, qu'il traite (A) et (B) comme deux paramètres tout à fait équivalents.

Mais ce n'est pas tout. Même des personnes qui savent faire la différence entre (a) et (A) et entre (A) et (X) adoptent souvent un schéma semblable. Rangent-elles, disons (X) et (Y), l'un et l'autre du « mauvais côté », il en résulte qu'on ne peut plus du tout parler isolément de ces deux hommes. Tout propos tenu contre (X) pourrait en effet compter sur l'approbation de (Y) et inversement ; il est donc, selon la logique totalitaire du schéma, à rejeter. À quel point sont vivants — et mortels — ces formalismes en Allemagne, tout regard jeté sur la presse d'aujourd'hui nous l'apprend. Naturellement, ces symboles peuvent représenter n'importe quelles oppositions (patrons — syndicats ; « Bonn » — opposition contre « Bonn », etc.)

La peur d'être « approuvé par le mauvais côté » n'est pas seulement oiseuse. C'est une caractéristique de la pensée totalitaire. Une critique qui lui fait des concessions ne saurait se justifier par aucune considération de tactique : c'est une critique débile.

UN MONDE EN PETITS MORCEAUX

Dissection d'« Actualités » filmées

« Nous vous apportons de tous les pays du monde, image et son, ce qu'il y a de plus intéressant et de plus actuel. » — « Nous avons tourné pour vous les événements les plus importants de la semaine. Nous vous montrons : "Un regard sur le monde." » Ce qu'on porte ainsi à la connaissance du public, ce ne sont pas les événements eux-mêmes, ce sont des reflets qui, de leur côté, demandent réflexion ; car ce geste de montrer, que l'on fait devant nous, détourne notre regard de celui qui montre pour le fixer sur les images isolées et disparates de ce qui est « le plus intéressant et le plus actuel ». Nous voyons ce que les Actualités nous proposent, nous ne les voyons pas elles-mêmes. Tandis qu'elles nous procurent un « regard sur le monde », elles demeurent elles-mêmes invisibles : invisibles, leurs méthodes et leurs critères ; impénétrables, les lois du monde qu'elles nous « apportent ».

Cependant les Actualités comptent parmi les instruments les plus puissants du publicisme industriel. Deux cent quinze millions de spectateurs se livrent chaque semaine à cet instrument, sur les fauteuils en peluche des cent mille cinémas que dénombrent les statistiques mondiales. Ils sont assis dans le noir. Ce qui, avec la rapidité et la puissance d'une locomotive, va s'avancer sur eux, ils l'ignorent. Des images de cinq continents se reflètent en une folle succession sur leur rétine. Des speakers invisibles, anonymes, bavardent et crient à leurs oreilles. Une musique criarde, geignarde, cinglante, trépignante, défonce en eux les vannes du psychisme. La tache de lumière suivante, dans sa rapidité, devance la réflexion et la réduit en lambeaux.

« Le spectateur », est-il dit dans une enquête, entreprise au nom de l'Unesco, sur les Actualités dans le monde entier, « le spectateur est obligé de concentrer son attention sur le déroulement accéléré des images, au point que toute réaction qui dépasse la simple acceptation passive est refoulée dans l'inconscient. Même s'il est doué d'esprit critique, il n'a aucune possibilité d'examiner de plus près ou de comparer les informations qui lui sont présentées… En outre, le spectateur n'a jamais l'occasion d'exprimer son avis au producteur des Actualités. Le reportage filmé est anonyme ; l'auteur du texte n'est lui-même connu que dans un très petit nombre de cas. Si le lecteur d'un journal désire examiner de plus près un article, il le conserve et l'étudie attentivement. Il est ensuite en mesure de le réfuter. Le spectateur de cinéma, au contraire, n'a pas d'exemplaire des Actualités sous la main. S'il veut donner sur elles son opinion, il doit s'en rapporter à sa mémoire. Un contrôle ultérieur, à la table de montage ou au moyen du texte des commentaires, est en général impossible. La plupart des firmes productrices s'opposent à la consultation de leurs textes ou de leurs copies d'archives. Les Actualités n'admettent pas de réplique. Un journal peut publier une réponse : il est extrêmement rare que l'on puisse réfuter ou rectifier un reportage filmé ».

Ce rapport des experts de l'Unesco est préoccupant. Encore plus alarmant est le fait que ce rapport est seul de son espèce : il n'existe pour ainsi dire aucune étude utilisable sur ce sujet des Actualités. Ce n'est pas seulement le spectateur, mais le public en général qui est dans le noir et qui accepte sans la vérifier l'image du monde qui, chaque semaine, est projetée devant lui sur l'écran.

Il est un point, il est vrai, sur lequel le rapport est erroné. Les producteurs des quatre programmes d'Actualités qui existent en République fédérale ont mis, dans le cas présent, à la disposition de l'enquêteur textes et copies d'archives, sans poser aucune condition. Seuls ces documents permettent d'étudier l'anatomie des Actualités. Ce n'est qu'à la table de montage qu'on peut les disséquer.

Une dissection, c'est le découpage d'un tout en ses parties. Mais les Actualités, d'une manière générale, constituent-elles un tout ? À première vue, il semble qu'elles se décomposent d'elles-mêmes en une douzaine environ d'éléments plus petits, entièrement indépendants, reliés seulement entre eux par la colle qui unit les bandes l'une à l'autre. Au second coup d'œil s'offre cependant un plan fort simple selon lequel sont ordonnés la plupart des programmes d'Actualités : c'est la division en rubriques, telle qu'elle est pratiquée par les quotidiens. Une page de politique, une page de technique et de questions économiques, un supplément récréatif, une page littéraire ou artistique, une page de mode, une chronique sportive : les Actualités semblent se décomposer d'elles-mêmes en ces rubriques. Les statistiques de rédaction suivent le même schéma. Habituellement un quart environ du métrage est consacré au sport. Un second quart est présenté sous l'étiquette « divertissement ». Restent 15 % pour la technique et les questions économiques, 15 % pour la politique, et les 20 % restants pour la rubrique assez mal définie : « autres événements mondiaux ». En dépit d'oscillations passagères, les chiffres cités se retrouvent toujours au même niveau. Ils semblent déjà fournir à la critique un point de départ suffisant. D'une image du monde dont une bonne moitié est consacrée au sport et au divertissement, on peut dire qu'elle est pour le moins fortement déformée. Qu'il soit normal de considérer que les événements décisifs de la semaine se sont déroulés sur un ring de boxe ou sur une cendrée, même le plus racorni des rédacteurs d'illustrés n'oserait l'affirmer.

Toutefois, toute critique qui reposerait sur la seule proportion des « rubriques » manquerait son but. Abstraction faite du caractère discutable d'une division qui fait que le monde est découpé subrepticement en rubriques journalistiques, et que par suite tout événement réel qui dépasse tel ressort particulier doit être écarté, un changement apporté aux sujets et à leur part dans le tout ne modifierait absolument pas la structure du film d'Actualités. Un zèle culturel et critique qui voudrait se borner à substituer, à la géante et à la course des six jours, des inaugurations d'expositions ou des séances académiques ne changerait en rien l'ancien état de choses.

Ce qu'est cet ancien état de choses, l'expérience faite par un propriétaire de cinéma parisien nous le montre. Dans son établissement, les Actualités passent avec un retard de cinquante et une semaines. C'est donc une bande vieille de toute une année qui précède le film principal. En concevant cette idée, l'exploitant de ce cinéma n'avait pas seulement spéculé sur le prix de location réduit d'un vieux film, mais plus encore sur le snobisme de ses clients. Vain calcul : une petite minorité seulement de spectateurs remarqua que le film datait ; le choc, tantôt semblable à celui que cause un revenant, tantôt amusant, que nous donne parfois la lecture de vieux journaux, ne se produisit pas. L'organisateur de ces séances s'était trompé : l'inactualité de ces Actualités ne faisait pas rire, parce qu'elles n'avaient jamais été vraiment actuelles.

L'actualité est un concept qui relève de la microhistoire ; en d'autres termes, est actuel un événement qui présente un « avant » et un « après » historiques. Un mariage princier, par exemple, n'est actuel que dans une monarchie ; qu'aucune famille régnante, en revanche, n'y soit intéressée, l'événement apporte bien un changement dans une vie privée, mais non dans le monde. Pour la même raison, la découverte d'une particule élémentaire en physique est plus vraiment actuelle qu'un match de football ou une vente de timbres-poste. Le « hobby » est a-historique, sans date ; la découverte en physique fait époque au sens originel du terme : une encoche dans le bois du temps.

L'expérience de ce directeur de salle parisien est donc fort bien conçue ; son résultat est sans réplique. Il ne met pas seulement en évidence que les Actualités ne sont pas actuelles, mais en outre qu'elles sont d'une ahurissante monotonie. Cette monotonie va si loin qu'on ne peut distinguer les bandes l'une de l'autre. Le public de ce cinéma français, qui ne se doute de rien, ne remarque pas du tout qu'il connaît depuis longtemps ce qu'on lui montre ; inversement, l'observateur critique, devant la séquence la plus récente qui lui est présentée sans supercherie, ne peut se défaire du sentiment qu'on veut le mettre dedans de la même façon, du sentiment qu'il a déjà vu tout cela, qu'il l'a vu des tas de fois, jusqu'à l'écœurement.

Les producteurs de programmes d'Actualités nomment les matériaux dont ils composent leurs bandes des « stories ». Cette expression est discutable, car les éléments interchangeables qu'on appelle ainsi n'ont aucun rôle narratif d'aucun genre. Ils sont, en règle générale, sans action et se passent parfois de tout personnage. Comme le montre le test pratiqué sur le public français, ils sont interchangeables à volonté. Cela facilite leur réalisation industrielle, mais exige une standardisation poussée. Les producteurs s'en accommodent volontiers. L'analyse des programmes d'une année montre que toutes les « stories » qu'ils contiennent se laissent ramener sans peine à un petit nombre de types essentiels.

Type I : La rose Yolande ou La Force par la Joie

« Un jeune lièvre a trouvé une famille inespérée auprès d'un frère et d'une sœur de Hambourg. Abandonné par ses parents, le solitaire aux longues oreilles est nourri maintenant de lait et de flocons d'avoine.

» Et voici Minka de Neumünster. Son petit adoptif est un porcelet plein de vie qui, orphelin de père et de mère, n'a eu pour ressource que l'amour de la chatte. Aux manifestations d'amitié de la rose Yolande, Minka répond tendrement.

» Principe suprême d'éducation, toutefois : même ce petit cochon ne saurait aller se coucher sans faire sa toilette de chat. »

Les titres de « stories » suivants se rangent sans peine sous ce type : « Des singes dressés qui fument la pipe et jouent du piano ; John, deux ans, envoie des hommes faits au tapis ; premier hôtel pour chiens à Berlin ; une femme torero est soulevée par les cornes d'un taureau ; même les éléphants doivent passer chez le percepteur. »

Tout cela est rangé par les Actualités parmi les « événements les plus intéressants et les plus actuels de tous les pays du monde ». Les éléments de ce type, en tant que manifestations de débilité mentale, échappent à toute critique. Ils sont en dehors du temps et de l'espace ; leur valeur d'information est égale à zéro. Leur rôle positif consiste à détourner le regard du spectateur de tout ce qui le regarde réellement. D'où l'usage constant des animaux pour de telles « stories » : tant qu'on se délecte à l'idée d'hôtels pour chiens, il n'est pas question du marché du logement. L'ami des bêtes, qui met son chapeau tyrolien à un basset pour le filmer et qui oblige un singe à lui jouer du Chopin, ne peut manquer d'être l'ami des hommes, soit qu'il passe à d'autres un anneau dans le nez, soit qu'il en porte un lui-même. L'exemple de dressage intéresse de toute façon le spectateur qui, dompteur et singe tout ensemble, rit de sa propre caricature projetée sur l'écran.

Type II : Être chic, tout est là ou *Le Paradis des badauds*

« 45 globe-trotters venus d'Amérique se sont, au cours de leur voyage en Europe, arrêtés à Hambourg. Ils sont arrivés en convoi, avec un équipement représentant un nombre appréciable de dollars. Modèles de luxe, chromés, d'une villa sur roues ultra-confortable. Après la longue randonnée, tout est d'abord briqué à neuf. La jeunesse de la grande ville s'étonne devant ce prototype vivant du globe-trotter. L'intérêt des badauds va naturellement aux maisons roulantes, où l'on trouve aussi bien le réfrigérateur que le fourneau à gaz incorporé. »

Autres titres du même type : « Rencontres avec des stars au bal du cinéma à Munich ; un Eldorado pour les chasseurs d'autographes ; ski nautique en Floride ; présentation de modes en aquarium en Californie ; l'impératrice Soraya aux sports d'hiver ; le festival du cinéma à Venise ; folle nuit de bal ; tournoi international de danse pour le Grand Prix d'Europe », etc.

Pour ce type-là non plus on ne peut parler d'actualité. On peut y noter cependant des traces d'information. Toutefois, tandis qu'une véritable nouvelle a un sens pour celui qui la reçoit, l'attrait des « stories » de ce type repose inversement sur le fait qu'elles restent sans conséquences. Les événements représentés ne changent rien à rien. Ils doivent leur faveur au fait qu'ils ne concernent personne, donc, au sens strict du mot, au fait qu'ils sont sans intérêt. En outre, le spectateur en est exclu ; ils sont réservés aux privilégiés que l'on montre et dont le privilège, à vrai dire, consiste pour la plus grande part à pouvoir se mettre en évidence. Leur existence extérieure exclut donc la participation du spectateur, mais le suppose en tant que badaud.

Le fait qu'il est réduit à ce rôle de badaud renforce chez le spectateur la croyance que de l'autre côté de la barrière se trouve le paradis. Que les personnages montrés soient eux-mêmes dupes, que la personnalité soit sa propre doublure, l'impératrice son propre mannequin — la macabre ironie de cette fulguration parasitaire d'images échappe complètement au spectateur. Bien loin de douter de la dignité impériale qui se livre à la caméra, il en revêt encore le mannequin qui l'imite. La situation que l'on a vue s'ébaucher déjà dans le type I se confirme ici : l'acteur, qui joue devant le badaud la comédie d'un paradis social, dépend de lui exactement comme le dompteur dépend du singe ; leurs rapports sont dialectiquement imbriqués ; le dressage du badaud réagit sur l'acteur ; chacun est en même temps le singe et le dompteur de l'autre. Au regard vide jeté sur le porcelet Yolande, s'est substitué, à la racine du type II, un autre regard, à la fois envieux et ravi. Le spectateur persiste, il est vrai, dans sa passivité ; toutefois, il lui est demandé déjà un minimum de participation. Son imagination s'exerce aux rêves sociaux qu'on lui offre, en même temps qu'il doit renoncer à leur réalisation et s'habituer aux satisfactions de remplacement du voyeur. À vrai dire, il n'est pas encore au bout de son entraînement. Le troisième type de « standard-stories » des Actualités exige encore bien plus de lui.

Type III : Gare centrale
ou Chapeau bas devant les autorités

« Vol inaugural de la ligne du Moyen-Orient de la Deutsche Lufthansa. Le bourgmestre Wimmer a salué à l'escale de Munich le ministre fédéral Seebohm qui, avec des députés du Bundestag, prenait part à ce premier vol. Téhéran, capitale de l'Iran, est le but du voyage. Le ministre des Communications de l'Iran, le général Bali an Sari, a salué ses hôtes allemands. »

Autres titres du même type : « Visite officielle du couple royal de Grèce à Hanovre ; le professeur Heuss présente ses vœux au chancelier fédéral à l'occasion de son anniversaire ; funérailles officielles pour le chef de la maison des Wittelsbach ; remise de drapeau au plus ancien régiment d'artillerie d'Angleterre ; un ministre soviétique arrive à Stockholm ; huit nations signent le pacte du sud-est asiatique ; le pape Pie XII donne sa bénédiction à 5 000 fanatiques du scooter. »

C'est seulement avec ce troisième type que les Actualités pénètrent dans le champ magnétique de l'histoire. Yolande et le mannequin appartenaient au domaine a-historique des potins. Les choses maintenant deviennent sérieuses. La vibrante musique militaire qui accompagne ces scènes en est la marque évidente. C'est l'iconographie politique qui détermine l'image. À vrai dire, celle-ci, pour qui regarde les choses superficiellement, est immuable : des messieurs en haut-de-forme passent en revue des compagnies d'honneur, des généraux descendent d'avion, des drapeaux sont brandis. Seuls les noms changent et, si l'on y regarde de près, les physionomies. Le cérémonial joue un rôle essentiel. Le metteur en scène invisible de l'événement est le chef du protocole. Un peu d'eau bénite est indispensable et l'on aime assez mettre au service de la *publicity* les restes de traditions vénérables. Il faut mettre églises et fugues à contribution, là où l'éclat argenté des avions à réaction ne suffit pas à faire passer dans le dos du spectateur le frisson obligé du respect. Tous les clichés officiels sont déployés pour le pénétrer de l'idée du « moment historique » dont il lui a été donné d'être le témoin oculaire.

La force, à laquelle l'homme contemporain doit le tribut de son admiration, se cache encore derrière des masques magiques. Il a dépassé le stade du badaud : ici, on réclame de lui son accord ; dans la phase suivante, on le pousse à l'action. Cette phase fournit aux Actualités leur quatrième type.

Type IV : En avant, marche ! ou Le progrès

« Éliminatoires olympiques pour Melbourne aux États-Unis. À Los Angeles, plus de 40 000 spectateurs ont vu les records d'athlétisme pulvérisés. Bobby Morrow vainqueur du 100 mètres ; sensation au Memorial Coliseum : Glenn Davis, de l'Ohio, court le 400 mètres haies en 49 secondes 5/10. Le Texan Eddi Sansan en 49 7/10. De ce fait, le record du monde a été battu deux fois au cours de la même épreuve. Et voici maintenant l'événement sensationnel : Charles Djunnes saute 2 m 46, nouveau record du monde. Départ du 400 mètres plat. Le recordman du monde Lu Jones a trouvé un rival redoutable. Jim Lie suit de près le recordman du monde avec sa récente meilleure performance mondiale. Lu Jones a battu son propre record du monde et a couru le 400 mètres en 45 secondes 2/10. »

Autres titres du même type : « Derrière les gros moteurs : championnat de moto-cross à Sarrebruck ; l'abattoir des chevaux-vapeur ; nouveau bateau ultra-rapide allemand ; la course la plus vite du monde : lutte à tombeau ouvert sur l'Avus ; un chasseur à réaction franchit le mur du son ; périlleuse escalade : tonnerre de moteurs dans la boue ; 8 000 coups-minute : nouvelle arme à tir rapide de l'armée américaine. »

Ici enfin on fait quelque chose. Au lieu de rendre les honneurs, la compagnie se met en mouvement. Elle défile à fond de train. Les contours s'effacent. L'avenir a déjà commencé. Avec ou sans fusée, le progrès bat tous les records. Le spectateur halète comme le héros couvert de sueur sur la cendrée. Son visage grimace comme celui du pilote projeté verticalement dans la stratosphère. « Et maintenant, l'événement sensationnel » : 8 000 coups-minute — ici enfin s'annonce la dynamique de l'histoire. Ici enfin, on fait appel à une participation active. Ici, il s'agit de suivre l'exemple, ne serait-ce que penché sur le guidon de sa propre moto ; de prendre le tournant à la limite de l'équilibre en faisant crisser sa lourde voiture sur deux roues ; et celui qui en est capable pourra affronter sans trembler n'importe quelle situation critique. Il ne se laissera pas traiter de haut au téléphone rouge. Mais le spectateur est encore seul devant les images. Le type suivant lie son activité à l'événement collectif.

Type V : Le chaudron de sorcière des cent mille
ou La base

« Comme chaque année, grande parade de la police au Stade olympique : une parade telle que seul le Berlinois en connaît, et telle qu'elle enthousiasme chaque fois le Berlinois. Cent mille spectateurs se pressaient dans les tribunes quand le défilé des porte-drapeau ouvrit le programme de la fête. Puis les populaires policiers berlinois montrèrent tout ce qu'il faut être capable de faire pour être tout à fait à sa place dans la police. Le soir, 1 500 porteurs de flambeaux pénétrèrent dans le stade par la porte de Marathon. Et, pour mettre fin à cette grande démonstration, le feu d'artifice d'allumettes des cent mille. »

Du même type : « Un million de participants à la fête de Wolfsburg ; ouverture du festival mondial de la jeunesse ; Congrès eucharistique ; impressionnante manifestation de masse à Rio ; manœuvres de sauts de 4 000 parachutistes aux États-Unis ; manœuvres atomiques de l'aviation de l'OTAN au-dessus de l'Allemagne ; Tokio : défilé des

100 000 ; 85 000 spectateurs assistent à une finale passionnante au stade de Dortmund. »

Le chaudron de sorcière des 100 000 est le laboratoire idéal pour produire un état d'ivresse. Si le quatrième type exprimait encore le progrès, en tant que déplacement aveugle de records purement numériques, sous les traits du pilote d'essai couronné de lauriers, et réservait à l'individu, au héros, la gloire du risque-tout, le spectateur se voit ici lui-même dans l'arène. Ici enfin, il est vraiment présent : le dressage a réussi. Ses hurlements se mêlent à ceux des 100 000 autres supporters.

La caméra s'approche tout près de lui, le tire de la masse de ses semblables et transmet son cri anonyme. Elle portraiture Monsieur-tout-le-monde, bouche grande ouverte, Monsieur-tout-le-monde qui est là, qui fait l'histoire, qui n'attend que le son de la flûte du charmeur de rats pour se jeter lui-même dans l'arène et faire place nette, pour mettre le feu, casser du bois et faire tout sauter… Tout saute en effet dans le type suivant, le dernier, de la « story » propre aux Actualités.

Type VI : *Matraque au poing* ou *Le monde pulvérisé*

« L'aviation anglaise a équipé ses bombardiers atomiques du type Vickers-Volcane de fusées-départ. Le pesant appareil est ainsi partout utilisable. Le décollage, ordinairement si difficile, est désormais possible même sur une piste réduite. »

Le sixième type, c'est le passage aux actes, la crise, la catastrophe. Son thème, la destruction, est le thème central des Actualités. Il s'étend à toutes les rubriques :

« Deux fois vainqueur sur le Speedway, il se brise sur la Piste de la Mort ; inondations catastrophiques en Indonésie ; terrible tremblement de terre aux Philippines ; un groupe de partisans marocains anéanti ; ouragan sur l'Amérique ; graves destructions à La Havane ; canonnade sur la côte chinoise ; très importante expérience atomique : une bombe A sur la ville-fantôme au désert. »

La catastrophe apparaît dans de telles images comme le seul moteur de l'histoire. C'est seulement devant le spectacle de corps écrasés, de villes réduites en miettes, de navires qui explosent, que la soif de réalité authentique se déclare satisfaite. Le fragmentaire qui s'annonçait déjà, dans la forme, par la structure atomisée des Actualités, prend ici, en fin de compte, un caractère thématique. Chose assez remarquable, même ici, dans ses convulsions sadiques, l'histoire est ressentie comme non - historique. La catastrophe politique et militaire dont le spectateur se délecte est dépeinte comme un phénomène naturel : nul n'en est responsable. Nul ne peut l'empêcher ou influer sur elle. Une guerre éclate comme un volcan fait éruption ; on enfume des partisans comme on enfume des sauterelles. Une telle façon de regarder la catastrophe a sa source dans une mentalité de suicide. L'idéal secret, dont chaque catastrophe possible n'est qu'un pâle reflet, c'est la bombe. La bombe atomique est à la fois historique et élémentaire. Elle est l'authentique *telos,* l'apothéose de la pulvérisation, le clou de l'actualité et en même temps sa fin. C'est sur la vision d'une planète qui explose que s'achève un spectacle qui s'était ouvert de manière si anodine sur la rose Yolande.

La typologie de ces « stories » d'Actualités, depuis l'idylle idiote jusqu'au débordement de la frénésie cosmique, a besoin d'être vérifiée sur le produit fini. Là il arrive souvent que les six modèles de base ne se présentent pas à l'état pur, mais mélangés ; ils s'interpénètrent. Le texte suivant reproduit de bout en bout la bande sonore de toute une bande d'Actualités (NDW 344/56).

« Musique en tête, la police de Sécurité et d'Intervention a pénétré sur le Stade olympique de Berlin. C'est devant plus de 100 000 spectateurs que s'est déroulé le gigantesque programme de la grande démonstration de la police. Les tuyaux qui doivent être passés au cours du championnat des équipes d'alerte ressemblent à des serpents gigantesques et voraces avalant leur proie. Comme le montre la multiplicité presque invraisemblable des épreuves, un policier complet est une sorte d'acrobate. Puis ce fut au tour des porte-fanion de défiler, un des clous incontestés de cette fête réussie. »

Cette « story » correspond exactement au type V : *Le chaudron de sorcière des cent mille.* La comparaison, tirée par les cheveux, des tuyaux avec « des serpents gigantesques et voraces avalant proie sur proie » dénote la prédilection pour ce qui est catastrophique. La police apparaît d'un côté comme une entreprise qui tient du cirque et sert à entretenir la bonne humeur, de l'autre, elle est décorée des emblèmes de la *Gare centrale :* un défilé avec drapeaux et « musique en tête ».

Le commentaire du film continue :

« Des pluies diluviennes ont provoqué au Tyrol des inondations catastrophiques. Le paisible Ziller s'est changé en torrent furieux emportant tout sur son passage. Sa célèbre vallée idyllique s'est transformée en lac. Seuls les remblais du chemin de fer pouvaient encore à la rigueur permettre de circuler. Dans toute la région, les récoltes ont été complètement anéanties. »

C'est là une simple « story » catastrophique du sixième type. Caractéristique est l'insistance du texte sur l'étendue des dégâts ; le « paisible Ziller » ne devient pas seulement un « torrent emportant tout sur son passage » ; il est en outre affublé de l'épithète « furieux » ; il ne suffit pas à l'auteur que « les récoltes aient été anéanties », il fait, presque sur un ton de satisfaction, précéder le mot « anéanties » d'un « complètement ». Dans la « story » qui suit immédiatement, on voit ce trait se répéter. Elle appartient également au type VI. Ici, comme dans le cas de la vallée du Ziller, on ne manque pas de faire allusion à la célébrité de la localité concernée ; cette allusion rappelle le souvenir de vues projetées dans de précédentes Actualités, auxquelles les mêmes endroits ont servi d'arrière - plan pour des « stories » du second type (*Paradis des badauds*).

« État d'alerte à Grasse, la ville des roses du Midi de la France. Attisé par un vent violent, un feu allumé dans les champs s'est transformé en un incendie gigantesque qui menace très gravement la ville. Heure après heure, les pompiers ont lutté désespérément au milieu de l'enfer des flammes. Il n'est pas encore possible d'évaluer les dégâts subis par la célèbre métropole des parfums. »

Le morceau suivant montre le type III (*Gare centrale*) dans toute sa pureté. Un fragment des concertos brandebourgeois sert de fond sonore.

« Sur les bords du lac de Laach, dans l'Eifel, a été célébré le huit centième anniversaire de la fondation de la chapelle romane — universellement connue — de l'abbaye bénédictine de Maria Laach. Après un service pontifical, les nombreux dignitaires ecclésiastiques ont quitté en procession solennelle la vénérable basilique. Parmi les invités se trouvait également le président de la République fédérale, M. Heuss. Ce fut un grand jour pour le monastère, qui prit naissance au XIᵉ siècle et demeura un permanent havre de paix. »

Une variante du même type se rattache à cet exemple. Sur le thème *Gare centrale* apparaît non seulement l'invité éminent, incarnation de l'autorité, mais aussi *La rose Yolande* : notre ami et auxiliaire l'animal, dont les mouvements s'accompagnent d'un air de samba, mais cette fois sous l'aspect d'un serpent venimeux apprivoisé. Afin que le spectateur n'oublie pas le côté catastrophique du spectacle, le texte fait grand état du caractère « meurtrier » du venin. Le ministre en visite est indirectement présenté comme le dompteur du dangereux monstre, tout comme, au début de la série de ces Actualités, la police avait eu raison, sans peine, avec l'aisance propre aux « acrobates », des « serpents gigantesques et voraces avalant proie sur proie ».

« Quand le ministre des Communications de la République fédérale, M. Seebohm, au cours de son voyage en Amérique du Sud, venant de Rio de Janeiro, a visité São Paulo, la ville industrielle la plus moderne du Brésil, voici quelle a été sa première impression. Une visite particulièrement intéressante a conduit le visiteur allemand à l'Institut d'ophiologie Budanta, le plus grand institut du monde pour l'étude des serpents venimeux. On obtient ainsi le venin mortel qui, entre les mains de l'homme, se transforme en médicament utile et salutaire. »

La série des *Gares centrales* se poursuit, monotone ; seul change l'arrière-plan :

« Le président Eisenhower a été salué à San Francisco par des cris d'allégresse. La convention du parti républicain a siégé ici pour nommer son candidat à la présidence. Une vague d'enthousiasme s'est déchaînée lorsque a été connue la décision d'envoyer à la bataille électorale Eisenhower et son suppléant Nixon comme candidats aux plus hauts postes des États-Unis. »

Le mélange des types III et IV, tel qu'il se présente ici, n'est pas rare. Le type *Gare centrale* peut aussi bien se trouver à l'état pur que mêlé au type *Chaudron de sorcière des cent mille*. Là, l'autorité est solennellement stylisée, la réception est apprêtée en forme de moment historique et accompagnée de musique sacrée ou militaire ;

ici, elle devient une manifestation de masse assortie d'un reste de *La Force par la Joie* carnavalesque. Sa variété militaire apparaît dans le numéro suivant :

« Le maréchal de l'Air britannique Chamberlain a fait à trois officiers aviateurs allemands le rare honneur de leur remettre l'insigne de la RAF. Le colonel Mehmel, le commandant Barkorn et le commandant Kopinsky, pilotes chevronnés qui comptent cinq cents victoires à eux trois, avaient reçu à Feldwell une formation sur appareils à réaction modernes. Sur des avions du type Hunter ils montrent qu'ils possèdent à présent leur métier à fond. Ils formeront désormais en Allemagne les nouveaux pilotes. »

La remise de décoration est conforme au prototype *Gare centrale*. Être expert en l'art d'exterminer des centaines de gens est mentionné comme un « métier » qui nourrit son homme comme un autre et dont la respectable tradition sera continuée par les trois bénéficiaires. Cet endroit du commentaire et la musique entraînante qui l'accompagne renvoient au type *Matraque au poing*. Ceux qu'on a formés forment à leur tour : le motif du dressage, déjà annoncé dans les obligatoires histoires de bêtes, trouve ici son couronnement logique.

La « story » suivante appartient au type IV. *Le Progrès,* entendu comme record, est monté en épingle sous une forme romantiquement inversée : « Ce petit radeau a été pendant 87 jours l'habitation et le moyen de locomotion de trois hommes. À la manière du Kon-Tiki, ils ont traversé l'Atlantique d'est en ouest. Cinq mètres de long et quatre mètres de large, telles sont les dimensions de la frêle embarcation avec laquelle ils ont parcouru les 2 300 milles marins. Il est vrai que les trois hommes n'étaient pas tout seuls sur le vaste océan. Ils étaient accompagnés de deux chats, mais qui diront certainement désormais comme leurs maîtres : Une fois suffit ! »

À côté de la traversée de l'Atlantique la plus rapide prend place la plus lente et la plus primitive. Une musique d'accordéon accompagne avec beaucoup d'âme la scène qui montre les deux chats à bord. Elle nous fait passer au type I le type idyllique, *La rose Yolande*.

Le numéro suivant représente un concours de tir :

« Battez, tambours, sonnez, trompettes : en grand uniforme de gala, les arbalétriers ont trouvé leur roi, au terme d'une longue compétition. Voyez-vous l'oiseau là-bas sur la perche ? C'est le but qui attire de loin les regards. Corde bien tendue, but mi-atteint. Déjà les carreaux sifflent et tout vole en éclats. Le fier aigle n'est plus qu'un poulet déplumé. La décision est proche. Avec le calme d'un Guillaume Tell, Théo Hermann, un garçon de dix-neuf ans, est désigné comme roi des tireurs fédéraux. »

Ici le cliché *La Force par la Joie* s'unit au type destructif VI. L'humour grimaçant de la musique militaire l'indique, ainsi que le texte : « tout vole en éclats ». Le couronnement du roi des tireurs parodie le type *Gare centrale* avec son « Battez, tambours », et ses uniformes de gala. Pourtant, le caractère officiel de l'événement est, en même temps, une fois de plus pris au sérieux, comme l'indique le titre de « roi des tireurs fédéraux ». La « story » suivante offre un mélange semblable :

« Noire de monde était la Piazza del Campo à Sienne. Des milliers de personnes attendaient avec impatience la célèbre course de chevaux en costumes historiques. Cette fois, les favoris se nommaient Porc-Épic et Ver. On fait trois fois le tour de la place et Porc-Épic, irrésistiblement, vole, porté par les ailes de la victoire. Mais les partisans de Ver, consternés, sont piqués au vif de se voir évincés par un porc-épic. Et en un tournemain la belle fête se transforme en pugilat. »

L'union du type idyllique et du type destructif est fréquente. Que la fête s'achève en bagarre indique l'intime parenté entre les deux modèles. Caractéristique est l'humour assez gros qui s'amuse de noms d'animaux ; de même, d'une façon générale, la manière abusive dont on traite les animaux parodie et annonce constamment la manière abusive dont on traite les hommes. Le cadre touristique, l'allusion à la célébrité de la fête nous renvoient une fois de plus, comme plus haut, au *Paradis des badauds*. L'emploi de la violence, considéré comme un amusement, nous est présenté aussi par le numéro suivant :

« Ils mènent grand train, ces marchands de ferraille déchaînés. Cette fois, c'est le stade automobile de Montreux qui leur sert de grand abattoir pour chevaux-vapeur. Là, pas un piston n'est épargné, pas une bougie n'est à l'abri. La course continue jusqu'à ce que les roues soient garanties sans chambre à air, et que le moteur ait rendu l'âme. Quand on voit fumer ces carcasses, tout n'est bon qu'à mettre à la casse. »

Le type IV (*En avant, marche !*) et le type VI (*Le monde pulvérisé*) entrent ici dans une combinaison quasiment idéale. La frénésie qu'on y voit à l'œuvre est ressentie foncièrement comme source de joie. C'est avec gourmandise que le speaker signale cette destruction comme un détail piquant. L'abattoir se transforme en guinguette où l'on braille, cliché qui va rejoindre le type *La Force par la Joie*. Dans le numéro suivant, c'est le pur type « divertissement » qui prédomine :

« Les vingt-huit fils de la "puszta" qui sont arrivés à Hambourg pour une tournée en Allemagne et en Europe ont la musique dans le sang. C'est le célèbre orchestre tsigane de Budapest. Ils jouent tous sans partition, car, estiment-ils, "avec partition jouer, c'est sans âme jouer." »

La musique suscite l'ivresse de la vitesse, chère au public. L'auteur du texte ne se fait pas faute de recourir ni à la niaise imitation d'un parler étranger, ni à l'allusion à la célébrité de l'orchestre. C'est sur cette ennuyeuse et lourde plaisanterie aux dépens des tsiganes que s'achèvent ces Actualités qui promettaient de nous montrer les événements les plus importants d'une semaine.

La contre-épreuve pratiquée sur la première série d'Actualités venue a montré que la typologie proposée est fondée. La valeur d'information et l'actualité de ces « Actualités » sont minimes. Les éléments utilisés sont si bien standardisés que dans une même série les mêmes modèles stéréotypés reviennent à plusieurs reprises. La brièveté de chaque « story » (douze numéros d'une durée de trente secondes en moyenne) a pour effet une douche écossaise d'émotions, entre l'idylle et la détonation. Le fond sonore bruyant renforce l'impression psychologique produite par les images. L'idéal des Actualités, quant au style, est d'ordre balistique : elles veulent faire mouche. Les hurlements qu'elles donnent sous le nom de musique sont ceux de la bombe un peu avant qu'elle touche le but. C'est en vue de cet instant que le spectateur est dressé ; en vue de l'accueillir par des applaudissements aussi frénétiques que possible. En un mot, les Actualités qu'on nous présente sont sans valeur pour le public. Elles sont un instrument de paralysie et non de développement de la conscience. Cependant, elles dessinent une image du monde bien déterminée et parfaitement définissable, et elles l'enfoncent dans la tête de leurs innombrables clients sans leur donner la moindre possibilité de critiquer. Cette image du monde est désolante et basse. Encore ne serait-ce pas là une objection. Mais elle est de surcroît parfaitement mensongère.

Chose remarquable et qui ne manque pas d'une macabre ironie : l'image du monde que nous offrent les Actualités présente une grande analogie avec les clichés dont se sert précisément cette critique culturelle qui méprise les moyens de large diffusion, film, radio, télévision, en bloc et sans égard à ce qui est diffusé. La dissection d'un programme d'Actualités donne un résultat qui n'aurait besoin que d'un léger déplacement d'accent pour coïncider avec les thèses des critiques qui disent que notre civilisation technique aboutit — et cela quoi que nous fassions — à l'explosion de la bombe atomique. Sa fin, selon eux, n'est que la conséquence logique de notre existence vidée de tout contenu divin. C'est l'*hybris* qui nous a conduits là ; l'homme de la rue, qui tient à voler dans les airs, à faire de l'auto, à disposer d'un appareil de télévision, est cause de tout : cet homme de la rue, qui ne croit plus qu'au jazz et à la manie des records, bref, le nihiliste, qui va au cinéma, a bien mérité de périr — à moins qu'il ne s'amende. Pour cela, bien sûr, il a besoin d'une direction ferme, d'un plus grand respect de l'autorité, d'une politique de force à l'intérieur comme à l'extérieur, bref, du dressage.

Il faut être prêt à acquiescer à de telles prises de position, donc à critiquer par principe et par obscurantisme toute civilisation où l'existence même de programmes d'Actualités est concevable, pour affirmer que les Actualités sont un fidèle reflet de l'état réel du monde. Tout autre spectateur se dira que ce n'est pas lui ni le monde qui sont absurdes, mais plutôt les Actualités qui prétendent le représenter. Mais si les causes de la qualité lamentable des Actualités ne sont ni devant la caméra, ni dans l'objectif, il faut les chercher derrière.

Derrière la caméra, nous trouvons d'abord les opérateurs et les auteurs de textes. Affirmer que c'est avec intention et de mauvaise foi qu'ils produisent des bandes du genre de celles qui ont été analysées ici serait porter un jugement téméraire. Il faut admettre que l'absurdité de l'image du monde qu'ils dessinent est involontaire, qu'ils ne savent pas ce qu'ils font, pas plus que les spectateurs ne savent ce qu'on leur fait.

C'est à tort, en tout cas, que ceux-là, les producteurs d'Actualités, se réclament de ceux-ci, à savoir les consommateurs. On ne saurait rejeter sur la médiocrité des spectateurs les défectuosités du produit, tant que ce produit, de son côté, servira avant tout à produire de la médiocrité. « Lieschen Müller », reine fictive de notre industrie de la culture, ne serait pas preneuse pour une telle marchandise, elle n'existerait même pas, si cette industrie ne l'avait inventée pour en faire sa cliente, et systématiquement dressée. C'est donc sur l'industrie qui se tient derrière les Actualités, et non pas tant sur son personnel et sa clientèle, qu'il s'agit de réunir des renseignements plus précis.

Le film d'actualités n'est pas un dérivé tardif du film ordinaire, c'est le contraire : l'industrie du film tout entière n'a pris de l'importance que par et avec le film d'actualités. Au commencement de l'histoire du cinéma se trouve le reportage.

Le premier film qui ait jamais été tourné sortit sans acteurs et sans atelier. En 1895, les frères Lumière placèrent leur caméra en pleine rue et tournèrent un reportage sous le titre *La sortie des usines Lumière*. Un an après, ils engageaient déjà le premier reporter de cinéma, un certain Félix Mesguich, qui, dès ce moment-là, prit pour eux les événements les plus importants dans tous les pays du monde. Aux frères Lumière succédèrent Léon Gaumont et les frères Pathé en France, Messter en Allemagne et Edison en Amérique.

Ils s'intéressaient tous au film documentaire et d'actualité ; avant qu'entre les mains du génial Georges Méliès naquît le premier film de fiction, il s'écoula encore plusieurs années.

Naturellement, il fallut beaucoup de temps à ces premiers films d'actualité pour prendre consistance et devenir les Actualités de la semaine au sens actuel du mot. La caméra dut se faire admettre dans les occasions officielles, il fallut inventer des moyens d'éclairage suffisants, mais surtout, ce qui manqua longtemps complètement, c'étaient les conditions préalables essentielles pour un compte rendu régulier des événements sur l'écran : il n'y avait pas encore de salles de cinéma permanentes et pas de système de prêt organisé.

Cependant, ce qu'on montrait alors sous des tentes et dans des cabarets, dans des salles de danse ou de variétés, ressemblait étonnamment aux Actualités de 1957 : on voyait là les obsèques de la reine Victoria ; l'ouverture de l'Exposition universelle de Paris ;

des inondations à Paris ; Louis Blériot à son atterrissage après la première traversée aérienne de la Manche. Des numéros grotesques assez rudimentaires et des images représentant des danses parisiennes à la mode complétaient le programme. Ce programme ne comportait pas le menaçant fond sonore des Actualités d'aujourd'hui ; il était inoffensif, n'était pas calculé en vue de provoquer la frénésie et d'assurer le dressage. Cependant, par sa structure et son schéma de base, il ressemblait exactement à ce qu'on nous propose aujourd'hui. Le rapport de l'Unesco. déjà cité s'exprime ainsi à cet égard :

« De nombreux vétérans de l'actualité disent ouvertement que la manière dont sont choisies et présentées les Actualités est demeurée inchangée depuis un quart de siècle... Ce qu'on nous montre aujourd'hui, déclare Newton Meltzer, l'un d'entre eux, est fait sur le même patron, superficiel et digne d'analphabètes, qui était en usage de mon temps. »

Ce ne sont pas les opérateurs ni les auteurs de textes qui en sont responsables, du moins au premier chef, mais les conditions de production et de location qui règnent dans l'industrie de l'Actualité. Cinq grandes sociétés, Paramount, Metro-Goldwyn-Mayer, Warner Pathé, Gaumont et Fox, contrôlent, selon le rapport de l'Unesco, la production et la location de 115 programmes d'Actualités dans 70 pays du monde. Presque partout (exception faite des pays du bloc de l'Est), ce sont ces cinq sociétés qui font la loi sur le marché du film d'Actualités. Comme si la concentration de puissance était encore ainsi insuffisante, les dites sociétés sont enchevêtrées entre elles d'impénétrable façon par des paquets d'actions. Les experts de l'Unesco eux-mêmes n'ont pas réussi à débrouiller l'écheveau des intérêts financiers et les enchevêtrements de capitaux qui règnent dans cette industrie. Ils font toutefois les constatations suivantes qui ont leur importance pour la qualité des Actualités :

« Les grands producteurs d'Actualités en Angleterre, aux États-Unis et en France sont en mesure d'avoir accès à tous les événements du monde, parce qu'ils disposent d'un vaste réseau d'opérateurs et de points d'appui dans toutes les régions de la terre, et parce qu'ils ont passé entre eux des contrats d'échanges qui leur procurent des avantages aussi bien financiers que techniques. Leur équipement économique et technique est si perfectionné qu'ils se sont assurés pratiquement le monopole mondial de l'actualité filmée... Du fait des contrats qui les lient, ils ont dans une certaine mesure éliminé entre eux la concurrence ; elle a fait place à une collaboration qui renforce la domination qu'ils exercent en commun sur le marché... Cette domination d'un très petit nombre de sociétés qui ont réglé entièrement leur production sur les désirs du consommateur moyen a eu pour résultat que les Actualités se conforment toujours davantage à un modèle-standard stéréotypé. »

Les firmes productrices dites indépendantes qui existent à côté des grands trusts dans beaucoup de pays doivent s'adapter à ce modèle pour deux raisons : d'abord pour de simples raisons de concurrence, parce qu'elles sont obligées de pratiquer l'échange avec des firmes analogues ou avec les grands trusts. Elles doivent utiliser les « stories » importées de l'étranger et inversement livrer à leurs partenaires étrangers des « stories » standard. En fin de compte, leurs productions ne se distinguent pas de celles des cinq grands. Elles sont, sinon financièrement et juridiquement, du moins dans le choix de leur programme, des filiales des grands monopoles.

Par suite, l'indépendance des Actualités qui n'appartiennent pas aux trusts ne va pas loin. Le mot signifie seulement que les firmes qui les produisent ne sont pas des filiales des cinq grands. Quant à la véritable indépendance — c'est-à-dire, dans l'industrie du cinéma, l'indépendance financière — leurs structures la leur interdisent. Mais il est d'autres raisons encore qui les empêchent d'échapper à l'uniformité.

Comme tout instrument important d'information, les Actualités sont un instrument politique. Elles le sont alors même que le caractère politique des informations transmises est à peine perceptible, ou quand elles paralysent la conscience politique du public. La dissection du produit fini a montré avec quelle force massive les bandes en usage pratiquent l'endoctrinement du spectateur, d'une façon d'autant plus dangereuse qu'elle est plus souterraine. Tout gouvernement, fût-il démocratique, tentera de s'emparer de ce moyen publicitaire. Dans une dictature, le parti au pouvoir peut exercer ouvertement un tel contrôle ; les Actualités de l'Espagne de Franco ou des États du bloc de l'Est ont une teinte nettement officieuse. Mais même dans des pays plus libres, les gouvernements influent sur les programmes d'Actualités.

Leurs méthodes vont, selon la vigilance de l'opinion publique, des conventions qu'on ne saurait prouver à la mainmise directe.

Dans un pays gouverné démocratiquement, il est bien difficile d'interdire à un reporter de filmer un événement ayant un caractère public ou semi-public. En revanche, dans bien d'autres cas, l'administration peut inviter ou désavantager qui elle veut. Qui pourra le premier faire un reportage sur un nouveau type d'avion qui est en voie de réalisation ? À qui accordera-t-on une interview, réservera-t-on un « scoop » politique ? Ce sont les services officiels qui en décident à leur gré. Une forme plus visible de pression est la subvention prise sur le budget, soit directement, soit par le détour d'allègements d'impôts ou de subsides. La participation de l'État aux sociétés productrices — participation que, pour des raisons faciles à comprendre, on préfère déguiser, ou en tout cas laisser ignorer au spectateur — représente un pas de plus vers l'étatisation de l'industrie des Actualités. De telles participations rendent possible en général l'existence des Actualités dites « indépendantes », qui sans cela constituerait une énigme économique.

Ces réflexions de bon sens réfutent d'avance l'argumentation du critique qui voudrait rejeter l'effrayante qualité de l'actualité filmée sur la pauvreté intellectuelle du temps, sur le nihilisme ou sur l'essence du film en général. Pour expliquer cette situation, il n'est besoin d'aucune théorie tirée de la philosophie de l'histoire ; la question relève bien plutôt de l'économie politique. Celle-ci enseigne qu'il n'y a pas et ne saurait y avoir d'Actualités vraiment indépendantes et intelligentes aussi longtemps que les conditions actuelles du marché resteront inchangées. Les objections d'ordre esthétique, moral et politique sont de peu d'utilité tant qu'elles ne tiennent pas compte de ces faits. Une base économique est nécessaire ; sans une telle base, il serait insensé d'esquisser le modèle d'un programme d'Actualités acceptable.

Il y a déjà en Allemagne une forme économique et juridique sous laquelle peut exister un moyen de large diffusion. La radio et la télévision, instruments d'importance comparable, l'ont trouvée. Elles sont organisées en entreprises d'intérêt général qui ne distribuent pas de dividendes, échappent à l'influence de capitalistes puissants et se trouvent placées sous le contrôle du public, mais non de l'État : ce sont des corporations de droit public. Une institution autonome de ce genre qui, si elle ne donne pas des résultats parfaits, empêche du moins le pire, serait la base tout indiquée pour la production d'Actualités allemandes utiles. Il faudrait la favoriser fiscalement, comme la radio ; les productions privées, telles qu'elles règnent aujourd'hui sur le marché, seraient admises seulement dans la mesure où elles se soumettraient à un contrôle exercé par le public, tout comme le font les corporations de la radio et de la télévision.

C'est seulement en supposant ces conditions remplies qu'on peut raisonnablement esquisser la mise sur pied d'Actualités défendables. Voici quels en seraient les principes essentiels :

1° Le modèle qui a servi de base jusqu'à ce jour à tous les programmes d'Actualité : la « story » standard préfabriquée, est abandonné. On n'échange plus avec les sociétés étrangères des « numéros » tout montés, mais des prises de vues originales, non coupées et non accompagnées d'un texte.

2° Le nombre des séquences — la durée du programme demeurant la même — doit être ramené de douze à trois. Tout événement qui mérite d'être montré demande, pour que sa présentation ait un sens, plus de trente à quarante-cinq secondes. La rapide succession des images des films d'Actualités traditionnels interdit toute réflexion et désoriente le spectateur, au lieu de l'orienter.

3° Des Actualités qui se proposent de s'emparer de l'esprit du spectateur, de lui faire perdre la tête, sont dénuées de sens. Accumuler l'émotion chez le spectateur est un moyen de l'influencer et n'a aucun rapport avec les faits. Pour cette raison, le fond sonore, là où l'événement représenté ne l'exige pas, doit disparaître. Il doit être remplacé par la reproduction des bruits originaux et de la langue originale. En outre, l'intensité sonore, ou pour parler plus simplement, les hurlements auxquels est soumis aujourd'hui le spectateur, sont inadmissibles, parce qu'ils vont à l'encontre du but, qui est d'informer. Les textes d'accompagnement étiques et tout en pointes sont à supprimer et à remplacer par des explications succinctes et qui s'en tiennent aux faits. Les choses compliquées doivent être rendues claires au moyen de graphiques filmés qui permettent d'exposer même des questions tout à fait abstraites.

4° La simple présentation de faits isolés ne suffit pas. Une nouvelle ne prend un sens et n'est compréhensible que par son contexte historique. Tout événement que l'on montre doit être accompagné de l'indication de son origine et de sa portée. Le film est parfaitement en mesure, c'est même là sa destination, de rendre visibles les causes et les éventualités. Pour cela, le rédacteur des Actualités dispose d'archives cinématographiques, de techniques de montage et de truquage.

5° Les Actualités de la semaine ne sont pas un quotidien. Toute recherche exagérée de la pure actualité du jour doit donc en être exclue. Sur ce terrain, le film est inférieur à la télévision ; il doit compter avec la concurrence du journal parlé. Ses chances sont comparables à celles d'un hebdomadaire. Il ne s'agit pas de montrer l'événement de la veille, mais l'événement important et d'y réfléchir. Les Actualités de la semaine peuvent joindre à un tel événement une documentation plus précise et plus approfondie, un commentaire plus intelligent et plus complet que ne peut le faire l'émission de télévision, tenue d'en rendre compte le jour même.

6° Chacun a le droit d'avoir des prétentions aussi modestes qu'il le veut. Cela vaut aussi pour les prétentions intellectuelles. Le film courant cherchera toujours la faveur des esprits sans besoins et leur fournira une distraction qui n'exige trop de personne. D'un autre côté, le spectateur qui s'intéresse à un présent qui est le sien doit pouvoir s'orienter dans les questions essentielles, qu'elles soient de nature politique, économique, technique ou culturelle. Les Actualités de la semaine sont là pour cela. Les « stories » destinées à la simple distraction n'y ont que faire. Les Actualités ont le devoir de s'emparer des grands thèmes d'intérêt général qui ne trouvent pas place dans le journal quotidien de la télévision.

Un reportage filmé qui serait conçu selon de tels principes se présenterait à peu près de la manière suivante. La première partie, la plus courte, du programme montre, sous le titre général *L'événement de la semaine,* un fait appartenant à la période dont on rend compte.

Il faut procéder à ce choix avec un très grand soin. Une grève, une élection, une découverte scientifique, une discussion sur la politique scolaire méritent ici d'être préférées à maint événement spectaculaire.

Il faut tenir grand compte ici du consommateur de la presse de boulevard, en ayant soin, bien entendu, de retourner le procédé en usage : ce qu'il apprend par la manchette de son journal, il n'est pas besoin de le lui resservir. On peut, en toute tranquillité de conscience, renoncer à la pure formalité qui veut que l'on présente au spectateur parades, poignées de mains, inaugurations et autres choses semblables : il n'y a absolument rien à tirer de ces images toujours les mêmes.

L'événement de la semaine sera en général facile à trouver. Le problème reste de savoir si l'on admettra ou non matches, championnats, combats de boxe, etc. La demande, en ce qui concerne de telles images, est extraordinairement importante, et on ne peut guère en avoir raison en l'ignorant purement et simplement. D'un autre côté, ce ne sont pas des Actualités au sens propre du mot, puisqu'elles demeurent sans conséquences et sont, comme tout « hobby », a-historiques de nature. Peut-être devrait-on produire pour les cinémas d'Actualités des programmes spécialement consacrés aux sports. Ils seraient certainement très courus. La grande place faite au sport dans les Actualités telles qu'elles existent ne suffit encore nullement aux sportifs. Ceux-ci rempliraient sans aucun doute aisément les cinémas qui consacreraient au sport un programme spécial.

La seconde partie du programme devrait être conçue beaucoup plus largement que la première. L'événement représenté devrait ne pas remonter à plus d'un mois, mais être montré dans son contexte. La distance par rapport à l'objet devrait, dans cette seconde « story », être plus grande que dans *L'événement de la semaine*. Elle devrait être déjà une amorce de discussion, ne pas se contenter de faire voir seulement, mais poser des questions et chercher des interprétations. Supposons qu'on ait voté le budget ou brisé une coalition gouvernementale. Les Actualités auraient à en exposer les causes, prises dans leurs archives, elles pourraient interviewer divers personnages compétents, tracer un schéma de l'événement et par là le rendre plus clair. Un jugement fournirait l'occasion de montrer rétrospectivement le fait, l'arrestation et les débats. Une chute des fournitures d'énergie serait l'occasion d'une enquête filmée ; le vote d'une loi sur les cartels, celle d'une discussion sur les causes et les effets des fusions économiques, etc.

Il serait logique de continuer dans cette voie. La troisième et dernière « story », qui serait en même temps la plus développée, devrait ensuite, délivrée de l'actualité immédiate, se tourner vers un grand sujet. Elle aurait à représenter les grands phénomènes propres à notre civilisation, qui ne sont pas liés au jour qui passe, par exemple l'automation, l'état des préparatifs en vue du vol dans l'espace, le problème de la peinture abstraite, la question du désarmement, la genèse des maladies de civilisation, le rôle des cartels d'intérêts dans notre société, les possibilités de l'urbanisme et les obstacles auxquels il se heurte : bref, une quantité inépuisable de sujets qui intéressent chacun et que le film est parfaitement capable d'exposer. Débarrassés des chaînes de l'actualité sensationnelle, les producteurs d'Actualités auraient assez de temps pour préparer soigneusement leur reportage.

La plupart de ceux qui s'occupent d'Actualités donneraient sans doute leur accord à ces propositions, si provisoire et générale que soit la manière dont elles sont formulées ici. Leur réalisation serait pour eux une grande chance : ils pourraient se défaire des chaînes de la routine. Les Actualités qu'ils font aujourd'hui ne leur demandent rien d'autre que de l'expérience professionnelle et de la résignation morale, esthétique et intellectuelle.

Des Actualités telles qu'elles devraient être exigent de l'intelligence, du courage, de l'imagination et le souci d'éclairer honnêtement le public. Ce ne sont pas ces qualités qui manquent. Ce qui manque, c'est une institution qui leur donne la possibilité de s'exprimer ; ce sont des Actualités qui appartiennent au public, qui soient indépendantes des monopoles, des partis, des gouvernements, des confessions, et qui soient capables de faire apparaître sur l'écran, au lieu d'un monceau de fragments, une image véridique de notre monde.

LA CULTURE CONSIDÉRÉE
COMME BIEN DE CONSOMMATION

Analyse de la production du livre de poche

1° L'acheteur

L'air innocent, presque frivole, comme un charmant jouet d'enfant, le nouvel arbre de la science se dresse devant les portes vitrées des boutiques, dans les halls de gares, dans les passages tout miroitant de magasins de nos grandes villes : élégant mobile en tôle laquée de blanc. Une pression du doigt le fait tourner doucement, comme un petit manège de chevaux de bois. Ses fruits laqués de couleurs variées vous défilent devant les yeux de manière engageante. L'échafaudage, on ne peut plus rationnel, est calculé pour porter et exposer aux regards le plus de choses possible. Le serpent ne se montre pas ; sa présence ne pourrait que déconcerter le passant. Son chuchotement a pris consistance et s'est transformé en un slogan qui orne la tôle : « Le savoir du monde pour 2 marks 20 ».

La petite mise en scène de la tentation est destinée au passant, à l'homme qui a peu de patience, peu de caractère et peu de curiosité. C'est le lecteur qui ne cherche pas et doit néanmoins trouver ; qui ne sait pas ce qu'il veut, et voudrait néanmoins choisir ; qui a peu de temps et cherche néanmoins le moyen de le passer. Il exige de la liberté qu'elle lui tombe du ciel, comme un hasard, comme une chance, sans qu'il ait à se mettre à sa recherche. Tandis qu'il va prendre son train de banlieue, se rend à une réunion d'anniversaire ou à une conférence, il voudrait qu'elle lui fasse des avances, non sous forme de discours pressants venus d'une bouche humaine, ni sous la forme d'un appel exigeant réponse, mais comme un signal et un stimulus, qu'il pourrait repousser ou non, selon ce que lui dicterait son humeur. Encore un point : il ne faut pas qu'elle coûte trop cher.

Le cas est banal, mais il vaut la peine d'être analysé de près, car il est la clé de l'industrie du livre de poche. Le critique ne peut l'ignorer, pas plus que le producteur. Ce qu'il y a de frappant d'abord, dans ce cas, c'est que le passant est absolument seul devant le tourniquet. Il n'a d'autre interlocuteur que ces rayons de fer blanc. Le libraire s'est retiré. Son commerce prend l'aspect d'un magasin de self-service. Les conseils littéraires donnés au client, les propos dictés au vendeur par sa compétence et le sentiment qu'il a de sa responsabilité, et auxquels l'état de libraire doit son prestige intellectuel, tout cela ne joue plus aucun rôle. Même la disposition de son assortiment, le choix opéré dans la foule des productions intellectuelles et littéraires, qui donnait à chaque librairie sa physionomie propre, perdent leur importance. Ce choix préalable, le producteur s'en est déjà chargé, et le libraire devient par force preneur et distributeur de séries entières. Il fait ce à quoi le propriétaire de cinéma s'engage par contrat, assez souvent par commodité personnelle : il passe commande *en bloc*[1], et fréquemment « les yeux fermés ». Cette tendance s'observe surtout dans les boutiques spécialisées dans le livre de poche, comme il s'en est établi dans la plupart des grandes villes : là, le rôle du libraire se réduit à celui d'un caissier. Ces établissements sont des supermarchés littéraires qui, sans changer de personnel, se transforment d'un jour à l'autre en magasins de comestibles ou de cravates selon le principe du self-service.

Les éditeurs de livres de poche vous renvoient volontiers à ce qui est la contrepartie de cet état de choses. Il est exact que la bonne vieille librairie, si engageante pour sa clientèle, peut donner l'impression au passant qui tourne librement le porte-livres chatoyant d'être un domaine réservé aux initiés. Devant l'énorme quantité de livres qu'elle lui offre, il ne se sent pas à son aise ; quant aux propos bien intentionnés du libraire, il les redoute plutôt qu'il n'en attend de l'aide. Plus il suppose de lecture et d'autorité au vendeur, moins grande est son assurance devant lui. Passer en revue, de lui-même, les hauts

---

1. En français dans le texte.

rayons lui semble chose impossible. L'abondance et la discrétion de l'offre, qu'apprécie le client privilégié, le dépassent. Ces obstacles psychologiques tombent lorsqu'il est devant l'arbre de métal blanc. On ne demande même pas au passant de prendre la décision nécessaire pour entrer dans une librairie. Le livre vient jusque dans la rue au-devant du client occasionnel. Il est déjà rigoureusement classé à l'avance, de par son éditeur et sa série. La situation incite à un achat facile, rapide, irréfléchi.

Cependant, l'acheteur solitaire hésite un instant. Le manège de chevaux de bois tourne sans bruit, les couvertures vierges, laquées, miroitent. Elles sont attirantes et colorées, mais justement leur bigarrure les rend uniformes. Ezra Pound ou Daphné du Maurier, la Bible ou la *Table de multiplication pour jeunes mères,* ils se ressemblent tous plus ou moins. À cette seconde de l'hésitation, le passant reste abandonné à lui-même et à sa perplexité. C'est la seconde de la discrimination, de la critique.

Or la critique des livres laisse en plan le lecteur de livres de poche. Le service de recension des journaux et des postes de radio, qui déjà ne peut plus que difficilement dominer la masse des publications nouvelles, n'a jusqu'ici aucunement rempli la nouvelle tâche qui se présentait avec l'apparition du livre de poche. Les difficultés extérieures et techniques ne suffisent pas à expliquer cette lacune. Si la critique recule devant le phénomène, c'est bien plutôt parce qu'il met en question ses propres postulats. Ces postulats, rarement formulés, mais reconnus cependant tacitement par la plupart des critiques sérieux, affirment que la vocation de la critique est d'être la gardienne de l'esprit pur ; qu'elle a affaire à des textes, non à des marchandises ; qu'elle aboutit à une sorte de dialogue entre le critique et l'auteur, dialogue auquel sont admis tout au plus des auditeurs qualifiés ; qu'une donnée telle que le chiffre du tirage n'a par suite absolument rien à voir avec sa tâche à elle. Une telle conception de la critique par elle-même est parfaitement soutenable en théorie, et elle peut, dans certaines conditions sociales données, être extrêmement efficace. Ces conditions, il est possible de les préciser : un public littéraire étroitement limité et disposant de conditions de formation communes ; une société de classes intégrale et de structure univoque, sur le plan intellectuel et matériel, où littérature et critique partagent le rang comme les intérêts de la classe privilégiée ; bref, des conditions qui ne sont plus réalisées. On en arrive ainsi à ce paradoxe quotidien qu'un livre qui paraît pratiquement à huis clos bénéficie de colonnes entières de comptes rendus, tandis que le même ouvrage, quelques années après, paraissant en livre de poche avec un tirage centuplé, est ignoré de la critique. La critique a depuis longtemps, dans une langue choisie, entrelardée de citations, communiqué aux initiés ce qu'il faut penser de ce livre. Au passant non averti, qui ne sait pas de quoi il retourne, de se débrouiller de son mieux. Il est toujours planté là, livré à lui-même, devant le manège en fil de fer.

Dans cette situation, son seul recours réside dans l'industrie qui a eu en vue sa clientèle. Du flot bigarré des titres émergent les quelques certitudes auxquelles le consommateur peut se raccrocher. Il y a d'abord le prix. Que le passant se décide pour les présocratiques ou pour le livre de cuisine, du moins est-il renseigné sur le prix. Tout au même prix, tout à un prix modeste. C'est le premier principe de l'économie du livre de poche. L'unité de prix sert de base aux calculs non seulement du producteur, mais aussi de l'acheteur. Une garantie s'y ajoute : la marque de fabrique. La discrète signature de l'éditeur sur la page de garde est devenue une marque de fabrique qui, bigarrée et laconique, parade en place marchande sur la couverture. L'acheteur a affaire à un article de fabrique. Depuis l'invention de l'imprimerie, le produit littéraire n'avait cessé déjà d'être une marchandise, mais ici, pour la première fois, à propos de cet article de fabrique, ce caractère de marchandise devient conscient. La reliure devient un emballage soumis à des normes. C'est à elle que revient le rôle important de s'expliquer avec l'acheteur sur le livre. Cette explication, au contraire de la médiation dont peut s'acquitter le libraire ou le critique, est toujours unilatérale. Son moyen d'action n'est pas la raison, mais l'excitation des sens. Ce n'est pas seulement l'habileté graphique du dessinateur, ce sont surtout les exigences de la psychologie de la vente, avec ses tests et ses tours de passe-passe, qui déterminent l'aspect extérieur du livre de poche. Il devient sa propre affiche, la réclame lui colle au corps. Sa jaquette, sa laque, son aura passagère de virginité l'élèvent au rang de pur bien de consommation.

2° L'équipement

Depuis qu'il existe un marché des livres de quelque envergure, éditeurs et libraires ont su tirer un parti commercial de la loi de la série. Il n'a jamais non plus manqué de gens pour tenter d'atteindre des tirages élevés en abaissant les prix. Depuis le pamphlet populaire jusqu'au manuel médical à l'usage des familles, la plus grande partie de cette première littérature à bon marché passait par les mains des colporteurs, qui n'apportaient pas au peuple uniquement du roman-feuilleton. Depuis les feuilles volantes du XVIe et les petits livres imprimés sur papier buvard du XVIIIe siècle, en passant par les bibliothèques à dix pfennigs du roman populaire de la Restauration, le livre broché de la collection Tauchnitz (depuis 1841), la Bibliothèque universelle, encore vivante, de l'éditeur de Leipzig Philipp Reclam (depuis 1867), le *Popular Educator* de l'Angleterre victorienne et d'innombrables autres collections de livres à bon marché, nous arrivons tout droit au livre de poche moderne. La première librairie de gare du monde fut ouverte à Londres dès 1848 par W. H. Smith : le phénomène de la culture destinée à la masse remonte jusqu'au cœur du XIXe siècle.

Pourtant une analyse critique ne saurait se contenter de rapprochements historiques de ce genre, comme si le phénomène qu'elle voudrait bien enfin comprendre avait toujours existé et ne prêtait plus du tout à discussion. Si, tout en admettant que le livre de poche a eu des précurseurs, les uns honorables, les autres moins, elle ne les fait pas entrer en jeu, cela se justifie ne serait-ce que pour des raisons chronologiques et statistiques.

Le livre de poche a fait son entrée triomphale en 1935. C'est à cette date que parurent en Angleterre les premiers *Penguin Books*. À peu près au même moment commença la série de livres de poche en langue espagnole *Colección Austral,* qui, en 1961, en était presque à son 1 500e titre. Le succès de la firme anglaise qui avait joué le rôle de pionnier et qui, en vingt-cinq ans, a vendu plus de cent cinquante millions de volumes, tandis que sa production annuelle dépasse les quinze millions, a conduit bientôt à des imitations sur les marchés anglo-américains, européens et sud-américains. Aux États-Unis, la production d'une seule année (1959) s'est montée à 390 millions d'exemplaires. En Allemagne, le livre de poche n'est apparu sur le marché qu'en 1950 ; ce fut sur l'initiative d'Ernst Rowohlt. En onze ans, entre 1950 et 1961, il s'est imprimé chez nous environ 160 millions de ces livres. Ce chiffre est un total et ne donne pas une idée suffisante de la capacité actuelle de l'industrie du livre de poche. Le nombre total des titres parus dépasse largement la frontière des 4.000 ; il s'élève mensuellement à plus de soixante numéros[2]. Pour le moment, la production mensuelle peut s'élever à environ deux millions d'exemplaires ; elle a triplé en trois ans.

Les chiffres sur lesquels on opère ici donnent le vertige à beaucoup d'observateurs du monde littéraire. Ils laissent impuissante la comparaison historique. Manifestement, on atteint ici, dans la longue histoire du livre à bon marché, un point où la quantité fait place à la qualité : les nouveaux *Bücher des Wissens* (Livres du savoir) sont quelque chose de foncièrement différent des tentatives antérieures intitulées *Aus Natur und Geisteswelt* (Nature et monde des idées). On n'accueillera les chiffres astronomiques que peut mettre en avant l'édition, grâce à ce nouveau véhicule, ni avec le frisson d'horreur du critique culturel devant tout ce qui est massif, ni avec l'enthousiasme du pédagogue naïf[3]. Le nouveau phénomène ne doit être l'objet ni de soupçons hostiles ni d'approbations trop confiantes. Il ne révélera son sens qu'à un regard aussi froid que l'armature de chiffres sur laquelle il s'appuie.

Les données statistiques indiquées ici méritent d'être prises au sérieux. L'objection consistant à dire qu'il s'agit là de simples chiffres sans signification intellectuelle est sans portée et passe à côté de la question. Il n'est nullement indifférent qu'un roman comme *Treibhaus* (La Serre) de Koeppen atteigne cinq mille ou cinquante mille lecteurs, que la documentation de Walther Hofer sur le national-socialisme ne soit utilisée que par des spécialistes, ou soit vendue comme livre de poche

2. Cf. le *Halbjährliches Verzeichnis der Taschenbücher* (Catalogue semestriel des livres de poche), Verlag der Schillerbuchhandlung, Marbach-sur-le-Neckar. Les chiffres cités se rapportent, sauf indication contraire, à l'année 1961.

3. Le fait que ce frisson d'horreur devant tout ce qui est massif soit devenu à son tour un phénomène massif fait partie des plus amusants paradoxes du façonnement industriel des esprits. L'essai d'Ortega y Gasset sur la *Révolte des masses* atteint, en livre de poche, un tirage de 160 000 exemplaires.

au premier kiosque à journaux venu, que Hans Sedlmayr expose ses attaques contre l'art moderne à une minorité de gens que cela intéresse ou à un public qui approche des cent mille. De tous les livres de poche allemands, celui qui a atteint le plus haut tirage est le *Journal d'Anne Frank* : il a été tiré à plus de 800 000 exemplaires. Il est exact que ce fait est sans rapport avec la valeur littéraire de ce texte ; il montre toutefois que le livre de poche est en mesure d'intervenir dans toute notre sociologie de la lecture, et dans le mouvement intellectuel de la société. Il en résulte pour la critique de nouvelles tâches. Elle n'est pas responsable seulement devant des textes, mais aussi devant le public. Si elle veut assumer cette responsabilité, elle a besoin de faire connaissance avec cette industrie aux produits de laquelle elle a affaire.

Ceux qui dédaignent les simples chiffres affectent volontiers de ne pas voir que des données de production purement quantitatives peuvent agir en retour sur les moyens de production et, le cas échéant, les modifier qualitativement. Des modifications de structure de cette sorte se constatent partout, depuis la seconde guerre mondiale, dans l'édition allemande.

L'édition, en tant qu'entreprise, s'en est longtemps tenue à des formes de production toutes professionnelles, on pourrait presque dire artisanales. Le chef de la maison connaissait en général tout manuscrit qu'il publiait. Chaque ouvrage soulevait, en matière de contrat, de financement et de fabrication, des questions particulières, qui exigeaient des solutions individuelles. Le catalogue de la maison d'édition reflétait ordinairement dans l'ensemble une certaine position intellectuelle de l'éditeur ; il contenait aussi des ouvrages d'écoulement difficile et qui n'étaient amortis, s'ils l'étaient jamais, qu'au bout de dizaines d'années. L'éditeur prévoyait dans sa production d'importantes fluctuations quant à la quantité et acceptait de prendre d'énormes risques en faveur de la qualité.

La grande maison d'édition moderne typique est au contraire une affaire de caractère industriel et qui travaille de manière tout à fait rationnelle. Son but est un très gros volume de production à caractère constant, qui utilise à plein la capacité de l'affaire. Il faut que le capital investi soit rapidement amorti. Aussi, dans le catalogue de la maison, n'y a-t-il pas place pour les fonds de boutique qu'on aurait à traîner trop longtemps. On supprime donc le plus tôt possible le vaste dépôt riche en titres constamment disponibles. L'accent est mis essentiellement sur les nouveautés, dont la vente est rapide. Le rôle central dans l'établissement du programme est tenu par les spécialistes du financement et des contrats. Au moyen de calculs compliqués, de nature très diverse, on remédie dans une large mesure aux engorgements qui se produisent dans l'afflux de la matière première. La bourse des manuscrits est internationale. Avant même que l'auteur à succès ait glissé sa première feuille dans sa machine à écrire, on dispose déjà partout de son ouvrage. Droits de prépublication et de traduction, extraits pour « digests », reproductions pour clubs de livres et licences en vue de la publication en livre de poche sont, pour toutes les maisons d'édition, l'objet d'études, avant même que la première ligne soit écrite. Ce développement du commerce de l'édition selon les méthodes utilisées par la grande industrie pour la production des biens de consommation prend un caractère particulièrement aigu dans la confection du livre de poche. Tous les calculs sont basés sur la pensée fondamentale qui préside à l'économie des grands nombres : le profit a sa source dans une « vente maximum » à des « prix minimum ». La marge laissée par ce calcul très serré contraint à une rationalisation radicale. Le prix unique remplace le prix de vente établi en fonction de l'objet, la marque de fabrique remplace la marque de l'éditeur. Le titre particulier cède la place aux exigences de la série. La fabrication, du format à la composition, de la reliure au moindre détail de la présentation, est uniformisée. Une importance particulière est attachée à la standardisation des illustrations qui ornent les couvertures : elles sont dessinées le plus souvent par des équipes permanentes. Enfin, la maison d'édition établit à long terme un rythme de production stable. Ce n'est pas seulement le tirage minimum de chaque titre, mais aussi le nombre des nouveaux titres paraissant chaque mois, qui est schématiquement déterminé une fois pour toutes. C'est à cette condition seulement que les frais généraux élevés peuvent entrer dans le calcul serré des prix de vente. Les grands éditeurs de livres de poche, dans la mesure où ils ne possèdent pas ou ne contrôlent pas leurs propres imprimeries, ont conclu des contrats à long terme avec des firmes productrices. Un arrêt de tout le mécanisme, fondé par exemple sur le fait qu'il n'y aurait pas suffisamment de textes utilisables pour une reproduction à 100 000 exemplaires, est parfaitement inconcevable. Même si un ouvrage publié devait faute de mieux rester en rayon — le cas, d'ailleurs, et cela est caractéristique, est extrêmement rare — il reviendrait moins cher de mettre au pilon les invendus que d'arrêter temporairement le mécanisme et ne pas imprimer.

Cet état de choses est, pour la production du livre de poche, de la plus grande importance. Les « lecteurs » responsables de son côté littéraire n'ont en aucune circonstance la possibilité de régler le nombre des publications nouvelles sur le fait qu'ils ont ou non entre les mains des textes de valeur. Ils se trouvent dans la même situation qu'un rédacteur de radio qui doit remplir à tout prix le cadre qui lui a été imparti à l'avance dans le programme. S'il avait la prétention de proposer que l'on interrompe l'émission, faute d'avoir quelque chose d'utilisable sous la main, il encourrait immédiatement les foudres de la direction. Ce dilemme est extrêmement caractéristique de ce qui se passe pour toutes les branches de l'industrie culturelle où l'édition s'est engagée étroitement avec le livre de poche. Celui-ci fait définitivement de la production littéraire un appendice de son équipement financier et technique.

« Les grandes entreprises… font triompher leurs conceptions pour ainsi dire incognito. Depuis longtemps déjà, elles n'utilisent le travail des intellectuels… — lesquels gagnent leur vie avec elles, donc, au point de vue économique, règnent avec elles, mais au point de vue social sont déjà prolétarisés — que pour fournir son aliment au public qu'elles ont organisé à leur façon ; elles apprécient par suite ce travail à leur manière et lui font prendre leurs propres voies. Et pourtant on voit subsister encore chez les intellectuels eux-mêmes l'illusion qu'il s'agit dans toute cette affaire uniquement de l'exploitation de leur travail, donc d'un phénomène secondaire qui reste sans influence sur ce travail, mais ne fait que lui valoir de l'influence. Cette confusion qui règne chez… les écrivains et les critiques au sujet de leur situation a d'énormes conséquences, auxquelles on prête trop peu d'attention. S'imaginant, en effet, qu'ils sont en possession d'une organisation, laquelle en réalité les possède, ils défendent une organisation qui n'est plus, comme ils le croient encore, un moyen pour les producteurs, mais est devenue un moyen contre les producteurs, donc contre leur propre production (lorsque celle-ci obéit à des tendances personnelles, nouvelles, non conformes ou contraires à l'organisation). Leur production prend le caractère d'une fourniture. On voit apparaître une conception de la valeur qui a pour base l'exploitation. De là en général l'usage de vérifier si l'œuvre d'art est appropriée à l'organisation, jamais si l'organisation est appropriée à l'œuvre d'art... La société reçoit, par le canal de cette organisation, ce dont elle a besoin pour se reproduire elle-même... Mais les producteurs sont pleinement sous la dépendance de cet appareil, économiquement et socialement ; il monopolise leur activité et, de plus en plus, les productions des écrivains... et des critiques prennent le caractère d'une matière première : le produit fini est confectionné par l'appareil[4]. »

Ces constatations, faites par Brecht et Suhrkamp il y a vingt ans à propos de l'opéra, peuvent s'appliquer point par point aux procédés des grandes maisons d'édition d'aujourd'hui. Elles valent, à vrai dire, pour toutes les organisations qui font la loi dans l'industrie de la culture, et Brecht avait tort de croire qu'un simple changement du régime de la propriété pourrait d'un coup supprimer ses problèmes.

En outre, la distinction faite par Brecht entre appareil d'une part et écrivain de l'autre est trop schématique. Dans la situation qu'il définit, il se glisse entre les deux partenaires une classe d'intermédiaires culturels qui ne se rangent pas du tout a priori du côté de l'appareil qu'ils servent. Dans les limites marquées par les lois de l'industrie culturelle, et non par la malignité de ses « propriétaires », ils déterminent le programme. De cette classe intermédiaire, formée des rédacteurs et des « lecteurs », dépend ce qui paraît effectivement, car les maîtres de l'organisation sont entièrement occupés à la maintenir en état de marche, à l'administrer et à la perfectionner. Le rôle de ces intermédiaires n'est pas enviable : s'ils passent tout à fait dans le camp de la littérature, d'où ils sont venus pour la plupart, l'organisation tombe en panne ; s'ils passent dans le camp de l'organisation, dont ils dépendent immédiatement, la production est frappée de stérilité. Tout jugement sur la production du livre de poche comporte donc un jugement sur ses agents intermédiaires.

    4. Bertolt Brecht et Peter Suhrkamp, *Anmerkungen zur Oper « Aufsteig und Fall der Stadt Mahagonny »* (Notes pour l'opéra « Grandeur et décadence de la ville de Mahagonny »). Dans Bertolt Brecht, *Stücke* (Pièces), vol. III, p. 260 sq. Francfort, 1955.

3° Le programme

Quand Philipp Reclam, à Leipzig, en 1867, annonça les premiers volumes de sa *Bibliothèque universelle,* le *Faust* de Goethe en deux fascicules inaugura la nouvelle entreprise. « Elle eut pour parrains au berceau l'humanisme et l'idéalisme classique... Contribuer à répandre la culture au sens où l'entendaient les classiques, aider à former des personnalités de caractère ferme, sereines, riches moralement, voilà de quoi il s'agissait pour le fondateur. » Ainsi s'exprime la petite histoire de sa maison d'édition que Reclam a offerte au public pour le 90e anniversaire de sa *Bibliothèque universelle*[5]. L'entreprise reste aujourd'hui encore fidèle à ses principes. Avec un tirage de plus d'un million d'exemplaires, le *Tell* de Schiller tient la tête des quelque mille numéros parus depuis la guerre. Par contre, Rowohlt a commencé la série de ses *Rotations-Romane* par un titre de Hans Fallada, *Kleiner Mann-was nun ?* (Et maintenant, bonhomme ?). Le record de tirage de cette série est détenu par un roman de Pearl S. Buck. La *Bibliothèque Fischer* a commencé par un titre de Thornton Wilder. Wilhelm Goldmann, à Munich, a lancé ses *Livres de poche jaunes* au moyen d'un ouvrage sans valeur de Paul Keller, *Die Heimat* (La Patrie), et le numéro 1 des livres Ullstein est *Der Teufel* (Le Diable), roman historique d'Alfred Neumann. Une seule page du programme Ullstein indique les titres suivants :

Short stories de l'Américain O'Henry ; *Deine tägliche Physik* (Ta physique quotidienne) ; *Ausgewählte Prosa* (Prose choisie) de Gottfried Benn ; *Die Menschentypen* (Les Types humains), psychologie ténébreuse, prétendument « cosmique » et fondée sur l'astrologie ; *Im Westen nichts Neues* (À l'Ouest rien de nouveau) ; *Discours de Churchill ; Es geschah im Bellona-Klub* (C'est arrivé au Bellona Club), roman policier de Dorothy Sayers ; Albert Einstein, *Mein Weltbild* (Mon image du Monde) ; *Mein Freund Flicka* (Mon amie Flicka), histoire d'un cheval ; un livre « réconfortant et optimiste » sur le mariage, et de la prose de Marcel Proust.

---

5. Annemarie Meiner, *Reclam. Geschichte eines Verlages* (Reclam. Histoire d'une maison d'édition), p. 26. Stuttgart, 1958.

Les programmes des éditeurs de livres de poche ne se permettent plus le luxe d'avoir une « ligne », une vue, quelle qu'elle soit, du monde et de la littérature. Ils se distinguent plutôt l'un de l'autre comme les modèles d'autos de deux marques dans la même saison : par des raffinements de présentation, des nuances de goût, auxquels on hésiterait à accorder une signification intellectuelle. L'obstination avec laquelle un éditeur comme Reclam a imposé une allure à sa collection donne en comparaison l'impression d'un état d'esprit tout patriarcal.

Naturellement, il faut voir dans sa *Bibliothèque universelle* l'annonce du livre de poche actuel. L'historique de la maison d'édition Reclam reconnaît expressément ce rôle de pionnier quand il nomme la *Bibliothèque universelle* « la collection de livres de poche la plus ancienne du monde ». À vrai dire, les différences sont éclatantes. L'entreprise de Reclam peut servir de repère historique à notre analyse : elle incarne l'idée que le xixe siècle se faisait de la culture, avec la même force que les rotatives de Rowohlt incarnent la culture de masse du nôtre. Reclam voyait l'universalité, qui était son souci, sous l'aspect d'un arsenal : le canon de ce qu'un homme cultivé devait avoir lu était établi une fois pour toutes. Dans la pratique du métier d'éditeur, cette conception s'exprimait dans le principe que chacun des 7 000 titres que comprenait la collection à son apogée devait pouvoir être livré à tout moment.

Au contraire, les éditeurs modernes de livres de poche voient la culture de masse comme un processus qui exige un écoulement rapide. Les forts tirages ne reposent pas sur l'existence d'un canon universellement reconnu. Ils résultent bien plutôt d'un tourbillon que les analystes du marché appellent « effet en boule de neige ». Les collections modernes de livres de poche utilisent parfois elles aussi le concept d'universalité comme devise et comme slogan publicitaire, mais il ne s'agit là que d'une bien piètre universalité, qui se propose plutôt l'augmentation indéfinie des séries et la croissance de la consommation qu'un élargissement d'horizon.

Il serait injuste, bien sûr, d'imputer aux responsables de ces collections une situation dont elles sont beaucoup plus le reflet que la cause. À lire attentivement leurs programmes, on y retrouve la situation qui est celle du moment, depuis l'empreinte même de l'époque jusqu'aux modes éphémères. Leur mérite se mesure au parti qu'ils savent tirer de cette situation.

Dans une mesure qu'aucune époque n'avait connue auparavant, tout le passé est aujourd'hui à notre disposition, à portée de la main. Le « musée imaginaire » du xxe siècle ne connaît aucune barrière ni dans le temps ni dans l'espace. Tout se prête à être reproduit et rendu présent à l'esprit, et de façon massive. Dans la vaste vitrine de ce qui peut être reproduit, est conservé tout ce qui a jamais été écrit et, avec le reste, la notion même de « classique ». Comme tout est « classique » en puissance (depuis les sculptures en fil de fer jusqu'à la bombe atomique), il n'y a plus de classicisme. Il ne se conçoit pas sans une sélection sévère. Le revers de toute règle qui vous lie est son étroitesse. Pour constituer sa bibliothèque, le bourgeois du xixe siècle disposait d'une liste bien établie de ce qui devait être tenu pour « impérissable ». La plastique nègre en faisait tout aussi peu partie que la littérature baroque. Les règles intangibles du canon avaient pour rançon une certaine étroitesse. Les chances et les côtés fâcheux de cette disposition à tout publier sont mis en évidence par les collections de livres de poche qui se sont proposé de répandre dans le public l'« héritage ».

La seule collection de livres de poche qui soit fidèle à la conception traditionnelle du « classique » paraît dans la Bibliothèque Fischer. Elle s'intitule, non sans emphase et sans solennité, *Exempla classica*. Avec une véritable obstination se trouve affirmée ici une fois de plus la valeur d'un canon dont la définition n'eût pas exigé au fond la présence du comité professoral à six têtes responsable du choix, tant elle s'en tient fermement aux frontières traditionnelles. On renonce, de parti pris, pourrait-on dire, à toute découverte, et, parmi les écrivains du xxe siècle, cinq seulement trouvent grâce devant ce tribunal de l'histoire littéraire ; ni Faulkner, ni Brecht ne sont parmi eux ; Joyce n'apparaît pas avec *Ulysse,* mais avec le *Portrait de Jeunesse,* dans ce panthéon exclusivement européen. Les objections qu'on peut faire à l'entreprise sont évidentes. Cependant, le soin et la tenue professionnelle dont elle ne cesse de faire preuve doivent lui valoir l'estime. Autant sont discutables les postulats de l'entreprise dans son ensemble, autant ses publications, prises une à une, sont utiles.

Elles remplacent dans une large mesure les éditions des classiques auxquelles Goldmann a donné une place dans ses *Livres de poche jaunes*. Là, cet « idéal de culture des classiques », évoqué jadis par Reclam, fut repris moins parce qu'on se sentait une dette envers lui, que parce qu'il semblait continuer d'assurer une vente exempte de risques. Cette conclusion s'impose si on considère la ladrerie avec laquelle Goldmann a longtemps traité en tant qu'éditeur les textes « canoniques ». Pendant des années, on a vainement cherché dans les volumes de la série jaune la moindre référence aux éditions critiques faisant autorité. Avec le même sans-gêne, on tira des morceaux choisis de Shakespeare, Schiller, Heine, Tolstoï et Hölderlin ; on les récrivit, on les abrégea, on y mit des introductions bâclées à coups de phrases tirées de dissertations scolaires et on les empaqueta de couvertures voyantes, dessinées par un bureau de publicité. Le respect des classiques sur lequel spéculait l'éditeur, qui comptait le trouver chez l'acheteur, était ainsi bafoué par ses propres soins. Dans les derniers temps, Goldmann, sous la pression de la critique ou de la concurrence, se montra mieux avisé ; il se lança dans des découvertes qui le menèrent jusqu'aux œuvres de Jakob Böhme et d'Emanuel Swedenborg. On trouve également dans son catalogue, parmi toutes sortes de romans populaires, plus d'un livre connu (de la littérature russe en particulier), introuvable ailleurs. Les traductions ne sont pas au-dessus de tout soupçon ; il convient, après comme avant, de mettre le lecteur en garde contre les volumes les plus anciens.

Les plus intéressantes éditions de vieux textes sous forme de livre de poche ont été données par Rowohlt avec sa série *Klassiker der Literatur und Wissenschaft* (Classiques de la Littérature et de la Science). Les conditions indispensables sont remplies : les textes sont en général irréprochables et intégralement publiés ; ce sont des spécialistes compétents qui sont chargés de préparer les éditions ; les introductions évitent toute rhétorique superflue ; les bibliographies sont pratiques, parfois dignes d'être proposées en exemple. Rowohlt est le premier éditeur de livres de poche à avoir publié des éditions en plusieurs volumes. Dans la série des drames shakespeariens, l'original anglais figure en face du texte allemand, et cela dans la version de l'excellente édition du Globe. L'édition de Platon est pourvue de la numérotation d'Henri Estienne. Kierkegaard paraît dans une nouvelle traduction ; chaque volume apporte des matériaux, jusqu'alors inaccessibles, sur la biographie de l'auteur et contient un utile glossaire de ses idées fondamentales. D'une façon générale, la collection ne se contente pas d'éditions sous licence ; nombre d'ouvrages importants ont été traduits depuis peu spécialement pour elle, et plusieurs pour la première fois comme le *Criticón* de Balthasar Gracian. L'éditeur, conseillé par Richard Alewyn, a également ramené au jour deux romans d'un auteur baroque allemand tombés dans l'oubli depuis des siècles : *Narrenspital* (L'Hôpital des Fous) et *Jucundus Jucundissimus* de Johann Beer. D'une façon générale, les époques et les pays étrangers au monde traditionnel de la culture prennent dans cette collection des classiques une place privilégiée : la littérature asiatique avec une traduction nouvelle, critique, des *Propos de Bouddha,* et un vieux roman chinois ; la mystique avec des textes remontant à l'époque de sa floraison gothique, et les ouvrages de François d'Assise ; la Renaissance avec une édition en deux langues, tout à fait digne d'éloges, des *Carnets* de Léonard de Vinci, un recueil de dialogues de Giordano Bruno et les Utopies (nouvellement traduites) de Morus, Bacon et Campanella ; le baroque espagnol et allemand ; et, pour finir, avec la célèbre anthologie *Menschheitsdämmerung* (Crépuscule de l'Humanité), l'expressionnisme. Dans ces programmes de grand style se dessinent des traits qui ne sont pas nés du hasard, mais correspondent à des tendances très générales de notre temps.

Remarquable en revanche est la maladresse avec laquelle procèdent les éditeurs quand il s'agit des « classiques » de notre propre siècle. Il n'est représenté dans la collection Rowohlt que par quatre titres. En dehors du *Crépuscule de l'Humanité,* le choix traduit un manque de sûreté. Une nouvelle de Borchardt, un recueil de poèmes de guerre qui donne tout à fait l'impression d'être dû au hasard, et un écrit obscur du sectateur indien Shrî Aurobindo sont peu propres à représenter la production moderne en littérature et en science. Là où manque le filtrage de l'histoire, il arrive fréquemment aux responsables de ne plus réussir à distinguer ce qui est du troisième ordre de ce qui est important. L'important, il faut le chercher dans le fouillis du « programme général » : là se trouvent, au gré du hasard et des contrats, Faulkner à côté d'Agatha Christie, Döblin à côté de Horst Wolfram Geissler, Camus à côté de Heinrich Spoerl, *Man muss sich nur zu helfen wissen* (Il suffit de savoir se débrouiller) à côté du *Spiegel des Unvergänglichen* (Miroir de l'Immortalité). Le simple rapprochement des titres provoque un sentiment de vertige : ainsi lorsque Rowohlt, dans une série de *Monographies de grandes personnalités,* place le volume consacré à Bouddha immédiatement à côté de celui qui est consacré à Colette.

Cette série de monographies, présentée d'ailleurs avec beaucoup d'habileté et une très grande sûreté de main, illustre un autre aspect de cette conception de la culture qui se règle sur la notion de bien de consommation. Il est vrai, d'un côté, que tout ce qui a jamais été écrit doit être immédiatement accessible. Mais, d'un autre côté, il ne faut pas trop présumer des forces du lecteur en le lui proposant tel quel, mais le mettre d'abord à sa portée, le lui préparer, et lui servir d'intermédiaire. À cela servent les introductions, souvent bien boursouflées, des morceaux choisis des « classiques » généralement en usage, et qu'on lit, c'est notoire, plus volontiers que les œuvres elles-mêmes ; à cela servent aussi les monographies, dont le succès en librairie ne fait pas de doute. Le chemin usuel mène de l'homme à l'œuvre ; il est pavé d'illustrations. Chaque photo s'y intitule « document » ; la littérature ou la peinture en général sont comprises comme constituant une « documentation », sans qu'on voie bien ce qu'elles prouvent. Toutes les variétés de la présentation de seconde main, depuis la sobre analyse de l'œuvre jusqu'au digest du genre « film culturel », apparaissent dans cette série de monographies ; chaque volume a ses mérites propres.

Les possibilités que pouvait offrir à l'édition le livre de poche ont été jugées pendant des années avec un extrême scepticisme. Chaque collection nouvelle est encore accueillie par des appréhensions ou un espoir malin : tout ce qui peut se faire dans ce domaine, pense-t-on, a déjà été fait ; le nombre des titres disponibles allant en se rétrécissant, toute expansion est désormais impossible ; une croissance ne se justifierait ni par la matière disponible ni par la capacité d'absorption de l'énorme marché. Une nouvelle création comme celle du Deutscher Taschenbuch Verlag (Éditions du livre de poche allemand) a montré le contraire. La publication d'une édition de poche des *Œuvres complètes* de Goethe, qui ne comportera pas moins de 45 volumes, a été entreprise. Le plan dépasse tout ce qui a été tenté jusqu'ici. On ne peut prévoir jusqu'à présent de terme à ce développement[6].

Plus nettement encore que dans les éditions nouvelles des grandes œuvres de la littérature, c'est dans les programmes des collections scientifiques de livres de poche que se marque un état d'esprit. Leur plan, leur forme permettent des conclusions sur l'état de nos connaissances. Ici — le fait est caractéristique —, on cherche en vain un précédent historique, analogue à l'entreprise de Reclam. Le besoin de participer au progrès de la connaissance scientifique, et en particulier des sciences physiques et naturelles, dans toutes les disciplines, est un phénomène très récent. Des exceptions comme l'énorme intérêt de nos arrière-grands-pères pour la théorie des origines de l'homme ne font que le confirmer. Cet intérêt se portait moins vers la recherche elle-même que vers ses conséquences théologiques et philosophiques. Le livre qui s'en tient aux faits est une découverte du xxe siècle et, chose à ne pas oublier, elle entre en scène au moment même où la critique culturelle se demande s'il est encore possible d'imaginer une conception de la culture qui soit capable de faire équilibre aux forces centrifuges de la spécialisation.

L'*Encyclopédie allemande de Rowohlt,* la plus importante des collections de livres de poche à caractère scientifique, n'est pas tourmentée par de tels doutes. Elle voudrait — dit le programme reproduit dans chaque volume — « renseigner sur ce qu'il y a de plus

6. Pour créer le Deutscher Taschenbuch Verlag, onze maisons d'édition allemandes et suisses, qui ne possèdent pas de sections de livres de poche à elles, se sont groupées. L'événement jette sur la situation de tout ce qui concerne l'édition une lumière significative. Les nouveaux procédés de production et de vente, entièrement industriels, que permet et qu'exige le livre de poche, agissent en retour sur la structure des maisons d'édition et sur leur programme. Les droits d'exploitation prennent le pas sur le reste dans les calculs des éditeurs. La banale publication d'un livre devient de plus en plus l'accessoire par rapport aux phénomènes économiques qui l'accompagnent, à la cession des droits à des maisons productrices de livres de poche, à des clubs du livre, à des postes de radio et de télévision, à des sociétés de cinéma et d'éditions de disques, à des éditeurs de recueils à l'intérieur du pays et à l'étranger. Le fait que onze éditeurs littéraires concurrents collaborent à une entreprise commune autorise à conclure que la logique interne des procédés de la grande industrie les y contraint. L'analogie avec les tendances à la concentration dans l'industrie des biens de consommation est évidente.

récent dans la recherche et dans la connaissance », mais elle s'efforce aussi en même temps de dresser « un édifice raisonné de la pensée humaine, et ne se contente pas de juxtaposer au hasard des essais isolés ». L'éditeur, Ernesto Grassi, a près de lui un comité consultatif scientifique particulièrement imposant, armé de toutes sortes de noms célèbres ou du moins exotiques, mais dont l'activité pourrait bien se borner à se porter garants, à la quatrième page de chaque volume, de l'excellente qualité du tout.

Cette encyclopédie au plan si ambitieux et qui est si abondamment décorée s'est ouverte par un pamphlet de Hans Sedlmayr sur *La Révolution de l'Art moderne*. Ce livre de combat est aujourd'hui justement oublié. Il est permis toutefois de rappeler le scandale qu'il a provoqué en son temps, parce que, à beaucoup d'égards, il reste symptomatique pour l'entreprise dans son ensemble ; le cas Sedlmayr a mis en évidence le caractère discutable de sa conception.

C'est de cela que souffre l'Encyclopédie Rowohlt aujourd'hui encore ; on peut même dire que, comme encyclopédie, c'est à cela qu'elle doit son échec. Un second coup d'œil jeté sur son catalogue nous apprend qu'elle est devenue justement ce que, dans son programme, elle se défendait d'être : une juxtaposition fortuite d'essais isolés. L'essai d'Ortega *Sur la chasse* est une causerie spirituelle et pénétrante ; l'*Histoire sociale de l'Art médiéval,* l'abrégé d'un grand ouvrage spécialisé de la recherche moderne ; l'enquête sur le maniérisme de Gustav René Hocke est un travail original qui ouvre des horizons ; le volume de Vacano sur *les Étrusques,* un résumé d'une sèche netteté ; le livre d'Otto Wolff sur l'Inde nouvelle, l'œuvre d'un apôtre et d'un missionnaire. *L'Enfance des Animaux* se révèle comme l'essai ingénu d'un ami des animaux, un Anglais qui, sans ambition scientifique, nous parle de son « hobby » ; l'important travail de Margret Boveri sur *la Trahison au XXe siècle* se consacre à l'examen d'un problème qui n'entre pas du tout dans le cadre d'une encyclopédie et appartient plutôt au domaine du jugement personnel qu'à celui de la connaissance scientifique ; l'anthropologie théologique d'Emil Brunner est conçue, ainsi que le remarque très justement la postface, comme un « guide » édifiant « dans la crise que traverse notre monde » ; la réunion, très utile en elle-même, de textes de Stanislavski constitue plutôt un manuel pratique à l'usage de gens de théâtre débutants qu'une « source de renseignements sur ce qu'il y a de plus récent dans la recherche et dans la connaissance ».

Certaines disciplines dont s'est emparée la mode prennent dans la collection une place tout à fait disproportionnée. Voyages spatiaux et archéologie, bouddhisme zen et délinquance juvénile, sexualité et psychologie sociale sont des sujets privilégiés. Ce n'est pas seulement leur bigarrure, c'est aussi l'arbitraire de leur choix qui frappe. Mais c'est également quant à la méthode que l'encyclopédie procède au petit bonheur. Des fluctuations dans la valeur et le niveau des différentes parties de l'ouvrage sont peut-être inévitables ; mais que polémique et manuel, ouvrage original et compilation, résumé et hypothèse, écrit édifiant et causerie, curiosité d'amateur et documentation se trouvent juxtaposés et aient les mêmes prétentions, c'est là un démenti à la façade encyclopédique. Le plan d'ensemble apparaît comme une impasse au bout de laquelle le lecteur se casserait le nez, si elle ne pouvait, comme toute juxtaposition de hasard, se prolonger à volonté. La longue série des titres produit le même effet que la liste des cours d'une université qu'il serait urgent de réformer. La comparaison n'est pas le fruit du hasard.

Le décorum scientifique est, il est vrai, soigneusement observé : les notes en appendice et les index sont le résultat d'un travail consciencieux, il n'y manque ni bibliographies ni titres de professeurs. Et cependant c'est à une piètre universalité qu'aboutit au total cette encyclopédie. Des doutes tardifs, relatifs à son plan, semblent être venus à l'éditeur lui-même ; toujours est-il que, dans sa défense intitulée *Le Second Siècle des Lumières. L'Encyclopédie de nos Jours* (Die zweite Aufklärung. Enzyklopädie heute)[7], il remplace la notion d'« édifice raisonné », à laquelle la prière d'insérer se tient obstinément, par celle de « processus » intellectuel d'interprétation des faits, processus qui, selon Grassi, est le « seul » qui, « dans le flot des découvertes qui se précipitent et se dépassent, soit durable ». Ne s'agirait-il pas plutôt de faire participer au processus de production d'une grande maison d'édition ce lecteur, cette masse avide de culture, dont Grassi voudrait se faire l'avocat ? Cette façon de spéculer continuellement sur la ferveur encyclopédique du public ; de joindre à un écrit justificatif un volume de tables qui voudrait faire accroire au lecteur qu'il a affaire à un ouvrage de référence où

---

7. *Rowohlts deutsche Enzyklopädie*. Vol. 76/77. Hambourg, 1958.

il importe d'être complet ; les laborieuses combinaisons auxquelles a recours l'éditeur pour rapprocher les uns des autres *a posteriori* certains résultats partiels de son encyclopédie ; d'une manière générale, cette façon de s'accrocher à une vaine prétention destinée à donner l'illusion que la collection est plus que la somme de ses éléments fortuits, tout cela rend vraisemblable une telle conclusion. Et même la tentative de Grassi d'opposer, à ceux qui critiquent les insuffisances de son encyclopédie, qu'il se fait de la notion d'encyclopédie une conception personnelle, ne change pas grand chose à l'affaire. Le désir qu'il a qu'on lui laisse le soin de décider ce que doit être une encyclopédie est bien compréhensible. Nous préférons néanmoins nous en tenir à Diderot et à d'Alembert, si malmenés qu'ils soient par Grassi, de même que nous préférons le premier siècle des lumières au second, dont il menace d'organiser le développement et qui n'aboutit à rien d'autre qu'à mettre sens dessus dessous la conception et les buts de son illustre devancier.

Combien diffèrent les solutions qu'admet un seul et même dilemme, combien vaste, en dépit de toutes les contraintes intérieures et extérieures, est encore le champ d'action dans les limites duquel peuvent travailler les rouages intermédiaires que sont les grandes maisons d'édition, c'est ce que montre un projet par lequel la Bibliothèque Fischer fait concurrence, depuis quelques années, à l'entreprise de Rowohlt. L'*Enzyklopädie des Wissens* (Encyclopédie du Savoir), dont neuf volumes ont paru à ce jour, ne se présente pas avec de moins hautes ambitions. Elle s'appuie même, au lieu de s'en tirer avec des platitudes, expressément sur les Encyclopédistes français comme sur ses ancêtres spirituels et cite la phrase suivante du programme de D'Alembert : « L'ouvrage que nous commençons (et que nous désirons de finir) a deux objets : comme *encyclopédie,* il doit exposer, autant que possible, l'ordre et l'enchaînement des connaissances humaines ; comme *dictionnaire raisonné des sciences, des arts et des métiers* (nous dirions aujourd'hui des "techniques"), il doit contenir sur chaque science et sur chaque art… les principes généraux qui en sont la base, et les détails les plus essentiels qui en font le corps et la substance[8]. »

---

8. Jean Le Rond D'Alembert, *Discours préliminaire*. Dans : *Encyclopédie ou Dictionnaire raisonné des Sciences, des Arts et des Métiers*. Tome I. Paris, 1751.

Il est évident que la réalisation d'un tel plan, deux cents ans après d'Alembert, est extrêmement difficile. Elle suppose que les éditeurs de l'encyclopédie, avant de se mettre à l'ouvrage, ont examiné à fond cette question : un savoir encyclopédique est-il encore possible aujourd'hui ? La réponse qu'ils se sont faite montre qu'ils ont raison de se réclamer de leurs ancêtres, les hommes du siècle des lumières. Cette phrase-programme n'est pas ici une simple enseigne. Il faut dire que le succès est chèrement acheté par une triple ascèse. D'abord, on renonce à être complet, qualité exigée d'ordinaire des ouvrages de référence. Le matériel scientifique à l'état pur, invertébré, cède la place à de plus vastes structures. Il est pour ainsi dire aggloméré déjà en molécules géantes, au lieu d'être présenté à l'état atomique. En second lieu, le plan de l'encyclopédie est tracé à l'avance, de sorte qu'elle ne peut proliférer à tort et à travers, à l'infini : comme ceux de tout « édifice raisonné », les contours en sont déjà fermement dessinés avant que l'on passe à l'exécution. En outre, l'éditeur se donne du temps pour la publication des volumes séparés : ils paraissent à deux mois d'intervalle. Ces limites, concernant l'ampleur de l'œuvre, fixées une fois pour toutes, comme celles qui concernent le rythme de publication, doivent être maintenues contre la tendance inflationniste de l'organisme, qui ne demanderait qu'à produire sans interruption et sans fin.

L'éditeur, Ivo Frenzel, qui — on ne comprend pas pourquoi — n'est pas nommé dans cet ouvrage, tient bien en main de cette façon la machine à publier qu'il a à sa disposition. La liste des trente-six volumes qui doivent paraître en tout est déjà connue. Elle n'est pas utile seulement au lecteur, à qui on dit franchement d'avance la vérité ; elle fournit aussi des indications sur la structure de l'ensemble. Cet ensemble qui, en définitive, doit être l'objet de toute encyclopédie, est divisé en vingt et une disciplines. Le trait le plus frappant de cette ordonnance est que l'Histoire ne se voit attribuer qu'un seul volume, tandis qu'il en revient trois à la médecine et quatre à la technique. Cette construction systématique, qui se retrouve à l'intérieur de chaque volume, est vraiment encyclopédique. Le fait d'avoir renoncé à faire l'historique des questions est la décision la plus grave qu'aient prise sur eux les pères spirituels de l'entreprise. Ce qui était encore pour Diderot et D'Alembert une possibilité philosophique devient à notre sens un artifice, seul moyen d'arrêter le flot sans cesse grossissant de connaissances qui coule vers l'édifice de la science. À cette ruse d'une conscience historique qui se déguise en conscience systématique, les éditeurs restent fidèles avec un esprit de suite digne d'admiration ; ici aussi, c'est leur retenue obstinée qui aide au succès d'un plan étroitement calculé et intelligemment mûri.

À l'intérieur de chaque volume, leur position bien arrêtée ne se dément pas. La matière est chaque fois répartie entre quatre à six douzaines d'articles-clés, disposés alphabétiquement, de façon à constituer un *dictionnaire raisonné*[9]. Le choix des mots-vedettes est ici un problème capital. Leur nombre doit rester limité, de façon que la matière ne soit pas éparpillée ; il faut éviter les répétitions ; néanmoins, il faut épuiser le sujet, du moins pour l'essentiel ; en outre, chaque article doit pouvoir se lire à part, à la manière d'un court essai. Avec une telle méthode, les auteurs n'ont pas la tâche facile, mais elle vaut au lecteur d'appréciables avantages. Il en résulte un ordre et une vue d'ensemble exempts de rigidité. Car l'utilisateur possède les moyens de rassembler en système, comme une mosaïque, les diverses parties. Il commence par un article quelconque, suit les renvois qui l'intéressent et trouve ainsi, au fil de sa propre pensée et des questions qu'il se pose, le chemin de l'ensemble.

L'homogénéité qui sied en telle matière est, dans les volumes parus, maintenue à un degré étonnant. On mesure difficilement la somme d'efforts et de patience que doit investir une rédaction pour maintenir si généralement niveau, méthode et style.

Les limites de l'*Encyclopédie du savoir* sont impliquées dans ses qualités mêmes. Le fait que l'éditeur a remplacé le nom parfaitement pertinent du projet par le sous-titre *Das Fischer Lexikon* (Le lexique Fischer), à seule fin de mettre tous les atouts dans son jeu, se justifie mal. Un tel sous-titre rappelle au lecteur un type d'ouvrage de référence qui était prédominant au xixe siècle, à savoir le « lexique de la conversation » ; c'est vouloir donner le change. La valeur d'un lexique traditionnel de ce genre se mesure au fait qu'il est matériellement complet : la science n'y est conçue que point par point, mais sans lacunes. Au contraire, l'entreprise de Frenzel a justement

---

9. En français dans le texte.

pour mérite de ne pas rassembler sans choix, par exemple, dans son volume Musique, tout ce que l'on peut savoir sur la musique. Une encyclopédie ne doit pas fournir des dates, mais des éclaircissements. Comme ouvrage de référence, elle n'a qu'une valeur très limitée.

Une très grave question est soulevée, en outre, par le volume *Cinéma, Radio et Télévision*. Une première chose frappe, c'est que, en tant que volume séparé, il n'a pas à s'insérer dans le système de l'encyclopédie. Ce trouble apporté au plan général correspond à un trouble apporté au système réel des sciences, à savoir l'absence d'une science de la communication à l'échelle des masses, science à laquelle une discipline comme la science journalistique ne fournit qu'un très insuffisant point de départ. En outre, quand il s'agit d'un tel sujet, il semble que la pensée encyclopédique elle-même se heurte à une frontière de ses possibilités. Elle est née d'une phase du siècle des lumières où l'esprit s'accepte lui-même sans réflexion. Par contre, on ne peut avoir prise sur une chose comme le façonnement industriel des consciences qu'avec les moyens d'un esprit qui a découvert sa propre dialectique. Les articles nets, clairs et savants du volume de Fischer ne peuvent faire oublier que justement la structure, la loi interne des *mass media* y demeurent inexpliquées. La lecture d'un article d'Anders ou d'Adorno en apprend plus sur leur nature que celle de tout le volume du lexique. D'où il faut déduire qu'il est des sujets qui ne sont plus du tout concevables d'un point de vue encyclopédique, mais seulement d'un point de vue critique. L'historicité, que les éditeurs ont eu de bonnes raisons de mettre entre parenthèses, se venge ici en rejetant la notion même d'encyclopédie, comme anachronique.

Les possibilités et les limites internes des programmes de livres de poche sont apparues à l'examen de deux domaines partiels. Littérature mondiale et encyclopédie se flattent l'une et l'autre de disposer de solides ressources, et toujours disponibles, sans pouvoir y trouver de règles sûres ; mais à travers le camouflage commercial transparaît plus ou moins distinctement une situation intellectuelle. Cela suffit à juger favorablement « lecteurs » et rédacteurs, car cela montre qu'ils ont su, jusqu'à un certain point, s'affirmer contre l'aveugle mécanisme. Le niveau du livre de poche allemand s'est plutôt élevé avec les années. La littérature de bas étage n'y joue pas un rôle important.

Tandis que le *pocket-book* américain, par l'illustration de sa couverture, consacre déjà la capitulation de l'esprit devant la force du système et enveloppe la Bible ou Homère, tout comme Mickey Spillane ou Superman, d'une immuable couverture illustrée rouge sang qui, avec sa blonde fille masochiste à demi dévêtue et son héros au visage de SA tout en dents, ferait honneur à n'importe quel magazine de bandes dessinées, le livre de poche allemand résiste avec la plus grande ténacité à la barbarie. Cette constatation s'impose, bien qu'il soit hors de doute que la barbarie s'est profondément implantée dans ce dont nous faisons parade sous le nom de culture. L'illustration, résolument abstraite et d'une haute qualité typographique, qui orne la couverture, ne saurait constituer en elle-même un alibi suffisant.

Il est frappant, et c'est là un symptôme défavorable, que la production, dans sa quasi-totalité, se répartisse en deux moitiés, dont l'une s'obstine dans les œuvres dites impérissables, tandis que l'autre semble livrée à une insipide conception de distractions et de sagesse pratique. Ce qui fait presque totalement défaut, c'est le livre de poche conçu comme aiguillon et non comme palliatif. Techniquement, le nouvel instrument, avec ses grands tirages et son rythme rapide, offrirait toute chance au libelle d'actualité, à l'expression d'une politique en prise sur le réel. Une sérieuse et très timide tentative dans ce sens a été faite il y a bien des années par les éditions Ullstein, avec la publication de quelques conférences de George Kennan, dont les thèses, pendant un temps, ont été au centre des discussions de politique étrangère. Plus tard, ce sont les éditions Rütten et Lœning qui, d'une façon plus décidée, avec leur collection *Das aktuelle Thema* (Le sujet d'actualité), ont repris une pareille tentative ; chez Rowohlt, d'autre part, en 1961, ont paru deux livres de poche qui, avec plus ou moins de bonheur, s'efforcent de satisfaire aux exigences du moment politique. Ce sont des exceptions. La peur qu'inspire l'actualité aux éditeurs de livres de poche est générale, et elle est déconcertante. En douze ans, ils n'ont « sorti » aucun ouvrage sur la scandaleuse faillite de notre urbanisme, sur le chaos croissant de la circulation, sur les échecs de notre politique scolaire, sur la croissante concentration économique. Ce sont là des exemples pris dans la politique intérieure allemande, nous ne parlons pas des sujets de politique extérieure. Le livre de poche a un public qui se compte par centaines de mille. Qu'attendent les éditeurs ? Pourquoi ne prennent-ils pas ce risque ? Le système fournit volontiers biscuit et jeux du cirque. Pour la culture, il faut la lui extorquer par la ruse. Reste tabou ce qui pourrait servir dans la vie politique de chaque jour. Ici aussi se reflète une situation. Celui qui se contente de la refléter, au lieu de la changer, a déjà capitulé.

4° Le lecteur

Le programme géant, bigarré, des livres de poche, avec ses lumières étincelantes et ses taches d'ombre, est établi pour un grand inconnu. Le brave passant, perplexe, qui choisit, arrêté devant le tourniquet laqué blanc, est un homme sans visage. Même les rayons de vente des grandes maisons d'édition savent à peine de quoi il a l'air. Cent soixante millions de livres de poche en onze ans ! Qui les a achetés ? Qui les a lus ?

Philip Reclam connaissait fort bien les lecteurs de sa *Bibliothèque universelle*. Celui qui achetait ses brochures jaunes savait exactement ce qu'il voulait. Écoliers et étudiants constituaient le gros de cette armée de lecteurs. Les forts tirages de *Minna von Barnhelm* et de la *Critique de la Raison pure* avaient leur cause dans la salle de classe et l'amphithéâtre de la Faculté. Une petite bourgeoisie qui prétendait encore à la culture se déchiffrait elle-même ici grâce à Storm, à Keller et à la vie des animaux du grand Brehm. Reclam avait fini par conquérir un vaste public populaire. Dans les premiers temps de la social-démocratie, les ouvriers revendiquaient non seulement des salaires plus élevés et de meilleures conditions de vie, mais aussi une participation à la « vie de l'esprit ». Nous n'avons aucune raison de sourire de la naïve faim de lecture du monde ouvrier d'alors, même si sa devise « Savoir, c'est pouvoir » nous semble aujourd'hui contestable. C'était cette faim de lecture que rassasiait Reclam avec ses petits volumes. Dans la *Bibliothèque universelle,* l'ouvrier qui aimait lire trouvait son Haeckel, son Bölsche et son Lassalle. Reclam pouvait se permettre de se présenter sans éclat et sans enjolivures. Ce qu'il vendait, c'était du pain. Il fournissait ce dont ses lecteurs avaient besoin. Son entreprise n'avait que faire de psychologie de la vente, de manipulations du marché, de jaquettes laquées voyantes. Il savait à quoi s'en tenir sur son public, et réciproquement.

Une situation aussi claire est aujourd'hui le privilège exclusif de formes bien déterminées du livre de poche, et celles-ci ne jouent quantitativement, dans l'ensemble de la production, qu'un rôle très limité. Ces collections spécialisées sont le plus souvent de nature scientifique. Leurs tirages sont relativement modestes, ils se situent entre cinq et quinze mille exemplaires. Leur prix est en général sensiblement supérieur à celui des productions standard telles que les livrent les maisons d'édition géantes. Les *Urban-Bücher* (Kohlhammer, Stuttgart), la *Kleine Reihe* chez Vandenhoeck et Ruprecht (Göttingen), les *Dalp-Taschenbücher* (Francke, Berne) et les *Janus-Bücher* des éditions Oldenbourg (Munich) travaillent pour des minorités, pour un public restreint, qui a de grandes exigences, est attaché aux faits et pour cela est disposé à lire les choses de près. Ces collections hautement méritoires s'adaptent, par une sorte de mimétisme, au nouveau type de livre, sans se soumettre aux lois de la consommation intellectuelle de masse. Ils ont l'aspect de livres de poche, mais ne sont ni projetés, ni produits, ni vendus avec les moyens dont se sert l'industrie des biens de consommation[10]. Leur public ne pose pas d'énigme ; il se limite à peu de chose près aux vieilles professions libérales, aux étudiants et aux lycéens.

Au contraire, les grandes maisons d'édition, auxquelles il convient d'ajouter, comme leurs sœurs cadettes, la *Herder-Bücherei* à Fribourg et les éditions Paul List à Munich avec leurs *List-Taschenbücher,* ont affaire à une clientèle de lecteurs anonymes très difficile à définir.

---

10. Le triomphe du livre de poche n'a pas eu seulement pour conséquence une adaptation invisible des programmes normaux de l'édition aux conditions propres au livre de poche. L'aspect extérieur même des livres se modèle sur le parvenu. Une foule d'éditeurs ont, ces dernières années, lancé comme prétendu « nouveau type de livre » ce qu'on appelle le *paperback*. En fait, ce type de livre est une vieille connaissance, traditionnellement dédaignée en Allemagne, il est vrai : la brochure. Les différences techniques de fabrication ne sont reconnaissables que pour le spécialiste. Ce qui est nouveau, c'est la présentation graphique et la méthode de vente. L'idée de mettre en vente comme une nouveauté une très vieille forme de livre est venue d'Amérique, où le livre de poche s'est mué en *quality paperback* pour pénétrer sur les marchés qui, jusqu'ici, pour des raisons financières et sociologiques, lui étaient fermés. Quant au tirage, au prix et au genre de lecteurs, les *paperbacks* sont des livres tout à fait ordinaires, déguisés en livres de poche.

Les éditions de livres de poche Rowohlt se sont livrées, au sujet de leurs lecteurs, à diverses analyses qui autorisent les conclusions suivantes :

1° Le lecteur de livres de poche est un habitant des grandes villes. La moitié de l'ensemble des exemplaires est achetée dans des localités de plus de 100 000 habitants.

2° On compte une lectrice pour deux lecteurs.

3° Le groupe d'âge situé entre 18 et 25 ans achète plus d'un tiers de l'ensemble des livres de poche. Les pourcentages les plus élevés venant ensuite se trouvent dans les deux groupes d'âge suivants : de 25 à 30 et de 30 à 40 ans.

4° La part du monde ouvrier est infinitésimale. Trois pour cent seulement des livres de poche sont vendus à des ouvriers. La part des paysans est encore plus restreinte[11].

Dans leurs pieuses déclarations, les éditeurs ont exprimé plus d'une fois l'espoir qu'on pourrait, grâce au livre de poche, gagner de nouvelles couches de lecteurs. L'accablant état de choses révélé par les enquêtes indique clairement que par ces nouvelles couches ce n'est certes pas le monde des travailleurs qu'on doit entendre. C'est le contraire qui est vrai : leur faim de lecture de jadis s'est envolée ; cinéma, radio, télévision et presse illustrée ont endigué et canalisé leurs facultés intellectuelles. L'information, due à un important institut de sondage de l'opinion, selon laquelle dans 46 % des foyers allemands il ne se trouve pas un seul livre, concerne en premier lieu le monde ouvrier allemand. Dans une ferme paysanne, au moins dispose-t-on d'une Bible. Le prolétariat a conquis des libertés d'ordre matériel, mais en revanche il a abandonné sans combat ses libertés spirituelles.

Mais d'autre part le public des livres de poche ne saurait être constitué par l'infime couche de la bourgeoisie possédante ou par la république des « intellectuels ». Un simple coup d'œil jeté sur le chiffre des tirages en témoigne : ceux-ci avoisinent les 50 000 par ouvrage, ou tout au moins les 30 000. L'expérience prouve que les

---

11. C'est à des résultats semblables qu'aboutit Herbert G. Göpfert dans son article *Du livre de poche,* reproduit dans le volume intitulé *Der deutsche Buchhandel in unserer Zeit* (Le commerce du livre de nos jours), Göttingen, 1961.

catégories de lecteurs en question ne donnent pas de tirages de livre ou de périodique qui dépassent le dixième de ces chiffres.

En dépit de l'insuffisance des bases statistiques, on peut risquer l'hypothèse qu'une couche sociale bien déterminée a trouvé dans le livre de poche son type de livre à elle : à savoir cette classe moyenne qui n'a de commun avec l'ancienne que le nom et qui, dans les statistiques par professions, apparaît sous les rubriques les plus diverses : employés, employés de banque, fonctionnaires, techniciens, ingénieurs, représentants. La proportion de ces professions, qui, toutes, correspondent à des fonctions de distribution, d'administration, d'entremise, d'organisation et de contrôle, augmente rapidement, comme on sait, dans notre civilisation. Aux États-Unis, cette nouvelle classe moyenne a déjà dépassé en nombre celle des travailleurs. Chez cette nouvelle classe s'est développée une physionomie sociale tout à fait particulière, essentiellement indécise. Elle travaille en « col blanc », elle est grande consommatrice, elle est, intellectuellement et matériellement, dans la complète dépendance des organismes géants qu'elle sert. Elle habite la banlieue des grandes villes. Son mode de vie comporte la petite voiture personnelle, le supermarket et… le livre de poche.

Le caractère ennuyeux de son existence privée et professionnelle, sa soif de prestige social et sa peur de tout risque font de cette classe un objet idéal d'exploitation pour l'industrie culturelle. L'effet « en boule de neige », dont parlent les experts de la vente des grandes maisons d'édition, trouve ainsi son explication sociale : la nouvelle classe achètera n'importe quel livre, pourvu que son tirage soit assez élevé. Le prix de vente réduit garantit l'acheteur contre le risque matériel, le tirage élevé, contre le risque intellectuel que comporte l'achat d'un livre. Ce qui est acheté par cent mille autres ne peut, de toute façon, être un attrape-nigaud. Ainsi le grand éditeur est d'accord avec ses clients sur ce point qu'il faut faire de la littérature une chose entièrement exempte de risques, un jeu où tous les participants peuvent gagner et d'où toute possibilité de perdre est exclue. Que l'éditeur tout au moins ait atteint ce but, c'est ce qui ressort du fait que le chiffre de vente le plus bas, parmi tous les ouvrages des plus importantes collections allemandes de livres de poche, se situe aux environs de 42 000 exemplaires.

Mais ces considérations sociologiques elles-mêmes ne nous conduisent encore qu'à l'acheteur, non au lecteur du livre de poche. Or c'est celui-ci qui nous place proprement devant une énigme. Il est assez curieux que Platon, comme *L'Œuf et Moi,* trouve 300 000 acheteurs, qu'Ezra Pound, comme Raymond Chandler, en trouve 50 000, mais qui les lira ? Il y a quelques années a paru dans l'*Encyclopédie allemande* de Rowolht un livre sur *Musique et Rythme chez les Grecs,* écrit par l'historien de la musique Thrasybulos Georgiades. Sa lecture suppose une connaissance approfondie non seulement du grec ancien, mais aussi de la prosodie antique. Le texte est farci d'expressions techniques difficiles et bardé d'appendices, de notes et de chiffres. Il peut y avoir en Allemagne deux ou trois douzaines de spécialistes de l'histoire de la musique antique, capables de faire leurs délices de cette nouvelle publication. Le profane ne se demande pas seulement dans son ingénuité comment il est possible d'écrire tout un livre sur la musique des Grecs, qu'aucun être humain, depuis au moins un millénaire et demi, n'a plus pu entendre ; il se demande surtout où cet invraisemblable ouvrage peut bien trouver dans ce pays cinquante mille lecteurs. Si la question donne le vertige, la réponse, elle, est affligeante. Sur les dizaines de milliers d'exemplaires d'un livre de poche vendus, dit-elle, la moitié au moins n'est pas lue. Un autre quart est feuilleté et trouve place ensuite dans la bibliothèque (les éditeurs savent aujourd'hui que les acheteurs allemands n'usent pas leurs livres de poche, ne les jettent pas, mais les collectionnent). Quant au quart restant qui, si l'humeur de l'acheteur s'y prête, est lu jusqu'au bout, il est difficile de décider combien de ses lecteurs sont en état de le comprendre. Pour le livre cité, le maximum de lecteurs capables de le comprendre peut se situer, autant qu'il est possible de s'en faire une idée, entre 1 500 et 2 000. La notion technique d'efficacité fait par là son entrée dans la critique littéraire. Dès lors il est possible qu'un livre soit imprimé et vendu à un nombre prodigieux d'exemplaires sans laisser de traces dans l'esprit du public.

Celui qui déduirait de telles considérations que le livre de poche est comme la forme que prend le nihilisme dans le domaine de l'édition, celui-là serait sans doute victime d'une méprise. Si d'autre part elles tuaient chez quelqu'un de nobles espérances, il faudrait créditer cet homme-là d'un optimisme égal à celui qui anime les cours du soir pleins de bonnes intentions. Aucune astuce du commerce de l'édition ne peut résoudre les profondes contradictions d'une société où l'on pense et écrit pour des minorités. Si les grandes œuvres, depuis toujours, sont le privilège du petit nombre, leur prix de vente en est la moindre cause ; impitoyablement, l'état de choses sur lequel repose notre société exerce sa pression. Abaisser ce prix de 10 % est une solution dont seuls les inconscients peuvent se promettre plus qu'un simple palliatif. La seule idée que chacun lise Dante ou Kafka fait l'effet d'une idée saugrenue. Réaliser ce progrès est hors de la portée du livre de poche. Il peut uniquement déplacer de quelques pouces la barrière du conditionnement intellectuel et social dans lequel nous vivons.

L'histoire, jusqu'à ce jour, ne connaît le lecteur que comme un être appartenant toujours à la minorité. Ni procédé Lumbek, ni psychologie de la vente n'ont rien pu y changer. Le livre de poche a ceci de bon que la majorité de ses acheteurs, qui a peur du risque, subventionne la minorité de ses lecteurs. Ce risque, en fait, n'est rien d'autre que la littérature elle-même. Comme un sable mouvant, elle pénètre dans les fentes du colossal édifice. Si seulement le système savait les boucher pour se protéger, il pourrait alors fonctionner sans frottements... et à vide.

UNE THÉORIE DU TOURISME

(P) La flamme du soleil léchait sans cesse de plus près les nuages embrasés du matin — enfin, au ciel, dans les ruisseaux et les étangs, dans les calices fleuris de rosée cent soleils se levèrent à la fois, et sur la terre flottèrent des milliers de couleurs et du ciel jaillit une seule et brillante lumière.

(F) Nous sommes partis de La Guardia, New York, avec trois heures de retard, par suite de tempêtes de neige. Notre appareil, comme d'ordinaire sur cette ligne, était un Super-Constellation. Je me disposai aussitôt à dormir, il faisait nuit. Nous attendîmes encore quarante minutes de plus dehors sur la piste, neige devant les projecteurs, tourbillons sur la piste..., les moteurs ronflèrent l'un après l'autre pour la vérification à pleins gaz... Enfin ce fut le départ.

(P) Dans son âme s'élevait un soleil supraterrestre avec l'autre dans le ciel. Dans chaque vallée, dans chaque bosquet, sur chaque hauteur il rejetait quelques anneaux oppressants de l'étroite chrysalide de la vie et du chagrin hivernaux, il déployait ses ailes mouillées et se laissait emporter par les brises de mai dans le ciel avec quatre ailes déployées parmi les papillons les plus bas et au-dessus des plus hautes fleurs.

(F) Après le potage, je regardai dehors par le hublot, bien qu'il n'y eût rien d'autre à voir que le clignotant vert au bout de notre empennage tout humide, de temps à autre une pluie d'étincelles, comme d'habitude, le rougeoiement sous le capot du moteur... Plus tard [nous survolâmes] quelque part le Mississipi, à une grande hauteur et dans un calme plat, nos hélices étincelaient au soleil du matin, formant les disques habituels, que l'on distingue tout en voyant ce qui est au-delà ; de même étincelaient les ailes, figées dans l'espace vide, rien des ailes de l'oiseau, nous étions là sans mouvement dans un ciel sans nuage, un vol comme cent autres, les moteurs tournaient régulièrement... Il était encore tôt le matin, je connais la ligne, je fermai les yeux pour dormir encore.

(P) Mais avec quelle force la vie agitée commençait-elle à bouillonner et à mugir en lui alors qu'il sortait de la fosse aux diamants d'une vallée pleine d'ombres et de gouttes, à quelques marches sous la porte céleste du printemps. Comme d'une mer, et encore humide, un tremblement de terre tout puissant avait fait surgir une plaine infinie, ressuscitée, fleurie, regorgeant de jeunes élans et de forces neuves — le feu de la terre brûlait sous les racines du vaste jardin suspendu et le feu du ciel flamboyait de là-haut imprimant sa couleur aux cimes et aux fleurs.

(F) Notre arrêt dans le désert de Tamaulipas, Mexique, a duré quatre jours et trois nuits, au total 85 heures ; il y a peu à en dire — ce ne fut pas la grandiose aventure à laquelle chacun semble s'attendre quand j'en parle... Naturellement, je pensai aussitôt à filmer et pris ma caméra ; mais absolument rien de sensationnel, de temps à autre un lézard qui me faisait sursauter, et une espèce d'araignée des sables, ce fut tout.

(P) Seul l'enfant gâté de la nature, l'homme, était tout seul, le regard clair et heureux, sur le marché de la vivante cité solaire pleine de clarté et de bruit et il promenait à la ronde ses yeux ivres dans les rues sans nombre. Mais sa mère éternelle reposait voilée dans l'immensité et ce n'est qu'à la chaleur qui envahissait son cœur qu'il se sentait contre le sien.

(F) Je me suis déjà souvent demandé ce que les gens veulent dire au juste quand ils parlent d'aventure mémorable. Je suis technicien et j'ai coutume de voir les choses comme elles sont. Tout ce dont ils parlent, je le vois, et de près ; je ne suis certes pas aveugle. Je vois la lune au-dessus du désert de Tamaulipas — plus claire que jamais, possible, mais c'est là une masse calculable qui tourne autour de notre planète, une affaire de gravitation, intéressante, mais mémorable, allons donc !

(P) Lorsqu'il ressortit, l'éclat se fondit en clarté, l'enthousiasme en gaieté. Chaque toit rouge d'église, et chaque torrent chatoyant qui projetait des étincelles et des étoiles, lançait de joyeuses lumières et de hautes couleurs dans son âme. Quand, au milieu de l'haleine et du souffle bruyant des forêts, il percevait les cris des charbonniers, l'écho des fouets et le craquement d'arbres abattus — quand ensuite, quittant les forêts, il contemplait les blancs châteaux et les blanches routes qui sillonnaient le bas-fond de verdure comme des constellations et des voies lactées, et les brillants flocons de nuages dans l'azur profond : aucun recoin brumeux de son âme, aucune place enclose ne pouvait plus rester sans soleil ni printemps, et son âme était forcée de se mêler volontiers aux voix volantes et bourdonnantes et de chanter avec elles : belle est la vie, plus belle est la jeunesse, et par-dessus tout, le printemps[1].

(F) Pourquoi se mettre dans tous ses états ? Des montagnes sont des montagnes, même si, sous un certain éclairage, elles ont l'air — la chose est possible — d'être tout autre chose, c'est en fait la Sierra Madre Oriental, et nous nous trouvons… dans le désert de Tamaulipas, Mexique, à environ soixante milles de la route la plus proche, ce qui est regrettable, mais une aventure mémorable ? allons donc ! Un avion est pour moi un avion, et non un oiseau mort, un Super-Constellation qui a eu une panne de moteur, rien de plus ; la lune peut l'éclairer comme elle veut. Pourquoi devrais-je vivre comme une aventure ce qui n'en est pas une ? Je ne peux non plus me résoudre à entendre je ne sais quelle éternité ; je n'entends absolument rien, que le bruit du sable qui coule à chaque pas que l'on fait[2].

Entre le voyage de l'avocat des pauvres, Firmian Siebenkäs, de Kuhschnappel à Bayreuth et celui de l'ingénieur de l'Unesco, Walter Faber, de New York à Caracas, un siècle et demi s'est écoulé. La différence des temps et des faits entre les deux textes marque le développement d'un phénomène dont nous savons mal si c'est nous qui l'avons fait nôtre, ou si c'est lui qui nous a faits siens : le tourisme.

Au moment où Jean Paul avait atteint le zénith de sa gloire, la chose naquit, et avec elle le mot. Les dictionnaires indiquent l'année

1. Jean Paul, *Siebenkäs*, t. III, chap. XII (cité d'après l'édition des *Œuvres complètes* de 1840 sq.) (La traduction française reproduite ci-dessus est, à quelques modifications près, exigées par des différences de texte, celle de P. Jalabert parue aux Éditions Montaigne, 1963).
2. Max Frisch, *Homo faber. Récit*. Francfort-sur-le-Main, 1957.

1800 pour l'apparition du mot « touriste », 1811 pour celle du mot « tourisme ». Ces néologismes sont dus — ce n'est, comme nous le verrons, aucunement un effet du hasard — à la langue anglaise.

Le roman *Homo faber* de Max Frisch a été écrit en 1957. Au cours de ses cent cinquante ans d'existence, le tourisme n'a pas réussi à attirer sur lui l'attention des historiens. Son histoire n'a pas encore été écrite. Sans doute, l'idée a-t-elle fini par s'imposer que l'histoire ne se déroule pas uniquement à la cour, sur le champ de bataille, dans les cabinets des ministres et les états-majors, et pourtant le schématisme des historiographes de cour s'est transporté dans l'histoire de la civilisation et de l'esprit humain, qui avait dessein de le battre en brèche. Voltaire a pris place près de Frédéric le Grand, mais il sert comme lui de décor historique, placé entre la réalité et nous. Nous avons une histoire des peuples. Celle des hommes n'est pas encore écrite ; aussi le tourisme, qui est une chose purement humaine, n'a-t-il pas encore trouvé son explication historique.

En revanche, il est peu de phénomènes de notre civilisation qui aient été aussi copieusement accablés d'ironie, aussi pointilleusement critiqués. Mais cette critique est aveugle. Elle l'est plus que jamais quand elle se donne des airs hautement représentatifs, quand elle est formulée avec art et se pare du plumage d'une métaphysique qui bat de l'aile : « Le tourisme occidental est un des grands mouvements nihilistes, une des grandes épidémies de l'Ouest, qui, en nocivité, le cèdent à peine aux épidémies du Centre et de l'Est, mais les dépassent en silencieuse perfidie. Les essaims de ces bactéries géantes appelées voyageurs recouvrent les substances les plus diverses de la viscosité uniformément chatoyante signée Thomas Cook, en sorte qu'on ne distingue plus bien finalement Le Caire d'Honolulu, Taormine de Colombo… Il faut bien comprendre que la Venise de la volaille sight-seeing est à ranger dans la catégorie des vieilleries comme Interlaken et Montreux, en comparaison desquelles Bochum et Nottingham n'apparaissent pas seulement comme solides, mais tout simplement comme belles… C'est dans la haute Engadine, ce mélange si merveilleusement réussi de méditerranéen et de polaire, cet équilibre heureux, parmi les tendres mélèzes, entre la mélancolie et l'enjouement, l'élan héroïque et la fierté des âmes pures, que j'ai le plus clairement perçu la puissance destructrice du tourisme. L'air y est empesté par ce cloaque qu'on appelle Saint-Moritz, et l'œil y est blessé par la chaîne d'usines à confort qui s'étend sans interruption en direction de Maloja. (Ici) la maladie européenne fait éruption en une série d'abcès. Un pays qui s'ouvre au tourisme se ferme métaphysiquement — il offre désormais un décor, mais non plus sa magique puissance[3]. »

Cette déclaration de Gerhard Nebel n'est pas citée ici pour son originalité, mais au contraire parce qu'elle n'est que trop caractéristique des critiques couramment adressées au tourisme. Il est significatif, tout d'abord, qu'elle vienne d'un homme passionné de tourisme. Intellectuellement, sa critique repose sur un manque de réflexion qui frise la sottise ; moralement, elle repose sur la présomption. La référence au nihilisme, dont nul ne sait exactement ce qu'il est, n'apporte aucune lumière ; le mot « nihiliste » n'est qu'une épithète à la mode, qui convient à tout et à rien. Faute de recourir à l'histoire, et d'aller au fond du sujet en regardant les faits, on se rabat sur de mauvaise métaphysique. Les faits réels sont mythologisés au lieu d'être éclairés.

La dénonciation du tourisme, qui se confond avec sa critique, est d'ailleurs d'âge respectable. Dès 1903 parut à Londres un petit livre, de la plume d'un certain Shand, qui était fort passionné de tourisme, sous le titre : *Les voyages au bon vieux temps. Souvenirs des années soixante, comparés aux expériences d'aujourd'hui.* On y lit : « Il y a quarante ans, il existait des hôtels agréables et pas de foule désagréable... Les touristes étaient alors une rareté, et la plèbe qui voyage aujourd'hui à bas prix était totalement inexistante... Au cours du dernier demi-siècle, un changement effroyable est intervenu. Le touriste de jadis se frotterait les yeux s'il se rendait aujourd'hui à Bâle ou à Genève. Des chemins de fer parcourent en long et en large le pays ; des tunnels sont creusés à travers les Alpes ; on a installé des funiculaires partout où un sommet dominant la région offre une vue ; d'énormes hôtels ont partout surgi ; de simples refuges se sont transformés en hôtels confortables. Le terrain de jeu qu'est l'Europe est envahi par le sight-seeing people, et les sanctuaires sur lesquels

---

3. Gerhard Nebel, *Unter Kreuzrittern und Partisanen* (Parmi chevaliers teutoniques et partisans), Stuttgart, 1950.

régnait seule jadis l'antique nuit du chaos, sont profanés et rabaissés au rang de lieux d'ébats pour les foules[4]. »

Ce qui se donne ici et là pour un point de vue critique apparaît en fait comme un point de vue réactionnaire au double sens du terme. Socialement, ces deux hommes réagissent contre la mise en péril ou l'anéantissement de leur situation privilégiée. Ils demandent implicitement que les voyages soient réservés en exclusivité à eux et à leurs semblables. En quoi ils se distinguent eux-mêmes de la « volaille sight-seeing », de la « plèbe voyageant à bas prix », ils ne le disent pas. Le confort auquel on prétend soi-même sans façons est imputé à péché à cette plèbe. Le développement technique des moyens de communication, auxquels le tourisme doit son existence, est vitupéré ; on idéalise au contraire la primitive simplicité de l'état de choses antérieur à la technologie, l'antique nuit du chaos, dont « jadis » seul le touriste de droit divin pouvait goûter à loisir la « magique puissance ».

Une telle critique n'est cependant pas seulement une réaction au sens social, mais aussi au sens psychologique du terme. Le fait qu'elle accompagne le tourisme depuis ses origines sans modifier essentiellement ses arguments n'est pas dû au hasard ; ce n'est pas non plus le hasard qui fait que les tableaux évoqués par elle en réplique font penser de leur côté à des textes publicitaires pour voyages à l'étranger : tout en condamnant ceux qui succombent à leur attrait, Shand apprécie la « vue » offerte par les sommets dominant la région, « le terrain de jeu qu'est l'Europe », qu'était autrefois la Suisse, et les « sanctuaires » dont il attribue à tout coup la profanation aux autres. Le lyrisme de Nebel, avec son « équilibre heureux, parmi les tendres mélèzes, entre la mélancolie et l'enjouement, l'élan héroïque et la fierté des âmes pures », pourrait trouver place tel quel dans n'importe quel prospectus de voyage. La critique du tourisme qu'il propose relève en fait de celui-ci. Son idéologie secrète, le prix qu'elle attache au « magique », à l'« élémentaire », à l'« aventure », à ce qui est « vierge », tout cela relève de l'idéologie avouée du tourisme. La désillusion qui pousse le critique à réagir contre le tourisme répond à l'illusion qu'il partage avec lui.

---

4. A.I. Shand, *Old-Time Travel. Personal Reminiscences of the Continent Forty Years Ago compared with Experiences of the Present Day.* Londres, 1903.

Si la connaissance de ces critiques peut fournir des indications pour l'intelligence du mouvement touristique, elle ne saurait en être le fondement. S'il est exact que le phénomène auquel nous avons affaire peut être rapporté aux cent cinquante dernières années, cette affirmation doit pouvoir se prouver par une contre-épreuve. Le voyage appartient aux formes les plus anciennes et les plus universelles de la vie de l'humanité ; on peut en retrouver la trace jusqu'en des époques mythiques. Les hommes ont toujours voyagé. Qu'est-ce qui nous autorise à isoler historiquement ce que nous appelons tourisme, à le séparer, comme quelque chose de particulier, de ce qui a toujours été ?

Toujours ce fut le besoin, ce furent les contraintes biologiques et économiques qui poussèrent les hommes à se déplacer. Les migrations des nomades ont des causes géographiques et climatiques. Jamais le plaisir de voyager n'était le mobile des expéditions guerrières des anciens peuples. Les premiers hommes qui, de leur propre mouvement, se mirent en route pour des terres lointaines furent des marchands. En ancien hébreu, les mots « marchand » et « voyageur » étaient synonymes. À une seule exception près (nous aurons à nous en occuper), le voyage, depuis le commencement des temps jusqu'au xviiie siècle, était toujours le fait d'infimes minorités, soumises à des nécessités spéciales et évidentes. C'étaient des soldats et des courriers, des hommes d'État et des savants, des étudiants et des mendiants, des pèlerins et des criminels que l'on rencontrait sur les routes, mais avant tout et toujours des marchands : épices et myrrhe, or et soie, armes et perles.

Le voyage en tant qu'aventure, le voyage pour lui-même, était, jusque bien avant dans le xviiie siècle, chose inconnue. Ulysse lui-même, personnification mythique de tous les voyageurs futurs, est désigné dans le poème comme « l'illustre souffre-peine »

> Qui a tant fait de chemin, après que la sainte Troie fut détruite,
> Vu tant de cités peuplées d'hommes, appris à connaître tant de mœurs,
> Et enduré sur mer tant d'indicibles tourments ;...
> Même quand, dans la révolution des temps, vint l'année
> Que lui avaient marquée les dieux pour rentrer à Ithaque,

Le héros n'était pas encore au bout de sa carrière épuisante,
Bien qu'il fût près des siens. Les dieux prenaient de lui
compassion.

Et l'« homme qui souffre peine dans une attente inquiète ».

… qui, si longtemps, loin des siens se consume…
N'a qu'un désir, voir la fumée s'élever
De ses collines natales d'Ithaque et mourir[5] !

Pays lointains veut dire exil, le voyage est errance, l'« épuisante
carrière », une longue expatriation — il en sera ainsi jusqu'à l'époque
de Robinson Crusoé. L'appel sentimental des lointains horizons est
une notion romantique. L'éclat qui entoure aujourd'hui les figures
de la période héroïque des découvertes n'est qu'illusion d'optique.
L'Anglais Candish, l'un des premiers navigateurs à avoir fait le tour du
monde, rapportait après son retour : « Il a plu au Tout-puissant de me
permettre de faire le tour du globe terrestre… Au cours de ce voyage,
j'ai découvert toutes les riches contrées du monde que la chrétienté
peut connaître, ou du moins recueilli sur elles des informations sûres.
J'ai fait voile le long des côtes du Chili, du Pérou et de la Nouvelle
Espagne, et fait beaucoup de butin. J'ai brûlé et coulé dix-neuf
voiliers, grands et petits. J'ai pillé et brûlé tous les villages et toutes
les villes où j'ai abordé[6]. »

C'est seulement l'époque post-romantique qui a projeté sur les
découvreurs et les conquistadores ses propres rêves. Le but de ces
hommes n'était pas de satisfaire des élans de l'âme ; il était plus
terre à terre. Ils servaient des desseins politiques. C'est après coup
seulement que le tourisme leur a prêté cette aura dont il s'est entouré
lui-même à ses débuts.

Au cours du XVIIIe siècle, le caractère rigoureusement pratique
du voyage commença à s'atténuer. Déjà auparavant, la tournée des
cours étrangères avait fait partie de l'éducation du jeune noble ; dans

---

5. Homère, *Odyssée,* ch. I. L'auteur cite *l'Odyssée* dans la célèbre traduction allemande de J.H. Voss, que nous traduisons à notre tour ci-dessus en français (*N. d. T.*).

6. Lettre de l'explorateur anglais Candish, citée d'après Robert Kerr, *Voyages
and Travels*, Édimbourg, 1811.

les classes supérieures de la société, le voyage ayant pour but une cure dans une ville d'eaux avait réussi à se faire adopter. Les deux motifs commencèrent alors à perdre de leur sérieux et de leur poids, sans toutefois tomber au rang de purs prétextes. Ils ont d'ailleurs des répercussions aujourd'hui encore dans le développement du tourisme, bien que le but éducatif ait complètement changé ; pour le jeune gentilhomme, le monde qu'il s'agissait d'apprendre à connaître, c'était le *monde*[7], entendez la bonne société, et non pas le canon des monuments de la civilisation. La persistance de l'influence exercée par les anciens voyages aux eaux est attestée aujourd'hui encore par la haute estime où l'on tient des buts touristiques tels que Baden-Baden, Spa et Aix-les-Bains.

Quoi qu'il en soit, en 1792, un représentant d'une discipline alors toute jeune, l'économie politique, pouvait encore très sérieusement proposer un impôt sur les voyages. Marperger, partisan du mercantilisme, fondait son projet, dans ses *Remarques sur les voyages à l'étranger,* sur le fait que les voyageurs emportaient leur bel argent hors de leur pays. Cette préoccupation autorise à conclure que le volume des voyages commençait alors à augmenter.

Cependant le voyage pour le plaisir de voyager n'a pu prendre encore un grand développement. Le guide le plus répandu alors en Europe, le *Guide des voyageurs* de Reichard, n'indique ni les beautés de la nature, ni les curiosités, mais, très prosaïquement, les routes les plus courtes, le service des messageries et les prix, les possibilités de se loger et les règlements officiels : bref, il considère le voyage comme un mal nécessaire. Rien d'étonnant à cela ! Après un jour passé sur les grandes routes, le voyageur était moulu. Heureux encore s'il arrivait au but ! Reichard lui recommande instamment d'emporter toujours avec lui des pistolets chargés. Son guide est postérieur de dix ans aux *Brigands* de Schiller. D'autres donneurs d'avis recommandaient aux voyageurs de faire dire une messe avant d'entreprendre le voyage, pour son heureux succès. Les attaques sur les grandes routes n'étaient pas rares.

Quarante ans plus tard, la transformation du voyage était accomplie. Le tourisme était né. L'Anglais John Murray parcourut le continent

7. En français dans le texte.

pour rassembler les matériaux de sa bible. Elle parut en 1836 et devint célèbre dans le monde entier : le premier *Red Book* faisait l'inventaire des curiosités de la Hollande, de la Belgique et des pays du Rhin, et recommandait au touriste les routes les plus pittoresques et les plus romantiques. Murray, l'un des prophètes du tourisme, est aussi l'inventeur du système des étoiles, qui épinglait en quelque sorte sur les objectifs qu'il s'agissait désormais de visiter une étiquette indiquant leur valeur. Trois ans après, suivit le premier guide de Karl Baedeker, *Die Rheinlande* (Les pays rhénans). Le nouveau mouvement avait ses saintes écritures, il avait commencé sa marche triomphale.

Ce triomphe n'était pas l'effet du hasard. Il suffit à notre dessein d'en montrer les composantes. La question de savoir laquelle d'entre elles doit être regardée comme la « cause dernière » peut être laissée sans réponse, si tant est qu'elle en comporte une. Nous décrivons la situation historique d'où est sorti le tourisme comme un syndrome de traits politiques, sociaux, économiques, techniques et intellectuels, qui ont en commun leur caractère révolutionnaire.

La victoire de la révolution bourgeoise inculqua à l'individu un sentiment de liberté qui vint se briser contre le nouvel état social. Chaque brèche révolutionnaire faite à l'ordre social se referme, mais elle laisse derrière elle un souvenir qui ne peut plus s'accommoder des mesures de consolidation de la Restauration : plaie persistante dans les consciences, qui jamais ne se cicatrisera tout à fait. À la révolution politique correspondit une révolution dans le mode de production. La nouvelle classe dirigeante, la bourgeoisie, organisa le monde industriel du travail et le marché mondial conditionné par lui. Le nouvel état de choses ne porta pas son effort immédiat sur l'homogénéité sociale, mais sur l'homogénéité dans l'espace. Le progrès technique, en particulier l'invention du chemin de fer et du bateau à vapeur, permit au capitalisme d'édifier le réseau de communications nécessaire pour cette homogénéisation de l'espace.

On peut, en partant de là, comprendre l'exception historique dont nous avons parlé. Cette exception est la Rome du bas empire. Dans les derniers siècles de l'empire romain, il a existé en effet quelque chose comme un tourisme avant le tourisme. Friedländer rapporte dans sa *Sittengeschichte Roma* (Histoire des mœurs de Rome) que le volume des voyages de cette époque n'a pas été dépassé en Europe avant le XIXe siècle. Du rivage toscan au golfe de Salerne, la côte occidentale de l'Italie était alors un lieu d'ébats pour les touristes. Des villas de marbre et de luxueux hôtels recevaient les visiteurs. La Grèce, Rhodes, l'Asie Mineure et l'Égypte étaient les buts privilégiés des voyages de vacances. Il existait des liaisons maritimes régulières, des bureaux de voyage, des bureaux de change et des festivals ; même l'intérêt pour les musées, caractéristique de notre tourisme moderne, s'affirmait déjà.

À plus d'un égard, cette ébauche précoce du tourisme est comparable à sa forme moderne. Dans la société romaine, une tendance égalitaire s'était jusqu'à un certain point manifestée. Cette société s'était en quelque sorte embourgeoisée. Ses caractères capitalistes sont connus. La situation politique aussi bien que la situation économique exigeaient une homogénéisation spatiale de l'empire. Elle fut obtenue techniquement par la construction du grandiose réseau de routes romain, dont les vestiges se reconnaissent encore aujourd'hui dans toute l'Europe jusqu'au *limes*. En revanche, les caractères révolutionnaires manquent à l'image du tourisme romain. Il est resté le privilège d'une minorité. Ni les stimulants politiques, ni les stimulants techniques n'étaient suffisants pour l'étendre à l'ensemble de la population. Mais surtout ses racines intellectuelles étaient bien moins développées que celles du tourisme moderne.

Celui-ci plonge ses racines dans le romantisme anglais, français et allemand. Des auteurs comme Gray et Wordsworth, Coleridge et Byron ; Rousseau et Chateaubriand ; Seume et Eichendorff, Tieck et Wackenroder, Chamisso et Pückler ont maintenu symboliquement la liberté qui, sous l'effet du monde du travail à ses débuts et de la Restauration politique, menaçait d'étouffer. Leur imagination a en même temps trahi et conservé l'esprit de la Révolution. Elle a transfiguré la liberté, l'a transportée dans les régions lointaines de l'irréel, jusqu'à ce qu'elle se figeât en images : dans l'espace, sous l'aspect de la nature éloignée de toute civilisation ; dans le temps, sous l'aspect du passé historique, des monuments et du folklore. Ces images, paysage vierge et histoire vierge, sont demeurées jusqu'à nos jours les images directrices du tourisme. Il n'est rien d'autre qu'une tentative pour réaliser physiquement le rêve projeté par le romantisme dans des époques et des pays lointains. Plus la société bourgeoise s'est fermée, plus vigoureux a été l'effort du bourgeois pour lui échapper en tant que touriste.

Cette fuite devant une réalité qui était son œuvre fut facilitée par les mêmes moyens de communication grâce auxquels elle était devenue réalité. Derrière le fiévreux enthousiasme avec lequel, dans les années trente et quarante du siècle dernier, les chemins de fer anglais furent développés, il y a plus que la simple ardeur de spéculation des capitalistes. La manie des chemins de fer trahit déjà le violent désir de fuir les lieux d'habitation et de travail imposés par la révolution industrielle. Mais ce que le réseau des moyens de communication semblait rendre possible, il le rendait vain en même temps. En resserrant les mailles de ce réseau qu'elle semblait ouvrir pour les touristes, la société se referma bientôt. Comme le hérisson du conte attend chaque fois au but, en le narguant, le lièvre tout essoufflé, de même le tourisme se heurte toujours à sa propre négation. Cette dialectique est le moteur de son développement ; car bien loin de se résigner et d'abandonner cette course dont le prix est la liberté, il redouble d'efforts après chaque défaite.

L'étroitesse des liens qui unissent le développement du tourisme et celui de la civilisation industrielle trouve sa confirmation dans l'avance que le tourisme anglais n'a cessé de conserver sur celui des autres nations pendant tout le xixe siècle. Déjà avant le commencement du siècle, les Anglais étaient les voyageurs *par excellence*[8]. Les voyages en Italie de Keats et de Shelley témoignent de leur manie des voyages, tout comme les exploits de pionnier de Byron, qui doit passer pour l'archétype du touriste moderne. De nos jours encore, on peut entendre dans les campagnes, en Grèce, l'expression *lordoi* pour désigner les touristes en général. La Suisse doit entièrement aux Anglais sa vocation précoce de pays de tourisme pour les étrangers.

Un rôle-clé dans l'histoire du tourisme revient aux alpinistes. La naissance de l'alpinisme peut se situer en 1787. C'est à cette date que Saussure fit, le premier, l'ascension du mont Blanc. Mais c'est

---

8. En français dans le texte. Entre 1760 et 1770, non moins de 40 000 Anglais semblent avoir entrepris sur le continent, soit pour des raisons d'art, soit pour leur plaisir, des voyages qui duraient des mois, ou même des années. Ces détails, ainsi que d'autres qu'on trouvera plus loin, sont donnés par Wilhelm Treue dans sa *Kulturgeschichte des Alltags* (Histoire de la civilisation quotidienne), Munich, 1952.

seulement soixante-dix ans plus tard qu'a commencé l'âge d'or de l'alpinisme. Les Anglais montrèrent le chemin. Il y a presque exactement cent ans, Edward Kennedy fondait le Club alpin, première association d'alpinistes. Initiative anglaise.

Le rôle-clé de la position avancée conquise par l'alpinisme repose sur le fait qu'il concrétise avec une netteté particulière l'idéologie romantique du tourisme. Il est tourné vers l'« élémentaire », le « vierge », l'« aventure ». Le nom sous lequel le but est conçu ne change rien à la dialectique du phénomène : dès l'instant qu'il se trouve atteint, il est par là même anéanti. Ce n'est pas par hasard que les procédés du tourisme sont liés aux méthodes du sport de performance. Comme le « non foulé » ne peut devenir réalité pour l'esprit que dans et par le fait qu'il est foulé, il s'agit d'être le premier. Ainsi le voyage prend forme de course, pour une « première », pour un record à établir. Le héros du roman de Jules Verne, Philéas Fogg, mettait son point d'honneur à faire *Le Tour du monde en 80 jours*. Les satellites que nous projetons dans le ciel sont encore ses émules, au moment même où ils battent son record.

Même les explorateurs se transforment en touristes. L'aura romantique qui n'a été prêtée qu'après coup aux premiers découvreurs leur échoit de leur vivant même. Comme l'alpiniste par les cimes encore vierges, l'explorateur est fasciné par les plages blanches de la carte. Le siècle regarde comme son devoir de les faire disparaître. Les hommes qui s'y consacrent, de Livingstone à Hillary, sont célébrés comme des héros. Les Vénitiens du XIIIe siècle, au contraire, n'eurent que railleries et sarcasmes pour leur concitoyen Marco Polo. Ils ne comprenaient pas ce qui pouvait l'avoir poussé à faire de l'inaccessible son but, et le tenaient par suite pour une tête brûlée. Aujourd'hui, par contre, les Russes préparent une expédition vers l'inaccessible pôle antarctique, point dont le seul caractère propre, tout à fait abstrait, consiste dans la difficulté de l'atteindre. Le « non foulé » s'est transformé en mystification idéologique. Aujourd'hui, l'expédition la plus pénible dans les régions du monde les plus lointaines relève d'abord du tourisme, et avant même que le premier homme ait pénétré dans les espaces interstellaires, les premiers amateurs de tourisme se font inscrire pour cette navigation interplanétaire.

Comme les pionniers, le plus souvent bien malgré eux, durent bientôt le constater, leur rôle privilégié n'eut qu'un temps. Ils étaient portés par l'intérêt d'une société qui, à travers eux, poursuivait le sien. Qui leur prodiguait les louanges était déjà sur leurs talons. La bourgeoisie émancipée les auréolait d'un nimbe qu'elle espérait conquérir pour elle-même en se précipitant dans cette répétition de leurs exploits qu'on appelle le tourisme. La liberté qu'ils semblaient avoir conquise dans les rochers de l'Oberland bernois, dans les glaces de la calotte polaire, dans les jungles équatoriales, devait bientôt être revendiquée par tous comme un nouveau droit de l'homme.

Bien sûr, leurs imitateurs, les touristes, n'étaient pas disposés à payer cette liberté au prix fort. Le nouveau droit de l'homme, de se libérer de sa propre civilisation au moyen de l'éloignement, prit la forme inoffensive du voyage de vacances. Cependant les touristes continuent de tenir, avec l'obstination de l'impuissance, aux labels de l'aventure, de la primitivité et des terres vierges. À la fois accessible et inaccessible, éloigné de la civilisation et confortable, voilà ce que doit être l'objectif. C'est en car Pullmann que l'on fait l'expérience du désert, en wagon-lit celle de la toundra laponne. On filme nonchalamment le pôle nord par le hublot du Super-Constellation. Dans le désert de Tamaulipas, l'événement, but de la chasse haletante, se volatilise sous l'œil froid de l'*Homo faber*.

À vrai dire, le nouveau droit de l'homme, comme toujours, n'échut pas à tous, mais seulement à la classe qui l'avait découvert et imposé : la bourgeoisie indépendante qui vivait du produit de ses capitaux. Cependant un tel droit, une fois posé en principe, ne se laisse pas isoler. Il concourt bien plutôt à brasser et à homogénéiser la société. Entre la tendance égalitaire qui, après avoir contribué à la victoire de la bourgeoisie, a contribué ensuite à sa décadence, et les larges possibilités d'échanges nées des nouveaux moyens de communication, existait et existe une action réciproque. Les conditions nécessaires du tourisme sont en même temps des effets, ses effets sont des conditions nécessaires de son développement ultérieur : c'est ainsi que courant et champ magnétique se renforcent réciproquement dans un circuit oscillant. Après la grande bourgeoisie, le processus affecta d'autres couches sociales, en premier lieu les fonctionnaires, les artisans, les petits bourgeois. Entre la condition des producteurs et le développement du tourisme, on constate des correspondances précises.

Ici aussi, l'Angleterre est à l'avant-garde. Thomas Cook, jardinier et menuisier, organisa en juillet 1841, pour les membres de sa ligue de tempérance, une premier voyage entre Loughborough et Leicester. Quatre ans plus tard, il fonda son bureau de voyages qui, en moins de trente ans, prit l'ampleur d'une organisation mondiale. En Allemagne, au contraire, c'est seulement en 1863 que naquit le premier bureau de voyage consacré au tourisme, donc avec plus de vingt ans de retard. Détail caractéristique, au surplus : Louis Stangen, à Berlin, mettait ses services à la disposition de ce qu'on appelle la bonne société, exclusivement. Le premier voyage qu'il organisa fut une excursion dans la Suisse saxonne ; mais déjà, un an après sa création, le bureau de voyages de Stangen proposait un voyage collectif en Égypte et en Terre sainte. Au contraire, l'œuvre de Cook fut, dès l'origine, adaptée aux besoins d'un large public petit-bourgeois. Un tel public, qui voyait dans le voyage « qui ne sert à rien » un besoin et une possibilité, n'existera en Allemagne que vers la fin du siècle.

Restaient exclus de cette fiévreuse extension du tourisme d'abord les paysans, qui aujourd'hui encore sont la seule couche sociale à résister à son idéologie et à sa pratique, ensuite les ouvriers, qui, tout compte fait, en faisaient les frais. C'est seulement après la première guerre mondiale qu'ils ont conquis la possibilité d'échapper, au moins pour quelques semaines, au moins en apparence, à l'étreinte, monstrueusement aggravée, du monde industriel du travail. Tandis qu'entrepreneurs et professeurs, fonctionnaires et médecins, artisans et hommes d'affaires avaient reconnu depuis longtemps dans le tourisme une occasion de tourner le dos à ces lieux de ténèbres qui ont nom Birmingham et Glasgow, Wuppertal et Bochum, les véritables victimes de l'accumulation primaire demeuraient enchaînées à la désespérante prison des villes, à la misère des maisons de rapport, ces casernes. De nos jours encore, dans de nombreux pays, il n'y a pas de législation générale des congés, ainsi, par exemple, en Angleterre et aux États-Unis. C'est seulement après la première guerre mondiale que les congés payés ont peu à peu fait intégralement partie des contrats entre patrons et syndicats[9]. Encore en 1940, un quart seulement des travailleurs américains avaient droit à un congé payé. En 1957, ce nombre s'élevait à 90 %. Une réglementation légale des congés existe en Allemagne, en France et dans les pays scandinaves.

La lutte pour le droit aux congés a été pénible ; elle s'est étendue sur des dizaines d'années. Chaque victoire partielle renforçait la poussée vers les lieux de vacances. Là où croissait la pression exercée par les villes industrielles en direction des espaces libres réservés aux vacances, croissait dans la même proportion la pression en sens contraire. En Angleterre, pays à forte densité de population, des lieux comme Brighton ou la trop fameuse Blackpool devinrent synonymes de marée humaine. Sur les plages, dès avant la seconde guerre mondiale, les touristes à la recherche de repos étaient plus serrés que dans les slums, et les trains de vacances étaient bondés comme le métro aux heures de pointe.

Il y avait longtemps cependant que la victoire du tourisme était apparue comme une victoire à la Pyrrhus, longtemps que l'aspiration à se libérer de la société que l'on fuyait avait été prise en charge par cette même société pour être disciplinée. Les moyens d'échapper au monde industriel se sont constitués eux-mêmes en industrie, le voyage hors du monde de la marchandise est devenu à son tour marchandise. Si un critique de la qualité de Gerhard Nebel oppose la beauté de Bochum et de Nottingham à ce « bric-à-brac » que seraient Interlaken et Montreux, il cherche seulement par là à jeter le discrédit sur un phénomène du monde du travail par le moyen du phénomène complémentaire. L'antithèse est fausse. Autant chercher à humilier une aciérie en la comparant avec une houillère.

Le progrès du tourisme, qui est en même temps un progrès de l'empire qu'il exerce, trouve son expression dans trois conquêtes dont chacune est indispensable au développement d'une industrie de grande envergure : la normalisation, l'équipement et la production en série.

La normalisation des buts de voyages commence avec l'invention du guide. Le *Red Book* de Murray de 1836 dirige déjà le flot des

---

9. La première convention de ce genre fut conclue en Allemagne entre trente-deux entrepreneurs et le syndicat des ouvriers métallurgistes, et cela en 1909. En 1911, des dispositions relatives aux congés figuraient dans 27 conventions relatives aux salaires sur 851. Le congé était fixé à six jours.

touristes vers des canaux tracés d'avance. À ces directives le voyageur, pour commencer, se soumet encore librement. Il est conditionné par le livre psychologiquement, mais non encore physiquement. L'élément de base qui sert de norme au voyage est la *sight*, la chose à voir ; elle est, selon sa valeur, classée au moyen d'une, deux ou trois étoiles.

La notion de chose à voir, d'une importance décisive pour le touriste, mérite une analyse attentive. Il ressort d'abord de cette notion que le touriste n'est pas à l'abri du remords. Elle dément le caractère gratuit du voyage, seule garantie de la liberté à laquelle on aspire. Car la chose à voir ne mérite pas seulement d'être vue, elle exige de l'être, et d'une façon impérative. Est à voir ce qu'on est tenu d'avoir vu. En s'acquittant de ce devoir le touriste se rachète de la faute qu'il voit, en son for intérieur, dans le fait d'avoir fui la société. Par son obéissance, il reconnaît qu'il ne supporte pas du tout la liberté à la recherche de laquelle il prétend être parti.

Ce qui est ainsi mis en boîte comme choses à voir, ce sont les images de ces lointains en quoi le romantisme a érigé la nature et l'histoire. Ces images se recroquevillent, là aux dimensions du jardin zoologique et botanique, ici à celles du musée. Les mots qui représentent les institutions et les conceptions centrales du XIXᵉ siècle sont interchangeables. Si le touriste, guide en main, prend la Rome antique pour un zoo de l'histoire, le paysage que ses instructions marquent de la double étoile devient pour lui objet de musée. Aujourd'hui, son agence de voyages lui organise des chasses au buffle en Afrique, des shikars au tigre dans les Indes et des chasses à l'élan en Laponie. Au cours du safari cinématographique à l'Etoshan Pan, le professeur de zoologie explique les *sights* de la nature ; devant les participants d'une croisière de vingt-quatre jours en Afrique dansent des Watussis et des nègres aux lèvres percées d'aiguilles de bois, accompagnés des commentaires d'éminents ethnologues ; leurs auditeurs tendent pieusement l'oreille, tout comme aux Offices, devant son collègue historien de l'art, les College-girls qui s'y sont engouffrées. De nos jours, la demande en matière de choses à voir dépasse l'offre. Si le siècle passé s'en tenait encore au fonds que supposent musée et jardin zoologique, le nôtre produit suivant les besoins les « choses à voir » synthétiques. Du festival à la fausse tente laponne, on propose avant tout au touriste ce qui l'intéresse.

La « chose à voir » devient enfin vraiment elle-même dans l'abstraction, là où, dégagée de toute contingence étrangère, elle se transforme en une sorte d'absolu touristique. Au nord de l'État fédéral américain du Kansas, non loin de la route fédérale 281, se trouve un bosquet bien entretenu, aménagé autour d'une pierre. Sur cette pierre on lit : « Ici se trouve le centre géographique des États-Unis. » Sur la route qu'on a construite pour permettre d'atteindre cette pierre et qui ne mène nulle part ailleurs, se pressent les voitures de touristes dont le programme « normalisé » comporte cette visite.

Cependant les éléments normalisés ne suffisent pas par eux-mêmes pour la production industrielle des voyages. Il convient qu'ils soient équipés. L'invention qui représente le mieux cette étape est celle du carnet de tickets et de bons. Cette idée elle aussi, et cela en 1868, est une idée jaillie du cerveau de l'invraisemblable Thomas Cook. La firme, réunissant comme par un fil les choses que devait voir le touriste, en constitue un itinéraire et lui garantit le bon accueil qui serait fait aux papiers qui lui donnaient le droit de le suivre. Tout était compris désormais, le voyage était livré tout monté et empaqueté. L'aventure était devenue un produit tout préparé, et tout risque en était exclu.

Mais même le produit normalisé et tout monté ne satisfaisait pas encore la nouvelle industrie. Il serait trop cher aussi longtemps qu'il faudrait le fabriquer à l'unité. Comme tout bien de consommation, le voyage lui aussi devait être produit en grande série si l'industrie touristique voulait tenir sa place sur le marché. Mais la tenir signifiait expansion. Le tourisme consacra sa victoire, et la défaite de son sens humain, en inventant le voyage en commun. Qui d'autre pouvait avoir cette heureuse idée que le brave Thomas Cook ? Il ne soupçonnait pas ce qu'il préparait. Ce zèle missionnaire qu'il avait mis auparavant au service de la lutte contre le diable Alcool, il le consacrait maintenant au tourisme. Entre le Bien et la bonne affaire, sa morale bon enfant ne voyait pas de contradiction. En 1845, il organisa le premier voyage en commun destiné aux plaisirs du tourisme. Ce voyage fut pareil à une marche triomphale. Il l'avait soigneusement préparé. Il avait exploré à l'avance toutes les localités qui se trouvaient sur le trajet. Des chambres d'hôtel attendaient chaque participant. Un programme imprimé renseignait les membres de la caravane sur la manière de bien profiter du voyage. À l'arrivée, ils étaient accueillis par des roulement de tambour et des salves d'artillerie. L'invention du voyage en commun avait complété les méthodes de production de l'industrie touristique. On ne pouvait plus arrêter le mouvement, la production massive avait commencé. Dès les années soixante-dix fut lancé le premier voyage collectif autour du monde.

Conçu pour délivrer ses fervents de la société, le tourisme emmenait cette société avec lui en voyage. Ses adhérents lisaient désormais sur le visage de leurs voisins ce qu'ils s'étaient proposé d'oublier. Dans ce qui était du voyage se reflétait ce qu'on avait laissé derrière soi. Depuis, le tourisme est le fidèle reflet de cette société à laquelle il prétend s'arracher.

On ne peut pas ne pas reconnaître dans ce reflet la marche du capitalisme classique au capitalisme tardif, et de celui-ci à l'organisation totalitaire de la société. Les terres vierges sont « ouvertes à l'exploitation » par les méthodes capitalistes, puis « développées » dans un esprit totalitaire. Des analogies militaires se présentent à l'esprit. Le tourisme parodie la mobilisation générale. Ses grands quartiers généraux ressemblent à des états-majors où l'on calcule à l'avance des mouvements de troupes. Si le guide pour étrangers du bon vieux temps était encore une sorte de génie domestique, le guide d'aujourd'hui prend des allures de chef, et ses ordres ne perdent rien en rigueur du fait que celui qui les reçoit le paye pour qu'il les donne. Celui qui dirige le voyage prend tout à fait les airs d'un chef de convoi dont l'autorité est également redoutée et souhaitée par la colonne de troupes. Les triomphants voyages de la « Force par la Joie » se transforment inopinément en un lamentable convoi, et derrière les camps de vacances se dressent, invisibles, les miradors de ces autres camps dont doit répondre notre époque.

L'élan révolutionnaire qui a fait du tourisme un phénomène mondial était trop aveugle pour prendre conscience de sa propre dialectique et trop puissant pour accepter l'échec qui est son lot. Par des efforts sans cesse renouvelés, le tourisme, exaspéré, tente d'échapper au cercle vicieux qui est la loi de son existence, et par là à sa servitude. C'est chaque fois un nouvel échec.

Le mouvement allemand de la jeunesse est peut-être la plus caractéristique de ces tentatives. Protestant non seulement contre le monde des adultes — car c'est ainsi qu'il concevait la société —, mais aussi contre les moyens touristiques tout préparés en vue d'un simulacre d'évasion, il renonça résolument au confort et se mit en route avec sac au dos, casserole et tente. Le programme écartait les moyens techniques de voyager. On se créait artificiellement les dures conditions de la « vraie » aventure. Par la fidélité avec laquelle on le prenait à son compte, comme si rien depuis ne se fût passé, on infligeait encore une fois un démenti au scénario romantique de la liberté. La fuite devant ce que le tourisme avait d'extérieur ne fit que le renforcer. Simple enveloppe, la liberté du mouvement de la jeunesse se laissa en un tournemain imposer des buts fascistes. La prétendue indépendance des excursions de la jeunesse hitlérienne obéissait déjà à la loi de ces autres excursions qui devaient mener plus tard leurs participants à Stalingrad et en Sibérie.

En revanche, un autre effort dirigé contre la dénaturation du tourisme est demeuré sans amertume dans sa protestation et inoffensif dans son échec. Son masque idéologique, il est vrai, est analogue à celui du mouvement de la jeunesse : le « mouvement » en faveur du camping s'est développé en prenant pour mots de ralliement la communion avec la nature, la vie loin de la civilisation, l'absence de toute attache. Toutefois, à ces mots d'ordre, que dans ce cas les fabricants des équipements nécessaires s'occupaient déjà de répandre, on s'est abandonné sans fanatisme, plutôt avec cette résignation de gens échaudés qui est devenue la réaction ordinaire aux slogans de la publicité. Avec la réglementation policière de la tente, les emplacements obligatoires, l'ordre qui règne dans le camp, le directeur de camp, l'eau courante et la prise de courant pour le rasoir électrique, le camping courait droit à l'absurde. Cette année, il semble déjà *démodé*[10]. « On » habite dans des villages de bungalows. Cela ne change rien au caractère foncièrement douteux du phénomène.

Une tentative radicale en vue de briser les barrières inhérentes au tourisme s'annonce dans les considérations de promoteurs et de touristes intelligents qui veulent en finir avec le rite sacro-saint du *sight-seeing*. Ils se proposent de lui substituer, à ce qu'on dit, le *life-seeing*. Comment vivent en réalité les gens des pays que l'on visite,

---

10. En français dans le texte.

tel serait le nouvel objet d'intérêt touristique. Le côté commercial de cette séduisante proposition consiste à faire de nécessité vertu, étant donné le manque d'hôtels résultant de l'affluence des voyageurs. On ne loge plus à l'hôtel, mais chez des particuliers dont on se propose de partager la vie de tous les jours. On veut rétablir dans ses anciens droits la vertu de l'hospitalité. Cette tentative elle aussi, conformément à la dialectique du tourisme, porte au fond d'elle-même son échec. La vertu que l'on veut faire renaître n'est rien dès qu'elle est exigée. Le tourisme a fait le mal, il ne saurait y remédier. Tant que le voyage était aventure et exil, l'hospitalité s'offrait à lui comme un asile ; quand il est devenu un plaisir librement choisi, les portes se sont fermées. On a vu s'élever les cathédrales du tourisme : les hôtels.

L'histoire du tourisme est aussi une histoire des hôtels. Les auberges du Moyen Âge, où l'on trouvait le strict nécessaire, les vieilles hôtelleries-relais, qui n'avaient d'autres prétentions que d'être utiles, ne suffisaient pas au nouveau mouvement. Les monuments architecturaux qu'il s'érigea rejetèrent dans l'ombre tout ce qui servait auparavant à héberger les étrangers. Le premier hôtel moderne fut le *Badischer Hof,* édifié à Baden-Baden dans les premières années du xixᵉ siècle. Une hiérarchie compliquée de gérants, de portiers, de maîtres d'hôtel, de sommeliers, de grooms, de chasseurs, de femmes de chambre et de valets de chambre, servait là pour la première fois l'énorme machine faite de halls, de salles des fêtes, de salles à manger, de salles de lecture, de chambres à coucher, de bains, d'écuries, de terrasses et de jardins d'hiver. Le *Badischer Hof* de 1805 reste aujourd'hui encore le modèle du genre. Des hôtels de gare à son image évincèrent les vieilles hôtelleries aux points d'arrêt des diligences. Au fur et à mesure que le tourisme, sous le signe du grand capitalisme, prenait de l'extension, l'industrie hôtelière adoptait de plus en plus ses formes économiques. En 1850 fut ouvert à Paris le *Grand Hôtel,* première entreprise de cette branche qui se soit donné la forme juridique d'une société par actions. La concentration croissante du capital conduisit dès 1880 à la création du premier trust hôtelier, la chaîne des *Ritz*. Vers le tournant du siècle apparurent aux États-Unis les premiers hôtels géants avec cinq cents chambres et plus.

Rien ne fut changé par là aux anciens dehors de l'hôtel conçu selon le modèle de Baden-Baden, et ces dehors sont instructifs pour la psychologie du tourisme. L'hôtel est le château de la grande bourgeoisie. Là, la nouvelle classe usurpe avec ostentation les formes de vie de l'aristocratie. Il y règne un luxe effréné. Tandis que le véritable aristocrate répugne autant que le paysan au voyage pour lui-même, le bourgeois parvenu étale comme voyageur ce qui lui est refusé chez lui. La liberté à laquelle il s'imagine accéder comme touriste n'est pas seulement celle que procure un dépaysement dans le temps ou l'espace, mais aussi le dépaysement social sous la forme du *high life*.

À côté de la « chose à voir » prend place, comme but du voyage, le prestige social. Dans le calcul du prix de cette marchandise qu'est le voyage — qui prétend nous délivrer de l'univers mercantile — l'étiquette joue désormais un rôle déterminant. Comme la marque d'un parfum en augmente la valeur ou plutôt constitue pour moitié cette valeur, il en est de même pour le nom qui désigne le but du voyage. L'aura dont le romantisme entourait le grand voyageur se matérialise en une marque de fabrique qui garantit le caractère fétichiste du voyage. La nature fétichiste du « souvenir » permet à ce caractère de prendre corps. Écussons de métal sur la canne, étiquette sur la malle, papillon sur la voiture, certificat de baptême au passage de la ligne ou du pôle, il rassure le touriste contre le doute qui l'assaille au sujet de sa propre expérience, comme il assaille Walter Faber, et lui met en main une pièce justificative pour son retour.

Au programme du voyage touristique figure comme dernier point le retour au pays, qui fait du touriste lui-même un objet de curiosité. Ce que son idéologie lui représente comme des lointains vierges, il ne doit pas seulement le déflorer, mais encore le publier. Ceux qui sont restés chez eux exigent de lui qu'il leur raconte ses aventures. Ses fanfaronnades assument un très vieux trait de tout voyage, que précisément elles conservent, tout en lui donnant le coup de grâce. Il remonte aux époques où les dires du grand voyageur étaient la seule source sûre pour connaître les pays lointains. Au contraire, le touriste revenu chez lui ne raconte aujourd'hui que ce que tout le monde sait depuis déjà longtemps. Son récit ne sert pas à consolider seulement son propre prestige, mais aussi celui de l'organisateur auquel il s'est confié. Le tourisme est l'industrie dont la production et la publicité ne font qu'un : ses clients sont en même temps ses employés. Les diverses photos que prend le touriste ne se distinguent que par les détails de celles qu'il achète et envoie comme cartes postales. Elles constituent le voyage même qu'il a entrepris. Le monde qu'il découvre au cours de ce voyage est d'avance reproduction. Il ne lui en revient qu'une mauvaise copie. Elle confirme l'affiche qui l'a incité à entreprendre le voyage.

Tel est proprement le travail qu'accomplit le touriste : confirmer comme vrai ce dont on lui a préalablement montré des reflets. Ce n'est pas un travail facile qu'on exige là de lui. Pour soulager l'ennui qui l'accompagne, l'éditeur Tauchnitz, de Leipzig, imagina comme palliatif, dès 1841, la lecture de voyage. La collection, avec ses textes anglais, servait aux touristes d'outre-Manche, qui alors donnaient encore le ton au mouvement ; elle lui valut la reconnaissance de tous les voyageurs anglais, une coquette fortune et le titre de baron. Cependant, il n'existait aucune herbe magique qui permît au tourisme de remédier à la tristesse de la désillusion secrète et au désespoir du « voyeur ».

Le désenchantement est chose familière au touriste. Il se saisit aveuglément des plus violents moyens de chasser l'ennui, bien qu'il comprenne au fond la vanité de son évasion, avant même de l'avoir entreprise. Il ne peut pas ne pas discerner le caractère frauduleux d'une liberté qui lui est vendue comme un article de confection. Mais il refuse de s'avouer à lui-même la fraude dont il est victime. Il garde le silence sur sa désillusion. Elle ne retomberait pas sur l'industriel qui l'a pris en charge, mais sur lui-même. Le cercle de ses connaissances lui imputerait l'aveu de sa défaite comme une faillite sociale. Le touriste dupé ne veut pas que, par dessus le marché, on rie à ses dépens. Il court le risque de se voir frappé par les habitués de son café du même mépris dont l'accable déjà une critique réactionnaire.

Il est en effet très facile de se divertir, comme le fait Gerhard Nebel, aux dépens du tourisme de masses actuel. Mais elle est puissante, la force qui, partout dans le monde, aujourd'hui, jette les masses sur le rivage de leur petit bonheur de vacances. C'est la force d'une révolte aveugle, inarticulée, qui, dans les ressacs de sa propre dialectique, fait sans cesse naufrage. C'est, contre la structure politique dans laquelle nous vivons, un témoignage écrasant que seuls les loueurs d'autocars et les marchands de lits la prennent au sérieux. Le flot du tourisme est une tentative parmi d'autres en vue de fuir la réalité dont nous cerne notre organisation sociale. Mais toute fuite, si insensée, si impuissante qu'elle soit, est une critique de l'objet dont elle se détourne.

Le désir qui se cache dans cette critique obstinée, amère et vouée à l'échec, il n'est pas moyen de l'étouffer. Certes, il se prête à l'exploitation commerciale. Comme il ne voit pas clair en lui-même, elle a beau jeu de le pervertir toujours de nouveau. Ce n'est pas en le tournant en dérision qu'on peut ni l'expliquer ni lui ôter sa force. Le désir dont se nourrit le tourisme est celui du bonheur d'être libre. Même au milieu du brouhaha de Capri et d'Ibiza, il témoigne d'une force demeurée intacte. Les images de ce bonheur qu'a déployées le romantisme ont raison de toutes les falsifications aussi longtemps que nous ne sommes pas en état de leur en opposer qui nous soient propres. Elles triomphent encore des affiches en lesquelles le capital, de ses yeux de Méduse, les a métamorphosées. Ce n'est pas pour nous, mais contre nous qu'elles témoignent. En elles brille le vrai, comme un souvenir qui ne peut s'effacer, parce que nous ne demandons pas mieux que de nous en contenter.

Dans un aphorisme posthume d'Otto Weininger il est dit que d'une gare on ne peut jamais partir pour la liberté. L'affirmation vaudra aussi longtemps que nous nous accommoderons de ce que dit le journal, nous qui nous laissons imposer notre but de vacances. Le tourisme montre que nous avons pris l'habitude d'admettre une liberté qui n'est qu'une imposture, où sont entraînées les masses et à laquelle nous nous confions, tout en la perçant à jour secrètement. En nous flattant d'avoir en poche notre billet de retour, nous avouons que la liberté n'est pas notre but, que nous avons déjà oublié ce qu'elle est.

II

LA CLIQUE

J'ai souvent douté de l'existence du *Groupe 47*. Les suppositions qui ont cours à son sujet confinent à l'invraisemblance. Un professeur bosniaque m'a raconté qu'il est la fontaine de Jouvence de la littérature allemande. Dans un journal suédois, j'ai lu que les éditeurs, en Allemagne fédérale, gémissent positivement sous le knout de cette organisation. L'opinion selon laquelle il s'agit d'une horde de taupes communistes qui, résolue au pire, mine la glèbe allemande, nous a mené, après quelques recherches, jusqu'à la rédaction d'un journal paraissant dans un coin perdu de la basse Bavière. Atteints de la manie de la persécution, de vieux pontifes intellectuels du pays peignent ce groupe comme la maffia de notre vie littéraire et découvrent même dans le plus inoffensif feuilleton littéraire l'empreinte de sa Main Noire. On écrit sur lui des thèses de doctorat et des pamphlets. Il est un point cependant sur lequel s'accordent travaux de séminaire de l'Indiana, fantasmagories francfortoises, comptes rendus de Pékin et cauchemars du pays wurtembergeois : il doit s'agir là d'un rassemblement d'écrivains allemands, pour ne pas dire d'une association.

C'est ici que je me sens pris de sérieux doutes. Le *Groupe 47* n'a — je ne le sais que trop bien — pas d'épingle de cravate. Il n'a, et c'est assez triste, pas de président d'honneur, pas de président en exercice, pas de secrétaire et pas de trésorier. Il n'a pas de membres. Il n'a pas de compte de chèques postaux. Il ne figure pas dans l'annuaire des associations. Il n'a ni siège ni statuts. Aucun étranger ne peut mesurer ce que cela signifie dans un pays où même le massacre professionnel à grande échelle ne peut se passer de dossiers, et où même l'anarchisme « tient en main » ses adhérents au moyen d'un fichier bien à jour. Cela ne peut avoir que deux significations : ou bien le *Groupe 47* est une légende, ou bien — et c'est bien pis — c'est une clique.

Tels sont les doutes qui, d'année en année, se sont élevés dans mon esprit. Qui cependant y a mis fin, au plus fort de ma détresse ? Comment s'appelle cet homme compétent, ce défenseur impavide et éloquent des lettres allemandes ? Il s'appelle Güner Blöcker, et voici en quels termes il a démasqué, discrètement et sans la nommer par son nom, l'association non enregistrée de ces « auteurs qui, au moyen de congrès, de proclamations et d'attributions de prix, cherchent à accaparer la formation de l'opinion littéraire et à lui dicter par avance les jugements à porter en matière de littérature. Il s'agit là non de gens unis par une communauté de pensée, mais d'une coterie sans principes, d'une organisation démagogique à base purement commerciale, qui désire opérer en quelque sorte au moyen de succès préfabriqués, et qui assez souvent y parvient en effet. Ses complices et ses hommes de main siègent fréquemment dans les rédactions des maisons d'édition et des stations de radio ».

Devant des informations aussi catégoriques, il n'y avait plus place pour le moindre doute, même si l'intrépide critique négligeait d'apporter les preuves de ses véhémentes affirmations. Qui cependant pourrait décrire ma terreur lorsque je lus dans un ouvrage de littérature que j'avais moi-même des accointances avec cette bande de terroristes sans convictions ! Étais-je en fin de compte et sans le soupçonner leur acolyte ? Big Brother et ses corrupteurs secrets avaient-ils l'œil sur moi — peut-être même un œil bienveillant ? Des personnages fantomatiques, agissant en coulisse, tiraient-ils à eux, sans principes, mes opinions littéraires ? Je résolus de me tenir aux côtés de Günter Blöcker dans les heures difficiles qui pouvaient suivre ses révélations et d'examiner à fond cette conspiration. Mais, comme je suis un citoyen respectueux de la loi, je consultai d'abord la Constitution pour m'assurer que je ne me risquais pas sur un sol mouvant, et j'y trouvai les phrases suivantes, qui ont peut-être échappé à l'attention de Blöcker : « Tous les Allemands ont le droit, sans notification préalable ni autorisation, de se réunir paisiblement et sans armes... Le droit de constituer des associations pour la défense et l'amélioration de leurs conditions de travail et de leur situation économique est garanti à chaque citoyen et à toutes les professions. Toute contestation visant à limiter ce droit ou à en gêner l'exercice est nulle et non avenue, et les mesures prises à cet effet, illégales. » Notre généreuse Constitution est restée visiblement étrangère à cette austérité de mœurs que manifeste Günter Blöcker ; elle semble ne pas partager son indignation à propos des menées de cette sorte. Ainsi je pouvais faire, le cœur en paix, ma dangereuse expédition dans l'antre du lion : j'allai assister à une réunion du *Groupe 47*.

C'est seulement dans cet antre, en effet, qu'on peut avoir affaire au lion ; à peine l'a-t-il quitté qu'il se dissout en une nuée d'individus qui, après être restés trois jours réunis, prennent aussitôt le large. Trois cent soixante-deux jours par an, le *Groupe 47* n'a qu'une existence virtuelle, celle d'un fantôme qui visite Günter Blöcker. Il n'est, à proprement parler, rien d'autre que cette réunion. Les antres qu'il recherche pour exister sont, par suite, provisoires et modestes : hôtelleries de campagne délavées par les pluies, avec des bois de cerfs aux murs, auberges de jeunesse hors de service et foyers d'écoles de campagne décrépites, dont les tableaux noirs parlent encore de défunts après-midis de chant choral. C'est dans une de ces granges, aménagées pour le bien du peuple et qui appartiennent au passé, que je menai ma première enquête touchant la nature du *Groupe 47*. La modestie du cadre me donna à penser. Depuis quand un organisme à base purement commerciale, qui dirige notre république des lettres, loge-t-il dans des baraques en ruines et se nourrit-il de pommes de terre ? Le café était faible, les lits d'une dureté spartiate. Était-ce là une vie d'hommes cultivés ? Non, car partout où siègent en Allemagne des unions pour la culture, des cercles pour la culture, des associations pour la culture, des commissions pour la culture et des sociétés pour la culture, pas une flûte à champagne ne chôme. Je dus faire quelque effort sur moi-même pour avaler le café et me persuader que le cadre modeste du grand cartel de la littérature ne pouvait être rien d'autre qu'une tentative démagogique de camouflage pour nous dissimuler, à Günter Blöcker et à moi, les abîmes de ruse et les dangereuses machinations des organisateurs.

En vain, trois jours durant, j'ai tenté de percer à jour les intrigues du *Groupe 47*. Il devait bien y avoir une table où les grandes décisions du cartel étaient prises. Devant quelques verres de whisky, on le sait bien, ces diaboliques « managers » de la littérature se partagent le marché du livre et, en gens exercés, font main basse sur la vie intellectuelle. Les critiques incorruptibles comme Günter Blöcker et moi sont, en pareille occasion, brutalement écartés. Le fait que le *Groupe 47* a réussi à me duper ne témoigne pas en faveur de ma perspicacité. Il faut que toute la session n'ait été qu'une manœuvre de mystification. Car que s'est-il produit ? De quoi ai-je dû, trois jours durant, me contenter ? Quelques douzaines de messieurs inoffensifs et de dames charmantes se sont lu réciproquement leurs manuscrits. Il faut l'admettre : quelques-unes de ces personnes étaient célèbres. Mais, entre temps, on voyait aussi monter sur l'estrade des gens dont je n'avais jamais encore entendu le nom. Parmi les assistants se trouvaient, à ce que j'appris, un étudiant en médecine dentaire, le propriétaire d'une petite agence de publicité et un fonctionnaire de tribunal cantonal. Personne ne pourra me faire croire que cet ensemble de gens fût qualifié pour représenter la littérature allemande ; il résulta d'une discrète enquête que le Groupe n'avait pas composé un seul poème pour le cinquantième anniversaire d'Adolf Hitler, pas un seul hymne en l'honneur de Joseph Staline. Ce fait suffit à démontrer l'absence de tout esprit de parti au sein du groupe ; la moitié au moins des écrivains allemands doit, dans ces conditions, s'en sentir exclue. Au surplus, je dois dire que la bonhomie des gens rassemblés là semblait ne connaître aucune limite : ils écoutaient avec patience des chapitres de romans incompréhensibles, d'interminables dialogues, d'innombrables poèmes, et même des fragments de pièces radiophoniques. La lecture terminée, des auditeurs se levaient — c'était une minorité — pour dire impitoyablement aux auteurs ce qu'ils pensaient. On opérait ici très visiblement un travail de critique, en d'autres termes, on tentait de porter à l'avance un jugement littéraire. Ce faisant, on « préfabriquait » bien sûr plus d'échecs que de succès. À peine si les critiques laissaient un cheveu sur la tête aux œuvres qu'on présentait. Vingt minutes durant, ils avaient dû garder le silence, écouter, faire taire leur impatience, ravaler leurs plus spirituelles objections : rien d'étonnant à ce qu'une telle accumulation de matière grise, libérée tout d'un coup, écrasât sans peine sous sa masse la plupart des textes. Au nombre des victimes de cette procédure se trouva un jeune homme qui s'était rendu là sur le conseil de son père, un vétérinaire du pays bavarois. Au grand désespoir du vétérinaire, le fils avait refusé de reprendre la clientèle paternelle ; muni d'un viatique et d'une machine à écrire portative, il était parti pour Ibiza, et là s'était laissé pousser la barbe et avait pondu un roman. Quand il avait été à bout de ressources, son père lui avait lancé un ultimatum : il exigeait qu'il se rendît à la session du *Groupe 47* et y servît un chapitre de son roman. Si l'on trouvait là que son ouvrage en valait la peine, il ne mettrait pas obstacle plus longtemps au bonheur de son fils ; mais, en cas d'échec, le jeune homme devrait sur le champ s'ôter la littérature de la tête et se mettre à l'étude de la médecine vétérinaire. Le fils avait accepté l'ultimatum et lu son chapitre de roman. Quand la séance critique se fut déroulée, notre barbu se fit prêter un rasoir, se débarrassa de son manuscrit et, les joues creuses, revenu à la raison, rentra chez lui pour se consacrer à l'utile métier de vétérinaire. Après cet incident, je commençai à douter des dires de mon répondant Günter Blöcker ; il me semblait y voir la preuve que le *Groupe 47* n'était pas sans rendre des services au public. D'autres séances me démontrèrent que nos esprits critiques ne ménageaient pas plus les écrivains en renom que le vétérinaire bavarois ; et j'en conclus que le *Groupe 47,* au contraire de toutes les autres sociétés littéraires, regarde comme son premier devoir, non de favoriser, mais de freiner les excès littéraires. Combien de piètres nouvelles, de mauvais romans, de vers détestables et de mauvais drames il a épargné au public, seul celui-là peut en juger qui a observé ses efforts obstinés en ce domaine, ou bien en a fait l'expérience à ses propres dépens.

Je poursuivis mes recherches de la façon la plus consciencieuse. J'attendais patiemment les professions de foi que Günter Blöcker m'avait promises. Ce fut en vain ; et quand, pour cette raison, je cherchai à m'informer, j'appris, à mon grand désappointement, que le *Groupe 47,* au cours des quinze années de sa précaire existence, n'a pas fait une seule profession de foi. Le mot, m'expliqua-t-on, n'est pas en usage dans ce milieu-là. Je demandai si les assistants étaient unis par une communauté de pensée, avec ou sans partisans à leur dévotion : ma question eut encore moins de succès. On me demanda froidement où j'avais pris ce vocabulaire de « gauleiter ». Pour ne pas exposer Günter Blöcker à la vindicte de tout le groupe, j'évitai de faire connaître ma source. Mais, une fois de plus, je dus lui donner secrètement raison : ces gens-là n'avaient pas de principes ; ils n'avaient aucune doctrine esthétique à laquelle ils pussent se conformer en écrivant, ils n'établissaient dans leurs séances aucune ligne à suivre pour le Beau, il manquait au groupe l'esprit de réglementation, la cohésion fanatique, la discipline rigide qu'on est en droit d'attendre ordinairement d'une association allemande.

Sur un autre point encore Blöcker avait dit vrai. Quand j'accusai ouvertement les écrivains rassemblés là d'avoir attribué des prix littéraires, ils n'osèrent pas nier cette horreur. Ce droit qui, de tout temps, comme il convient et comme le veut la tradition, fait partie des privilèges des industriels, des conseillers culturels, des conseillers municipaux et des chefs de bureau des ministères, lesquels, en Allemagne, de nos jours, ont compétence pour juger les productions littéraires, ces gens, d'une manière incongrue, s'en étaient emparés. Ils ne le contestaient pas ; ils avaient même le front de justifier leurs agissements. Ils étaient fiers d'avoir attribué des prix à des auteurs comme Heinrich Böll, Günter Eich, Ilse Aichinger, Ingeborg Bachmann, Martin Walser et Günter Grass, en un temps où aucune Académie ne se souciait d'eux ; et cela, de surcroît, non pas à l'abri du huis clos d'une délibération de jury, mais par un vote public. Les choses en sont venues au point que l'on peut craindre qu'il n'y ait chez nous des gens de lettres émancipés et indépendants ; au point que la formation de l'opinion littéraire est arrachée au *Cercle culturel de l'industrie allemande* et à Günter Blöcker, à qui les bienséances voudraient qu'elle appartînt. J'appris, de la bouche des coupables, à qui Heinrich Böll et Ingeborg Bachmann doivent leurs succès préfabriqués.

Et je résolus de prendre le taureau par les cornes. Je m'avançai vers celui des assistants qui semblait jouir de la plus grande considération, peut-être parce qu'il n'avait lui-même jamais rien lu — il s'appelait Hans Werner Richter — et lui demandai tout net : « Monsieur Richter, qu'est-ce que le *Groupe 47* ? »

Il l'ignorait. Il demanda le temps de réfléchir. Après de longues hésitations, il me proposa l'explication que voici : le *Groupe 47* est un cercle d'amis. Il prononça ces mots les yeux baissés ; il n'y croyait pas lui-même. Cinquante écrivains réunis en un même lieu ne peuvent pas éprouver les uns pour les autres des sentiments amicaux. La plupart se regardaient d'un œil indifférent ; là aussi les rivalités avaient leur place, occasionnellement les inimitiés, rarement la haine, de temps à autre la malignité. Aucun des écrivains rassemblés là ne comptait finalement plus de trois amis. La rosserie et la bienveillance s'y trouvaient mêlées, ni plus ni moins qu'à une fête anniversaire, à un enterrement ou à une fête patronale. Je ne gardai pas ce point de vue pour moi. J'en fis part à Hans Werner Richter. Il me donna raison, baissa la voix et me dit à l'oreille : le *Groupe 47* est une clique.

Alors s'effaça de mon esprit la dernière trace de l'animosité que Günter Blöcker m'avait inspirée à l'égard du *Groupe 47*, et je résolus de lui demeurer fidèle à l'avenir. J'ai toujours souhaité appartenir à une clique ; ce mot qui, de tout temps, en Allemagne, a servi à célébrer les assemblées d'esprits libres, me sembla presque vénérable. Je l'avais entendu pour la première fois en 1944 et je me trompe fort ou Freisler avait déjà eu l'idée heureuse d'unir ce substantif à l'épithète « dénué de principes ». Mais ce qui était alors interdit est aujourd'hui permis dans notre république. Même si, aux yeux de Günter Blöcker, la démocratie ne constitue pas un principe, on peut en prendre impunément la défense, même dans la littérature. Les innombrables académies et associations qui existent chez nous ont-elles toujours usé de cette permission ? Je ne saurais le dire, mais un groupement qui en use sera toujours sûr de mon adhésion, même s'il n'a pas l'approbation officielle. Aucun groupe de l'industrie des huiles minérales, aucune association de réfugiés, aucun cartel de l'armement ne peut prétendre en Allemagne au titre glorieux de clique. « Une organisation démagogique à base purement commerciale » : ainsi en revanche sont étiquetés une fois pour toutes ces gens qui se lisent des histoires, au lieu de se faire bâtir un immeuble administratif.

Trois jours par an, la clique à laquelle j'ai l'honneur d'appartenir est le café central d'une littérature sans capitale. Ce sont des journées harassantes. Cela tient peut-être à ce que la littérature est elle-même une chose harassante. Ce qui rend si agréables les séances de la clique, en dépit du mauvais café, en dépit des mauvais textes, ce ne sont pas seulement les rares bons textes nouveaux qu'on y entend, pas seulement les mises au panier et les découvertes, les défaites et les victoires : ce sont — et ce n'est pas là leur moindre attrait — les absents auxquels le *Groupe 47* doit son éclat.

III

LA SATIRE, OU L'ENFANT MONSTRUEUX

Sur Heinrich Böll

Le grand Gulliver est-il mort ? Les grotesques pays du merveilleux qui ont nom Laputa et Balnibarbi et qu'il a découverts il y a plus de deux cents ans sont plus vivants que jamais ; nous n'avons qu'à appuyer sur un bouton, qu'à sortir dans la rue pour nous trouver face à face avec eux ; quant à un Swift qui décrive comment croissent et se multiplient ces Méduses, nous l'attendons en vain. Sans doute ne paraît-il guère, en prose, d'ouvrage de valeur qui ne soit quelque peu teinté de satire, mais il n'en est pour ainsi dire aucun dont elle soit le principe vital et l'essence. Le grand roman satirique connaît une crise. Là où il fait encore l'objet de tentatives, le résultat ne paraît pas entièrement satisfaisant. Les traits par lesquels Huxley prolonge notre présent jusque dans l'avenir de son *Meilleur des mondes* manquent de largeur : extrapolation intellectuelle qui n'éveille plus guère l'angoisse ; trop schématiques et abstraites sont les projections morales d'Orwell, dont la métopie *1984* est jusqu'ici le dernier coup de maître dans ce genre. Un signe caractéristique de la situation actuelle de la satire est qu'elle s'est unie intimement à la plate spéculation de la *science fiction,* du roman d'avenir fondé sur la technique. Même Ray Bradbury, un des plus ambitieux de ses spécialistes, n'aboutit guère plus qu'à un jeu où s'affrontent curiosité et épouvante.

La raison de cette mort lente de la grande satire saute aux yeux — au point qu'on a peine à la voir. L'incomparable efficacité de Swift résidait dans le caractère monstrueux de sa vision du monde, dans le désaccord, poussé jusqu'à l'absurde, entre le monde qu'il avait sous les yeux et cet autre monde que son hallucination tirait du premier. Son procédé grimaçant était celui de la satire classique à l'apogée de sa force : l'imitation sous la forme du contraste absolu. Dans ce monde démesurément autre, le monde au sujet duquel il écrivait se reconnaissait en frissonnant. Son cauchemar au sujet de l'absolue incurabilité de l'existant jetait dans le désarroi ses lecteurs, qui croyaient celui-ci foncièrement bien portant. C'est là une condition qui ne se trouve plus réalisée pour les contemporains de Belsen et d'Hiroshima. Ne règne-t-il pas entre le cauchemar et la réalité, au lieu du désaccord extrême dont vivait la satire de Swift, une profonde harmonie ? Les Yahoos ne sont-ils pas depuis longtemps parmi nous ? Que reste-t-il au satirique quand la réalité menace de le rattraper ?

Telles sont les questions qui se posent aujourd'hui à propos de toute œuvre satirique, même quand elle se présente modestement comme le tout petit livre de Heinrich Böll. Il n'est pas plus grand que la main, dépasse à peine le poids d'un œuf et s'intitule *Doktor Murkes gesammeltes Schweigen und andere Satiren* (Le Silence complet du Dr Mure et autres satires)[1]. Le dessinateur qui l'a assorti d'une malicieuse couverture a commis une erreur : la confiserie littéraire n'est pas l'affaire de Böll. Même là où elle s'offre sous forme de miniature, son œuvre met en jeu le tout du monde : le salut de l'homme et sa situation désespérée.

Ce tout, il est vrai, se présente constamment, dans tout ce qu'écrit Heinrich Böll, sous les espèces du précis et du particulier. Aucun de ses livres ne traite du monde « en général ». Le procédé généralisateur et expéditif, qui est dans la nature de la satire classique et qui est inséparable de son dessein et de son résultat : le court-circuit utilisé comme moyen artistique, ce procédé lui est étranger. Là où il s'en inspire, dans certains textes, par exemple, du volume intitulé *Wanderer, kommst du nach Spa...* (Voyageur, si tu viens à Spa...), Böll perd de sa force de persuasion. Rien d'étonnant, donc, si les satires rassemblées par lui dans ce livre s'en prennent à des tranches nettement circonscrites de la réalité, et ne visent jamais le monde en général. Deux d'entre elles se rapportent à ce qu'on appelle notre vie économique, à l'anarchie du monde de la marchandise, à l'activité débordante qui se déploie dans

1. Cologne, 1958.

la chaleur de serre du « climat des affaires » ; une autre, mordante, suit à la trace la régression politique dans notre capitale provisoire. De son côté, l'industrie culturelle n'est pas épargnée : le récit qui donne son titre au livre la révèle sous son aspect le plus achevé, la maison de la radio ; c'est enfin la fausse religiosité que concerne l'histoire du perpétuel Noël de la terrible tante Milla.

La dévotion, pervertie au point de devenir son damnable contraire, c'est un thème qui ne cesse d'irriter et de révolter Böll, un thème dont il est positivement obsédé, et à juste titre. Car où pourrait-on mieux observer la chute de l'homme que dans le domaine de la bigoterie ? Où, pour un chrétien, le conflit entre la possibilité du salut et sa perte pourrait-il éclater plus violemment que dans la fausse dévotion ? Ce dangereux voisinage a été de tout temps l'objet des attaques de Böll. « L'évêque avait une démarche princière, il faisait de grandes enjambées et, à chaque pas, levait un peu trop haut ses pieds chaussés de petites pantoufles en maroquin : on eût dit un pas de parade atténué. L'évêque avait été officier. Son visage d'ascète était photogénique. Il aurait très bien fait sur la couverture d'un illustré religieux. » C'est ce qu'on lisait déjà dans le roman *Und sagte kein einziges Wort* (Et pas un mot ne sortit de sa bouche). Le marchand d'objets de piété en tout genre, le nimbe au néon, l'image religieuse de mauvais goût, ce sont là des motifs qui reparaissent sans cesse chez Böll. Les tons criards de la petite image du cœur de Jésus le poursuivent en particulier, lui et ses lecteurs, comme une icône surréaliste, à travers toutes sortes de situations, et, devant cet absurde symbole de la foi, affirmation et parodie en même temps, les avis sont partagés : snobisme d'une part, esprit de lucre petit-bourgeois de l'autre, simplicité et perversion. La petite image de quatre sous peut servir aux deux fins : ainsi le christianisme est en équilibre sur un fil.

De même, le sentiment de menace que l'on éprouve à la lecture de la satire *Nicht nur zur Weihnachtszeit* (Pas seulement pour Noël) n'est pas celui de la distance, du décalage extrême entre la réalité et la caricature, mais au contraire celui de la proximité. À cela correspond la technique littéraire utilisée par Böll : il ne se sert plus du miroir grossissant, il ne projette pas son image — comme le font l'utopie et la robinsonnade — sur l'écran de ce qui est loin de nous dans le temps ou l'espace. Böll parle de ce qui arrive maintenant et ici. Sa sensibilité, qui ne cesse de réagir au social, situe le rituel pétrifié, effrayant, de cette fête de Noël, dans un milieu aux contours bien déterminés, un milieu auquel appartiennent aussi bien le parentage impie de l'« oncle Franz au cœur d'or » que les articles dont elle s'entoure, les petits nains de verre qui décorent l'arbre de Noël et les anges automates en clinquant. Le déroulement de l'horrible soirée de Noël est décrit avec un réalisme net, précis ; c'est à peine si elle se distingue de cette autre soirée de Noël célébrée par la famille de pharisiens que sont les Francke dans le roman *Et pas un Mot ne sortit de sa Bouche*. Le procédé satirique consiste dans la simple reproduction de l'événement : la tante, fascinée par son rituel, tient à le répéter soir après soir, d'un bout de l'année à l'autre. Ce n'est donc pas à un miroir déformant, mais simplement à un double miroir que l'auteur a recours. Ce procédé est lui aussi déjà préfiguré dans le roman cité plus haut : « Je me nettoyai du mieux que je pus », y lit-on, « devant la vitrine d'un café, et le miroir projetait ma frêle petite image je ne sais combien de fois vers le fond, comme dans un jeu de quilles imaginaires où gâteaux à la crème et florentins enrobés de chocolat culbutaient à côté de moi : c'est ainsi que je me voyais là, minuscule petit bonhomme roulant perdu parmi les pâtisseries... » Mélancolique, déconcertante multiplication. Dans le roman, l'homme s'effraie devant le grand nombre de ses visages anonymes, pareils à ceux de tout le monde ; dans la satire, la fête, qui, par définition, n'est pas susceptible de se répéter, apparaît comme un objet fabriqué en série, comme le produit d'une industrie du salut monopolisée par l'odieuse tante Milla. La simple multiplication suffit à la satire pour mettre à nu la vérité : Un second procédé de Böll consiste à déguiser pour ainsi dire sa voix, à inoculer à sa prose le venin de la parodie : « La famille accueille avec reconnaissance toute proposition progressiste de nature à réduire le prix de cette fête permanente. » Tel est le ton pénétré, posé et prévenant qu'il sait prendre ; bien éloigné de toute agressivité, il ne fait semblant d'excuser la tante et ne feint d'être d'accord avec l'oncle au cœur d'or, que pour pourfendre plus impitoyablement leurs agissements.

C'est également le biais de la parodie, mais avec plus d'esprit de suite encore, que Böll (prenant un ton qui n'est pas le sien, celui de l'officier de carrière qui a trop lu Jünger) utilise dans *Hauptstädtisches*

Journal (Journal d'une Capitale). Il a recours de nouveau à la multiplication : « Rêve remarquable, tout à fait remarquable. Je traversais une forêt de statues ; des rangées régulières ; dans de petites clairières étaient aménagés de jolis parcs ; toutes les statues étaient pareilles ; des centaines, ou plutôt des milliers : un homme dans la position "repos", un officier, visiblement, à en juger par les plis de ses bottes molles ; cependant la poitrine, le visage et le socle de toutes les statues étaient encore recouverts d'un drap. Soudain, toutes les statues furent dévoilées en même temps et je constatai, sans trop d'étonnement, à vrai dire, que c'était *moi* qui me tenais sur le socle. » Du reste, dans cette œuvre, l'observation est moins pénétrante, on s'éloigne davantage de la réalité et l'effet satirique diminue d'autant.

Dans *Der Wegwerfer* (Le Préposé à la Corbeille à papier), le miroir à deux faces est remplacé par le miroir concave. L'artifice de Böll consiste à concentrer sur un employé particulier une activité qui prend à chacun de nous quelques heures par semaine : jeter à la corbeille imprimés et papiers d'emballage. C'est là un exemple frappant de la division toujours plus grande du travail, et le lecteur se surprend à se demander si de grandes firmes soucieuses de rationalisation ne s'approprieront pas l'invention de Böll. Ici aussi donc, de nouveau, imitation avec un minimum de décalage, passage de la frontière entre l'esquisse satirique et la réalité ; et le choc que provoque la lecture ne provient pas de la dissemblance, mais de la ressemblance entre la réalité et la satire. La réalité dont il s'agit est ici celle de notre système de production et de consommation dans son ensemble ; car aucun doute n'est possible sur ce point : le type absurde du *Préposé à la Corbeille à papier* vaut également pour d'autres domaines de notre monde du travail ; l'activité tournant à vide et visant à l'usure pour l'usure est étroitement liée à toute notre organisation économique.

Dans le récit qui donne son titre au livre et qui en est certainement la partie la meilleure, Böll abandonne enfin miroirs concaves et doubles miroirs, artifices et tons de voix relevant de la ventriloquie, donc les dernières ressources qu'offre l'arsenal des techniques satiriques. Il s'en tient ici simplement à la méthode de l'approximation infinitésimale. En quelques phrases, il recrée l'atmosphère de la maison de la radio, bien vitrée, bien crépie, insonore et à demi stérile. Il joue de toutes les variantes du jargon de l'industrie culturelle, celles qui sont enregistrées comme celles qui sont réservées à l'usage interne : « Dans le studio, la jeune femme rousse chantait "Prends mes lèvres, telles qu'elles sont, et elles sont belles". Huglieme intervint et dit tranquillement dans le micro : "Ferme donc ta gueule vingt secondes, tu veux ? Je ne suis pas encore prêt." La jeune femme rit, retroussa les lèvres et dit : "Espèce de tapette !" Murke dit au technicien : "Je viendrai à onze heures, on fera le découpage et on y collera ça." »

C'est d'une exactitude sans complaisance, et cette exactitude ne recule ni devant l'écrivain de génie qui se hâte vers la caisse aux belles vitres, ni devant le bureau de l'intendant, et encore moins devant le grand Bur-Malottke, l'homme « que l'on ne contredisait pas », qui, gras comme le hérisson du conte, dans tous les bureaux d'édition et de rédaction, vous regarde de son fauteuil en plissant les yeux et qui, de tous les volumes qu'il a, au cours des ans, remplis de son radotage — mélange d'essais, de philosophie, de religion, d'histoire de la civilisation — voudrait maintenant effacer le mot "Dieu". Nous n'hésitons pas à affirmer que ce Bur-Malottke existe en chair et en os. Il existe même à plus d'un exemplaire, car l'histoire de Böll n'est pas un récit à clé. Le satirique n'a nullement besoin de s'asservir à des modèles vivants précis, car enfin chaque station de radio semble produire à jet continu les mêmes types, en vertu d'une loi naturelle. Quiconque a jamais eu à faire à de telles maisons se reconnaîtra, non sans un petit frisson d'appréhension, à moins d'être incurablement brouillé avec la vérité, dans l'un des occupants de la ménagerie de Böll. À chaque pierre qu'il jette ici, tout en sachant que lui aussi il a sa place dans la maison de verre, Böll réussit à faire mouche. À sa cruelle sûreté de coup d'œil rien n'échappe, fût-ce le cendrier. C'est seulement grâce à cette exactitude qu'on croit encore à une réalité qui défie toute exagération. Par là, la satire se voit contrainte de changer de méthode. Böll l'a compris. Ce n'est pas par hasard qu'un romancier réaliste caractérisé nous propose ces satires, ce n'est pas par hasard que, fond et forme, elles frôlent plus d'une fois son œuvre de romancier. Que peut donner le procédé utilisé ici ? S'en tiendra-t-il au petit format, à la tranche de vie ? Les grandes satires sont des enfants supposés que la littérature fait endosser à la réalité. Si Böll réussissait à parfaire la fusion de la satire et du roman réaliste amorcée dans ce livre, alors il serait capable de présenter à notre réalité un petit monstre devant lequel elle prendrait peur, parce qu'il lui rassemblerait plus que sa propre image vue dans un miroir.

WILHELM MEISTER,

VERSION POUR TAMBOUR

Sur Günter Grass

S'il existe encore des critiques en Allemagne, *Die Blechtrommel*[1]
(Le Tambour), premier roman d'un certain Günter Grass, va provoquer
des cris de joie et d'indignation. Grass, un homme de trente-deux ans,
né à Dantzig, résidant à Paris, père de deux jumeaux, dessinateur,
sculpteur, décorateur, auteur dramatique et poète, n'était connu
jusqu'ici que des lecteurs de revues littéraires et de ceux qui fréquentent
les plateaux de studios. Ses productions provoquaient irrésistiblement
un certain embarras et une certaine inquiétude : on finissait par s'en
tirer en qualifiant Grass de « jeune auteur » et en tombant d'accord
pour le classer sous l'étiquette peu compromettante « talent plein de
promesses ». C'en est fini désormais. Avec son roman riche de trois
parties, de 46 chapitres et de 750 pages, Grass a gagné de pouvoir
prétendre être ou bien décrié comme un sujet diabolique de scandale,
ou bien célébré comme un prosateur de premier rang. Dans le jardin
ouvrier de notre littérature, que ses plates-bandes se présentent comme
prudhommesque ou tachistes d'avant-garde, il montre ce qu'est un
râteau. Cet homme est un trouble-fête, un requin dans notre mare aux
sardines, un sauvage solitaire dans notre littérature domestiquée, et
son livre est, comme le *Berlin Alexanderplatz* de Döblin, comme le
Baal de Brecht, un morceau que les critiques et les philologues ne

1. Darmstadt, 1959.

pourront avaler de dix ans au moins, jusqu'à ce qu'il soit mûr pour la canonisation ou pour la mise en bière à la morgue de l'histoire littéraire. *Le Tambour* est le récit de la vie d'un certain Oskar Matzerath, vie que celui-ci, un nain, un infirme, un paranoïaque, produit fantastique du XXᵉ siècle, retranscrit lui-même dans la maison de santé où il fête son trentième anniversaire. « Nul ne devrait décrire sa vie sans avoir la patience, avant même de dater le début de sa propre existence, de faire mention de la moitié au moins de ses grands-parents », telle est l'opinion d'Oskar, et c'est ainsi qu'il nous présente sa grand-mère : « Ma grand-mère Anna Bronski était assise, à la fin d'un après-midi d'octobre, au milieu de ses jupes, au bord d'un champ de pommes de terre… On était en quatre-vingt-dix-neuf, elle était assise au cœur du pays kachoube, près de Bissau, mais plus près encore de la tuilerie, en avant de Ramkau, derrière Viereck, en direction de la route qui mène à Brenntau, entre Dirshau et Karthaus, elle avait la sombre forêt de Goldkrug dans le dos et, avec un bâton de coudrier tout charbonné à son bout, elle introduisait des pommes de terre sous la cendre chaude… En cet après-midi d'octobre de l'an quatre-vingt-dix-neuf — tandis qu'en Afrique du Sud l'oncle Kruger brossait ses broussailleux sourcils anglophobes — entre Dirschau et Karthaus, près de la tuilerie de Bissau, sous quatre jupes de même couleur, parmi une épaisse fumée, des transes et des soupirs, sous une pluie qui tombait de biais et au milieu d'invocations de saints où se percevait l'accent de la douleur, sous les regards brouillés par la fumée de deux gendarmes qui s'interrogeaient sans savoir que faire, ma mère Agnès fut procréée par Joseph Koljaiczek, un homme petit mais trapu. » Oskar lui-même « vit la lumière de ce monde sous la forme de deux ampoules de soixante watts… Jusqu'à l'obligatoire rupture du périnée, ma naissance se passa bien. Je n'eus pas de peine à me libérer d'une position également appréciée des mères, des fœtus et des sages-femmes, celle où l'enfant se présente par la tête… J'étais de l'espèce des nourrissons qui ont l'oreille fine et dont le développement intellectuel est parfait dès la naissance et n'a plus désormais qu'à se confirmer ».

À l'âge de trois ans, Oskar décide de mettre fin à sa croissance et de se procurer un tambour tout flambant de blanc et de rouge. C'est à cet instrument, auquel il restera fidèle toute sa vie et ne pourra jamais plus renoncer, que le jeune monstre consacre ses facultés intellectuelles, qui ne sont pas minces. Ce puéril jouet de fer-blanc devient pour lui la quintessence de l'art, un art sans défense, impuissant, infantile, destructeur ; pourtant il y atteint un haut degré de perfection, s'attaque avec son tambour à Dieu et au monde et, bien que morne et étranger à tout espoir, demeure jusqu'au bout invaincu comme David, dont la fronde, elle non plus, n'était rien d'autre qu'un jouet d'enfant. Alors même qu'idiot, sur son lit d'hôpital, il met sa biographie sur le papier, son tambour de fer-blanc lui sert à évoquer le passé. Là, assis, notre débauché nous tambourine sa vie de monstre. Il rapporte comment il rend la vie impossible à sa mère et à ses deux pères présumés, décrit le chemin qu'il a suivi pour se cultiver — les deux étapes principales ayant été Goethe et Raspoutine — et ne nous épargne aucune des repoussantes vérités de l'enfance. Oskar brise de son chant les carreaux des fenêtres, fait un enfant à sa future belle-mère, si bien que le fils qui lui naît est son demi-frère ; Oskar, bouche inutile, doit être piqué ; Oskar devient artiste au théâtre des armées ; Oskar s'imagine être Jésus-Christ ; Oskar survit à la guerre et à la paix, sculpte des pierres tombales, pose comme modèle, joue dans un orchestre de jazz, trouve un doigt arraché, est soupçonné de meurtre et finit dans un asile d'aliénés.

« Il y a en ce monde des choses auxquelles, si saintes qu'elles soient, on ne saurait s'abstenir de toucher », remarque quelque part le héros de cette biographie. Chose sainte ou profane, il n'est rien en effet qu'Oskar s'abstienne de raconter. Aucun résumé ne peut rendre compte de ses expériences. *Le Tambour* ne connaît aucun tabou. L'impression violente que produit le roman provient de ce qu'il touche à tout comme si c'était chose palpable. Une de ses scènes les plus saisissantes décrit une charogne de cheval, toute grouillante d'anguilles, qui, sur la jetée de Neufahrwasser, est tirée de la mer. Sans cesse le récit revient à ce domaine interdit où se rencontrent nausée et sexualité, mort et blasphème. Ce qui à cet égard, d'une part, sépare Grass de toute pornographie, de l'autre, le distingue du soi-disant « réalisme impitoyable » de l'école américaine, ce qui légitime ses interventions brutales, en fait même des prouesses d'art, c'est le parfait naturel avec lequel il procède. Grass ne poursuit pas le tabou,

comme Henry Miller : il ne le remarque tout simplement pas. On aurait
tort de le soupçonner de provocation. S'il n'a pas cherché à éviter le
scandale, il ne l'a pas recherché non plus ; mais ce qui le provoquera
justement, c'est que Grass n'a pas mauvaise conscience, que pour lui
ce qui est choquant est en même temps ce qui va de soi. Cet auteur
n'attaque rien, ne prouve rien, ne démontre rien ; il n'a d'autre dessein
que de raconter son histoire le plus exactement possible. Ce dessein,
il est vrai, il le réalise à tout prix et sans le moindre ménagement.
Le scandale, en l'espèce, ne tient pas finalement au sujet : c'est le
scandale du réalisme en général.

Günter Grass est un réaliste. Ce qui apparaît comme la course
folle d'une imagination absurde quand on compte sur ses doigts
les événements contenus dans son roman, ne devient pas seulement
vraisemblable dans sa bouche : cela est d'une évidence telle qu'aucun
doute ne peut plus s'élever. Cet auteur s'acharne, comme son héros,
sur les « coins maudits » de la réalité au point que sa fiction fantastique
cesse de paraître inspirée du hasard et que l'obsession même devient
irréfutable évidence. Ce que donne un pareil réalisme apparaît par
exemple dans le fond historique du roman. Je ne connais pas de peinture
épique du régime hitlérien qui puisse se comparer en vigueur et en
solidité à celui que Grass, comme en passant et sans s'en prendre
le moins du monde au fascisme, nous présente dans *Le Tambour*.
Grass n'est pas un moraliste. Presque sans prendre parti, il crève la
baudruche des années 1933-1945, ces années « d'importance historique
mondiale » et en montre l'envers avec tout ce qu'il a de sordide.

Fermé à toute idéologie, il est par là même à l'abri d'une tentation
à laquelle succombent tant d'écrivains, celle de prêter aux nazis un
caractère démoniaque. Grass les représente avec leur véritable aura,
qui n'a rien de luciférien : celle du minable. Il ne subsiste rien ici
de l'éclat fatal que certains films, prétendus faits pour « prendre
courageusement à bras le corps » notre passé, jettent sur l'uniforme
SS. Secours d'hiver, Association des jeunes filles allemandes, Force
par la joie, dépouillés de toute grandeur infernale, apparaissent dans
leur vérité : des incarnations du moisi, du mesquin et du moche.
Quand Alfred Matzerath, un des pères présumés d'Oskar, pris de peur
à l'entrée des Russes, avale son insigne du parti et meurt étouffé, c'est
le Troisième Reich qui meurt une seconde fois avec lui comme il a

vécu. Nul écrivain ne peut apporter sur ce point témoignage plus cruel et plus accablant que Grass, qui n'a pas pris du tout la plume pour l'accabler, mais se contente de raconter avec une froide exactitude ce qui en était, parce que cela fait partie de son récit.

En fait, *Le Tambour,* entre autres choses, est aussi un roman historique du XXe siècle, une saga de la défunte ville libre de Dantzig, une manière poétique de sauver de l'oubli ce petit monde où vivaient côte à côte Allemands et Polonais, Juifs et Kachoubes. Une manière de le sauver toute différente, il est vrai, de celle à laquelle se cramponnent les réfugiés. À cet égard encore, Grass ne mâche pas ses mots : « Ces derniers temps, on est en quête de la terre de Pologne à l'aide de crédits, à l'aide du Leica, du compas, du radar, de baguettes magiques et de délégués, à l'aide de l'humanisme, de chefs de l'opposition et d'un tas de sociétés éprises d'un folklore conservé dans la naphtaline. Pendant qu'on cherche ici sentimentalement la terre de Pologne — moitié Chopin, moitié revanche au cœur —, pendant qu'ici ils rejettent les quatre premiers partages de la Pologne et projettent le cinquième, pendant qu'ils se rendent par Air-France à Varsovie et déposent, pleins de regrets, une petite couronne à l'endroit où jadis se tenait le ghetto, pendant que d'ici on cherchera la terre de Pologne avec des fusées, (Oskar cherche) la Pologne sur son tambour et tambourine : Perdue, pas encore perdue, de nouveau perdue au profit de qui, bientôt perdue, déjà perdue, Pologne perdue, tout est perdu, la Pologne n'est pas encore perdue. »

Le Tambour est un roman historique du second quart de notre siècle. Les seules parties faibles du livre sont celles où son action touche au présent. On ne peut aborder celui-ci avec la malicieuse neutralité du poète épique ; il exige que l'on prenne parti et commande la satire. Un chapitre comme celui de la « cave aux oignons », qui ferait honneur à la plupart des auteurs allemands, fait chez Grass l'effet d'être faible. Il lui manque l'instinct moral du vrai satirique, comme aussi son absurde espoir qu'on peut changer quelque chose à l'état du monde.

Le Tambour est un roman qui retrace le développement d'un être et son éducation au contact de la vie. Pour ce qui est de sa structure, le livre puise aux meilleures traditions de la prose narrative allemande. Il est écrit avec le soin et l'art de la composition que nous ont fait connaître les classiques. Traditionnelle aussi, l'étroite liaison de l'action et des thèmes. L'auteur déploie une maîtrise qui paraît proprement démodée quand il fait de son texte un ensemble si bien lié qu'on y trouverait difficilement un fil qui se perde, un leitmotiv qui demeure inutilisé. Devant les exigences du métier Grass témoigne, et l'on ne saurait le lui reprocher, d'un sentiment de respect. L'une des formes en est le soin qu'il a de se renseigner très exactement sur les sujets qu'il traite. L'aspect et l'odeur d'une école primaire, la vie et le travail des flotteurs, il y a cinquante ans, entre Vistule, Bug et Dniepr, le métier de garçon dans un bistrot de port ou de directeur de magasin de denrées coloniales, l'atmosphère d'un asile de fous et d'un atelier de tailleur de pierres : il n'y a pas là un seul détail qui soit indifférent au narrateur. Il sait de quoi il parle et il en sait plus qu'il n'en dit.

Grass se sert donc d'un type traditionnel de roman et déploie certaines vertus traditionnelles du romancier. Une fois de plus se trouvent démenties les théories sur la crise du roman, sur la fin de l'affabulation, sur la désagrégation des personnages. Grass peut sans difficulté particulière renoncer aux chapelles littéraires récentes, à l'école du *nouveau roman*[2], à la *beat generation* et à leurs modèles de narration. C'est encore la tradition qu'il utilise au moment où il la mine et la rejette. Cet auteur se prépare lui-même son langage. Et là, nulle trace d'essoufflement et de sous-alimentation, il puise à pleines mains et sans parcimonie. C'est un langage qui a du mordant, des passages à vide, de brusques détentes comme s'il partait tout seul, des zones de barbelés où l'on trébuche, il est parfois négligé, mal dégrossi, fort loin des ciselures de la calligraphie, des raffinements du bien écrire, mais encore plus loin de l'insouciant laisser-aller du reporter. Il est au contraire d'une vigueur de forme, d'une plasticité, d'une accablante plénitude, d'une tension interne, d'une fureur rythmique dont je ne vois pas d'autre exemple dans la littérature allemande du moment. Cet artiste forcené a sans cesse de nouvelles trouvailles de forme, compose dans le premier chapitre un ballet syntaxique, dans le seizième un saisissant *fugato,* adopte ici la forme de la litanie, encadre là le corps du récit de reprises en forme de rondeau, se sert en virtuose du style truand qui permet de mêler première et troisième

2. En français dans le texte.

personnes, et tire parti de tous les niveaux de la langue et de tous les tons, depuis l'allemand écrit jusqu'à l'argot, depuis les grasseyements du dialecte jusqu'au chapelet des noms de lieux, depuis le jargon des chevaliers du skat[3] jusqu'au réalisme médical. Ses trouvailles et ses découvertes artistiques n'ont pas leur raison d'être en elles-mêmes, elles sont destinées à lui permettre de dominer l'effrayante abondance de ses idées et d'exprimer si bien, si clairement ce qu'il a à raconter que la mémoire en demeure obsédée. Comme on dit de certaines substances qu'elles sont hémoplastiques, on pourrait dire dans le même sens du roman *le Tambour* qu'il est cosmoplastique. Il change la façon de voir du lecteur. Celui qui a contemplé le monde dans ce livre, où il est encagé comme une bête féroce, reconnaît son aspect anarchique dès qu'il franchit le seuil de sa porte. En fait, le livre, lui, a ses lois et il les respecte, mais le monde qu'il raconte n'en a pas. Il est féroce et aveugle.

Nous sommes loin de Wilhelm Meister et d'Henri le Vert, ces nobles jeunes hommes. Leur descendant lointain, Oskar Matzerath, joueur de tambour, infirme, idiot, est un fils de son siècle, comme ils étaient les fils du leur. Il ne conte pas seulement sa propre histoire, il est aussi un porte-parole de la nôtre. « It is a tale told by an idiot, full of sound and fury, signifying nothing[4]. » Oskar exprime la chose autrement lorsque, dans la chansonnette par laquelle il prend congé de ses lecteurs, il parle de l'ombre qui a toujours été là et qui ne nous quittera plus, lui et nous : « C'est ta faute, c'est ta faute, c'est ta faute à toi surtout. Est-ce que la Sorcière Noire est là ? Oui, oui, oui ! »

Post-scriptum : l'anarchiste compréhensif

Celui qui tient la littérature pour une province du bon goût, celui qui voudrait laisser le dernier mot à cette notion, ferait mieux de ne pas s'embarquer dans la lecture de *Katz und Maus* (Le Chat et la Souris)[5]. Günter Grass — cela est hors de doute après sa seconde

---

3. La belote allemande (*N. d. T.*).
4. C'est à ce passage de *Macbeth* que doit son titre le roman de Faulkner *Le Bruit et la Fureur,* qui est lui aussi « une histoire racontée par un idiot ».
5. Darmstadt, 1961.

œuvre en prose — n'écrira jamais de livres de goût. Une critique qui prétendrait l'exiger de lui se mettrait a priori dans son tort. Des industries entières, depuis celle du fromage jusqu'à celle du film, reposent sur le goût du consommateur. L'écrivain, à moins qu'il ne soit un spéculateur, n'a que faire de ce goût. Il ne saurait être question de spéculation avec Grass. Ce qui contriste beaucoup de ses critiques et plus d'un de ses lecteurs, à savoir ce qu'il y a de déplaisant, parfois de peu appétissant dans ses récits, il ne l'a pas recherché. Cela tient au fond même de sa faculté créatrice.

Il pouvait sembler au lecteur du *Tambour* que Grass, dans ce premier roman, avait vidé son sac. L'histoire littéraire connaît plus d'un cas de ce genre : un homme écrit l'histoire de son enfance, de sa jeunesse, il enrichit son livre de tout ce qu'il possède de souvenirs, et n'a plus rien à dire après. À la frontière de l'autobiographie et de la forme de roman qui retrace l'évolution d'un personnage, que de livres demeurés seuls de leur espèce, leurs auteurs ne parvenant jamais à réitérer leur coup d'éclat ! *Le Tambour* n'était-il pas de ces livres-là, un *Grüner Heinrich* (Henri le Vert) dont la fermentation aurait été interrompue prématurément ? L'accablante abondance des événements n'était-elle pas justement un indice inquiétant pour l'avenir de l'écrivain ? De tels doutes sont levés pour qui a lu *Le Chat et la Souris*. Grass narrateur continue d'avoir plus d'idées en une page que beaucoup de ses contemporains dans un volume tout entier ; et c'est pourquoi il peut se permettre d'appeler son récit un récit. Ils sont assez peu nombreux dans ce cas, car tout ce qui dépasse les cent pages, aujourd'hui, gonfle ses plumes sans tenir compte de sa vraie forme et se pare régulièrement du titre de roman. *Le Chat et la Souris* est l'histoire d'un certain Joachim Mahlke, un lycéen tout à fait ordinaire de Dantzig, qui allait en classe pendant la Seconde Guerre mondiale. Ce qui le distingue des garçons de son âge, c'est un défaut physique. C'est sa pomme d'Adam qui fait de lui le héros de ce récit et qui fait de lui un héros tout court. Ce cartilage, chez lui, est développé au-delà de toute mesure. Il monte et descend, le long du cou de son propriétaire — que celui-ci mange, parle, avale ou même seulement fasse un effort de réflexion — avec l'agilité d'une souris. Le chat qui joue avec cette souris et son malheureux propriétaire, c'est la société où il vit ; et si nombreuses que soient les victoires apparentes remportées par Mahlke et sa souris, le dénouement, dès le départ, ne saurait faire de doute.

« Beau, il ne l'était pas. Il aurait dû faire rectifier sa pomme d'Adam. Peut-être ce cartilage était-il la cause de tout... Son âme ne m'a jamais été présentée. Jamais je n'ai eu l'occasion d'entendre ce qu'il pensait... Le fait qu'il traînait avec lui en classe, ou à l'établissement de bains, des montagnes de tartines, et, pendant la leçon ou peu avant le bain, engloutissait ces tartines de margarine, ne peut fournir qu'une indication de plus concernant la souris, car la souris participait à la mastication et était insatiable... Finalement restent son cou et ses nombreux contrepoids. »

Les contrepoids qu'il arracha à son ennemi le chat, ou que celui-ci lui passa par jeu, sont de diverses sortes. Qu'avait à lui offrir son monde en fait de cache-col ? Avec la mode de ces années de guerre on ne pouvait aller loin ; si en hiver un châle épais, maintenu par une énorme épingle de sûreté, lui offrait sa protection, Mahlke n'eut d'autre ressource en été que de lancer la mode des pompons, sorte de petites boules de laine qui se portaient comme un papillon. Mais Mahlke se chercha un gorgerin plus résistant et découvrit au cours de cette quête, au sud-est de la bouée d'entrée de Neufarhwasser, l'épave du dragueur de mines de cent quatre-vingt-cinq tonnes *Rybitwa,* de la marine polonaise. Pour pouvoir pénétrer dans les entrailles de l'épave, Mahlke dut devenir un bon plongeur ; pour en tirer comme butin tout ce qui à bord n'était pas solidement rivé, il avait besoin d'un tournevis. Et où garder ce tournevis, sinon, bien attaché au moyen d'un lacet, à son cou ? Plus tard, il s'y joignit un ouvre-boîtes. Son habileté à plonger valut à Mahlke la considération de ses condisciples, mais il n'eût pas été béni du ciel si le monde ne lui avait pas offert un autre moyen de se cacher le cou. Mahlke était catholique. Ceci lui permit d'adjoindre au tournevis de Sheffield la madone de Czenstochowa, sous la forme d'une médaille. Ainsi pourvu de ce qui lui était le plus nécessaire, il aurait pu trouver une heureuse fin si un jour n'était apparu à l'école un brillant officier, venu pour faire une conférence sur ses prouesses guerrières. Ce qu'il portait autour du cou ne laissa à Mahlke aucun repos. Comment il réussit à se procurer ce dernier ornement de cou, comment il se lassa du manchon de fer-blanc et comment il disparut là où il avait commencé sa carrière de héros, sur l'épave du vieux dragueur de mines, c'est ce qui constitue le reste d'une histoire dont on croit chaque mot.

Cette crédibilité ne s'explique que par les qualités extraordinaires de l'écrivain ; tandis qu'en politique, en effet, rien n'est plus facile à réaliser que le monstrueux, la monstruosité de ses découvertes rend plus difficiles les tâches que Grass s'est assignées. Dans la difformité de ses personnages (le nanisme d'Oskar Matzerath, comme la pomme d'Adam de Joachim Malhke) il ne faut nullement voir un artifice ; elle tournerait immédiatement au détriment d'un auteur de moindre valeur ; le roman deviendrait un musée de figures de cire, une baraque de foire, bref, il serait ridicule et invraisemblable. Qu'est-ce qui fait au contraire la puissance d'émotion d'un récit comme *Le Chat et la Souris* ?

C'est tout d'abord son authenticité. L'imagination anarchique de l'auteur se brise contre une réalité qu'il observe avec minutie. Mahlke et ses camarades ne sont pas situés dans un « nulle part » qui n'engage à rien, ils sont logés dans un système de références spatio-temporelles tel qu'aucun plan de ville ne pourrait en offrir de plus exact :

« Mahlke et son tournevis anglais n'avaient pas grand chemin à faire pour arriver à la chapelle de Notre-Dame : il suffisait de sortir de l'Osterzeile et de descendre la rue aux Ours. Beaucoup de maisons à deux étages, et aussi des villas à double toit, à portail à colonnes et à fruits en espaliers. Puis deux rangées de maisons ouvrières non crépies, ou maculées de traînées d'humidité. À droite, la voie du tram tournait, et avec lui son câble aérien, qui se détachait sur un ciel le plus souvent à demi couvert. À gauche, les jardins ouvriers, maigres et sablonneux, des employés de chemin de fer : tonnelles et cages à lapins faites du bois noir et rouge de wagons de marchandises mis au rebut. Derrière, les signaux des voies menant au port franc. Silos, grues mobiles ou fixes. Étranges et hautes en couleur, les superstructures des cargos. Puis encore les deux vaisseaux de ligne gris, hauts comme des tours et démodés, le dock flottant, la fabrique de pain Germania ; et, de couleur argent foncé, à mi-hauteur, quelques ballons captifs qui se balançaient doucement. À main droite, s'étendant pour moitié en avant de l'ex-école Helene Lange, devenue depuis école Gudrun, qui cachait l'enchevêtrement métallique des chantiers de Schichau, y compris la grande grue-marteau, des terrains de sport bien entretenus, des buts peints à neuf, et sur le gazon ras les lignes, saupoudrées de blanc, des surfaces de réparation : dimanche les jaune-et-bleu contre Schellmühl 98 — pas de tribune, mais un gymnase moderne aux hautes fenêtres, peint de couleur ocre clair, et dont le toit, d'un rouge récent, était toutefois, assez étrangement, surmonté d'une croix goudronnée ; car la chapelle de Notre-Dame avait dû être aménagée dans l'ancien gymnase de l'association sportive Nouvelle-Écosse pour servir d'église provisoire, parce que l'église du Sacré-Cœur était trop éloignée et que les gens de la Nouvelle-Écosse, de Schellmühl et du lotissement entre Osterzeile et Westerzeile, principalement des ouvriers des chantiers, des employés de la poste et du chemin de fer, avaient envoyé pendant des années des pétitions à Oliva, où résidait l'évêque... »

Un tel paragraphe suppose une préparation scrupuleuse, comme aucun romancier allemand depuis Thomas Mann n'en a peut-être donné l'exemple. Ce souci d'exactitude fait partie des traits aimablement démodés de l'écrivain qu'est Grass, mais il a ses raisons. Il fait venir à nous ses démons et ses monstres par des chemins avec lesquels il nous a familiarisés et où nous éprouvons un tel sentiment de quiétude que nous ne pouvons plus nous écarter de ce qui s'y présente d'inquiétant. Le lieu de la scène est Danzig, ici comme dans *Le Tambour*. Que cette ville ne fasse son entrée dans la littérature allemande que lorsqu'elle est perdue définitivement pour les Allemands, il y a là plus qu'une ironie de l'Histoire. Une conquête telle que celle-là suppose perte préalable. La grande saga de Danzig, dont *Le Chat et la Souris* se présente comme le second, mais non certes le dernier épisode, est une quête à la recherche de l'espace perdu. Inaccessible et inépuisable, distincte pourtant comme Vineta au fond des eaux, Danzig repose au fond de cette prose.

Grass en sait plus sur le rapport qui unit les deux œuvres qu'il ne veut en convenir. Que — roman d'un côté, récit de l'autre — il travaille à un plus vaste ensemble, qu'il brosse un paysage qui doit servir de cadre à tous ses monstres, il le concède lui-même avec un clin d'œil quand il écrit :

« Était-ce pendant les premières grandes vacances sur le bateau, peu après le casse-pipes en France, était-ce l'été d'après ? — un jour qu'il faisait une chaleur moite, où il y avait cohue à l'établissement de bains pour les familles, où les pavillons pendaient lamentablement, où les chairs étaient en eau, où l'on assiégeait en force les buvettes, la plante des pieds brûlante sur les nattes en fibre de coco, devant les cabines de bain fermées, pleines de rires étouffés, entre les enfants déchaînés qui se vautraient, se salissaient, s'ouvraient le pied ; au milieu de cet élevage, âgé aujourd'hui de vingt-trois ans, au pied de grandes personnes penchées avec sollicitude, un moutard d'environ trois ans tapait, d'une façon monotone et mécanique, sur un tambour d'enfant et transformait cet après-midi en fournaise infernale... »

Cette référence au *Tambour* n'est pas une simple enjolivure, mais une preuve que nous voyons ici à l'œuvre un auteur qui ne s'abandonne pas à sa fantaisie. Grass, dont beaucoup voudraient bien faire l'homme en colère de notre littérature, est un esprit posé, non un cerveau brûlé. Il se met à l'œuvre avec une technique artistique soucieuse de plan et parfaitement constructive. À quel point il répugne à cette forme de récit où, sans souci et à tout vat, on dit tout ce qu'on a sur le cœur, c'est ce qu'on peut déduire de ce qui suit, sorte de préambule qui définit d'une façon presque romantique, au début du livre, l'attitude et la perspective qui commandent le récit :

« Mais maintenant... il faut que j'écrive. Même si nous étions imaginaires tous les deux, il le faudrait cependant. Celui qui nous a imaginés, par métier, m'oblige à prendre en main, encore et encore, ta pomme d'Adam, à la mener à l'endroit qui la vit vaincre ou mourir ; et c'est ainsi que, pour commencer, je fais sautiller la souris au-dessus du tournevis, lance une volée de mouettes repues, loin au-dessus de la tête de Mahlke, vers le changeant nord-est, qualifie le temps d'estival et de toujours beau, suppose à propos de l'épave qu'il s'agit d'une ex-unité de la catégorie Czaika, donne à la mer Baltique la couleur des siphons d'eau de Seltz au verre épais, et à la peau de Mahlke, sur laquelle l'eau ruisselle encore — l'action n'est-elle pas située au sud-est de la bouée de Neufahrwasser ? — un grain serré ou même ansérin ; cependant, ce n'était pas la peur, mais le frisson ordinaire après un long bain, qui s'emparait de Mahlke et lui donnait la chair de poule. »

Ce qui s'exprime dans ce passage, c'est proprement le moment artistique du récit ; ses ruptures, où se perd presque l'invention (car c'est le narrateur qui devient l'objet de la narration), rappellent les tours de force désespérés de Brentano dans son *Godwi*. À vrai dire, Grass ne s'égare jamais dans ses propres labyrinthes ; l'architecture en est au contraire mûrement réfléchie. Le texte est souverain et d'une trame serrée. La technique des leitmotive n'est pas seulement reprise ici, elle est poussée à son dernier point et qualitativement modifiée, tout, absolument tout, pouvant devenir leitmotiv. Le résultat est une sorte de dessin ajouré : dans chaque vide entre deux phrases passe toujours le même remorqueur de haute mer, ou un autre, traité en hachures plus ou moins serrées. Au point de vue du style, de telles reprises de motifs apparaissent comme des refrains et des échos. Si l'on prend garde à l'économie des mots et des phrases de cette prose, on trouvera une distribution qui tend d'une part à la répétition, de l'autre au raccourci poussé jusqu'à l'extrême. Un exemple de cette technique du raccourci est fourni par le dernier monologue de Mahlke :

« Si on m'avait dit. Tout ça pour c'te bêtise. Pourtant j'aurais fait vraiment un bon exposé. J'aurais commencé par décrire la hausse de pointage, puis les obus à charge creuse, les moteurs Maybach, etc. Comme chargeur, il fallait toujours que je sorte et que je donne le coup de refouloir, même sous le feu ennemi. Mais je n'aurais pas parlé seulement de moi. De mon père et de Labuda. J'aurais raconté en très peu de mots la catastrophe de chemin de fer de Dirschau. Et comment mon père, au risque de sa vie… Et que, devant ma hausse de pointage, j'ai toujours pensé à mon père. Je n'étais pas encore casé quand il… » etc. L'auteur tient également en réserve, intentionnellement, le nom de l'objet dont le héros de l'histoire couronne finalement son cartilage ; c'est « la chose », « l'appareil », « le macaron », « la breloque ». C'est seulement dans les dernières lignes du livre, une seule fois, que la croix de chevalier est nommée par son nom. Non moins grande est l'habileté avec laquelle les métaphores chargées de sens sont voilées, dévoilées : c'est au lecteur d'interpréter les mots « chat » et « souris », et les exercices de plongée du lycéen Mahlke ne trouvent leur tardive justification qu'au moment où, au double sens du mot, après avoir obtenu le malheureux collier, dans l'épave du dragueur de mines, devant Neufahrwasser, il doit « faire le plongeon ».

Qu'est-ce qui fait la force et le caractère dangereux de cet écrivain ? D'où vient la force explosive de sa prose ? On s'est facilité à l'excès la réponse à cette question. Certes, on voit à l'œuvre, chez Grass, une fantaisie qui ne s'arrête devant rien, qui touche à la réalité la plus sombre et sans cesse, comme malgré elle, revient à un domaine relevant de la révolte infantile. Cela peut fasciner et heurter, faire sensation dans le cénacle et faire scandale auprès d'honorables libraires ; mais ce n'est pas du tout cela qui, pris en soi, donne son rang à cet écrivain. Je suppose que son secret réside dans l'équilibre précaire et unique en son genre qu'il a su établir entre son imagination anarchique et son sens supérieur de l'art. Menacé d'un côté par l'obscurité, de l'autre par le maniérisme, il travaille sans filet sur la corde raide, avec une assurance qui mérite non l'indignation, mais l'admiration. « Je compris trop tôt qu'en ce monde en face de chaque Raspoutine se dresse un Goethe, que Raspoutine entraîne Goethe après lui, ou Goethe un Raspoutine, le crée même, s'il le faut », lit-on dans *Le Tambour*. Voir là un mot, c'est ignorer ce que le tambour de Günter Grass a annoncé « à Pétersbourg et à Weimar en même temps » : la venue d'un conteur qui fait œuvre d'art au-dessus de l'abîme de la violence.

LA GRANDE EXCEPTION

Sur Uwe Johnson

Il n'y a pas de littérature allemande ; c'est là une affirmation que l'on peut entendre assez souvent de la bouche de critiques chagrins qui ont passé la soixantaine et ont connu des jours meilleurs. Ces Cassandres n'ont pas même tort ; leur jugement s'accorde avec les faits. Mais en un sens tout différent de ce qu'ils s'imaginent. Car le regard trop complaisant qu'ils jettent en arrière sur les célèbres années vingt les abuse, leur mémoire vieillissante est en défaut, leur comparaison est boiteuse, leur affirmation que nous manquons de grands talents et d'œuvres importantes ne tient pas. Il est vrai que nous n'avons pas de pièces de théâtre, mais nous avons des romans, des poèmes, des récits, des essais. Cependant nous n'avons pas de littérature allemande. La raison en est si évidente, si claire, si facile à comprendre, qu'on ne la donne jamais. Il n'y a pas de littérature allemande parce qu'il y a deux littératures allemandes qui existent pour ainsi dire indépendamment l'une de l'autre, prennent à peine garde l'une à l'autre et s'éloignent d'année en année l'une de l'autre. La preuve que cet état de fait élémentaire est communément perdu de vue, que cette chose monstrueuse est presque effacée de la conscience de notre vie littéraire, c'est que nous nous sommes habitués à parler de littérature allemande là où il devrait être question de littérature ouest-allemande. (L'objection consistant à dire que « de l'autre côté » il n'y a rien qui vaille la peine qu'on en parle ne saurait entrer en ligne de compte, car il ne s'agit pas ici de différences de qualité ; celles-ci ne pourront venir en considération que lorsque l'existence

de deux littératures allemandes aura été prise au sérieux.) Il est clair
que la critique littéraire, sur ce point important, est hypnotisée par
la politique ; elle a, de son propre mouvement, fait suivre la non-
reconnaissance diplomatique et juridique de la non-reconnaissance
littéraire, et, à la vérité (au contraire de la politique officielle), sans
réfléchir suffisamment à la situation, donc naïvement ; par besoin de
s'adapter à la situation politique, par esprit d'imitation, donc sans
savoir ce qu'elle faisait.

Ces constatations nous sont imposées par un livre auquel elles
ne sauraient s'appliquer. Il convient d'annoncer ici la publication du
premier roman allemand d'après guerre, entendez du premier roman
qui n'appartienne ni à la littérature de l'Allemagne de l'Ouest, ni à celle
de l'Allemagne de l'Est, mais à une littérature à laquelle notre langue
administrative réserve l'appellation grotesque de « commune à toute
l'Allemagne »[1]. Ce livre est la grande exception qui va contraindre
la critique à démasquer enfin ses batteries. Il a l'inappréciable mérite
de ne se ranger ni de ce côté-ci ni de l'autre.

Le sujet du roman d'Uwe Johnson est un sujet sensationnel. Ce
n'est pas la faute de l'auteur. Ce sujet que nous avons sous les yeux,
qui est au centre de nos préoccupations, ce sujet révoltant, celui du
partage de l'Allemagne, a attendu dix ans son auteur. Les écrivains
allemands ont, pendant ces dix ans, produit plus de romans napolitains
ou esquimaux que de livres sur leur propre pays. Comprenons bien :
il est ici question de littérature, non de journalisme déguisé à grand-
peine, non de « reportage » romancé, non d'« actualité » illustrée,
de contes tatares subventionnés par un gouvernement. Le fait qu'il
y a deux Allemagnes n'est apparu jusqu'ici que dans un seul livre de
notre littérature, le *Steinerne Herz* (Cœur de Pierre) d'Arno Schmidt,
et encore en marge seulement.

Le menuisier Cresspahl vit dans une petite ville du littoral de
la mer Baltique, dans la « soi-disant RDA », comme on dit. Sa fille
Gesine est passée en Allemagne de l'Ouest ; là elle travaille comme
secrétaire de l'OTAN. Deux de ses amis sont restés : le Dr Jonas
Blach, assistant d'un Institut de l'Université de Berlin-Est, et Jakob

---

1. Uwe Johnson, *Mutmassungen über Jakob* (traduit en français sous le titre : *La Frontière*), Francfort-sur-le-Main, 1959.

Abs, aiguilleur dans une grande gare des bords de l'Elbe. Cinquième personnage principal : un certain M. Rohlfs, des services de la Sûreté, qui voudrait persuader Gesine d'entrer dans les services de contre-espionnage et qui, à cet effet, cherche à gagner Jakob, la mère de Jakob, le menuisier Cresspahl et le Dr Blach, l'assistant. Nous sommes en 1956, en octobre et novembre, au moment des événements de Budapest. Conversations et décisions laborieuses. La mère de Jakob est la première à passer la frontière ; Gesine la franchit deux fois ; Jakob aussi, en sens inverse, utilise deux fois le train interzone, auquel il se contente d'ordinaire de donner la voie libre, — jusqu'à un matin de novembre où sur les voies, il est victime d'un accident mortel, dont on ne sait pas au juste si c'est un accident.

Déjà ce dénouement obscur et équivoque montre que le livre ne peut être un roman à thèse. On ne cherche pas à y afficher ou à y inculquer quoi que ce soit. Bien des choses, et non pas seulement la fin de Jakob, y restent à deviner. Événements, objets, personnes, dès qu'ils paraissent dans le roman, ont tendance à se dérober. Tout cela est sans rapport avec l'obscurité du maniérisme ou avec l'hermétisme à la mode. Au contraire, le détail particulier est toujours éclairé d'une vive lumière et nettement perçu ; traits de visages, poignées de mains, lambeaux de mots et objets apparaissent parfois en tons presque crus, donc clairement. Seulement l'ensemble dont dépendent ces détails demeure *impénétrable*. C'est là un mot-clé de tout le livre ; on le retrouve sous des formes diverses : « difficile à saisir », « obscur ». Un personnage, le menuisier Cresspahl, se dit : « Il faudrait que les choses soient claires et maniables. Oui, tu le voudrais bien. » Elles ne le sont pas. Aussi est-il difficile de s'entendre ; le rapprochement entre les deux Allemagnes est seulement un cas particulier, un exemple. On dirait presque que c'est mal comprendre que d'être trop vite disposé à comprendre. Ainsi l'image que Johnson donne de l'autre Allemagne n'est voilée ni par les mauvais souvenirs des réfugiés, ni par le coup d'œil en arrière plein de morgue du touriste. Ce « ne comprends pas trop tôt » qu'il chuchote à chaque phrase à l'oreille du lecteur, l'auteur se l'adresse à vrai dire à lui-même en guise d'avertissement. L'énorme distance qu'il met entre lui et ses personnages, l'absence de toute connivence, la froideur qui règnent entre ses héros et l'auteur, témoignent d'une attitude logiquement arrêtée. L'écrivain et sa créature n'échangent plus de clins d'œil ; ils sont étrangers l'un à l'autre dans un monde où les hommes sont devenus étrangers les uns aux autres.

Le caractère « impénétrable » de ce monde ne détermine pas seulement l'attitude de l'auteur, mais aussi l'écriture de son livre. Cela commence par la ponctuation et va jusqu'à l'ordonnance générale de l'œuvre. La prose de Johnson est comme écrite à rebours. Elle est pleine d'oppositions et de raccourcis. Tout ce que le lecteur est en état de deviner est purement et simplement laissé de côté. La ponctuation parcimonieuse, presque ascétique, exige du lecteur qu'il participe à la mise sur pied des phrases. Tel détail en apparence insignifiant est retenu : propos d'après le travail (« Allons, ils lui auront déjà dit quelque chose »), adverbes devenus indépendants (« À savoir… »). Changements brusques de perspective, ou dans l'allure du récit, d'une phrase à l'autre, sans transition : eux aussi font appel à l'intelligence du lecteur. L'idée d'une « littérature dialectique » s'offre à l'esprit. Comme la dramaturgie de Brecht le fait pour le spectateur, la façon de raconter de Johnson arrache le lecteur à sa passivité de dégustateur. Là, les protestations d'une critique éprise de plats bien cuisinés ne manqueront pas de se faire entendre. Un « lecteur » imbécile aurait pu en prendre l'initiative et doubler facilement le volume du roman. Il n'aurait eu qu'à y ajouter les maillons non indispensables et les sous-entendus pour procurer au texte une qualité qu'il s'interdit : le poli. D'autres aspects de la vie, qui n'ont pas besoin du silence et qui, pour ainsi dire, sont restés ou devenus pénétrables dans ce monde impénétrable, sont décrits par Johnson avec une exactitude d'autant plus opiniâtre : c'est le déroulement de faits techniques, le côté extérieur, susceptible de précision, du monde du travail. Ici, il ne craint pas d'accumuler les adjectifs, d'en suspendre trois ou quatre au nom, comme si le renoncement qui s'impose à l'égard de l'ensemble pouvait trouver là son dédommagement.

Tout cela caractérise une façon d'écrire unique dans notre littérature, et qui lui est étrangère. Ce qui nous est devenu étranger dans ce livre — telle est la première supposition qui vient à l'esprit — c'est le paysage auquel appartient la langue de Johnson. Le dialecte qu'il utilise par places comme moyen artistique ne s'entend plus chez nous et il est d'un déchiffrement difficile. De ce parler du plat pays et du littoral de l'Allemagne du Nord, notre littérature actuelle a gardé à peine le souvenir (chez Jahnn, parfois chez Nossack et chez Schmidt). Il est à vrai dire très allemand, provincial dans le meilleur sens, sans exubérance, sans écarts d'imagination, sans douceur, très protestant, avare de mots, sévère et sérieux jusqu'à manquer d'humour, solennel même, proche du ton biblique, que l'on perçoit dans plus d'une phrase d'Uwe Johnson.

Mais, derrière la langue étrangère du livre, se trouvent aussi des expériences qui nous sont devenues ou demeurées étrangères. La situation sociale et politique où se meuvent ses personnages exige d'eux une contention d'esprit que nous ne connaissons pas. Chaque mot, chaque geste remet pour ainsi dire chaque fois tout en question. D'où, d'une part, leur habitude de parler à mots couverts, équivoques et sans transparence ; de l'autre, leur discernement bien exercé, leur sensibilité morale toujours en éveil, leur faculté d'émettre et de recevoir comme avec des antennes d'infimes harmoniques. Jakob et ses frères vivent soumis à un examen permanent. Celui qui, d'après ce livre, se représente leur situation, en viendra à cette conclusion que nous parlons peut-être trop légèrement de liberté. Qui peut tout dire, mais ne peut rien changer, perd en opacité. Jakob et les siens semblent tenir une autre liberté qui, elle, réside dans le silence. L'énigme de la personne y est sauvegardée. C'est cette vérité que vise la prose de Johnson, et qu'elle atteint là où elle ne se laisse pas détourner par la stylisation, danger qui ne cesse de la guetter. Ce danger peut être précisé : ce serait de n'être que l'écho d'un autre écrivain du littoral de la mer Baltique. Il « fit confiance au tout », « devant cet écoulement irrésistible et obstiné du temps, on peut facilement n'être pas sans reproche » : dans de telles phrases se dresse, avec sa méditation avare de mots, sa pesante originalité et son pathétique tourmenté, le fantôme de *La Lune volée* (Der gestohlene Mond) d'Ernst Barlach.

Quelle est la position de ce roman ? La question n'admet pas de réponse idéologique. Son esthétique ne promet rien d'autre que de nous renseigner. Elle est moderne. Johnson a pleinement assimilé les procédés épiques de la littérature occidentale, il se sert magistralement du monologue intérieur, du montage, du changement de plan narratif et du changement de perspective, du style d'inventaire

que le *nouveau roman*[2] a développé en France ; il connaît son Joyce,
son Döblin, son Faulkner, et aussi Kœppen et Schmidt, et doit sans
aucun doute être rangé à ce titre dans ce que Lukács appelle (sans
grand souci d'exactitude) l'avant-garde. Les a-t-il véritablement lus ?
On se le demande. Car ces procédés font ici un effet si nouveau, ils
sont employés d'une façon si originale, qu'on les dirait réinventés
spécialement pour les besoins du récit. Mais ces procédés ne sont pas
tout. L'autre partie de l'Allemagne possède elle aussi, on le sait, une
esthétique qui est à l'ordre du jour, en dépit du fait que nous ne nous
gênons guère pour nous en gausser. Ce n'est pas le cas de Johnson
qui utilise, dans la mesure même où il le mérite, ce qu'on désigne
(sans grand souci d'exactitude) du nom de réalisme social.

Le héros de son livre est un travailleur dont les actes sont
dictés par un rapport étroit entre lui et ce qu'il fait. Un cas devenu
inconcevable dans notre littérature. Jakob est « dispatcher » dans un
poste d'aiguillage, et ces fonctions très délicates dans le trafic d'une
gare de triage sont décrites dans le roman de la façon la plus précise
et la plus attachante. Le même sérieux se retrouve dans la description
du monde du travail qui est celui du menuisier, de l'assistant. Ce tiers
de l'existence que l'homme consacre à son métier n'est pas expédié ici
avec un haussement d'épaules et écarté pour faire place à la vie privée,
seule digne d'être racontée. Même le métier douteux de l'homme de
la Sûreté est décrit avec exactitude et équité. Ce Monsieur Rohlfs
n'est pas la brute au manteau de cuir que nous connaissons par tant
de films ; il a lui aussi ses motifs et ses problèmes. Ainsi ce livre
est exempt de tout cliché. Il est équitable. Ce n'est pas seulement
une qualité morale, c'est en même temps une qualité esthétique. La
maîtrise que manifeste dans son premier livre cet auteur de vingt-cinq
ans n'a rien de l'inquiétant savoir-faire de ces enfants prodiges de
la littérature qui portent déjà l'opportunisme inscrit sur le front. La
beauté même de ce livre demeure intransigeante.

Une telle intransigeance est la condition de tout vrai rapprochement
entre les deux littératures allemandes. Johnson a su se saisir de la
chance qui, dans le domaine de l'art, s'offre à nous dans notre malheur,
et surmonter dès maintenant avec son livre, ne fût-ce que de manière

2. En français dans le texte.

conjecturale, la situation qu'il dépeint : des Allemands devenus des étrangers pour d'autres Allemands.

IV

LE LANGAGE UNIVERSEL

DE LA POÉSIE MODERNE

1° Le passé de l'art moderne

La poésie moderne est vieille d'un siècle. Elle appartient à l'Histoire. Mais quelle est la portée du concept de modernité ? Il n'est lui-même nullement moderne, au sens de « qui a pris naissance depuis peu ». Le mot appartient au latin de basse époque, il a fait son apparition vers la fin du Ve siècle, et son cheminement à travers les langues européennes est un sujet de thèses de doctorat : depuis qu'il a été forgé, il est une cause d'agitation et de désordre ; l'arbitraire qui s'attache à lui en est inséparable. C'est seulement par convention, selon les cas, qu'on peut lui attribuer un sens précis. La poésie moderne, dans ces pages, ce sera donc la poésie postérieure à Whitman et à Baudelaire, à Rimbaud et à Mallarmé. Les *Feuilles d'Herbe* ont paru en 1855, *Les Fleurs du Mal* en 1857. La modernité était présente, sans équivoque et rayonnante, dans l'œuvre de ce petit nombre de « natures isolées, à l'esprit profond », qui se sont dressées « comme des fontaines scellées » dans la seconde moitié du siècle passé et ont « traité avec le mystère » (Brentano). C'est Rimbaud qui éleva la modernité au rang d'une existence absolue : « *Il faut être absolument moderne*[1] ! »

Mais à peine la poésie moderne était-elle inaugurée qu'elle découvrait déjà en elle le désir de faire sa propre théorie. Ce désir était contrebalancé par un autre : celui de ne se laisser dompter par

---

1. En français dans le texte.

aucune théorie. L'idée de « moderne » s'est épuisée en mouvements et contre-mouvements, manifestes et contre-manifestes. Son énergie s'y est usée. Trouble, elle sert aujourd'hui de réclame à ce qui est, à ce que jadis elle avait promis de combattre de toute sa force explosive et libératrice. Idée fantôme, elle est entrée dans le vocabulaire du domaine de la consommation. Le moderne est devenu quelque chose qui *n'est plus que* moderne, soumis à l'approbation des journaux, facteur périssable de la production industrielle.

2° Traditionalisme, avant-garde

Ainsi la poésie moderne se voit, de nos jours, exposée à un double danger. Ses vieux adversaires flairent là une bonne occasion. Ils parlent, dans leur radotage, de la fin des temps modernes, du juste milieu perdu qu'ils espèrent retrouver sans tarder, du nihilisme qu'il faut surmonter et dont ils rendent responsable une poésie sans discipline, et de l'âge d'or d'après la révolution, où ils voudraient nous ramener. Ils croient en finir avec ce qui est moderne en le déclarant démodé. Dans l'instant même où ils traitent Maïakovski de vieille baderne, ces singuliers défenseurs de l'héritage occidental lui opposent Virgile et Dante. Au nom de la tradition, ils combattent le moderne, sans comprendre qu'il appartient lui-même depuis longtemps à la tradition. Mais la poésie moderne a aussi des partisans aveugles. Leur approbation n'est guère moins nuisible que l'opposition réactionnaire. Celui qui nie la différence historique qui nous sépare de *Morgue* de Benn et de *Blume Anna* de Schwitters, celui qui raffole de communication immédiate et donne pour nouvelle l'œuvre qui s'épargne tout effort pour aller de l'avant, celui-là a coutume aujourd'hui de se targuer du titre de poète d'avant-garde. La force de choc de ce concept s'est depuis longtemps dissipée ; il s'est, comme celui de moderne, vidé, pour ne laisser que scories, à mesure que les apories qui lui étaient dès le départ inhérentes se sont développées historiquement. Celui qui se range dans l'avant-garde voit les arts sous l'aspect de colonnes de marche qui se sont formées pour le suivre. Ce qu'il y a de désastreux dans cette conception du progrès des forces créatrices avait été reconnu déjà par Baudelaire, alors qu'elle en était encore à ses débuts : « Ces habitudes de métaphores militaires dénotent des esprits non pas militants, mais faits pour la discipline, c'est-à-dire pour la conformité, des esprits nés domestiques, des esprits belges, qui ne peuvent penser qu'en société[2]. » Le traditionalisme tombe aujourd'hui, à l'égard de l'art moderne, dans l'opposition à l'histoire ; l'avant-garde, dans la plate imitation propre aux arts décoratifs.

3° La poésie comme évolution

Adversaires et sectateurs de la poésie moderne menacent les uns et les autres d'en faire à nos yeux un fantôme. Le seul moyen d'y remédier est de la citer elle-même, de la faire voir et de la concevoir comme un élément inéluctable de notre tradition, le plus jeune et le plus puissant[3]. Il s'agit de la soustraite aussi bien à la simple admiration qu'à l'oubli et à l'imitation. Ses lecteurs doivent se mesurer avec elle, ou même, *ad limitum,* la brûler, cérémonie profitable à la suite de laquelle la vieillesse (fût-ce la vieillesse de l'art moderne) renaît toujours de ses cendres, comme le phénix. Cette tâche, bien comprise, serait celle de la critique historique : elle n'a pas à momifier le passé, mais à le mettre à la portée de ceux qui viennent après. La tradition de l'art moderne est exigence, non consécration.

Cela se comprend, mais ne va pas de soi ; car la connaissance de l'art, et avec elle, par suite, celle de la poésie, conçoit trop volontiers son objet comme un arsenal, un ensemble d'œuvres particulières, et trahit ainsi sa vocation historique. La poésie est un processus historique. Aucun musée, fût-il imaginaire, ne peut arrêter ce mouvement. Le tenter, c'est chosifier la production poétique et en faire un fétiche. C'est regarder l'œuvre comme un trésor d'art intemporel et transportable, où les valeurs prétendues éternelles se concrétisent en valeurs de père de famille. Une telle opinion a ceci de juste que l'œuvre particulière, il est vrai, est en mesure de s'affirmer pendant de longs espaces de temps, au mépris des forces corrosives de l'histoire. Mais elle oublie

---

2. *Mon cœur mis à nu, XVI.* Je dois à Paul Celan l'indication de ce passage.

3. C'est cette tâche que se propose, à titre de première tentative, le *Museum der modernen Poesie* (Musée de la poésie moderne), dont l'avant-propos sert de base au texte donné ici.

que l'évolution ne se contente pas de blesser et de dévorer les œuvres qu'elle appelle à la vie, ne se contente pas de les marquer des cicatrices de la gloire et de l'oubli ; elle les porte aussi, les maintient en vie, leur procure de nouvelles forces. L'esprit mercantile et possessif, qui voudrait les empiler comme un capital et un stock d'éternelle durée, a toujours tort finalement à l'égard de ce qu'il met en réserve. Il en est de même pour la science, dans la mesure où elle a part à cet esprit. Même ceux de ses concepts de base qui témoignent que le caractère évolutif des arts ne lui échappe pas, concepts d'époque et de courant, d'école et de mouvement, peuvent, entre ses mains, si elle ne s'en défend pas, se figer et devenir de simples objets de manipulation.

C'est sous cette forme morte et comme solidifiée que sont utilisés bien des concepts sur lesquels l'histoire littéraire se repose pour ordonner à sa guise les multiples aspects de la poésie moderne. Ce sont les poètes eux-mêmes qui les ont inventés, pas toujours pour les meilleures raisons, assez fréquemment par tactique, par commodité, ou même par erreur. Du futurisme au trémendisme, du vorticisme à la *poésie concrète*[4], la liste des « mouvements » comprend bien deux douzaines de noms. Beaucoup d'entre eux sont encore aujourd'hui pris pour argent comptant dans les séminaires de Facultés et les histoires de la littérature. Il faudrait conseiller ici la méfiance. La valeur diagnostique de ces étiquettes est médiocre. Elles faussent la vue que l'on a de l'œuvre particulière en la subordonnant à une doctrine ; elles gênent la vue que l'on a de l'ensemble en la détournant vers des groupes rivaux qui d'ailleurs, le plus souvent, sont liés à leur domaine linguistique particulier.

4° Destruction et reprise, négation de la négation

Non moins douteux est ce qu'on met au compte de la poésie moderne, soit en bien, soit en mal : elle aurait rompu avec les œuvres du passé, en aurait fini avec elles, les aurait complètement dépassées ou liquidées, réduites en poussière ou écrasées de sa supériorité. Une victoire aussi hâtive a toujours quelque chose de suspect ; c'est

4. En français dans le texte.

celui à qui elle ne coûte rien qui a coutume d'en faire le plus grand étalage. La vérité est que la poésie moderne, dès l'origine, connaissait mieux que ses adversaires conservateurs ce qui l'avait précédée. La littérature universelle était son musée ; elle l'a connu et utilisé. *Il faut être absolument moderne,* cela voulait dire rejet du *statu quo,* destruction de la tradition, négation radicale de l'histoire littéraire mutilée, telle qu'elle était pratiquée dans les Académies. Cela voulait dire révolte, mais cela voulait dire aussi étude attentive des maîtres, acceptation de l'exigence qui se dégage de leurs œuvres, assimilation du passé dans les procédés de l'écriture. Ce qui ne s'est pas conservé dans ces procédés ne vaut pas d'être sauvé. Seule la littérature peut écrire l'histoire littéraire, non seulement la sienne propre, mais celle de tous les temps. Ainsi la poésie moderne nous a fait voir avec des yeux neufs ce qui l'a précédée depuis les origines de la création poétique. Nous devons notre « héritage » à la destruction de ce que les poètes ont trouvé avant eux. Il serait instructif de dresser une liste de leurs maîtres. Elle contiendrait tout ce qui, des œuvres anciennes, est capable de nous émouvoir. Apollinaire et Breton ont étudié Novalis et Brentano. Le canon littéraire d'Ezra Pound, exposé dans de nombreux écrits théoriques, va du lyrisme classique des Chinois aux vers des troubadours, de la poésie de Sappho à la prose de Flaubert. L'œuvre de Brecht porte la marque de sa rencontre avec Lucrèce et Horace, avec Villon, avec la traduction des psaumes de Luther, avec le nô japonais. Les grands poètes espagnols de notre siècle ont redécouvert, ou mieux délivré de leurs chaînes, les vieux romanceros, Lope, Quevedo et Gongora. La poésie moderne est pénétrée de l'écho de Catulle, d'images provenant de la poésie indienne et de la poésie bantoue, de souvenirs du haïkaï japonais, des chœurs des tragiques grecs, des vers des Védas et des *metaphysical poets,* de l'art du conte et de celui du madrigal. Dans cette diversité on note une particularité de notre siècle.

Le développement de la conscience historique, appuyé par la technique de la reproduction, en est venu au point que nous avons, sans nous donner de peine, à portée de la main, n'importe quel matériel artistique, si éloigné qu'il soit dans le temps ou l'espace. Cette richesse, et la facilité avec laquelle nous pouvons en disposer, sont pour le poète une chance et un danger. On l'a remarqué à juste

titre : avec la poésie moderne a sonné l'heure du *poeta doctus*. Qu'elle
étale son savoir ou le cache, il est certain qu'en des temps comme les
nôtres toute poésie qui signifie quelque chose doit à la fois réfracter
et absorber un énorme rayonnement provenant de la tradition.

Destruction du passé et recours au passé : cet aspect de l'évolution
de la poésie moderne n'a pas encore été suffisamment examiné. Ne peut
être décrit que ce qu'on amène entièrement dans notre champ visuel.
Les conditions voulues ont fait défaut jusqu'ici. Un immense travail
d'interprétation est nécessaire pour embrasser du regard l'ensemble
du phénomène.

Ce travail est en cours. La guerre et ses suites, et, en Allemagne,
déjà longtemps auparavant, la rechute dans la barbarie, l'ont retardé
de dizaines d'années. Mais plus est pénétrant le regard en arrière
qu'on jette sur cette poésie, mieux on voit l'action destructive, qui
a été la loi de ses premiers pas, se changer en action constructive.
Désagrégation, déracinement, nihilisme, arbitraire, vandalisme — quels
que soient les noms qu'une indignation réactionnaire a pu donner
aux forces motrices de la poésie moderne — ont créé et consolidé un
nouvel état du langage. À noter combien cet aspect constructif, qu'on
pouvait pourtant discerner dès les origines de cette évolution, est peu
remarqué, comme si les appels subversifs de Marinetti et de Breton
résonnaient encore aujourd'hui désagréablement aux oreilles de nos
contemporains. De même, la sotte question consistant à demander
ce que cette poésie a apporté de positif n'est pas encore abandonnée
de nos jours, bien que le code de la poésie moderne ait pris déjà
assez de consistance pour apparaître à des esprits médiocres comme
quelque chose qui s'apprend, donc pour connaître dans sa maturité
une pérennité académique. Ce n'est pas étonnant. Celui qui ne se lasse
pas de demander à la poésie moderne, avec un hochement de tête, ce
qu'elle a apporté de positif, celui-là ne voit pas ce qui saute aux yeux :
une action « négative » est poétiquement impossible ; l'envers de toute
destruction poétique est l'édification d'une poétique nouvelle.

Sans doute, celle-ci n'admettra pas la forme normative, tout au
plus se laissera-t-elle présenter sous forme descriptive, car l'heure des
recueils de règles est passée, définitivement. Des travaux préparatoires,
des ébauches en vue d'une poétique moderne conçue comme une
description, voilà ce que l'on fait, rien de plus. Montages et ambiguïté ;

rupture de la rime et transformation de son rôle ; dissonance et absurdité ; dialectique du foisonnement et de la réduction ; distanciation et recours à la mathématique ; technique du vers long, rythmes irréguliers ; liberté du ton et de la phrase ; solidité de l'enchaînement ; allusion et hermétisme ; découverte de nouveaux mécanismes métaphoriques ; essai de nouveaux procédés syntaxiques : ce sont là quelques-uns seulement des mots-vedettes et des concepts auxquels il a été fait appel pour permettre une compréhension théorique de la poésie moderne. Dans quelle mesure sont-ils valables et utilisables ? C'est aux textes eux-mêmes d'en décider. On en est encore à attendre le magistral tableau critique qui saurait mettre en évidence le lien interne qui les unit.

5° Préhistoire

Pas plus que sa poétique, l'histoire de la poésie moderne n'a été écrite. Elle ne pourra se limiter au XXe siècle. Car les bouleversements silencieux du langage ne se produisent pas d'un jour à l'autre ni même d'une génération à l'autre. Ils se préparent longtemps à l'avance. Dans les écrits des romantiques, on trouve les premiers indices de cette fermentation qui s'est emparé du langage poétique dans les cent dernières années. On pourrait dire en forçant les choses que la première trace théorique de poésie moderne, antérieure même à sa naissance, doit être cherchée chez Novalis. L'apparition de l'historisme, cette révolution dans la prise de conscience des faits, analysée par Friedrich Meinecke, se produit au même moment : condition nécessaire et, dans l'histoire de l'esprit humain, événement corrélatif de l'évolution consciente au cours de laquelle se dégage le langage poétique des temps modernes. À ces points de départ de l'histoire littéraire et de l'histoire de l'esprit humain correspond politiquement celui que constitue la grande Révolution française. Autant il est difficile de démêler et d'établir avec certitude les effets de ces deux révolutions, autant il est urgent d'insister sur elles pour s'opposer à toute façon de voir qui voudrait ramener la poésie moderne à un phénomène de « structure » revenant périodiquement, et l'amener à disparaître en expliquant qu'elle a toujours existé. Comme l'histoire en général, l'histoire de la poésie est elle aussi irréversible. Elle ne se répète pas. Cela, seule une pensée étrangère à l'histoire et qui se borne à considérer isolément des schémas phénoménologiques peut ne pas le voir ; non sans se proposer d'arracher dents et griffes à cet art moderne toujours inquiétant, et de le domestiquer.

L'évolution de la poésie moderne commence à donner des fruits vers le milieu du xixᵉ siècle. Nous avons nommé plus haut ses protagonistes. Leur liste est provisoire, elle peut être complétée et corrigée. Gérard de Nerval et Edgar Allan Poe, Emily Dickinson et le comte de Lautréamont, Gerard Manley Hopkins et Jules Laforgue, Alexander Block et William Butler Yeats pourraient y figurer, mais avec eux nous avons cité presque tous les noms qui sont d'importance ici. Jusqu'aux dix premières années du xxᵉ siècle, la poésie moderne était la chose d'un très petit nombre d'esprits éminents, précisément ces « natures isolées, à l'esprit profond », dont Brentano avait prédit l'apparition. On peut souligner entre eux des rapports individuels, mais on ne saurait dire que leurs œuvres constituaient un ensemble concerté. Chacun d'eux ne pouvait compter que sur lui-même dans une atmosphère d'hostilité, et devait subir l'isolement et le dédain pour prix de l'actualité qui lui venait plus tard. Ces poètes parlaient tournés vers ces régions sans écho de l'histoire qui s'appellent l'avenir.

6° Le contexte

Au commencement du xxᵉ siècle, l'évolution de la poésie moderne est entrée dans une nouvelle phase. Sur la date, il ne peut guère y avoir de doute. L'année 1910 en marque le seuil. Toute une série d'explosions ont secoué alors le public littéraire des principaux pays. En 1908 parut le premier volume de poésie d'Ezra Pound, un an après vinrent les premiers vers de William Carlos Williams ; en 1909 également, Saint-John Perse publia les *Images à Crusoé,* en même temps que le manifeste futuriste. En 1910, avec le *Sturm* et l'*Aktion,* l'expressionnisme entrait en lice ; Khlebnikov en Russie, Kavafis à Alexandrie, faisaient imprimer leurs premiers poèmes. Suivirent, en 1912, Guillaume Apollinaire, Gottfried Benn, Max Jacob et Vladimir Maïakovski, un an plus tard Giuseppe Ungaretti et Boris Pasternak. Ce sont là quelques dates parmi beaucoup. Elles sont le signe que désormais la poésie moderne n'est plus le fait d'auteurs et d'ouvrages isolés, enfants trouvés étrangers à leur temps. Au même moment, et sur les points les plus divers du monde occidental, et bientôt même du monde oriental, encore sporadiques pour commencer et tout à fait indépendantes les unes des autres, surgissent des publications qui bientôt, serrant les rangs, forment un contexte international.

Le changement est d'ordre qualitatif et ne saurait se comparer aux ruptures historiques antérieures. Dans les quelques dizaines d'années qui ont suivi 1910, l'année révolutionnaire, la poésie moderne a partout dans le monde inauguré son règne. Ses poètes sont parvenus à une communauté de vues qui a, comme jamais auparavant, supprimé les barrières nationales de la poésie et contribué à doter l'idée de littérature universelle d'un rayonnement qu'on ne pouvait imaginer en d'autres temps. Cette communauté de vues, en bien des cas, se constate par les biographies. Parmi les principaux représentants de la poésie moderne, il s'en trouva plus d'un pour embrasser de très bonne heure l'ensemble du phénomène et entreprendre, en qualité d'informateur et de traducteur, de critique et d'essayiste, de la formuler et de le rendre sensible. Si l'étude de la littérature était moins prisonnière des langues nationales, elle trouverait ici un terrain idéal pour ses investigations. Sans doute, la recherche des influences et des interactions directes a toujours quelque chose de subalterne. La communauté de vues dont il est ici question a justement pour caractère de n'avoir jamais dépendu d'elles. On trouve ainsi sans cesse, entre Santiago du Chili et Helsinki, entre Prague et Madrid, entre New York et Leningrad, des concordances tout à fait surprenantes, qu'il est impossible de ramener à des interdépendances. Ce qui constitue l'essence du phénomène, ce n'est pas que tel ou tel a connu ou lu tel ou tel, mais au contraire que, dans les régions les plus diverses du monde, des auteurs qui n'avaient jamais entendu parler les uns des autres, au même moment, indépendamment les uns des autres, se posent des problèmes comparables et aboutissent à des solutions comparables. L'ère des expositions universelles et des biennales littéraires, où chaque pays, soigneusement séparé des autres, figure avec son propre pavillon, appartient désormais au passé. Le poème n'arbore plus ses couleurs nationales. Les grands maîtres de la poésie moderne, entre le Chili et le Japon, ont entre eux plus de choses en commun que chacun d'eux n'en a avec ses origines nationales.

Ce caractère supranational se retrouve de manière exemplaire dans la vie de plus d'un écrivain. En 1880 naquit à Rome un certain Guillaume-Albert-Wladimir-Apollinaire Kostrowitzky ; au registre de l'état civil, l'enfant est inscrit sous le nom de Guillaume-Albert Dulcigni. La mère de l'enfant est née à Helsinki, d'une famille originaire de la Pologne russe ; le père est un Sicilien du nom de Francesco Constantino Camillo Flugi d'Aspermont. Guillaume Apollinaire, comme il s'est appelé plus tard, a toute sa vie écrit en français, comme le Lituanien Oscar Wenceslas de Lubicz Milosz, comme le Chilien Vicente Huidobro (dont il existe aussi des œuvres en espagnol), comme le poète de couleur Aimé Césaire, de Basse-Pointe, Martinique, et l'Alsacien Jean Arp, qui signe ses vers allemands du nom de Hans Arp. Le Péruvien Vallejo est mort à Paris, le Turc Hikmet vivait en qualité de citoyen russe à Moscou, l'Américain Pound vit en Italie. Supervielle, né en Uruguay, était citoyen des deux hémisphères. Le Chilien Neruda a écrit ses poèmes à Djakarta, Mexico, Madrid, Paris, Buenos Aires et Moscou. Le Grec Kavafis, né à Constantinople, fut élevé en Angleterre ; il a passé sa vie en Égypte. Rien ne serait plus facile que de poursuivre cette énumération. Elle ne mettrait pas dans un médiocre embarras celui qui prétendrait revendiquer ces poètes pour tel ou tel pays. On peut moins que jamais aujourd'hui demander son passeport à la poésie ; elle ne relève pas de la police des étrangers. De tels détails biographiques méritent d'être mentionnés parce qu'ils sont plus que des faits extérieurs et qu'on peut s'appuyer sur eux pour montrer combien il y aurait maigre profit, quand il s'agit de la poésie moderne, à se représenter des littératures nationales existant chacune pour son compte.

7° Doute et hypothèse

De quoi est-il question ? « Poésie moderne » — nous avons ces mots-là à la bouche, mais les prenons-nous au sérieux ? Remplacer les choses par des mots et opérer avec ces mots, en regardant les choses de haut, par commodité, c'est là une vieille tentation de l'histoire littéraire.

« La Renaissance » — quelqu'un sait-il exactement ce que c'est ou ce que c'était ? Ou qui pourrait se flatter d'avoir rencontré « l'homme de l'âge baroque » ? Questions embarrassantes ; Ernst Robert Curtius a très clairement insisté là-dessus[5]. « Poésie moderne » : ne serait-ce en fin de compte qu'une attrape terminologique ? Autrement dit, qu'est-ce qui garantit l'unité du phénomène, en dehors de quelques dates ?

Ce n'est pas la première fois que la poésie franchit les frontières géographiques et linguistiques ; on pourrait même dire avec quelque droit que l'idée de littérature universelle est antérieure à celle de littérature nationale ; déjà la poésie grecque et latine n'avait pas cours seulement dans ses pays d'origine, mais dans le « monde civilisé » tout entier, *urbi et orbi*. À plus forte raison cela est-il vrai pour la poésie latine du Moyen Âge, ou même pour la production lyrique et épique du Moyen Âge dans son ensemble, et non moins pour la poésie « baroque » ou « maniériste » du XVIIe siècle ; en regard, l'idée d'une littérature nationale conçue comme autarcique, comme le concept de nation en général, est récente. Mais ce qu'à toutes les époques précédentes on appelait *orbis* n'était jamais qu'un horizon limité : le monde, c'était l'espace compris entre Milet et Marsilia (*sic*), plus tard, entre Londres et Naples : au-delà vivaient les sauvages. De même, lorsque Goethe posait le principe d'une littérature universelle, c'était une affaire entre Européens, idéale et limitée en même temps, bien éloignée de la réalité planétaire. C'est pour le XXe siècle seulement que l'adjectif « mondial » est devenu l'épithète de tous les maux et de toutes les formes de production possibles : guerre mondiale, économie mondiale, littérature mondiale, sérieusement, cette fois — le sérieux de la mort qui menace — et comme condition de la survie. Le processus historique est entré par là dans une phase radicalement nouvelle, une phase dont nous ne pouvons guère apercevoir que le commencement, mais dont nous pouvons dire aussi qu'elle ne permet plus de rassurante comparaison avec ce qui a précédé. Elle est mortellement dangereuse, l'illusion des conservateurs qui consiste à croire que tout s'est déjà présenté ainsi — voyez Rome ou Weimar — et pas seulement en politique :

---

5. *Europäische Literatur und lateinisches Mittelalter* (Littérature européenne et Moyen Âge latin), ch. I. Berne, 1948.

même la critique et l'histoire littéraires ne sauraient se contenter de leurs critères traditionnels, sous peine de voir leurs enseignements sombrer dans la gratuité. *Historia fecit saltus* : elles doivent prendre conscience du saut qu'a fait l'histoire dans l'histoire universelle.

Ce n'est pas seulement son apparition dans de nombreux pays, ce n'est pas seulement l'élargissement de son horizon aux dimensions de la terre tout entière qui fait l'unité de la poésie moderne, ni non plus, à lui seul, le rapprochement des conditions sociales qu'elle trouve partout et de plus en plus (il en sera de nouveau question) : les œuvres elles-mêmes reflètent une conscience commune. Elles provoquent, de plus en plus, comparaison sur comparaison, elles se répondent l'une à l'autre, souvent sans se connaître, elles s'envolent comme un pollen à travers les espaces inconnus, franchissent les continents et prennent racine à l'autre bout du monde. Ce dialogue, cet échange de voix et d'échos, se fait sans cesse plus perceptible, et il suffit de rapprocher les métaphores, les cadences, les techniques, les motifs tirés d'une douzaine de langues pour y retrouver la sienne. En d'autres termes, l'évolution de la poésie moderne conduit à la formation d'un langage poétique universel. C'est là pour le moment une hypothèse qu'il faudrait justifier par des centaines de textes. Elle est théoriquement vraisemblable, sans pour autant pouvoir être prouvée. En revanche, il est possible en quelques mots de la mettre à l'abri de malentendus qui pourraient la rendre inutilisable.

8° Province, universalité

Où que l'on séjourne aujourd'hui, en entend, comme une plainte ou comme un reproche qu'on se fait à soi-même, le mot de province. Jamais la peur d'être provincial n'a été plus répandue qu'aujourd'hui. Or elle est sans fondement ; car elle suppose l'existence d'un centre sur lequel il serait facile de se régler ; mieux, dont le rôle d'arbitre dans toutes les questions d'ordre intellectuel serait incontesté. Ce rôle est échu jusqu'ici à deux ou trois capitales européennes. Il a pris fin, du moins est-il réduit à celui de plaques tournantes. Parler de province, d'arrière-pays, cela pouvait aller dans l'Allemagne des années vingt, compte tenu de l'éclat de Berlin ; aujourd'hui, quand il s'agit de jugement critique, le dernier mot n'appartient plus ni à Londres, ni à Paris. L'ancien usage qui consistait à dire : « Ici la capitale, là la province » avait un sens relativement au pays de celui qui parlait, à l'époque du nationalisme ; relativement aux autres pays du monde, c'était une sublimation de l'esprit impérialiste. Le divorce entre province et capitale n'est plus compatible avec notre situation historique, où même les puissantes forces de concentration que sont les idéologies politiques ne suffisent plus à canoniser une nouvelle Rome, et où aucun « bloc » ne peut plus être sûr de sa structure monolithique ; et le mot de provincialisme prend un nouveau sens. La province est partout, parce que le centre du monde ne se trouve plus nulle part, ou, inversement, parce que l'on peut admettre en principe que son *omphalos* est partout. La littérature a précédé sur ce point la politique : la capitale littéraire du monde peut s'appeler aussi bien Dublin qu'Alexandrie. Elle se situe à Svendborg ou à Meudon, à Rutherford ou à Merano. Une île au large de la côte sud-américaine du Pacifique, une datcha dans les forêts russes, un blockhaus au bord d'un lac canadien ne sont pas moins centraux que les demeures discrètes de Londres, Paris ou Lisbonne où se sont retirés des auteurs comme Eliot, Beckett ou Pessoa. Avec l'orgueil des capitales se perd le sens péjoratif du mot province. Son contraire n'est plus Paris, mais la notion d'universalité qui en est l'envers et le complément. Ce qu'il y a d'original, d'estimable dans l'esprit provincial est délivré de ses entraves réactionnaires, de son attachement borné et terrien aux gloires de la patrie, et rentre dans ses droits. Cet esprit ne se perd pas dans l'universalité de la langue poétique mondiale, mais il en fait justement la vitalité. Ainsi la langue écrite vit du mot parlé du dialecte. Car la *lingua franca* de la poésie moderne ne doit pas être conçue comme une vide uniformité, comme un esperanto lyrique. Elle parle de nombreuses langues. Elle ne va pas dans le sens de la standardisation, ou d'un plus petit commun dénominateur, au contraire. Elle libère la poésie de l'étroitesse de toute littérature nationale, mais non pour l'arracher au terroir ou plonger ses racines dans le vide de l'abstrait. Son chemin passe par les vieilles langues. Il en est d'elle comme de la langue biblique ou de la langue technique. De celle-ci elle se distingue en ce qu'elle est plus qu'une langue véhiculaire, et ne doit pas seulement son existence aux langues nationales, mais leur apporte des forces neuves et, sans bruit, les modifie. Elle ne découle pas, comme la langue biblique, d'une source unique, mais de plusieurs, et elle n'enseigne rien, sinon qu'aucun peuple ne peut plus séparer son destin de celui des autres peuples.

9° Restriction

Ce qui est dit ci-dessus ne va pas sans restrictions ; pas encore. Au dialogue de la poésie moderne une grande partie du monde, de nos jours encore, n'a point de part. Pourtant, il serait mal avisé d'en conclure que la littérature mondiale, la poésie mondiale, ne sont qu'une utopie, ou, comme par le passé, un phénomène européen. Certes, les pays d'Asie et d'Afrique, en particulier, ont trop peu de part à ce dialogue. Pourtant, il est possible de démontrer, et il a été effectivement démontré, qu'il n'est pas le privilège de l'Occident. Un recueil comme *Schwarzer Orpheus* (L'Orphée noir)[6] en est une preuve suffisante : il montre que les peuples noirs, de leur propre chef, et non par un esprit d'imitation de peuples colonisés, sont capables de parler avec nous la langue de la poésie et d'apporter à cette langue universelle un élément nouveau. Plus évident encore est l'exemple du Japon. En dépit des différences radicales de tradition, de structure spirituelle et linguistique de ce pays, il a vu naître au cours des cinquante dernières années une poésie moderne qui n'a à redouter aucune comparaison, et dont l'appartenance au contexte international peut être démontrée de multiples façons[7]. Bien plus, la poésie japonaise est plus proche de la nôtre, mais aussi, par exemple, de la poésie américaine, italienne ou scandinave, en dépit de ses origines différentes, que ce qui s'est écrit en maint pays d'Europe, en Bulgarie ou, jusqu'à ces dernières années, en Finlande.

Ceci demande une explication. Elle réside dans le caractère relatif de la notion de simultanéité. On se sert partout dans le monde du même

---

6. Publié par Janheinz Jahn. Munich, 1954.

7. Cf. par exemple la petite, mais excellente anthologie intitulée *The poetry of living Japan* de Takamichi Ninomiya et D. J. Enright, Londres, 1957. Également — seul recueil allemand — *Der schwermütige Ladekran* (La Grue mélancolique), Saint-Gall, 1960.

millésime, mais il représente des stades de l'histoire très différents. Si l'on jette un coup d'œil sur le développement, dans le temps et dans l'espace, de la langue poétique universelle, on remarque sans peine qu'il va de pair, d'une façon générale, avec le développement des forces de production de la société. Une civilisation technique avancée, avec toutes les chances et tous les aléas qui lui sont inhérents, en conditionne l'existence. Dans les pays purement agraires, dont l'état social est encore déterminé par les normes pré-industrielles, il se manifeste seulement quand ces normes sont mises en question : c'est la cause de ces *cultural lags,* du retard qu'accuse aussi le langage poétique. L'exemple japonais exprime cette relation d'une manière frappante ; il permet de penser que l'évolution de la poésie moderne, dans un proche avenir, gagnera, en Asie et en Afrique, les régions marqués en blanc qu'il n'a pas encore atteintes, dès que les conditions sociales voulues seront réalisées et le retard rattrapé.

10° Technologie, anti-marchandise

Mais on peut démontrer bien plus simplement encore la relation étroite qui existe entre le mode de production industriel et la poésie moderne. Dans leurs écrits sur la poétique, les poètes l'expriment eux-mêmes assez clairement. Il y a plus d'un siècle qu'Edgar Allan Poe, dans son essai *The Philosophy of Composition,* a décrit pour la première fois le poète comme un technicien, dont l'« outillage » se compose de « roues motrices et de courroies, d'une machinerie de théâtre, d'appareils élévateurs et de trappes, en un mot, de tout un arsenal d'expédients techniques[8] ». Les réflexions de Poe devaient être riches de conséquences : elles avaient révélé un état de choses qui a été d'une importance décisive pour éclairer l'idée que la poésie moderne se fait d'elle-même. La phrase suivante de Valéry s'applique à Baudelaire : « (En Edgar Poe lui est apparu) le démon de la lucidité, le génie de l'analyse, (bref)… l'ingénieur littéraire ». Mallarmé lui aussi fut vivement frappé par les vues d'Edgar Poe. Il est curieux de voir

---

8. Traduction allemande d'Albrecht Fabri dans *Edgar Allan Poe, Vom Ursprung des Dichterischen* (Sur les origines de la poésie), Cologne, 1947.

avec quelle netteté justement les ésotériques, les tenants de l'art pur, se sont référés dans leur poétique à une situation d'origine sociale, la révolution industrielle. À cet égard, leurs déclarations diffèrent à peine de celles d'un poète politique furieusement tendancieux, Vladimir Maïakovski, qui, dans sa brochure *Comment on fait des Vers,* analyse méthodiquement la production poétique au moyen de notions empruntées au domaine industriel : il distingue matières premières, produits semi-finis et produits finis[9]. Plus exactement que dans les grands mots techniques et scientifiques qui se sont acclimatés dans la critique littéraire et y ont perdu de leur clarté (montages, laboratoire de mots, expérience, conjoncture, élément structurel) s'exprime ainsi dans les écrits de ses fondateurs le caractère technique de la poétique moderne.

Il est bon, il est vrai, de ne pas comprendre trop vite la relation qui règne entre poésie et civilisation technique. Elle n'est pas simple. Le marxisme, sous la forme courante, parle de superstructure et entend une détermination économique immédiate : la poésie moderne lui inflige un démenti ; sans doute, elle va du même pas que le mode de production prédominant, mais comme on va du même pas qu'un ennemi. La poésie n'est pas une marchandise : ce n'est nullement là une « phrase » d'idéaliste. Dès l'origine, la poésie moderne a visé à soustraire le poème à la loi du marché. Il est l'anti-marchandise par excellence : ce fut et c'est le sens social de toutes les théories de la *poésie pure*[10]. Par cette exigence de pureté, celle-ci défend la création littéraire en général et a le dernier mot en face de tout engagement précipité qui pourrait, au nom d'une idéologie, la réduire à l'état de marchandise. Au reste, l'antithèse de la tour d'ivoire et de la propagande ne rend nullement service à la poésie. Cette dispute ressemble à la course vaine de deux écureuils se poursuivant sans fin dans leur cage tournant à vide. Même les « produits finis » les plus engagés de Maïakovski sont une anti-marchandise, qui reste « pure » et ne se laisse pas manipuler. De même, le texte le plus libre et le plus fantaisiste d'Arp ou d'Eluard est déjà de la *poésie engagée*[11], du fait qu'il est avant tout poésie : protestation, non-adhésion à ce qui est.

9. Berlin, 1949.
10. En français dans le texte.
11. En français dans le texte.

11° Inintelligibilité, évidence

À cette protestation répond de longue date le reproche fait à la poésie moderne d'être « inintelligible ». Il a ceci de curieux de ne pas viser spécialement tel ou tel texte, mais d'être toujours formulé globalement. Cela fait naître aussitôt le soupçon qu'il ne se fonde pas sur des expériences réelles de lecture, mais sur un ressentiment. S'il en était autrement, on n'aurait pas manqué de dire ici et là que les mots « intelligible » et « inintelligible » ont un tout autre sens selon qu'il s'agit d'un poème de Brecht, d'Apollinaire ou de Pound. Chacun de ces poètes place ses lecteurs devant des difficultés différentes. Le reproche qu'on leur fait d'être tous en bloc inintelligibles a une tout autre signification. Il exprime et camoufle à la fois le fait que la poésie, comme la culture en général, a toujours été jusqu'ici le privilège de quelques-uns, les *happy few*.

Le reproche d'être inintelligibles fait des poètes les boucs émissaires de l'aliénation, comme s'il ne dépendait que d'eux de la faire cesser du jour au lendemain. Sans doute disposons-nous aujourd'hui des moyens techniques de rendre la culture accessible à tous. Cependant, l'industrie qui les détient est la reproduction des contradictions sociales qui s'y opposent ; bien mieux, elle les aggrave, en joignant l'exploitation des esprits à l'exploitation matérielle. Elle écrème soigneusement les forces productives de manière que la poésie se voie placée devant l'alternative de renoncer à elle-même ou de renoncer à son public. Le résultat est, d'une part, une poétique toujours plus élaborée s'adressant à un public qui tend vers le zéro ; de l'autre, dans un domaine rigoureusement séparé du précédent et qui devient chaque jour plus primitif, le ravitaillement des masses en ersatz de poésie, soit sous la forme commerciale du *best-seller,* du *digest,* du film et de la télévision, soit sous celle des succédanés, encouragés par l'État, de la propagande politique.

Si banal que soit ce reproche d'inintelligibilité fait à la poésie moderne, il est utile et divertissant de lui accorder encore un moment de réflexion. Il renferme un élément de vérité, pour autant qu'il rappelle que toute poésie est obscure. Pindare et Goethe sont obscurs, seulement cette « inintelligibilité » est oubliée, refoulée, rendue inoffensive.

Les classiques, *au fond*[12], ne sont pas moins insupportables que les représentants de l'art moderne. Leur poésie est, elle aussi, protestation. Mais il n'est pas permis d'admettre ce caractère insupportable. Le camoufler, le désamorcer, le mettre à la mesure de l'état de choses existant, est une tâche pour laquelle la société a créé des institutions spéciales. Leurs moulins, il est vrai, ne moulent que lentement. La poésie moderne n'est pas encore passée par eux ; de là l'hostilité à laquelle elle se heurte encore. Ce que celle-ci traite d'inintelligible, c'est en définitive ce qui va de soi, ce dont parlent toutes les grandes œuvres et qui doit être et rester oublié parce que la société ne l'admet pas, ne le reconnaît pas pour recevable.

C'est ce rappel de ce qui va de soi, de ce dont on nous prive, qui a valu à la poésie moderne opprobre et persécutions, chaque fois que dans l'histoire la force est apparue à visage découvert. Les moyens déployés contre elle par la dictature montrent quelle est sa force de rayonnement. Autant sa diffusion est limitée, considérée statistiquement, autant son action est incalculable. La poésie est un catalyseur. Sa seule présence met en question le présent. Aussi la force ne peut-elle s'en accommoder. Aucun régime totalitaire ne peut la supporter. Infinie est la liste des livres interdits et brûlés ; la poésie moderne y occupe une place d'honneur. La vie de beaucoup de ses représentants porte la marque de la terreur fasciste ou stalinienne : on n'en finirait pas d'énumérer ceux qui ont été exilés ou exécutés. Mort en exil, tombé au cours de la guerre civile, contraint au suicide, mort dans un camp, emprisonné, torturé et abattu, en Allemagne, en Espagne, en Russie : telle fut la fin de nombreux poètes en notre siècle. Ils témoignent que la poésie moderne est impossible sans liberté ; qu'elle réalise elle-même un peu de liberté, ou périt.

12° Formalisme

Étrange contradiction ! Cette poésie qui, d'une part, a été la victime de terribles persécutions, qui a été opprimée et sans cesse menacée par le pouvoir, a proclamé dès l'origine comme un point capital de sa poétique : « Exclus le réel parce que vil » (Mallarmé). « Le poète n'a pas d'objet »

12. En français dans le texte.

(Reverdy). « La poésie lyrique n'a d'autre objet que le poète lui-même » (Benn). Sans se lasser, les théoriciens de la poésie moderne reprennent l'affirmation qu'elle n'a à parler de rien, qu'il lui suffit d'être une pure forme. Cette thèse du vide de la poésie se justifie historiquement comme une protestation contre la manie primaire du « contenu » lyrique, contre cette question d'esprits bornés : « Qu'a à nous dire le poète ? », contre des attitudes qui étaient courantes au XIXe siècle et qui, aujourd'hui encore, sont à l'ordre du jour entre Leipzig et Pékin. Après comme avant, on y exige l'unité de vues, l'absence d'humeur critique, le positif et l'attachement à son peuple — exigences que nous ne connaissons que trop bien : elles retentissent partout où l'état d'exception doit être décrété contre l'art. Sur ce point, gardiens occidentaux du Gral, membres de la Chambre de littérature du Reich et fonctionnaires communistes chargés de la culture peuvent se donner la main. Ce qu'ils appellent en chœur formalisme est à leurs yeux un crime parce qu'il exprime ce qui doit être camouflé : l'absence de liberté et l'aliénation. Mais cela ne doit pas être pour nous une raison de prendre au sérieux une fausse alternative que voudraient nous dicter les ennemis de la poésie. La querelle entre forme et fond, comme la querelle entre *poésie pure* et *poésie engagée,* repose sur un faux problème. Ceux qui s'y prêtent ont sans doute leurs raisons. Les porte-parole de la réaction voudraient bien voir le formalisme en prison, ceux d'une piteuse avant-garde se cramponnent à lui comme à une idéologie au moyen de laquelle ils voudraient bien cacher qu'ils n'ont rien à dire[13]. À cet égard, il n'est pas mauvais de rappeler une vérité qu'on oublie parce qu'elle est simple et ne fait pas de doute : la poésie moderne, elle aussi, comme toute poésie, dit *quelque chose,* exprime ce qui nous concerne.

13° Avenir de la poésie moderne

Depuis la fin de la Seconde Guerre mondiale, le langage de la poésie moderne laisse voir dans plusieurs pays, là surtout où il s'était

---

13. Des questions en partie analogues se posent en peinture. Voir sur ce point, de Hans Platschek, *Versuche zur modernen Malerei, Bilder als Fragezeichen* (Recherches sur la peinture moderne, les images comme points d'interrogation), Munich 1962.

développé le plus tôt, des signes d'épuisement. Pas plus que n'importe quel autre phénomène historique, il ne peut, comme par enchantement, échapper au vieillissement. Le fascisme et la guerre, la division du monde en blocs ennemis, l'usure née des alternatives par lesquelles nous passons, les armements qui nous acheminent vers l'abîme, tout cela a profondément bouleversé également l'atmosphère d'harmonie où vivaient les poètes. Pour la poésie aussi, Auschwitz et Hiroshima ont fait époque. Seul celui qui la conçoit comme un alibi en face de l'histoire pourra s'imaginer que les grandes secousses historiques n'ont pas de prise sur le vers. La poésie « tout intérieure » est indécrottable, elle ignore les époques de l'histoire. En revanche, la poésie moderne est ouverte à l'extrême aux expériences de l'histoire ; elle ne peut faire autrement. La prise de conscience qui fait sa cohésion est elle-même historique et ne peut échapper à la loi qui veut que le rôle de la réflexion ne cesse de croître en importance.

De ses plus grands représentants beaucoup sont morts. D'autres, plus jeunes, se contentent de la continuer, comme si elle n'était pas susceptible de changement, comme si elle était une façon d'être et non un devenir, comme si l'on pouvait en faire un jeu conventionnel. Au contraire, les esprits les plus marquants se sont mis depuis longtemps à réfléchir à ce qu'elle est. La poésie, aujourd'hui, ne suppose pas seulement la connaissance, mais aussi la critique de la poésie moderne : production et critique sont devenues inséparables.

De tels rappels, de tels avertissements ne signifient aucun abandon. Méprisable et dénuée de jugement est la position de ceux qui voudraient faire peser sur l'art moderne l'hypothèque de son passé, comme si tout ce que l'on pouvait faire de grand était déjà fait et qu'il ne restât plus d'autre possibilité que le pastiche, l'exploitation, l'imitation ou la capitulation. « Tout est déjà fait » : c'est la maxime de la lâcheté et de l'impuissance. La poésie est toujours inachevée — torse dont les membres manquants gisent dans les profondeurs de l'avenir. Elle ne manque pas plus de tâches et de possibilités qu'elle ne manque de tradition. Aura-t-elle la force de relever le défi ? Ce n'est pas à la critique d'en décider. Sa fonction est de définir la situation, non de faire des pronostics ou de tirer des horoscopes. L'avenir de la poésie moderne est entre les mains des inconnus qui l'écriront.

WILLIAM CARLOS WILLIAMS

Existe-t-il une poésie spécifiquement américaine ? un idiome poétique qui soit propre à l'Amérique du Nord et qu'on ne puisse confondre avec l'idiome poétique anglais ? C'était, il y a quarante ans, une question justifiée ; il y a vingt ans, une question somme toute excusable. Le médecin de campagne William Carlos Williams, fils d'un Anglais et d'une Portoricaine, né et établi dans la petite ville de Rutherford, New Jersey, Ridge Road, n° 1, a définitivement tranché cette question : il était[1] le doyen et le patriarche d'une poésie qui s'est libérée de l'assujettissement de l'Europe et s'est répandue à travers tout le continent, de New York à San Francisco.

Ce désir du Nouveau Monde, de posséder son propre langage et de conquérir son émancipation en poésie, ces efforts pour se trouver lui-même, poétiquement parlant, se découvrent à vrai dire dans la littérature américaine depuis ses origines. Pourtant, les modèles lyriques venus d'Europe, les cadences et les attitudes importées ont fait loi pendant plus d'un siècle. La notion bourgeoise de culture elle-même, introduite et péniblement propagée, était et est restée étrangère à l'esprit américain. Dans la mesure où elle y succombait, l'« intelligentsia » littéraire du pays se retirait de la société où elle vivait. L'académisme et des complexes d'infériorité en furent la conséquence. Les poètes de « collège », polis, appliqués, cultivés, les innombrables et inoffensifs jeunes gens de bonne famille dotés d'une certaine habileté formelle, qui, après deux ou trois voyages en Europe, mettaient sur le papier, dans leurs ermitages néo-anglais, loin

1. W. C. Williams est mort le 4 mars 1963.

de la barbarie de Chicago, leurs variations sur des thèmes européens, gaspillaient leurs forces, et personne ne se souciait d'eux. Mais les esprits de premier plan n'étaient pas moins hypnotisés par la tradition littéraire, ils étaient même les premiers à l'être ; ils payaient leur révolution littéraire de la perte de leur personnalité américaine. Ainsi T. S. Eliot qui, à l'âge de vingt-six ans, élut domicile en Angleterre, et qui, plus tard, avec la plus rigoureuse logique, s'est détourné de tout ce qui est américain : aujourd'hui, il professe le monarchisme, l'anglicanisme et une esthétique néo-classique. Ezra Pound a quitté l'Amérique à l'âge de vingt-trois ans ; il n'y est revenu (et non de plein gré) qu'après la seconde guerre mondiale ; il vit aujourd'hui de nouveau en Italie. Ce ne sont pas là les hasards d'une ou deux biographies. Fascinés par une conception de la littérature on ne peut plus européenne, trop exigeants pour se déclarer satisfaits, comme cent esprits de moindre envergure, de prix de consolation et de compromissions, ils ont tous deux, Eliot comme Pound, payé de l'exil leurs citations de Catulle et de Dante.

D'autres écrivains américains, au contraire, se sont engagés de la façon la plus résolue au service de leur pays d'origine, ont rejeté, soit sur le ton de la polémique, soit en silence, la notion de culture telle qu'elle avait cours à Paris, à Londres et à Berlin, et se sont mis consciencieusement à « chanter l'Amérique ». Mais leur engagement tant sur le plan idéologique que sur celui des sujets, si agréable qu'il pût être à l'amour-propre national, était hors d'état de créer une langue poétique *sui generis*. Paysages et histoire de l'Amérique comme unique motif, comme folklore et sujet de déclamation, *mystique*[2] et consécration de l'Amérique par elle-même : telle était la recette de ceux qu'on a appelés les régionalistes, les Vachel Lindsay, Edgar Lee Masters et Carl Sandburg ; tous tributaires du plus puissant et plus monumental essai de conquête poétique de l'Amérique, l'œuvre de Walt Whitman. Sentimentale jusqu'à friser l'hystérie, portée par une rhétorique éperdue, cette œuvre est demeurée jusqu'à une date avancée de notre siècle la grande exception, le grand exemple d'une poésie incontestablement américaine.

2. En français dans le texte.

Williams a lu lui aussi les *Feuilles d'Herbe,* alors qu'il était étudiant. Il fit ses études de médecine, de 1902 à 1906, à l'Université de Pennsylvanie. Là il connut Hilda Doolittle (qui s'est fait plus tard un nom dans la littérature sous le pseudonyme de H.D.), Marianne Moore et Ezra Pound, avec lequel il se lia d'amitié : « Alors déjà Ezra avait coutume de me reprocher mon manque de culture et de lecture. Il le fait encore aujourd'hui. » Pound se trompe ; Williams a été toute sa vie un grand liseur, bien que lisant sans choix et sans méthode. Sa connaissance de la tradition littéraire va des poètes provençaux aux anthologies classiques des Chinois ; mais cela ne se voit pas à le lire. Au contraire de Pound, il n'a pas affiché ses lectures. Il cite plus volontiers une vieille négresse ou un ouvrier agricole que Confucius ou Cavalcanti. Il ne se réclame d'aucun modèle et d'aucun maître. L'usage qu'il fait de la tradition échappe aux conventions bon marché, qui aiment renifler des « influences ». Il ne la reprend pas pour la continuer ; il l'utilise comme tremplin. Williams doit être rangé dans l'espèce rare des découvreurs, des auteurs qui ouvrent une voie et créent une tradition au lieu d'en reprendre une déjà existante.

Seule une nature extraordinaire en est capable. Aucune « vie culturelle », fût-ce la plus raffinée, mais moins que tout autre celle des États-Unis, ne produit un nouveau langage. Le talent, lui non plus, ne suffit pas. L'œuvre de Williams suppose un esprit totalement indépendant. L'*Autobiographie* qu'il a publiée à l'âge de soixante-dix ans nous montre à l'œuvre un tel esprit, exemplaire, rarissime dans l'histoire littéraire[3]. C'est ce qui fait l'importance d'un tel livre et le rend en même temps inutilisable pour cette forme banale d'espionnage qui voudrait expliquer l'œuvre poétique par la vie de son auteur.

Williams s'est toute sa vie refusé à jouer le rôle du pontife littéraire. « La pose de l'écrivain, cette attitude calculée pour faire effet sur le public, je ne l'ai jamais désirée — et c'était elle que je ne pouvais absolument pas souffrir chez Pound. Je regardais cela tout simplement comme une vieillerie sans intérêt... Ma formation me portait plutôt vers la modestie et la prudence du travail scientifique. Ce que nous avions

---

3. *The Autobiography,* New York, 1951. Toutes les citations en prose, sauf indication contraire, sont tirées de cet ouvrage. Les *Poèmes* sont cités d'après l'édition allemande (Bibliothèque Suhrkamp, Francfort, 1962).

à faire, c'était simplement tout notre possible, et, indépendamment de
ce que nous pouvions réaliser (ceci était autre chose), il me paraissait
que le mieux était de mener une vie ordinaire, chacun du mieux qu'il
pouvait... Cela, à vrai dire, n'était pas du goût de ce cher Ezra. »

Rien d'étonnant que les gardiens officiels de la littérature aient
ignoré Williams pendant des dizaines d'années. Ils ne lui ont pas
encore pardonné de ne s'être pas soucié de leur jugement, de n'avoir
jamais fait un pas vers eux et de n'avoir pas paru s'inquiéter le moins
du monde de sa place future dans l'histoire de la littérature. « Il
s'agit de mettre en question et de disséquer ce qu'on a fait. C'est la
seule façon de garder les mains propres. Au consentement aveugle
il n'y a pas d'excuse, ni la contrainte, ni la supercherie ; tout au plus
la déchéance physique. » De telles leçons aliènent les sympathies.
D'ailleurs, Williams a refusé avec autant de persévérance le rôle
de l'outsider héroïque que celui du poète chef de groupe. C'est
sans amertume qu'il raconte quel fut le sort de son premier livre
— aujourd'hui l'un des livres les plus rares du monde — : Williams
fut son propre éditeur, il s'en vendit quatre exemplaires ; le reste
brûla en même temps que le poulailler où les exemplaires invendus
étaient restés abandonnés dix ans[4].

En 1921 parut — c'était le cinquième ouvrage qu'il publiait — le
volume de poèmes intitulé *Sour Grapes* (Raisins verts)[5]. Sur l'accueil
qui lui fut fait, Williams rapporte ce qui suit :

« Le titre me valut de voir les psychanalystes me tomber sur le dos
— "Raisins verts", savez-vous ce que cela signifie ? me
demandèrent-ils. — Non. Et après ? — Cela signifie que vous
vous sentez frustré, que vous êtes aigri et déçu... Vous souffrez
d'inhibitions... Chez les jeunes Français, c'est très différent, ils
défoulent carrément... Mais vous, vous êtes bel et bien angoissé. Vous
êtes l'Américain typique. Vous vivez dans votre petite banlieue, et
vous trouvez le moyen de vous y plaire ! Quelle sorte de personnage
êtes-vous donc, enfin ? Vous prétendez être un poète ? Un poète !
Ha, ha, ha, ha ! Un poète ! Vous ! Des raisins verts, c'est tout, il
n'y a rien d'autre là-dedans.

---

4. *Poems,* Rutherford, 1909.
5. Boston, 1921.

» Or, par mon titre, je n'avais voulu dire qu'une chose, c'est qu'à la vue rien ne distingue les raisins verts de raisins mûrs : ha, ha, ha, ha ! »

À peu d'exceptions près, la critique américaine s'est dérobée devant Williams, soit embarras, soit dédain, soit ressentiment à l'égard d'un auteur à qui elle était indifférente. Significatif est le jugement d'Eliot, qui déclarait encore au commencement des années vingt : « Williams est un poète auquel il est possible d'accorder une certaine importance locale[6]. » Gertrud Stein ne le prit pas davantage au sérieux. Williams lui rendit visite à Paris ; ce devait être en 1924. Elle lui montra les manuscrits qui s'entassaient dans son appartement. « Elle me demanda ce que je ferais à sa place de tous ces livres non publiés… Si j'avais tant écrit, lui dis-je, je choisirais ce que je considérerais comme le meilleur et je jetterais le reste au feu… Ma remarque provoqua sur le champ un silence horrifié. Miss Stein le rompit en disant : Je comprends. C'est que ce n'est pas votre *métier*[7] d'écrire. »

Visiblement, l'avant-garde professionnelle trouvait incompréhensible que Williams fît avec plaisir et succès une carrière de médecin consultant, et par dessus le marché dans un trou de province américain (et non à Berlin ou à Paris, comme Benn, Döblin ou Céline). « Une existence aussi retirée présente un grand avantage », remarque Williams. « On garde les idées à peu près claires et on peut réfléchir. Ma façon de réfléchir consiste avant tout à griffonner. Le griffonnage a toujours été mon occupation préférée… On a toujours cinq minutes à soi. La machine à écrire était là toute prête dans mon cabinet de médecin. Je n'avais qu'à tirer la tablette sur laquelle elle était fixée et je pouvais me mettre au travail. J'écrivais aussi vite que je le pouvais. Souvent, au milieu d'une phrase, un malade se présentait à la porte : un geste, et la machine avait disparu, j'étais redevenu médecin. Le malade à peine parti, un simple mouvement de la main et je pouvais continuer d'écrire… On me demande toujours comment je m'y prends pour venir à bout de deux métiers à la fois. Les gens ne comprennent pas que l'un est le complément de l'autre, que ces deux

6. Cité d'après la monographie de Vivienne Koch, *William Carlos Williams,* New York, 1950.
7. En français dans le texte.

occupations ne sont que deux aspects d'une seule et même chose, à savoir l'ensemble. »

Williams, qui a été de tout temps un esprit pragmatique, ne s'est jamais appliqué à coordonner ses vues en une poétique. Il a une profonde répugnance pour toute rigidité idéologique. Ses propos théoriques sont souvent contradictoires, parfois embarrassés ; cependant, on peut citer quelques phrases où sa conception de la poésie se précise et s'éclaire, et qui peuvent servir d'exemple : « Un poème est une petite (ou une grande) machine faite de mots. Rien dans un poème n'est de nature sentimentale ; je veux dire par là que, pas plus que n'importe quelle autre machine, il ne doit comporter des parties superflues. Son mouvement est un phénomène de nature plutôt physique que littéraire. » Williams invoque à l'occasion le caractère « scientifique » de sa méthode ; le rapport avec sa formation médicale est ici évident. Au nombre de ses modèles littéraires il range l'entomologiste français Henri Fabre. Il s'agit moins chez Williams d'une méthode scientifique que d'une méthode phénoménologique. C'est ce que montre sa réaction à propos de l'épisode suivant de la vie de Hemingway, épisode qu'il note dans son *Autobiographie :* « Bob (une connaissance parisienne) me racontait qu'il a été en Espagne avec Hemingway. Leur train avait fait halte dans une petite gare et les voyageurs étaient descendus pour prendre l'air. Près des voies gisait un chien mort. Le ventre était enflé et la putréfaction le diaprait de toutes les couleurs de l'arc-en-ciel. Bob voulut s'éloigner au plus vite pour échapper à la puanteur, mais Hemingway demeurait là ; il tira son calepin et se mit à rédiger une description détaillée du cadavre dans toute sa splendeur. Bob s'était détourné avec dégoût. — Je trouve que Hemingway a parfaitement raison, dis-je. »

Dans son avant-propos à son volume de vers *Kora in hell,* Williams a fait de l'observation exacte de ce qui s'offre au regard, et de sa transformation en un texte qui permet de se le représenter, le critère de toute vraie vocation d'écrivain[8]. Cela conduit à une curieuse poésie de la proximité, de ce que la réalité nous met « sous le nez ». « Mon terrain, cette arrière-cour, a toujours été de la plus grande importance pour moi et pour mon travail d'écrivain. » Ce n'est pas tout à fait à tort qu'Eliot

8. Boston, 1917.

et Stein, habitants de grandes capitales, avaient soupçonné le médecin de campagne Williams d'avoir des goût de provincial ; toutefois le provincialisme bien compris peut être une vertu littéraire. Dans le cas de Williams, il n'y avait pas lieu de prendre des airs condescendants : sa « zone » n'était pas moins riche en ressources que le Paris d'Apollinaire. Elle s'appelait Rutherford et était cent pour cent américaine : ses transformations au cours du siècle reflètent l'histoire d'un continent.

« Quand je traverse Rutherford aujourd'hui, quand je suis Main Street avec ses drugstores éclairés au néon et ses bureaux d'agents de change qui se suivent sans interruption, il m'est difficile de me représenter le village où j'ai grandi. Il n'y avait alors ni tout-à-l'égout, ni canalisations d'eau, pas même de gaz, ni bien sûr d'électricité, ni téléphone, ni tram. Le trottoir était fait de planches clouées sur des poutres ; des guêpes avaient leurs nids sous les planches et sortaient en essaims par les fentes quand nous passions au-dessus d'elles. Elles piquaient furieusement. Presque aucune rue n'était pavée ; les premiers revêtements d'asphalte firent sensation. Nous avions des fosses d'aisance dans l'arrière-cour, et des granges comme les paysans — tout cela à dix milles du cœur de New York ! Nous buvions l'eau de pluie qui coulait par les chéneaux dans une citerne ; dans la cuisine se trouvait une pompe à main à l'aide de laquelle nous faisions monter l'eau jusque dans les combles, dans un réservoir étamé. Quand il était vide, on nous donnait, à mes frères et à moi, une pièce de dix cents pour une heure de pompage.

» Toute la maison était éclairée au moyen de lampes à pétrole — c'est dire que je ne suis pas jeune ! Elles étaient suspendues, maintenues par des supports de fonte, dans les chambres à coucher, et au-dessus de la table de la salle à manger nous avions une lampe d'un modèle particulièrement beau, en verre et en porcelaine, montée sur chaînes : on la faisait descendre pour la remplir, la nettoyer et l'allumer. »

Quand Williams se mit à écrire, ce tableau idyllique appartenait au passé. Aujourd'hui, la banlieue de Rutherford est un royaume intermédiaire, rongé par la civilisation technique dont il porte les stigmates, un no man's land entre la ville et la campagne, le quartier des cimetières d'autos, des baraques en tôle ondulée, des dépôts de locomotives et des réservoirs à huile, une partie de l'infernal paysage industriel du New Jersey du Nord :

Une lisière ajourée de façades de bois
et de brique, ainsi là-haut se perd
la ville, par-delà le château d'eau
monté sur ses échasses, une maison isolée
ou deux, çà et là, dans la campagne nue.

Le ciel est immensément
loin. Aucun être humain à proximité,
et des maisons mal numérotées...
            Pavé grossier
et rails de tramways oubliés,
proies inopinées de rues transversales.
            Sur la pente
dans les jardins ouvriers (défense d'entrer)
des arbres fruitiers nus et parmi les sarments inextricables
de vigne vierge, jamais taillée, des huttes basses
sans défense dans les flots de lumière.
            Des fils de fer
entre des piquets, sur un seul, bleue
et blanche, une nappe, légèrement bouffante.

Aux fenêtres des édredons. Des figuiers,
enveloppés de toile à sac et de vieux linoléum.
Des tonneaux au-dessus des broussailles.
L'esprit du lieu surgit de cette cendre,
dit en secret son obscur refrain :
Ici est ma demeure, c'est ici que je vis,
Ici que je suis né, c'est ici qu'est ma place.

Ainsi s'exprime le poème *Le Matin*. Sans cesse, ce paysage reparaît dans les poèmes de Williams. Il l'accepte, le comprend, le fait sien, justement là où il est sordide et à l'abandon.

Wallace Stevens, dont les propres poèmes doivent beaucoup à Williams, a fait ressortir et loué ce qu'il y a d'« antipoétique » dans l'œuvre de celui-ci[9]. Il y a du vrai dans cette remarque ; pourtant,

---

9. Dans sa préface à une édition maintenant ancienne des poèmes de William Carlos Williams : *Collected Poems* 1921-1931. New York, 1934.

cette faculté de tirer de la poésie des gravats et des cendres n'a pas
sa source dans un programme préconçu, ni non plus dans un *parti
pris*[10] moral. Williams ne vise nullement à opposer à une notion — au
reste un peu trop facile — de ce qui est poétique sa pure et simple
négation. Les immondices de toute espèce sont avant tout un objet
que nous montre l'expérience, rien de plus, et le poète leur accorde
ce regard sans préjugé, ce « premier regard » qui lui est propre. Son
acuité visuelle est étonnante. Il préfère à tout coup le détail précis à
la métaphore. Ses tranches de réalité présentent toujours des contours
soigneusement arrêtés. Plus d'une chose dans sa technique rappelle
la peinture, à laquelle d'ailleurs il a toujours accordé une grande
attention. Ses meilleurs poèmes font penser parfois aux arts graphiques
de l'Extrême-Orient, en particulier par leur stricte économie et leur
sobriété. Cette manière d'écrire ne vise pas à interpréter, mais à mettre
en évidence. Elle renonce systématiquement à la « profondeur », mais
rend en revanche la surface des choses avec la plus grande vigueur ;
de là son imperméabilité, cette qualité que Pound a appelée *opacity*.
Ainsi ce qui est terne paraît plein de saveur, les immondices deviennent
exquises, comme dans le célèbre poème *Le Charreton rouge*.

L'observation attentive de la décomposition se révèle être une
recherche de la perfection. *Perfection* est précisément le titre du
poème suivant :

> Ô délicieuse pomme !
> magnifiquement et pleinement
> pourrie,
> forme à peine blessée —
>   tout au plus ta queue
> s'est-elle un peu ratatinée, à cela près tu es
>   jusque dans le plus petit détail
> parfaite ! Ô délicieuse
>   pomme ! comme il est riche
> et moite le manteau brun
>   qui recouvre
> cette chair que nul n'a touchée ! Personne
>   ne t'a prise

10. En français dans le texte.

> depuis que je t'ai mise sur le bord de la fenêtre
> il y a un mois, afin que
> tu mûrisses.
>   Personne. Personne !

C'est une *nature morte*[11]. L'expression française est juste. Le poème-objet a renoncé à animer son objet (comme chez Rilke) ; ce n'est pas la durée de celui-ci qui est chantée ; sa vraie nature, la caducité, se montre au moment où il se délabre. C'est uniquement en ce sens qu'on peut lui prêter valeur de symbole, et encore de symbole implicite qui ne garantit rien d'autre que lui-même. *Une sorte de chanson* décrit la poétique de tels poèmes-objets ; dans ce texte, Williams désigne comme emblème de sa propre façon d'écrire le saxifrage.

La plupart des œuvres de Williams témoignent de cette faculté fulgurante de saisir les choses. On dirait des instantanés poétiques. La multiplicité des phénomènes s'y cristallise en un seul instant. Ces vues en coupe, d'où la dimension du temps semble éliminée, James Joyce les a nommées *épiphanies ;* Williams, qui préfère la langue de tous les jours, les nomme *glimpses,* c'est-à-dire coups d'œil soudains, rapides, comme lancés du coin de l'œil. Leur transformation en poésie ne suppose pas seulement l'agilité du regard, mais aussi une extraordinaire faculté de se souvenir. Williams dispose d'une mémoire des détails qui étonne et qui est parfois attendrissante. Son autobiographie est pleine jusqu'au bord d'épiphanies. En 1909, il a été quelques mois étudiant à Leipzig. Âgé de soixante-dix ans, il se souvient des cris de joie qui saluèrent alors le Zeppelin ; d'une petite fille qui lui demanda l'heure (il n'avait pas de montre, mais il fut heureux de parler avec quelqu'un) ; du *Crépuscule des Dieux* et d'un civet de lièvre ; et d'une vieille femme qui, chaque matin, devant l'Hôtel de ville, avec une faucille, coupait de l'herbe pour ses lapins. Sa mémoire est d'une incorruptible justice, parce qu'elle ne fait pas de différence ; elle se tourne vers une vendeuse de grand magasin avec la même attention que vers un écrivain mondialement connu, et parle aussi franchement de Maïakovski que d'un chat qui l'avait

---

11. En français dans le texte (l'expression y est précédée de son équivalent allemand).

accompagné pendant quelques années. Au marchand de poisson qui descendait tous les matins Ridge Road, il consacre tout un chapitre de son autobiographie, comme si c'était tout naturel.

Williams ne s'est jamais intéressé à « l'humanité » : on n'imagine pas ce mot dans sa bouche. Il aime mieux se soucier des gens. Le portrait joue un grand rôle dans son œuvre. Il va de pair avec le poème-objet. Sa technique de la sobriété permet à Williams, en dépit d'une très grande franchise, de pratiquer une vertu qui se révèle inopinément être une qualité morale, et non pas seulement esthétique : je veux parler d'une délicatesse grâce à laquelle il est possible d'aborder tous les sujets, même les plus intimes. Le portrait de sa grand-mère sur son lit de mort, généreux et dur en même temps, est un très bon exemple de cet art du portrait.

La destruction est un thème qui se retrouve dans toute l'œuvre de Williams. De même que les choses atteignent leur plus haut degré d'évidence au moment où elles se délabrent, de même les hommes qu'il représente l'atteignent dans la maladie, la vieillesse, la mort. Sans aucun doute, cette façon de voir a un rapport avec la profession civile du poète ; car le médecin est seul à pouvoir apporter un témoignage sur ces moments de vérité et à avoir vue sur le domaine caché de la souffrance et de la dégradation physiques. La « terre désolée » et les « hommes creux » d'Eliot ont reparu — à vrai dire plus vivants, moins sommaires — dans de nombreux textes de William Carlos Williams. Ce thème atteint sa pointe la plus inexorable dans le poème intitulé *Anéantissement.*

La sûreté laconique de ses portraits n'est pas due seulement à l'acuité de son regard et à sa mémoire eidétique, mais aussi à l'infaillibilité de son oreille pour tout ce qui est intonations, façons de s'exprimer, bref, tout ce qui est voix. « Ce que les gens cherchent à dire, ce qu'ils veulent, sans cesse et vainement, nous donner à comprendre, c'est le poème qu'ils essaient de réaliser dans leur vie. Nous l'avons devant nous, presque palpable ; il est présent à chaque instant, comme une réalité très finement morcelée que nous pouvons saisir dans toute parole prononcée. Le poème a son origine dans des mots prononcés à mi-voix, comme un médecin peut en entendre chaque jour dans la bouche de ses malades. » Cette langue parlée de chaque jour, Williams s'entend si bien à la transporter dans le vers qu'elle ne perd rien de son authenticité. Écrivain, il reste tout à fait indépendant de la langue littéraire du moment, et redoute toute espèce de jargon, celui des gens cultivés aussi bien que son antithèse, l'argot. Cet emploi exact de la langue courante est spécifiquement américain ; c'est une raison essentielle de l'énorme influence de Williams sur la poésie américaine la plus récente.

Le raffinement de sa façon d'écrire est comme camouflé par le caractère apparemment quotidien d'une telle langue. Ses poèmes semblent à première vue plutôt ternes. La densité à laquelle ils atteignent ne devient claire qu'à un examen plus approfondi. Tenter de traduire Williams en est chaque fois la preuve par l'exemple. Sa concision est impossible à atteindre en allemand. La langue courante est étrangère à notre poésie, et même à notre littérature en général. Une louable exception comme Arno Schmidt produit, dans son contexte littéraire, une impression d'outrance et d'étrangeté ; l'effort pour attraper le parler naturel de chaque jour est mal compris et le résultat taxé d'obscurité.

Sa faculté de transposer poétiquement gestes et tons de voix permet au surplus à Williams d'en finir avec une convention littéraire qui règne partout et qui tient pour acquis que la famille, la vie quotidienne d'une maison ordinaire, l'intimité d'une cuisine ou d'une salle de bains n'ont pas leur place dans un poème moderne. Un étrange tabou semble donner à entendre aux poètes de ce siècle que le pôle nord, la bombe atomique et le Minotaure sont plus dignes de leur attention que l'essuie-mains, le réfrigérateur et le tiroir de la table de nuit. Qu'on s'étonne après cela que la langue de la poésie s'éloigne de toute langue parlée ! Fidèle à sa maxime selon laquelle les choses les plus proches sont la pierre de touche de tout art d'écrire, Williams utilise en maître, avec beaucoup d'agrément et apparemment sans effort, les objets sensibles de la vie domestique de chaque jour, par exemple dans les deux miniatures *Adieux d'amis* et *Seulement pour que tu saches*.

W.C.W. (comme l'appellent ses amis et ses élèves) ne s'est pas contenté d'ouvrages de petite dimension, où il est souverain. Son œuvre est fort vaste. Elle comprend une série de pièces de théâtre, une grande fresque de l'histoire américaine, plusieurs volumes de courts récits et trois romans. Ces ouvrages ne peuvent pas être analysés ici.

En revanche, un essai sur son œuvre poétique serait incomplet si l'on ne mentionnait le plus long poème de Williams, *Paterson,* où il cherche à faire la somme de ses expériences et de ses possibilités[12]. La critique académique, qui aime s'appuyer sur des notions traditionnelles, s'est méprise en y voyant une épopée ; le seul point que *Paterson* ait en commun avec ce genre classique est son aspect mythologique. Ce point mis à part, il s'agit d'une grande composition poétique spécifiquement moderne et sans aucun dessein narratif. L'œuvre est avant tout comparable aux *Cantos* de Pound, au *Canto general* de Neruda, à *La Flûte de l'Épine dorsale* de Maïakovski et aux grands poèmes de Saint-John Perse, *Anabase* ou *Amers*. L'organisation de si longs textes est terriblement difficile. Williams, pour édifier son poème, utilise les matériaux les plus disparates, emploie des schémas de chansons et d'églogues, le monologue et le dialogue ; il insère des textes en prose de toute espèce dans la texture des vers : lettres, récits tirés d'anciennes chroniques, testaments, affiches, tableaux synoptiques de géologie et légendes indiennes. Il en résulte une structure extraordinaire, polyphonique. Le pathétique de cette grande composition est corrigé par la sécheresse de l'humour, et l'invocation solennelle par l'ironie interne du vécu.

Paterson est d'abord un endroit parfaitement réel : une ville industrielle sur la rivière Passaïc, au nord-est du New Jersey, 150 000 habitants, industrie textile et métallurgique. Cette grande collectivité apparaît dans le poème comme une personne, « M. Paterson » : « Les multiples facettes de la ville peuvent représenter la diversité de la pensée humaine. » Ainsi naît une mythologie de la civilisation américaine et de son histoire. Mais le poème, par son autre côté, est aussi le poème des forces élémentaires : ses cinq livres sont en même temps l'histoire naturelle de la rivière Passaïc, depuis sa source jusqu'à son embouchure, en passant par les grandes cataractes. La rivière elle aussi se manifeste, transformée magiquement en personne, tout comme Anna Livia Plurabelle dans *Finnegans Wake*. Comme tout ce qu'il a écrit, Williams conçoit également ce poème, la plus ambitieuse de ses œuvres, en liaison avec sa profession et son existence « provinciale » : « New York City était hors de mon horizon. Je ne voulais pas me

12. New York, 1951 (livres I à IV) ; 1956 (livre V).

contenter d'oiseaux et de fleurs ; je voulais écrire sur les gens qui m'étaient proches, sur qui je savais tout jusqu'au moindre détail — je connaissais leurs yeux de près, et même leur odeur. C'est là le devoir du poète : ne pas prendre pour sujet de vagues catégories, mais écrire sur ce qui est particulier, individuel, comme le médecin devant son malade doit traiter le cas qu'il a sous les yeux. »

Il est clair qu'un auteur de cette trempe ne peut se comporter à l'égard de la société dans son ensemble, et du point de vue politique, selon une idéologie. Il ne peut s'asservir à aucune doctrine, non parce qu'il en conteste le contenu, quel qu'il soit, mais du fait du caractère abstrait propre à toute doctrine de salut. Williams est le démocrate né ; la démocratie est pour lui moins une conviction qu'un principe vital, à la fois indispensable et tout naturel. Le christianisme lui est étranger, comme toute adoration de l'autorité. La critique américaine lui a parfois reproché ses tendances « de gauche » ; ce qu'il y a de vrai sur ce point, c'est que Williams est incapable d'accepter sans protester l'injustice sociale et la corruption économique ; mais il serait tout aussi incapable de se livrer pieds et poings liés au dogme communiste. Ce ne sont pas des professions de foi et des manifestes, mais l'accent même de ses moindres poèmes, qui montrent jusqu'à quel point cet homme se sent lié au destin de l'Amérique. Sans aucune préméditation et sans presque jamais se placer à un point de vue qu'on puisse dire manifestement politique, son œuvre reflète cependant de la façon la plus sensible les secousses collectives de la société américaine : l'entrée dans la grande politique mondiale, les *roaring twenties* avec leurs fantômes du film muet et de la prohibition, le grand boom et la grande crise, le *New Deal* de Roosevelt et l'assombrissement du monde du fait de la seconde guerre mondiale et de ses suites. Le critique Robert Lowell a remarqué, dans un compte rendu du poème *Paterson* : « Nous avons devant nous l'Amérique de Whitman, mais elle est devenue un théâtre de la misère et de la tragédie, mutilée qu'elle est par l'inégalité, désolée par le chaos de l'industrialisation, exposée à l'anéantissement. Aucun autre écrivain ne l'a décrite avec autant d'art, de sympathie et d'expérience, avec une telle vigilance et une telle vigueur[13]. »

---

13. Dans *The Nation* du 19 juin 1948.

Même dans le domaine de la littérature et de l'art, cet homme des bois, ce médecin de campagne, au fond de sa province, semble lié, comme par un système de mystérieuses canalisations, à tout ce qui arrive « au-dehors ». Au cours de ses rares voyages, il a rencontré presque toutes les figures importantes de son temps. Accompagné d'Ezra Pound, il a rendu visite à Londres au vieux Yeats ; à Paris, il a rencontré Aragon et Cendrars, Cocteau et Djuna Barnes, les surréalistes et les Américains de la *lost generation,* Juan Gris et Brancusi, Léger et Duchamp : aucun d'entre eux alors n'était mondialement connu ; et à New York il trouva sur sa route O'Neill et Maïakovski, Nathanael West et Francis Scott Fitzgerald. Tous les groupes et tous les courants lui étaient familiers (et c'était l'époque où florissaient les -ismes) ; mais jamais il n'a pu se rallier de façon durable à aucun d'eux : il les rencontrait, en prenait la mesure et se retirait à Rutherford.

De temps en temps, il se rendait à New York. Il ne rencontrait pas seulement les célébrités du jour. Sans cesse le hasard le mettait en présence des épaves, des « êtres vidés », de ceux que la vie avait lessivés et brisés. Dans les folles « parties » de l'ère Fitzgerald, les hommes perdus prenaient place à table aux côtés de ceux qui avaient réussi, et ceux qui avaient réussi étaient aussi des hommes perdus à leur manière. Le portrait d'une inconnue, tel que Williams l'a dessiné, permet de se faire une idée de ces milieux.

« L'appartement de Margaret Anderson et de Jane Heap, avec son grand lit suspendu au plafond par quatre chaînes, valait d'être vu. Jane Heap avait l'air d'un Esquimau trapu et Margaret, toujours au premier plan, était belle et de grande allure. Chez elles je vis un jour sous un globe de verre une sculpture qui paraissait être le modèle en cire d'un gésier de poulet. Elle me frappa. J'appris qu'elle était l'œuvre d'une aristocrate allemande nommée Elsa von Freytag-Loringhoven, une créature invraisemblable, de plus de cinquante ans… Si je voulais faire sa connaissance ? On disait qu'elle était folle de mes ouvrages. J'acceptai : ainsi le voulut mon destin. Malheureusement, notre femme sculpteur se trouvait justement alors en taule, pour avoir volé un parapluie… Le jour de son élargissement, j'allai la prendre à sa sortie de prison, l'invitai à déjeuner quelque part dans le bas de la Sixième Avenue et lui promis de la revoir. Plus jeune, elle avait dû être belle. Elle avait un fort accent allemand. Elle gagnait un salaire de famine en posant comme modèle… Je la revis, et comment ! Il en résulta un entretien passablement intime. Elle ferait de moi un grand homme : il me suffirait d'attraper la syphilis avec elle et de donner ainsi à son esprit toute liberté pour se livrer à un travail artistique sérieux. Du reste, elle était une protégée de Marcel Duchamp. Un jour, elle m'envoya une photo qui la représentait nue et qui devait être l'œuvre de Duchamp — une excellente photographie. Elle traîna pendant des années dans ma malle, jusqu'au jour où je ne pus plus la voir et m'en défis. Toujours est-il que comme photo c'était un chef-d'œuvre. La baronne me poursuivit encore pendant plusieurs années et vint deux fois à Rutherford. J'eus beaucoup de mal à me débarrasser d'elle. Elle me rappelait ma grand-mère la "bohémienne", et je fus assez bête pour lui dire qu'elle me plaisait. Pour un peu, j'aurais bien pu laisser ma peau dans l'aventure ! J'allais la voir et lui apportais un peu d'argent. Dans sa misérable cheminée, les cendres s'amoncelaient. Elle partageait le "slum" qu'elle habitait avec deux chiens qui jouaient sur son lit crasseux. Elle était cependant elle-même de la plus parfaite politesse… Jusqu'au jour où elle se remit à me faire des scènes. À cause d'elle, pendant longtemps, Wallace Stevens n'osait pas traverser la Quatorzième rue quand il était à New York, et un peintre russe qui la connaissait la trouva, un soir qu'il rentrait chez lui, sous son lit — et nue comme un ver. Il prit la fuite et se cacha dans l'appartement d'un voisin. Elle refusait de quitter sa chambre s'il ne venait pas avec elle… Avec elle, il y avait de quoi devenir fou. Plus tard, je lui donnai deux cents dollars pour lui permettre de passer en Europe. Celui que je chargeai de la commission s'appropria l'argent. Je lui donnai une seconde fois l'argent nécessaire et finalement elle partit. Elle n'alla pas loin. Un comédien, un Français, aurait, moitié par jeu, ouvert le robinet du gaz dans sa chambre pendant qu'elle dormait. C'est la dernière chose que j'aie apprise au sujet de la baronne. »

Elle n'est qu'en apparence un phénomène exceptionnel. Depuis Edgar Allan Poe, l'histoire des arts en Amérique — dans la mesure où ils ne se sont pas mis au service de la publicité sous l'une de ses cent formes — a été l'histoire d'une série de tragiques naufrages. Williams ne cesse de penser à ces oubliés, si médiocres ou si marquants qu'aient pu être leurs dons. « L'émotion vous prenait à la gorge quand vous les regardiez : ils étaient presque sûrement voués au naufrage. » Nul ne se souvient plus d'un écrivain nommé Emanuel Carnevalli et de son premier et unique ouvrage, une œuvre extraordinaire, à en croire Williams. Il eut un succès d'estime, l'auteur fut invité à se rendre à Chicago. Là, il tomba malade, vraisemblablement d'une encéphalite. « Finalement, on le refoula sur l'Italie. Son père le mit dans un hospice à proximité de Bologne. Il était soigné par des religieuses. Il m'adressa quelques lettres. Il s'efforçait d'écrire encore. Mais il était au bout du rouleau. »

> J'ai vu les meilleurs esprits de ma génération détruits par la folie affamés hystériques nus
> errant à l'aube par les rues du quartier noir à la recherche d'une piqûre enragée…
> pauvres en lambeaux les yeux creux et noirs ils fumaient assis dans l'ombre surnaturelle des slums empestés nageant au-dessus de l'océan des maisons dans les extases du jazz…
> accroupis vêtus seulement de leurs vêtements de dessous dans des turnes infectes, brûlant leur argent dans la corbeille à papier, écoutant l'angoisse d'à côté…

Ainsi commence le poème le plus célèbre de la récente littérature américaine, *Howl* d'Allen Ginsberg[14]. Il est né à Paterson. William Carlos Williams a écrit pour ce poème un avant-propos qui se termine par ces mots : « Relevez le bord de vos robes, mesdames, nous traversons l'enfer. »

Et c'est ainsi que son *Autobiographie* rappelle le souvenir des amis morts et perdus, dans une litanie de noms qui se sont tus : « Pound enfermé dans un asile à Washington ; Hemingway devenu romancier populaire ; Joyce mort ; Gertrud Stein morte ; Picasso devenu fabricant de céramiques ; Brancusi trop vieux pour travailler ; Hart Crane mort ; Juan Gris, jadis mon peintre préféré, disparu depuis de longues années ; Charles Demuth mort, Marcel Duchamp désœuvré dans un grenier de la Quatorzième Rue, sans téléphone, à New York ; la baronne morte ; Peggy Guggenheim à Venise, en qualité de patronne d'une galerie de peinture moderne à la valeur de laquelle elle ne doit pas croire ; Ford

14. San Francisco, 1956.

Madox Ford mort ; Henry Miller marié à proximité de Carmel en Californie, où il vit au sommet d'une colline haute d'un demi-mille, d'où il ne descend presque jamais ; Djuna Barnes, sans ressources, sans adresse, n'écrivant plus ; Carl Sandburg, refusant de se donner la peine d'écrire ; Eugène O'Neill silencieux, muet. »

Invitations, lectures, disques et toques de docteur *honoris causa,* célébrité tardive venue le visiter, tout cela ne peut consoler Williams. Il l'a accepté avec bonhomie mais cela lui est indifférent. Son avenir, comme celui de tout écrivain, se trouve dans ce qui s'écrit aujourd'hui et demain. La renaissance de la poésie américaine, cette explosion, soudaine en apparence, d'énergies poétiques, qu'on pouvait observer dans les années cinquante, a sa source dans les luttes difficiles et sans espoir d'une minorité infime qui était à l'œuvre en Amérique dans les années vingt et trente. Si l'on veut étudier la préhistoire de cette renaissance, il faut se tourner vers une tradition presque apocryphe : les petites feuilles volantes et les petits magazines qui alors, publiés à tirage restreint, en dehors du commerce officiel de l'édition et au prix de lourds sacrifices, pas seulement matériels, n'ont atteint qu'un petit nombre de lecteurs. « Ces petites revues auront toujours en moi un défenseur. Sans elles, j'aurais été bientôt condamné au silence. À mes yeux, elles constituent, toutes autant qu'elles sont, une seule entreprise, une revue qui ne peut mourir : le seul moyen de publication qui ne soit pas sous la férule d'un éditeur. Le va-et-vient de ses rédacteurs obéit à une loi démocratique. Nul ne peut régner sur cette revue et s'en rendre le maître tout-puissant. Si elle cesse de paraître en un lieu, elle renaît dans un autre, sous un autre nom, pour que soit imprimé ce qui est nouveau, ce qui s'écrit en cet instant. »

Ce qui fut entrepris alors a triomphé aujourd'hui. Toute une génération de jeunes poètes se réclame de Williams. Les esprits les plus divers se mettent d'accord sur son nom quand on les interroge sur leurs maîtres. Dans le recueil de Donald Allens intitulé *The New American Poetry 1945-1960,* premier ouvrage où cette poésie apparaisse dans toute sa diversité, on retrouve sans cesse sa trace[15]. Charles Olson, Robert Duncan, Robert Creeley, Allen Ginsberg, Lawrence Ferlinghetti, LeRoi Jones, Denise Levertov et Gregory Corso : plus clairement

15. New York, 1960.

que n'importe quelle histoire de la littérature, ces noms témoignent du travail accompli par un homme isolé qui, dans sa petite ville, n'a pas seulement mis au monde quelques centaines d'enfants, mais aussi un certain nombre de poèmes qui ont fait de l'américain une langue poétique au sens où on l'entend dans le monde entier.

LES APORIES DE L'AVANT-GARDE

Quiconque colore des surfaces vides ou met sur le papier des lettres ou des notes de musique est libre, depuis quelques générations, de se ranger lui-même dans l'avant-garde. Tout le monde n'a pas usé de cette faculté. Celui qui attribue hardiment à un auteur comme Franz Kafka le titre d'écrivain d'avant-garde est, par l'emploi de ce grand mot, convaincu déjà d'imprudence : Kafka ne l'aurait jamais prononcé. Ni Marcel Proust, ni William Faulkner, ni Bertolt Brecht, ni Samuel Beckett : aucun, à notre connaissance, ne s'est réclamé d'un vocable qui appartient aujourd'hui au vocabulaire de la première « prière d'insérer » venue ; comme s'il était reconnu une fois pour toutes, presque aucune des trop nombreuses personnes qui l'ont à la bouche ne réfléchit à son sens exact.

Cela vaut pour les partisans de l'avant-garde aussi bien que pour ses ennemis. Ils se différencient par leurs jugements, mais non par les prémisses. On accepte sans critique, d'un côté comme de l'autre, une notion critique qui a fait fortune à Paris il y a plus d'un siècle et a été considérée depuis comme une pierre de touche, à qui on ne saurait demander ou dont on ne saurait exiger qu'elle fasse elle-même ses preuves. Les esprits que divise cette notion ont coutume de se laisser aller à une discussion permanente dont le point de départ se perd dans les brumes et qui peut se poursuivre à l'infini. Les formules et les noms se succèdent ; le schéma demeure inchangé. Depuis le *Full and True Account of the Battle between the Ancient and the Modern Books* (1710) de Swift, cette querelle a perdu en originalité et en éclat ; ce qui est demeuré, ce sont les modestes idées dont elle s'est de tout temps contentée. Les attitudes intransigeantes des combattants, d'un côté comme de l'autre, sont d'une candeur décourageante ; elles rappellent les personnages du drame bourgeois et son conflit périmé entre père et fils, auquel elles voudraient réduire la marche de l'histoire. Des propos où il est question par exemple de la fougue et de l'impétuosité de l'être jeune qui a besoin encore de jeter sa gourme ; de l'exubérance de la jeunesse et de la sagesse de la maturité ; du sens rassis, circonspect, des gens d'âge qui, avec un sourire entendu, jettent un regard en arrière sur leur propre passé de révolte… de tels propos caractérisent l'atmosphère générale de ces débats, en même temps que leur manque de sens historique. A-historique, et non pas seulement rebattue, telle est la confiance aveugle que l'on place volontiers dans la notion éculée de génération, tout comme si c'était la vie des arts, et non celle des trichines, qui était soumise à la loi biologique de l'alternance génétique, ou si la teneur d'un hymne de Hölderlin ou d'une pièce de Brecht se lisait à son « millésime ». Distinguer vieux et neuf ou vieux et jeune d'une façon si commode, c'est déjà, par le choix de ses critères, se ranger du côté du pompiérisme. C'est demeurer fermé nécessairement aux plus élémentaires principes dialectiques. Ce qui décide de la survivance des vieux chefs-d'œuvre, c'est leur présence dans la production actuelle, qui en même temps les dévore et les rajeunit : voilà ce qu'alors on ne comprend pas, ou plutôt ce qui est incompréhensible, bien qu'on trouve cette idée à l'origine de toute pensée européenne : « Le vieux se change en jeune et celui-ci, inversement, en celui-là. » La phrase est d'Héraclite.

Ce n'est pas tant parce qu'elle traîne indéfiniment, indécise et d'ailleurs sans décision possible, que la dispute entre partisans de l'ancien et partisans du moderne est irritante, mais parce que la question même est mal posée. Le choix auquel elle nous invite n'est pas seulement futile, il est faussé d'avance. L'apparence de symétrie intemporelle dont elle se revêt est réduite à néant par l'histoire, qui a dépassé et démenti toute position a-historique. À peine les arts, en effet, sont-ils tombés dans le champ de gravitation du pouvoir totalitaire, que les honnêtes allées et venues autour de l'avant-garde, ou plutôt de ce qu'on tient pour tel, prennent un caractère sanglant. La symétrie entre ancien et nouveau, ce mirage intemporel, est brutalement rompue, et son fond véritable apparaît. Aucune avant-garde au monde n'a encore appelé la police pour se défaire de ses contradicteurs. Ce sont les « saines forces de la continuité » qui, de tout temps, ont reconnu officiellement la censure, les autodafés, l'interdiction d'écrire ou même le meurtre, pour une façon de prolonger leurs critiques par d'autres moyens, et qui ne se donnent pour libérales que tant que les circonstances politiques ne leur permettent pas ou plutôt ne leur commandent pas de parler clair.

C'est seulement quand on en est là (mais en fait on en est toujours là, de l'autre côté du fleuve) que les catégories de progrès et de réaction trouvent leur justification dans les arts. À vrai dire, elles sont à peine moins discutables et moins éculées que celles de l'ancien et du moderne ; tant de tricheurs les ont utilisées qu'elles sont marquées à tout jamais du biseautage qui atteste un emploi malhonnête. Quoi qu'il en soit, elles peuvent se réclamer de leur caractère historique ; elles ne conviennent pas à l'analyse de processus biologiques, mais à celle de processus historiques. Aussi longtemps que, quelque part dans le monde, les questions d'esthétique seront réglées par la force, mieux même, aussi longtemps qu'on devra ne serait-ce que tenir compte de ce danger comme d'une possibilité réelle, elles seront indispensables : autant dire donc, partout et pour une durée qu'on ne saurait préciser. Elles ne demandent aucune justification métaphysique. Leur utilité est uniquement de nature heuristique[1]. Elles ont besoin par suite d'être constamment contrôlées : comme tout moyen d'action dont on ne peut se passer, elles font courir un risque à celui qui s'en sert dès qu'il s'y fie aveuglément. C'est justement sa position à l'égard du doute qui distingue le plus profondément l'attitude progressiste de toute attitude réactionnaire. Cette disposition à réviser toutes les thèses figées, à vérifier sans fin ses propres prémisses, est le caractère

---

1. Dans les milieux où l'on confond obscurité et profondeur, on a coutume de réserver à tout effort rationnel de clarté l'épithète décorative de « plat ». Dans un tel climat intellectuel, peut-être est-il nécessaire de faire remarquer que la notion de progrès peut se passer de toute aura couleur de rose. Elle ne suppose pas le moins du monde l'optimisme ou la conviction que l'homme, en vertu de ce qui est en définitive le cours nécessaire des choses, tend vers la perfection. S'y attacher, c'est nier purement et simplement une négation dont les conséquences pratiques peuvent difficilement être contestées quand on considère la régression vers l'âge des cavernes qui se prépare partout. Qu'on cherche à tenir, qu'on refuse de s'associer au recul général, et l'on semble avancer au milieu d'une multitude qui lâche pied : on joue le rôle de trouble-fête. C'est ainsi que la notion de progrès gêne les pratiquants de la régression.

constitutif de toute critique progressiste. Au contraire, la critique réactionnaire se croit par nature et à tout coup dans le vrai. Elle est dispensée de réfléchir à ses postulats. Autant elle sait, pleine de complaisance, conformer dans chaque cas son jugement à la situation politique, autant elle ignore le doute sur ce qu'on doit tenir pour sain, pour beau et pour positif.

C'est seulement après avoir pris le pouvoir qu'elle montre son visage de violence. Jusque-là, elle opère dans le fourré des petites chapelles, dans le maquis des livres de classe et de « l'enseignement des arts » ; à découvert, elle observe une certaine prudence. Dans un régime démocratique, la critique réactionnaire se voir contrainte de nier sa propre existence. Dans son canon de l'immortalité elle admet même, sans rien dire, ce qu'elle en a banni plus tôt : dès qu'un ouvrage moderne n'est plus nouveau, n'est plus risqué, il est bien vite revendiqué, comme « un classique de l'art moderne », par cette même critique qui, pendant des dizaines d'années, a cherché en vain à le tuer avec ses « règles fixes ». Une fois qu'il a trouvé place dans l'héritage à conserver, on peut dire que c'en est fait de lui : il est soustrait à la critique et exposé comme une momie. L'œuvre que le critique réactionnaire n'a pas réussi à étouffer, il lui fait des avances et croit donner par là la preuve de sa largeur de vues. Tant qu'il ne peut pas compter sur la police pour faire triompher sa doctrine, il se montre tout disposé à suspendre les hostilités, se donne pour un conciliateur et un homme de « common sense » qui « voit les choses de haut ». Le pluralisme social devient, provisoirement, une sorte d'oreiller esthétique : dans la nuit de la liberté tous les chats sont gris. Toutes les œuvres ont droit à la coexistence, le navet « complète » le *chef-d'œuvre*[2], et la complaisance qui dicte tous les jugements doit avoir pour effet de faire se volatiliser la faculté critique en général.

Une neutralité de cette espèce, qui aime s'entendre appeler « compréhension », se juge elle-même. Au premier signe indiquant que les questions esthétiques seront désormais réglées par le pouvoir, elle se transforme en ce que, secrètement, elle n'a jamais cessé d'être. En face de la terreur, qu'elle soit exercée par un Goebbels ou par un Jdanov, il n'est pas question de tolérance ; ce qui signifie pour la

2. En français dans le texte.

critique réactionnaire qu'elle peut se dispenser de tolérance à l'égard des victimes de cette terreur. Elle peut d'autant plus tranquillement se reposer sur ses propres certitudes, aussi longtemps qu'elle s'en soucie, que la toise dont elle se sert porte toujours le poinçon réglementaire.

Ces règlements sont toujours les mêmes : « L'accent doit être mis sur les questions concernant la conception du monde. » L'œuvre d'art n'est rien en elle-même, son rôle est uniquement de « représenter » la conception du monde désirée, qu'elle a à « reproduire de façon adéquate ». « Il ne s'agit pas d'art formel, mais de cette position dernière sur le terrain philosophique. » On fait appel ouvertement à l'opportunisme, qui se range du côté des bataillons les plus forts. L'écrivain doit « se rallier aux tendances décisives du temps, qui tôt ou tard seront les tendances régnantes », se placer « sur le terrain » que la critique réactionnaire lui indique. Le « fil d'Ariane » auquel il peut se raccrocher lui est ainsi fourni, et « l'optimisme historique justifié, extraordinairement fructueux pour l'art » viendra alors de lui-même. Les arts sont là pour livrer au public un « réalisme pris sur le vif » et « un vaste ensemble de faits positifs » et « pour façonner de l'intérieur l'homme de l'avenir ». « La volonté qualifiée de créer une telle réalité nouvelle et positive » facilite le « choix entre ce qui est socialement sain et ce qui est socialement malade ». « Il en est résulté — textuel ! — une telle élévation du point de vue » qu'il ne saurait plus y avoir de doute sur les camisoles de force que le gardien se propose de mettre aux arts : l'avant-garde, ou ce qu'il entend par là, est « décadente », « perverse », « cynique », « nihiliste » et « morbide ». Grâce au *Völkischer Beobachter,* ce vocabulaire est encore frais dans nos mémoires. Que l'état d'esprit qu'il exprime ait survécu dans notre pays, la preuve s'en trouve à chaque instant dans les journaux qui paraissent entre Passau et Bonn. Mais les phrases citées n'ont pas poussé sur le fumier fasciste ; elles ne sont pas non plus empruntées au *Neues Deutschland.* Celui qui les a écrites passe pour le critique littéraire le plus sensé, le plus distingué et le plus courageux qu'ait à nous offrir le communisme. On les trouve dans le livre de Georg Lukács, *Wider den missverstandenen Realismus* (Contre le Réalisme mal compris)[3], qui n'a pas pu paraître de l'autre

3. Hambourg, 1958.

côté de l'Elbe, parce que les policiers de la culture qui y font la loi ne l'ont pas encore jugé assez réactionnaire. Il trouve bien à critiquer, dans une langue qui se réclame bien à tort de Schiller et de Goethe, « la place de plus en plus prépondérante que prend le pathologique » dans la littérature, mais ne se prononce pas en faveur du traitement qui suit ordinairement ce genre de diagnostics et qui consiste à liquider le malade. Lukács ne fait nullement appel au revolver quand il entend le mot « culture ». Il a gardé un reste de cette mauvaise conscience qui est la dot qu'apportent à la critique réactionnaire ses « représentants » les plus intelligents. Ce reste de mauvaise conscience s'éveille en vain.

Le « souci d'art » d'une telle critique ne se manifeste pas seulement dans le fait que sa langue, sous quelque insigne de parti qu'elle se présente, est loqueteuse et sent le moisi. Elle peut aussi se passer de la connaissance de ce qu'elle diffame. Le loup dans la bergerie ne s'embarrasse pas d'art vétérinaire : c'est à coup de dents qu'il trie les brebis galeuses. Passe avant tout pour sain ce qui est moyen : Theodore Dreiser, Sinclair Lewis, Norman Mailer, Romain Rolland et Roger Martin du Gard sont, aux yeux de Lukács, la quintessence de la littérature moderne. À quel obscur malentendu Thomas et Heinrich Mann doivent-ils de figurer dans cette liste des écrits « bons pour le service armé » ? C'est ce qui demeure inexplicable. Morbides et décadents, au contraire, à la différence de l'auteur joufflu de *L'Élu* (Der Erwählte), les Dos Passos, Beckett, Montherlant, Kafka, Proust, Jens Rehn, Koeppen, Jünger, Gide, Faulkner : une collection de noms telle qu'il serait difficile d'en imaginer une plus absurde[4]. On met dans le même sac ce qui ne saurait se comparer pour le rang et la valeur, la langue et l'origine. Ce sac, Lukács le nomme « avant-gardisme », — sans se donner, naturellement, la peine d'analyser cette notion[5].

---

4. Que tous les classiques, sans aucune exception, soient débordants de « santé », cela se comprend de soi. L'« héritage », d'Homère à Tolstoï, doit servir de gourdin pour envoyer promener la littérature moderne. Mais ce ne sont pas seulement les écrivains illustres du passé que l'on cite à la barre : Lukács n'hésite pas à appeler, à côté d'eux, le romancier populaire américain Louis Bromfield, qui lui paraît bien assez bon pour déposer contre Proust.

5. Cette négligence se venge lorsque Lukács écrit : « Lénine critique sans cesse le point de vue sectaire selon lequel ce qui a été reconnu déjà pour avant-garde pourrait être pris simplement à leur compte par les masses. » Tant il faut s'empresser de remédier aux faiblesses d'une idée quand la discipline partisane le demande.

Hanns Johst et Will Vesper ne se sont pas souciés davantage de pratiquer l'art des distinctions.

Ni leurs imitateurs de l'Ouest, ni leurs imitateurs de l'Est, de quelque poste d'observation qu'ils puissent opérer, ne sont capables de se livrer à une étude critique de l'avant-garde. Leur jugement sur ce qui est sain ou malade, sur ce qui est conforme aux intérêts de la nation ou sur ce qui est dégénéré, doit être exécuté par la police, sinon il reste sans portée. Chacun de leurs anathèmes est la preuve de leur incompétence personnelle.

En face de leurs censures, qui n'ont d'autre objet que la censure elle-même, la solidarité est toute naturelle. Toute œuvre mérite d'être défendue contre ceux qui cherchent à l'étouffer : ce principe passe avant tout examen d'ordre esthétique, et même l'« expérience » la plus gratuite peut s'en réclamer. À plus forte raison est-il du droit et du devoir d'une critique qui se veut progressiste d'être attentive quand elle se trouve précisément en présence de la production littéraire la plus avancée. Si elle se contente de retourner les jugements des gardiens de la culture, elle leur donne encore une fois raison. Celui qui conteste la compétence des baillis du pouvoir ne peut en même temps se justifier en alléguant leurs sentences. La solidarité ne peut jouer dans les arts que si elle n'est pas utilisée comme *carte blanche*[6]. Il ne suffit pas de se proclamer d'avant-garde pour jouir de l'immunité au regard de la critique. Bien des choses expliquent qu'aujourd'hui cette notion soit devenue un talisman qui doit protéger magiquement contre toute objection ceux qui le portent et intimider les critiques perplexes : en particulier le fait qu'à ce jour l'analyse n'en a pas été faite. Ceux qui sont le plus désireux de l'éliminer ne se sont jamais particulièrement intéressés à la question de savoir ce qu'est au juste l'avant-garde. Cela est compréhensible. Plus curieux, en revanche, est le fait que ses partisans n'ont guère plus contribué que ses ennemis à définir ce qu'ils admirent. Le concept d'avant-garde demande donc des explications.

Le mot, dans tous les dictionnaires, est suivi de deux épées entrecroisées, destinées à indiquer qu'il vient du métier militaire. Les ouvrages de référence un peu anciens ne notent pas le sens figuré :

6. En français dans le texte.

Avant-garde, détachement d'une troupe en marche, que celle-ci envoie en avant à une certaine distance... Une avant-garde se divise, quand on va de l'arrière à l'avant, en éléments de plus en plus petits jusqu'à la pointe, qui marche tout à fait en avant. Chacun de ces éléments a pour but d'assurer aux suivants une plus grande sécurité et de leur donner du temps... Les éléments plus petits envoyés en avant doivent régler leur marche sur celle des éléments plus importants qui les suivent[7].

Cette notion stratégique a été appliquée pour la première fois aux arts dans les années cinquante du siècle passé, en France. Depuis, la métaphore a supplanté et obscurci le sens originel de l'expression ; elle doit admettre toutefois d'être prise au mot. Objecter que ce n'est pas le sens qu'on lui donne est facile, mais vain. Dans cette expression figurée subsiste ce que ses utilisateurs ont oublié ; l'analyse ne fait que mettre en lumière les postulats qu'elle suppose. La notion d'avant-garde est, comme le mot lui-même, le résultat d'une composition.

Sa première partie est sans énigme. Le terrain où se meut l'avant-garde est l'histoire. La préposition *avant,* qui, dans l'expression technique militaire, est prise plutôt dans un sens spatial, retrouve dans la métaphore son sens temporel primitif. Les arts ne sont pas considérés comme des activités de l'espèce humaine qui ne varieraient pas au cours de l'histoire, mais comme un mouvement qui va constamment de l'avant, un *Work in progress* auquel participe chaque œuvre particulière.

Et, en effet, ce mouvement a une direction sur laquelle on ne saurait se tromper. Cela seul permet de distinguer avant-garde, gros de l'armée, arrière-garde. Toutes les œuvres ne sont pas également « en avant », et la position qu'elles occupent n'est pas du tout indifférente. Le caractère dramatique de cette notion a sa source dans l'idée que sa place à la pointe du mouvement distingue une œuvre et lui assigne un rang auquel ne peuvent prétendre d'autres œuvres. Ce que l'on compare en l'espèce, ce n'est pas tant la production présente et la production passée. Sans doute, l'expression métaphorique d'avant-garde n'exclut-elle pas l'opinion accessoire et non

7. Brockhaus, *Konversations-Lexikon,* 14e éd., t. II, Berlin, 1894.

formulée que tout ce qui a paru antérieurement est, pour cette raison même, mis dès lors au rebut. Pourtant on ne saurait en ramener le sens à celui d'une vulgaire adoration des dernières nouveautés. Il y entre l'idée que ce qui appartient au même temps n'est pas nécessairement contemporain : précurseurs et retardataires coexistent à chaque instant de l'évolution. La simultanéité extérieure et intérieure cessent de correspondre. L'*en avant*[8] de l'avant-garde voudrait, pour ainsi dire, réaliser l'avenir dans le présent, prévenir la marche de l'histoire.

Ce qui justifie cette conception, c'est que l'art ne peut se concevoir sans un élément d'anticipation. Cet élément se retrouve dans le mécanisme même de la production : le projet précède l'œuvre. En avoir l'intuition est la condition de toute activité productrice. L'idée de la gloire trouve ici son fondement. Celle-ci a, de tout temps, été une gloire posthume qu'on ne saurait comparer au succès obtenu par l'auteur de son vivant. Seule la postérité peut compléter l'œuvre d'art qui, inachevée, se dresse en direction de l'avenir, et, par la gloire, honorer en quelque sorte la traite tirée sur lui. C'est dans ce ferme espoir que furent conçues les œuvres de l'Antiquité. Cet espoir trouve son expression dans un lieu commun littéraire bien connu, sous la forme d'un appel du poète à la postérité.

Avec le développement de la conscience historique, cette confiance en la postérité commence à se perdre. Sans doute s'ouvre pour chaque œuvre, même la plus insignifiante, la perspective d'une nouvelle immortalité : tout peut, tout doit plutôt être gardé, mis de côté dans la mémoire de l'humanité, mais à titre de « monument », de vestige. Là se pose la question de la possibilité pour l'œuvre d'être dépassée. Le privilège de durer éternellement dans le musée des œuvres s'acquiert avec l'espoir que désormais l'histoire pourra passer sur toutes les œuvres sans les effacer. Chacun devient conscient du mouvement en avant, et cette conscience devient à son tour un moteur qui accélère le processus. Les arts ne trouvent plus refuge dans leur avenir : celui-ci vient à leur rencontre comme une menace et les fait dépendre de lui. L'histoire dévore toujours plus vite les œuvres qu'elle mûrit.

Désormais les arts ont présente à l'esprit leur propre historicité, à la fois stimulant et menace ; mais le changement constitué par cette prise

8. En français dans le texte.

de conscience n'est pas tout. La victoire du capitalisme fait de cette historicité une réalité économique tangible : l'œuvre d'art apparaît sur le marché. De ce fait, elle entre en concurrence non seulement avec d'autres marchandises, mais aussi avec toutes les œuvres d'art. La rivalité historique pour la conquête de la postérité devient concurrence commerciale pour la conquête du monde contemporain. Le mécanisme du marché imite en petit le cours dévorateur de l'histoire — le souffle court, estimant à vue d'œil la conjoncture économique, soucieux d'un rapide écoulement. L'élément « anticipation » de l'art est réduit à une spéculation : l'avenir de l'œuvre est coté comme celui d'une valeur boursière. Le mouvement historique est observé, interprété et escompté comme une tendance de la conjoncture, dont la prévision correcte conditionne le succès économique. Cependant, l'industrie culturelle ne se contente pas à la longue de faire observer le marché des arts par ses augures. Elle cherche à se prémunir contre les sautes de vent en faisant elle-même la pluie et le beau temps. La tendance de demain est, sinon tout simplement inventée, du moins claironnée et favorisée par elle. L'avenir de l'œuvre d'art est mis en vente, avant même d'être là. On offre chaque année au public, comme dans d'autres branches de l'industrie, le modèle de l'an prochain. Mais cet avenir n'a pas seulement reçu un commencement d'existence : quand il est jeté sur le marché, il appartient déjà à tout coup au passé. Le produit esthétique de demain, offert au public aujourd'hui, sera regardé après-demain comme un rossignol invendable et qu'on met en réserve, en prévision de la chance qu'il a de pouvoir s'écouler de nouveau dans dix ans, sous forme de *remake* sentimental. L'œuvre d'art est donc elle aussi soumise au procédé industriel du vieillissement artificiel : sa gloire future est encaissée sur-le-champ et du même coup supprimée ; ou plutôt elle se change, sous forme de publicité, en une gloire anticipée qui échoit à l'œuvre avant même qu'elle paraisse. Sa postérité est produite industriellement. On fait que le principe de la non-simultanéité du simultané devient une réalité, en transformant la clientèle en clientèle d'avant-garde, qui veut qu'on lui serve ce qu'il y a de plus nouveau et qui exige en quelque sorte de ne consommer que de l'avenir.

En tant que fournisseurs de cette industrie, écrivains, peintres, compositeurs, prennent, au point de vue économique, figure d'employés.

Ils doivent « marcher avec leur temps » et précéder sans cesse leurs concurrents d'un nez. Pour se tenir à la pointe, ils ne doivent pas « perdre le contact ». C'est ce qui fait que des auteurs de cinquante ans se laissent qualifier de jeunes auteurs. Il va de soi qu'une telle situation économique invite à de basses manœuvres. Elle rend possible l'apparition d'une avant-garde de bluff, de fuite en avant, à laquelle le gros de la troupe se joint par peur de rester en arrière. Le type du suiveur qui voudrait passer pour un précurseur est au premier plan ; dans cette course à l'avenir, chaque mouton se prend pour le bélier. Celui qui reste ainsi « à la page » joue toujours un rôle passif, dans un processus où il croit jouer un rôle actif de première importance.

Mais ces conséquences économiques ne font que mettre en évidence une aporie inhérente à l'idée d'une avant-garde des arts. Ce n'est pas seulement son utilisation industrielle qui prend un caractère douteux, mais aussi, d'une manière générale, cet *en avant*[9] qui définit sa marche. Qui, en effet, hors elle-même, doit décider de ce qui, à chaque moment, est « en avant » ? La question reste ouverte. « Les éléments plus petits envoyés en avant doivent », si l'on en croit Brockhaus, « régler leur marche sur celle des éléments plus importants qui les suivent ». Mais cela revient à dire, dès que l'idée d'un mouvement dans l'espace fait place à celle d'un mouvement dans le temps : régler leur marche sur une inconnue.

Sans doute, on peut sans grande difficulté vérifier cette affirmation qu'il existe en tout temps une arrière-garde. Elle correspond immanquablement à ce que la critique réactionnaire considère et recommande comme « sain ». Les moindres traits de sa physionomie sont aisés à décrire, parce qu'on y retrouve uniquement, trop fidèlement reproduit, ce qui nous est bien connu par l'histoire. Un exemple extrême, et étudié de très près, est celui du roman populaire, qui répète constamment de vieux modèles usés et déformés. Ce qui, à proprement parler, sort amoindri de l'aventure, ce ne sont pas les productions des époques antérieures, ce sont plutôt les producteurs de cette arrière-garde qui, volontiers, mais toujours à tort, se réclame de la tradition. Son aile la plus modeste, d'esprit petit-bourgeois, est, grâce à sa sottise, à l'abri de toute objection ; elle jouit dans les pays communistes de

9. En français dans le texte.

la protection de l'État ; dans la société néo-capitaliste, elle est, à peine remarquée du public, le fournisseur du prolétariat, rebaptisé selon le vœu général *lower middle class*. Comment cette majorité de la population est, en douceur, approvisionnée d'une esthétique de cinquième main, c'est ce que montre l'étude des catalogues des grands magasins et des organismes de vente par correspondance. À la tête de cette arrière-garde invertébrée, il faut placer cette arrière-garde « supérieure » qui se compose des « gardiens de la culture ». Sa spécialité est la pose aristocratique, par laquelle elle entend signifier qu'elle « veille aux intérêts spirituels » et défend les « valeurs » ; le combat d'ombres chinoises qu'elle a soutenu pendant des dizaines d'années contre l'art moderne n'appelle aucun éclaircissement et ses points de vue ne sont que trop connus.

En revanche, on n'arrive pas à se mettre d'accord sur le point de vue qui permettrait de définir ce qu'est et ce que n'est pas l'avant-garde. Toutes les tentatives de l'industrie culturelle pour découvrir dans le mouvement historique des arts une tendance, et pour ériger son pronostic en loi dictée par elle, sont, en tant que spéculation, des échecs ; ses succès, elle les doit tout au plus au hasard. L'évolution ne fait pas échouer seulement les tentatives impuissantes des communistes en vue de la planifier, mais aussi les efforts plus habiles de la société capitaliste, qui, par la publicité et la manipulation du marché, voudrait la diriger. La seule chose qu'on puisse désigner avec certitude, c'est ce qui *était* « en avant », mais non ce qui *est* « en avant ». L'œuvre de Kleist ou de Kafka est passée inaperçue des contemporains non parce que ces deux écrivains se seraient refusés à « marcher avec leur temps », mais bien parce qu'ils ont marché avec leur temps. Ce qui ne veut pas dire qu'en art ce qui a de l'avenir est nécessairement méconnu. Aussi bien, la notion d'œuvre méconnue est-elle quelque peu démodée, depuis que la capacité des moyens de reproduction dépasse celle des moyens de production, depuis que, par suite, tout ce qui est écrit ou peint est livré au public sans choix et à tout hasard. Qu'on rende ainsi justice à toutes les œuvres, y compris celles qui anticipent l'avenir, on ne saurait l'affirmer : il n'y a pas d'instance à laquelle on puisse demander justice en ce domaine, ou qui puisse appliquer la justice comme on applique une convention tarifaire. Associer le mot avant-garde à l'idée de présent, c'est poser un principe doctrinaire. C'est déjà une erreur de s'obstiner à parler de nécessité objective, de contrainte matérielle et d'évolution inévitable. Toute doctrine de ce genre repose sur l'extrapolation : elle prolonge des lignes dans l'inconnu. Mais ce procédé n'a pas prise sur une évolution politique ou économique, parce qu'il n'est applicable qu'à des événements linéaires, non à des événements dialectiques, encore bien moins, par suite, à une évolution esthétique, qui échappe à tout pronostic, fût-il d'ordre statistique, parce qu'il est dans sa nature de procéder par bonds. Sa marche spontanée défie toute vue théorique sur l'avenir.

Le schéma dont s'inspire la notion d'avant-garde est sans valeur. La progression des arts au cours de l'histoire y est conçue comme un mouvement linéaire, qu'on peut sans équivoque embrasser d'un coup d'œil et où chacun serait capable de marquer lui-même sa place, aux avant-postes ou à l'arrière. Ce qu'on oublie, c'est que ce mouvement mène du connu à l'inconnu ; que, par suite, seuls les traînards peuvent indiquer leur position. Nul ne sait ce qui est en avant, et moins que tout autre celui qui a atteint des terres inconnues. Contre cette incertitude il n'existe pas d'assurance. Seul peut miser sur l'avenir celui qui est prêt à payer le prix de son erreur. L'« avant » de l'avant-garde porte en lui-même sa contradiction : il ne peut se constater qu'*a posteriori*.

Cependant l'expression figurée d'avant-garde ne contient pas seulement des indications temporelles, mais également des indications sociologiques. C'est la seconde partie de ce mot composé qui les fournit :

« En dehors de la garde personnelle des princes, on appelle *gardes,* dans un grand nombre d'armées, les troupes d'élites (voir *Élite*) qui se distinguent par la qualité supérieure de leur recrutement et l'éclat particulier de leurs uniformes, et tiennent garnison le plus souvent dans les capitales et les villes résidentielles. Le sens originaire du mot garde est lieu clos... C'est Napoléon Ier qui doit être considéré comme le véritable créateur de la garde... La tradition met dans la bouche de son commandant, le général Cambronne (à tort, d'ailleurs), ce mot : "La garde meurt, mais ne se rend pas[10]." »

---

10. *Op. cit.*, Tome VII. Berlin, 1894.

Toute garde est une collectivité ; c'est le premier point qui apparaît à la lecture du mot. D'abord le groupe, ensuite seulement l'individu, qui n'a pas à prendre de décision quand la garde entreprend quelque chose, car alors il en serait le chef. En effet, entre l'homme qui donne les ordres, les consignes, et les nombreux individus qui les reçoivent, les transmettent et les exécutent, toute garde fait la distinction la plus rigoureuse. Tous ses membres sont soumis à une même discipline. Elle ne peut se passer d'instructions et de règles. Les observer n'est pas toujours facile, mais ôte aussi quantité de soucis à qui fait partie de ce corps. Avec sa liberté il délègue à l'ensemble dont il fait partie doutes, peur et insécurité : il peut se sentir plus sûr de son affaire, qui cesse d'être la sienne pour devenir celle de la collectivité. La protection assurée par la garde profite en premier lieu à celui qui en fait partie. Il n'a pas seulement des devoirs, mais aussi des droits, disons même des privilèges. Appartenir à la garde est une distinction. C'est un corps exclusif : la barrière qui l'entoure tient les autres à l'écart. Toute garde, l'avant-garde comme les autres, se considère comme une élite. Elle ne s'enorgueillit pas seulement d'être en avant des autres et plus loin, mais aussi de constituer une minorité distinguée.

La vocation de la garde est le combat. En lui, et en lui seul, se montre sa valeur. Ce n'est pas la productivité, mais le débat qui est sa *raison d'être*[11] : elle est toujours militante. L'application de cette notion aux arts entraîne ici quelques difficultés. Quel adversaire l'avant-garde pense-t-elle rencontrer sur le terrain de l'histoire, quand elle est seule à opérer, en plein avenir ou en direction de l'avenir ? À quelle armée ennemie pourrait-elle s'y heurter ? Quiconque abandonne le terrain sûr et prétendu si « sain » de la médiocrité ne manquera pas d'ennemis, mais ces adversaires, semble-t-il, se tiendront plutôt derrière lui et, outre que sa raison d'être ne lui semblera pas consister précisément à les combattre, la notion de garde ne s'accommode guère de l'idée que son unique ennemi puisse être le train des équipages de ce long défilé à la tête duquel elle a l'honneur de marcher.

La notion d'avant-garde n'a pas été appliquée seulement aux arts, mais, plus d'un demi-siècle après, avec plus de bonheur et de raison, à la politique. En 1919, Lénine définissait le parti communiste

---

11. En français dans le texte.

comme « l'avant-garde du prolétariat[12] ». Cette formule est entrée dans le vocabulaire des communistes du monde entier[13]. Elle indique de la façon la plus nette le contenu sociologique de cette métaphore, « l'avant-garde », ou plutôt de ce qu'elle implique confusément. On sait quel rôle a joué la notion d'*élite,* de Sorel, dans le développement de la théorie de Lénine. Tout à fait dans l'esprit de Sorel, Lénine regarde le parti comme un groupe de combat, fortement organisé, composé d'une élite, pour lequel une discipline interne rigoureuse est chose toute naturelle ; tout aussi naturel est le statut privilégié qui lui revient en face de ceux du dehors, de la masse de ceux qui ne sont pas membres du parti. La métaphore de l'avant-garde est poussée ici jusqu'à ses conséquences logiques les plus rigoureuses. Sur un seul point, le sens figuré s'écarte du sens premier : l'avant-garde communiste n'a pas à « se régler sur la marche du gros des troupes », mais, à l'inverse, elle est en même temps l'état-major dont les plans doivent commander toute l'opération. Elle ne réalise pas seulement la dictature du prolétariat, mais aussi la dictature sur le prolétariat. On comprend que la révolution, si elle doit s'accomplir au nom de la majorité, mais contre sa volonté, a, au contraire des muses, besoin de gardes du corps. Mais sur tous les autres points la notion communiste d'avant-garde a un sens rigoureux. Ce qui est « en avant » est défini une fois pour toutes par une doctrine infaillible, et l'adversaire contre lequel est dirigée l'attaque est bien déterminé et existe réellement.

À côté de l'application bien définie qu'en fait Lénine à la politique, l'idée d'avant-garde dans les arts donne l'impression d'être quelque peu confuse. Ce qui est le moins évident, c'est son caractère collectif. Naturellement, nombreux sont ceux qui concourent à une évolution historique, si nombreux qu'il serait ridicule de se demander de combien d'individus « se compose » une littérature à tel moment particulier. Mais autant il est vrai que toute littérature est le produit d'un effort collectif, autant il serait faux de concevoir les écrivains comme une

12. Œuvres, t. 31, p. 28 et suiv. Répété sans interruption depuis.

13. De là une amusante difficulté de terminologie qui se présente pour tous les marxistes orthodoxes quand ils écrivent sur des questions esthétiques : l'avant-garde dans les arts est à condamner, mais l'avant-garde en politique mérite le respect comme faisant autorité.

troupe soumise à une discipline et inféodée à une doctrine. Quiconque participe au mouvement littéraire se tient sans intermédiaire en rapport avec le mouvement tout entier ; il ne peut déléguer à aucun groupe sa liberté et le risque qu'il court.

En elle-même, la métaphore de l'avant-garde ne contient pas la moindre indication de vues révolutionnaires, ou même seulement d'esprit de révolte. Rien de plus frappant que cette lacune. Car enfin tous les groupes qui en ont fait usage jusqu'ici, dans les arts comme en politique, se sont conçus eux-mêmes comme des groupes de frondeurs et ont proclamé le renversement de l'état de choses existant. Point de programme d'avant-garde qui n'ait protesté contre l'inertie de ce qui a pour seul mérite d'exister, et promis de briser les chaînes esthétiques ou politiques, de rejeter l'autorité établie, de libérer les forces opprimées. La liberté, conquise par des moyens révolutionnaires, tous les mouvements d'avant-garde la promettent. C'est à cette prétention, qu'il n'exprime pas du tout lui-même, plus qu'à celle d'être ouvert sur l'avenir, plus qu'à celle de former une élite, que le concept d'avant-garde doit sa forme émotionnelle. À cet égard encore, Lénine l'a finalement analysé d'une façon plus pénétrante que tous les écrivains et tous les peintres. De quoi, et par quels moyens, l'avant-garde communiste voudrait-elle libérer ses partisans et tous les autres hommes ? Aucun doute sur ce point ; son pire adversaire ne pourrait nier son caractère révolutionnaire. En revanche, de quelle liberté veulent parler les manifestes de l'avant-garde dans les arts ? Que signifie le mot révolution, si fréquemment qu'il y apparaisse ? Voilà qui reste vague et confus. Ces manifestes font trop souvent l'effet d'être à la fois grandiloquents et parfaitement inopérants, comme s'il ne s'agissait pour eux que d'effaroucher des conventions bourgeoises qui ne sont d'ailleurs que fantômes. Ces cris pour réclamer une liberté absolue produisent un singulier effet quand il s'agit de savoir s'il est permis ou non de se servir d'un couteau pour manger le poisson. Mais cette tendance à la rhétorique ne manifeste pas seulement les faiblesses aisément visibles de l'avant-garde, elle dissimule ses apories profondes. C'est seulement là où elle formule brutalement ses buts et ses méthodes, comme chez Lénine, qu'apparaissent ces apories.

Tout comme le communisme dans la société, l'avant-garde dans les arts veut réaliser la liberté à coups de doctrine. Exactement comme le parti, elle croit, en tant qu'élite révolutionnaire, et donc en tant que collectivité, avoir pris à bail l'avenir pour son compte. Elle dispose de la façon la plus déterminée de ce qui est indéterminable. Elle dicte arbitrairement ce qui doit faire autorité demain et se soumet en même temps, disciplinée, passive, aux injonctions d'un avenir qu'elle décrète elle-même. Elle proclame que son but est la liberté sans réserve et s'abandonne sans résistance à l'évolution historique qui doit précisément la délivrer de cette liberté.

Ces apories sont inhérentes à la notion d'avant-garde. On peut les vérifier empiriquement à propos de tous les groupements qui s'en sont réclamés, mais jamais elles ne sont apparues de manière plus éclatante qu'à propos de ce qui aujourd'hui se donne pour l'avant-garde : tachisme, *art informel*[14] et peinture monochrome ; musique sérielle et musique électronique ; poésie dite concrète et littérature de la *beat generation*[15]. Ces « mouvements » ont en commun la conviction plus ou moins bruyamment proclamée d'être « en avant », leur caractère doctrinaire et leur organisation collective. Le fait que leurs noms se sont, en quelques années, figés en mots d'ordre et en marques de fabrique ne doit pas être attribué seulement à la connivence qui les lie à l'industrie culturelle : dès l'origine, ces appellations ont été lancées pour servir d'habiles mots de ralliement. Que leurs instigateurs mettent parfois une certaine coquetterie à prendre leurs distances à l'égard de ces mouvements n'y change rien. L'« avant-gardisme » est actuellement mis en circulation d'un jour à l'autre comme monnaie courante. Raison de plus pour en examiner la frappe d'un peu plus près.

---

14. En français dans le texte.
15. Cette constatation n'est pas une manière de régler globalement leur compte à toutes les œuvres qui se rattachent ou qu'on rattache aux groupes mentionnés. Dans cet essai, il ne peut être traité avec quelque précision que de certaines manifestations littéraires ; une analyse de la situation correspondante en peinture et en musique en dépasserait le cadre. Il existe une étude de Theodor W. Adorno sur *Le Vieillissement de la Musique nouvelle* (Das Altern der neuen Musik). Son essai, par sa pénétration et son horreur du compromis, occupe une place absolument unique dans la critique musicale actuelle. Il est reproduit dans le volume intitulé *Dissonanzen. Musik in der verwalteten Welt* (Dissonances. La musique dans un monde administré), Göttingen, 1956. Sur les problèmes de l'art informel, cf. les excellents *Versuche zur modernen Malerei* (Essais sur la peinture moderne) de Hans Platschek, Munich, 1962.

C'est à Jack Kerouac, chef suprême de la secte *beatnik,* canonisé par ses partisans sous le nom de Holy Jack, que l'on doit la maxime suivante, consignée dans sa « profession de foi », laquelle est en même temps une « liste des moyens indispensables » à l'écrivain : « Sois toujours stupidement absent. » Cette phrase peut servir de devise à la production en série la plus courante du tachisme, de l'*Art informel*[16], de l'*Action Painting,* de la poésie concrète en général, comme aussi à une bonne partie de la musique la plus récente. Kerouac poursuit : « My style is based on spontaneous get-with-it, unrepressed word-slinging… Écarte les obstacles littéraires, grammaticaux et syntaxiques. Frappe aussi fort que tu peux. Les convulsions du visionnaire traversent la poitrine comme des flammes. Tu ne cesses d'être génial[17]. » À vrai dire, c'est seulement entre New York et San Francisco que l'avant-garde se manifeste avec autant de naïveté, vraie ou fausse. La candide simplicité avec laquelle elle proclame la barbarie devient carrément sympathique quand on la compare à sa partenaire européenne. Ici, la fantaisie s'exprime dans un jargon académique racorni et vous sert des propos délirants en style de dissertation de licence : les textes proposés forment « un système de mots, de lettres ou de signes qui ne prennent un sens que grâce à l'apport personnel du lecteur… Ils sont disposés arbitrairement dans les seize directions de la page carrée et s'emboîtent l'un dans l'autre au petit bonheur…, ils ne prennent

---

16. En français dans le texte.

17. *On the road,* roman, paru en français sous le titre *Sur la route,* Gallimard, 1960 (texte de présentation) ; voir également *The New American Poetry 1945-1960,* ed. by Donald M. Allen, New York, 1960, p. 439. — À la fantaisie esthétique correspond sociologiquement la mobilité aveugle qui s'exprime déjà dans le titre du roman de Kerouac : le changement de lieu conçu comme une fin en soi ; en outre, une promiscuité qu'exige le programme, et l'obsession résultant de l'emploi des narcotiques. L'envers de cette attitude anarchique est le code rigoureux auquel doivent se soumettre les adeptes du groupe. Entre eux et les profanes, ceux qu'ils appellent *squares,* se dresse une barrière rigoureuse. On doit à Norman Mailer, qui s'est joint au mouvement, un relevé de ses principales règles sous la forme pratique de tableaux synoptiques. Ces prescriptions s'appliquent, entre autres choses, aux vêtements, aux philosophes, aux lieux où l'on mange et aux musiciens de jazz auxquels le *hipster* doit donner la préférence. Le plus grand sérieux préside à ce code ; Mailer ne se permet pas la moindre ironie. Même esprit de suite quand le groupe célèbre ses propres trouvailles de langage secret, dont les expressions servent de mots de ralliement. Sur ce point, aucune déviation n'est admise et les « embardées verbales sans frein » prennent le caractère d'un rituel immuable.

de rigueur que grâce aux tourbillons du mouvement et en vertu de l'écho qu'ils évoquent chez le lecteur…, ils débouchent, par une opération logiquement poursuivie, sur la pierre noire, leur dernier point d'arrêt, sorte de suprême et complexe mouvement. Ils sont ainsi forme concrète, centrage ininterrompu, réserve objective de nature (en tant que matériel *sine qua non*) va-deviner-pour-quoi[18] ».

On croirait lire une traduction du catéchisme de Kerouac en argot culturel d'Occident. Le traducteur s'en tient strictement aux prescriptions de l'original, qu'il pare, il est vrai, de restes de culture, mais dont il garde très fidèlement la pauvreté intellectuelle. La mobilité élevée à la hauteur d'une fin en soi s'y retrouve sous la forme du « tourbillon du suprême et complexe mouvement », et les « convulsions visionnaires » deviennent la « pierre noire va-deviner-pour-quoi ». Dans les deux cas, la mystification exige d'être « logiquement poursuivie », et la règle « Sois toujours stupidement absent » prétend être prise à la lettre. Le « texte » suivant donne une idée des possibilités qu'ouvre cette avant-garde :

```
ra ra ra ra ra ar ra ra ra ra ar ar er ir
ra ra ra ra ar ar ar ka ra ra ar ar ar er
ra ra ra ar ar ar ak af ka ra ar ar ar ra
ra ra ar ar ar ak af ab af ka ar ar ra ra
ra ar ar ar ak af ab af ab af ak ra ra ra[19]
```

Ce résultat n'est pas seul en son genre. Nous disposons d'un si grand nombre d'œuvres de pareille facture qu'il serait injuste de nommer l'auteur de cet échantillon, bien que ses productions lui aient valu déjà un certain renom. Comme celles-ci, cependant, ne se distinguent guère des créations de ses compagnons de route, c'est le groupe tout entier qui en apparaît plutôt comme l'auteur, si tant est que ce mot puisse encore s'appliquer : dans de tels textes, c'est la garde elle-même qui se produit. Il saute aux yeux (et ceci seul justifie la reproduction d'un échantillon) qu'ils reflètent très exactement par leur forme les apories sociologiques de l'avant-garde ; mieux, ils

18. *Material I,* Darmstadt, 1958.
19. Loc. cit.

s'épuisent positivement à les refléter. Le bon plaisir prend figure de doctrine, la régression prend figure de progrès. La note de la laitière se donne pour accès de délire, le quiétisme pour action et le hasard pour règle.

Cela ne caractérise pas seulement la « poésie concrète » et la littérature de la *beat generation,* mais la soi-disant avant-garde dans tous les arts. C'est ce que montre un album international où elle se présente elle-même et qui prétend être « à la fois rapport, documentation, analyse et programme[20] ». Il contient une liste de ses concepts et de ses points de vue de base, valables également pour la littérature et la peinture, la musique et les arts plastiques, le film et l'architecture (dans la mesure où de telles distinctions sont encore admises). Relevons les suivants : improvisation, hasard, élément d'imprécision, interchangeabilité, indétermination, vide ; réduction au mouvement pur, à l'action pure, au mouvement absolu, à la « motorique ». Le mouvement arbitraire, aveugle, est l'idée directrice de tout l'album, ce qui ressort déjà de son titre. Idée logique en elle-même, l'avant-garde s'étant toujours proposé de tout temps le mouvement, non seulement au sens que donne au mot la philosophie de l'histoire, mais également au sens sociologique. Chacun de ces groupes n'a pas cru seulement anticiper une phase de l'évolution historique, il s'est conçu aussi chaque fois comme mouvement. Au double sens du mot, ce mouvement se proclame maintenant comme fin en soi. La parenté avec les mouvements totalitaires saute aux yeux, l'essentiel de ceux-ci étant précisément, comme l'a montré Hannah Arendt, le mouvement à vide, qui émet des exigences idéologiques parfaitement arbitraires, ou plutôt manifestement absurdes, et les transporte dans les faits[21]. L'exigence de Kerouac : « Frappe aussi fort que tu peux » n'est tout à fait inoffensive que parce qu'elle vise la littérature et que la littérature, pas plus que les autres arts, ne peut être terrorisée par les siens. Appliquée à la politique, elle pourrait servir de devise

20. *Movens. Dokumente und Analysen zur Dichtung, bildenden Kunst, Musik, Architektur* (*Movens.* Documents et analyse concernant la poésie, les arts plastiques, la musique, l'architecture). Publié en collaboration avec Walter Höllerer et Manfred de la Motte par Franz Mon, Wiesbaden, 1960.

21. *Elemente und Ursprünge totaler Herrschaft* (Éléments et origines du pouvoir totalitaire), Francfort, 1958.

à n'importe quelle organisation fasciste. Impuissante, l'avant-garde doit se contenter de détruire ses propres productions. C'est en toute logique que le peintre japonais Murakami confectionne un grand paravent de papier peint destiné à lui permettre de « percer plusieurs trous en même temps ». « L'ouvrage de Murakami fit un énorme bruit en se déchirant. Six trous furent pratiqués dans le paravent, fait de huit épaisseurs de fort papier. La chose se fit avec une telle rapidité, et dans le même instant, que les cinéastes laissèrent passer cet instant. Quand les six trous furent là, il eut un accès d'anémie cérébrale. "Je suis devenu un autre homme depuis ce jour-là", murmurait-il plus tard. »

Tous les groupements d'avant-garde ont tendance à adopter d'obscures doctrines de salut. Significative est leur impuissance à se défendre contre le bouddhisme zen, qui s'est, en l'espace de quelques années, rapidement répandu parmi les écrivains, les peintres et les musiciens de cette sorte. Sous sa forme importée, le bouddhisme zen sert à donner à l'action aveugle une consécration de nature occulte et quasi religieuse. L'enseignement en est transmis sous forme d'exemples, dits *mondo*. Le fin mot des exemples les plus connus réside en ce que, aux questions métaphysiques d'un disciple, le maître répond par des coups de canne ou des gifles. L'« action » de Murakami peut elle aussi être considérée comme un exemple zen. Elle indique la violence latente des « mouvements » d'avant-garde, dirigée, il est vrai, avant tout contre le « matériel » auquel ils ont à faire : on lance à l'aveuglette couleurs, sons, tronçons de mots, et non des cocktails Molotov ou des grenades à main.

L'envers de cette faiblesse pour des doctrines irrationnelles au dernier point et prétendues mystiques, est la foi, tout aussi extrême, dans la science, dont fait montre l'avant-garde. La fantaisie désordonnée de ses « actions » se donne constamment pour scientifiquement exacte. Elle cherche à faire naître cette impression en recourant à une terminologie ramassée dans les disciplines les plus diverses. À côté du vide et du mouvement absolus, on y trouve des mots-clés tels que les suivants : conjoncture, structure de la matière, corrélogramme, coordination, automodulation, microarticulation, déphasage, autodétermination, transformation de tension, etc. Une blouse de laboratoire recouvre cette poitrine que les convulsions visionnaires traversent comme des flammes, et ce que crée l'avant-garde, que ce soient des poèmes, des romans, des tableaux, des films, des bâtiments ou des morceaux de musique, est et reste « expérimental ».

L'« expérience », en tant que concept esthétique, est entrée depuis longtemps dans le vocabulaire de l'industrie culturelle. Mis en circulation par l'avant-garde, utilisé comme formule d'incantation, usé à force d'avoir servi, jamais tiré au clair, il est la plaie des congrès et des colloques sur la culture et s'établit dans les articles critiques et les essais. L'adjectif de rigueur est « hardie » ; le choix peut aussi se porter sur l'épithète décorative de « courageuse ». La plus modeste réflexion montre qu'il s'agit d'un simple bluff.

Experimentum signifie « ce dont on a fait l'expérience ». Dans les langues modernes, ce mot latin désigne un procédé scientifique destiné à vérifier théories ou hypothèses grâce à l'observation méthodique de phénomènes naturels. Le phénomène à expliquer doit être isolable. Une expérience n'a de sens que si les variables qui interviennent sont connues et peuvent être déterminées. Autre condition : toute expérience doit être vérifiable et, lorsqu'on la répète, conduire à un seul et même résultat dont le sens soit clair. En d'autres termes, une expérience ne peut réussir ou échouer que par rapport à un but exactement défini à l'avance. Elle suppose réflexion et apprend quelque chose. À aucun titre, elle ne saurait être une fin en soi : sa valeur intrinsèque est égale à zéro. Disons bien, en outre, qu'une véritable expérience n'a que faire de hardiesse. C'est un procédé très simple et indispensable pour la recherche de nécessités physiques. Elle demande avant tout patience, pénétration, circonspection, application.

Des tableaux, des poèmes, des représentations théâtrales ne remplissent pas ces conditions. L'expérience est un procédé qui permet d'obtenir des connaissances scientifiques et non des œuvres d'art. (Naturellement, toute publication peut être considérée comme une expérience économique et sociologique. Sous cet aspect, succès et échecs se constatent avec une rigoureuse exactitude, et la plupart des éditeurs, marchands d'objets d'art et directeurs de théâtre n'hésitent pas à en tirer la théorie et la pratique de leurs entreprises. De ce point de vue, à vrai dire, Karl May est tout aussi expérimental que Jack Kerouac. La différence entre les deux expériences réside dans le résultat, c'est-à-dire dans le chiffre des tirages. De telles expériences relèvent-elles de l'esthétique ? On peut en douter.) L'expérience qui n'est que bluff flirte, il est vrai, avec la méthode scientifique et ses exigences, mais ne songe pas à frayer sérieusement avec elle[22]. C'est de l'« action pure », qui n'est destinée à vérifier aucune hypothèse ; il ne faut lui prêter aucune intention. Méthode, possibilité de vérification, rigueur scientifique n'y jouent aucun rôle. Plus elles s'éloignent de toute expérience réelle, plus les expériences de l'avant-garde sont « expérimentales ».

Il est démontré ainsi que cette notion est dénuée de sens et inutilisable. Reste à expliquer ce qui fait son succès. Ce n'est pas difficile à dire. Un biologiste qui entreprend une expérience sur un cobaye ne peut être rendu responsable du comportement du cobaye. Il lui suffit de se porter garant que les conditions de l'expérience sont irréprochables. Le résultat ne dépend pas de lui ; l'expérimentateur est même tenu d'intervenir le moins possible dans le déroulement du phénomène qu'il observe. C'est justement l'immunité morale dont il jouit qui plaît à l'avant-garde. Elle n'est aucunement disposée à respecter les exigences de méthodes auxquelles le savant se soumet. Elle voudrait se dérober à toute responsabilité, tant pour sa manière de procéder que pour les résultats obtenus. Elle espère y parvenir en se réclamant du caractère « expérimental » de son travail. Les emprunts qu'elle fait à la science lui servent d'échappatoire. Au moyen de ce mot d'« expérience », elle excuse les conséquences, se rétracte en quelque sorte et rejette toute la responsabilité de ses « actions » sur le destinataire. Tout lui est bon en fait de hardiesse, aussi longtemps qu'il ne peut rien lui arriver. La notion d'expérience doit la garantir contre le risque inhérent à toute production esthétique. Elle sert à la fois de marque de fabrique et de masque.

L'objet de cette enquête, ce sont les apories de l'avant-garde, son concept, ses postulats et son comportement. Cette analyse montre que les prétentions que l'on élève au nom de la poésie concrète, de la *beat*

---

22. Il faut faire ici une exception pour les expériences entreprises par Max Bense et ses élèves à l'aide de calculatrices électroniques. Ces tentatives satisfont aux exigences scientifiques. Des notions empruntées à la science des combinaisons et au calcul des probabilités sont utilisées ici de façon judicieuse. Les textes « stochastiques » ainsi obtenus peuvent-ils passer pour des réalisations esthétiques ? C'est une question de définition. Cf. *Augenblick* (Instant), 4ᵉ année, 1ᵉʳ cahier, Siegen, 1959.

generation, du tachisme et autres groupements d'avant-garde actuels sont toutes sans exception dénuées de toute consistance. En revanche, elle ne saurait aucunement servir à condamner en bloc la production de ces groupes. Elle ne démasque pas la charlatanerie doctrinaire pour y succomber elle-même. On ne doit opposer à aucune œuvre que son auteur s'est associé à tel ou tel mouvement d'avant-garde, et même le programme esthétique le plus absurde ne réduit pas à néant *ipso facto* les possibilités de ceux qui y souscrivent. Celui qui démolit les artifices terminologiques et les paravents doctrinaires dont cherche à se couvrir l'avant-garde d'aujourd'hui n'est pas dispensé par là d'examiner en critique les produits qu'elle enfante : il commence simplement par rendre cet examen possible. Il faut s'attacher d'autant plus fermement à cet examen que l'œuvre se donne pour plus hardie ; plus elle met d'empressement à se réclamer d'un groupement, plus elle doit affirmer son individualité. N'importe quel film à l'eau de rose mérite plus de ménagements qu'une avant-garde qui voudrait à la fois surprendre avec impertinence les jugements de la critique et rejeter par peur la responsabilité de ce qu'elle fait.

Ces apories qui l'ont défigurée et livrée aux chevaliers d'industrie, la notion d'avant-garde les a toujours portées en elle. Ce ne sont pas ceux qui ont accompagné et suivi le mouvement qui les y ont introduites avec eux. Déjà, le premier manifeste futuriste de 1909, l'un des premiers documents relatifs à un « mouvement » organisé, fait du « dynamisme perpétuel » une fin en soi : « Nous vivons », écrit Marinetti, « déjà dans l'absolu : nous avons créé la permanente et omniprésente vitesse… Nous mettons le mouvement agressif, l'insomnie fiévreuse, le pas de charge, la gifle et le coup de poing au-dessus de tout… Il n'est pas de beauté hors de la lutte… *La guerre, seule hygiène du monde*[23]. »

Avec le futurisme, l'avant-garde s'est pour la première fois organisée en clan uni par une doctrine, et elle a dès ce moment-là prôné l'action aveugle et la violence ouverte. Ce n'est pas par hasard qu'en 1924 ses principaux représentants sont passés en bloc dans le camp fasciste. Les futuristes, tout comme leurs descendants, ont exprimé formellement le désir d'écarter

23. En français dans le texte. Reproduit dans A. Zervos, *Un demi-siècle d'art italien,* Paris, 1950.

tous « les obstacles littéraires, grammaticaux et syntaxiques ». Même le mélange incohérent de pseudo-mathématique et de mystique suspecte se trouve déjà chez eux. Les peintres de ce mouvement déclaraient en 1912 qu'ils voulaient « donner plus de force aux émotions du spectateur en se conformant à une loi de leur mathématique interne » ; il est aussi question de visions et d'extases. Dans les textes futuristes, à côté de formules d'incantation occultes et d'informes chaos verbaux, surgissent des formules mathématiques[24]. Le catéchisme de l'avant-garde de 1961 ne contient, pour ainsi dire, pas une seule affirmation qui n'ait été formulée cinquante ans plus tôt par Marinetti et les siens. Remarquons seulement en passant que les quelques auteurs de valeur de ce mouvement l'ont abandonné peu après la publication des premiers manifestes, et que ces manifestes sont tout ce qui reste du futurisme.

Une enquête étendue sur les innombrables groupements d'avant-garde de la première moitié du XXᵉ siècle n'est ici ni possible ni nécessaire. On surestime le rôle de la plupart d'entre eux. Les historiens de la littérature et de l'art, qui, comme on sait, aiment passionnément dénombrer les « courants » et les -ismes, parce que cela les dispense de se soucier du détail, ont pris pour argent comptant un trop grand nombre de ces dénominations de groupes, au lieu de s'en tenir aux œuvres considérées chacune en particulier ; ils sont allés, pourrait-on dire, jusqu'à imaginer après coup de tels mouvements. C'est ainsi que l'expressionnisme allemand a été hypostasié en un phénomène collectif qui n'a jamais existé en réalité : de nombreux expressionnistes n'ont jamais entendu de leur vie le mot expressionnisme, introduit dans la littérature en 1914 par Hermann Bahr ; Heym et Trakl sont morts avant son apparition ; Gottfried Benn déclarait encore en 1955 qu'il ignorait ce qu'il fallait entendre par là[25] ; Brecht et Kafka, Döblin et Jahn ne se sont jamais « joints à un mouvement » de ce nom. Tout historien peut revendiquer le droit de réunir des faits et de rassembler sous un même nom ce qui est multiple, mais à la condition qu'il ne confonde pas une construction de l'esprit, qui n'est qu'un expédient, avec la réalité qu'elle doit servir à représenter.

24. Cf. *Poeti futuristi*, publié par Filipo Tommaso Marinetti, Milan, 1912.
25. Dans son introduction à l'anthologie *Lyrik des expressionistischen Jahrzehnts* (Le Lyrisme de la décennie expressionniste), Wiesbaden, 1955.

Au contraire de l'expressionnisme, le surréalisme a été dès le début une entreprise collective qui disposait d'une doctrine élaborée. Tous les groupements qui l'ont précédé ou suivi produisent à côté une impression d'indigence, de dilettantisme, de création invertébrée. Le surréalisme est l'exemple-type, le modèle accompli de tous les mouvements d'avant-garde. Il a une fois pour toutes formulé entièrement leurs possibilités et leurs limites, et étalé toutes les apories inhérentes à de tels mouvements.

« Le seul mot de liberté est tout ce qui m'exalte encore. Je le crois propre à entretenir, indéfiniment, le vieux fanatisme humain. » C'est par ces mots qu'André Breton, en 1924, ouvre le premier manifeste surréaliste[26]. La nouvelle doctrine se cristallise, comme toujours, autour d'un désir d'absolue liberté. Le mot fanatisme donne déjà à entendre que cette liberté ne peut être conquise qu'au prix d'une discipline rigoureuse : en l'espace de quelques années, l'avant-garde surréaliste s'enferme dans un cocon de prescriptions. Plus sont étroits les liens qui unissent l'individu au groupe, plus l'« action pure » est aveugle : « L'acte surréaliste le plus simple », lit-on chez Breton, « consiste, revolvers aux poings, à descendre dans la rue et à tirer au hasard, tant qu'on peut, dans la foule. » Il devait s'écouler encore quelques années avant que cette maxime trouvât sa réalisation en Allemagne ; toujours est-il que Salvador Dali, dès avant le début de la Seconde Guerre mondiale, reconnaissait en Hitler « le plus grand surréaliste[27] ».

Longtemps avant la prise du pouvoir par ce surréaliste, ses apories internes avaient fait éclater le mouvement. Ses aspects sociologiques mériteraient une étude approfondie. À la fin des années vingt, les intrigues, les défections, les querelles et les « épurations » qui, dès le début, s'étaient produites au sein du groupe, atteignirent leur point culminant. Sa transformation en secte à l'esprit étroit apparaît à la fois

26. Cité d'après *Ed. du Sagittaire,* Paris, 1946 (N. d. T.).
27. Sur les caractères totalitaires latents des mouvements d'avant-garde, Hannah Arendt s'explique dans l'ouvrage déjà mentionné, *Elemente totaler Herrschaft* (Éléments du pouvoir totalitaire), en particulier dans le chapitre sur la foule et l'élite, p. 90 et suiv. Il va de soi que les sympathies occasionnelles de l'avant-garde pour les mouvements totalitaires étaient parfaitement unilatérales, comme le montre l'exemple futuriste en Italie et en Russie. Elles ne furent pas payées de retour, et bientôt l'art moderne tout entier, qu'il fût d'avant-garde ou non, fut mis à l'index.

ridicule et tragique ; l'énergie et l'esprit de sacrifice de ses adeptes sont impuissants à arrêter cette évolution, parce qu'elle est la suite nécessaire des prémisses du mouvement[28]. Son chef suprême prend de plus en plus les traits d'un pape de la révolte ; il se voit contraint d'excommunier solennellement l'un après l'autre ses compagnons de lutte. On en arrive parfois à de véritables procès à grand spectacle qui font penser rétrospectivement à des parodies non sanglantes des futures purges staliniennes. Quand éclate la Seconde Guerre mondiale, le mouvement surréaliste a perdu tous ses représentants importants sans exception : Artaud, Desnos, Soupault, Duchamp, Aragon, Eluard, Char, Queneau, Leiris et beaucoup d'autres lui ont tourné le dos. Depuis, le groupe ne traîne plus qu'une existence de fantôme.

La littérature surréaliste demeurée fidèle à la ligne est fanée et tombée dans l'oubli ; les auteurs mentionnés plus haut, à l'exception de Breton, n'ont rien produit de notable aussi longtemps qu'ils se sont soumis à la discipline du groupe. Le surréalisme devait exercer une énorme influence, mais il n'est devenu fécond que chez ceux qui se sont libérés de sa doctrine[29].

Nous ne voyons aucune raison de proclamer hargneusement son échec. On a beau jeu à jeter un regard en arrière sur une avant-garde dont l'avenir est connu. Chacun bénéficie aujourd'hui des expériences historiques du surréalisme. Nul n'a le droit de se réjouir de ses malheurs ou de prendre à son égard des airs de supériorité ; en revanche, il est de notre devoir de tirer les conséquences de son naufrage. La loi qui veut que l'attitude réflexive prenne sans cesse plus d'importance est une loi inexorable. Quiconque tente de s'y dérober finit dans cette littérature que solde l'industrie culturelle. Toutes les avant-gardes d'aujourd'hui ne sont que répétition, tromperie à l'égard des autres ou de soi-même. Le mouvement, en tant que groupe conçu en fonction d'une doctrine, imaginé il y a cinquante ou trente ans afin de briser la résistance opposée à l'art moderne par une société qui faisait bloc, n'a pas survécu aux conditions historiques qui l'ont

---

28. Les détails de cette évolution sont tracés par Maurice Nadeau dans son *Histoire du surréalisme,* Paris, 1948.

29. Cf. les *Réflexions sur le surréalisme* de Maurice Blanchot dans *La Part du feu,* Paris, 1949.

provoqué. Conspirer au nom des arts n'est possible que là où ils sont opprimés. Une avant-garde que favorisent les pouvoirs officiels est déchue de ses droits.

L'avant-garde historique a péri victime de ses apories. Elle était discutable, mais ne manquait pas de courage. Jamais elle n'a cherché à s'abriter derrière le prétexte que ce qu'elle poursuivait n'était rien de plus qu'une « expérience » ; jamais elle n'a pris le masque de la science pour n'avoir pas à répondre du résultat de ses actes. C'est ce qui la distingue de cette société à responsabilité limitée qui a pris sa succession ; c'est ce qui fait sa grandeur. En 1942, alors qu'en dehors de lui personne ne croyait plus au surréalisme, Breton éleva la voix contre « tous ceux qui ne savent pas qu'en art il n'y a pas de grande renaissance qui ne s'accomplisse au péril de la vie, que la route à emprunter n'est manifestement pas protégée par un parapet et que chaque artiste doit partir seul à la recherche de la Toison d'or ».

On ne plaide ici pour aucun « juste milieu » et l'on ne prêche aucune volte-face. La marche des arts modernes n'est pas réversible. Que d'autres mettent leur espoir dans la fin du modernisme, dans des conversions et des reprises. Le grief qu'il faut faire à l'avant-garde d'aujourd'hui, ce n'est pas d'aller trop loin, mais de tenir les portes ouvertes derrière elle, de chercher appui sur des doctrines et des collectivités, de n'être pas consciente de ses propres apories, depuis longtemps résolues par l'histoire. Elle fait commerce d'un avenir qui ne lui appartient pas. Son mouvement n'est que régression. L'avant-garde s'est transformée en son contraire, elle est devenue anachronisme. Le risque, peu apparent mais infini, dont vit l'avenir des arts, elle refuse de l'assumer.

LE CAS PABLO NERUDA

I

Un provincialisme européen, dont la topographie littéraire se limite encore aux grands cafés de quelques capitales européennes qui font autorité, nous a longtemps empêchés d'entendre la voix de l'Amérique latine. L'Amérique du Sud, de Ruben Darío jusqu'à Jorge Luis Borges, est, en dépit de toutes les tentatives faites pendant les dix dernières années pour lui donner droit de cité, demeurée la *terra incognita* de la poésie moderne.

La plus puissante voix de ce continent (et, depuis la mort de Garcia Lorca et de César Vallejo, la seule voix de retentissement littéraire mondial qui parle espagnol) est celle de Pablo Neruda. Dans ses succès et ses échecs, cet homme présente à nous aussi Européens une créance qu'il faut reconnaître. Serons-nous en état de l'honorer ? C'est une autre question.

C'est une voix aussi passionnée que monotone, aussi indifférente qu'émue, aussi solitaire que portant loin. Une voix qui sort du fond des choses, une voix semblable à celle de la mer. Son déferlement, son souffle ont l'ampleur des choses éternelles, sa résignation est gonflée de colère, de tendresse et de révolte, et sur la crête de ses vers elle porte les épaves de notre existence vers des rivages inaccessibles, vers la poésie de l'avenir :

> Soudain je suis las d'être un homme.
> Soudain je pénètre chez des tailleurs et dans des cinémas,
> impénétrable et flasque comme un cygne de feutre,
> je dérive sur des eaux de naissance et de cendre.

Des salons de coiffure s'exhale un parfum qui me fait crier de tristesse.
Je ne désire plus rien que me reposer des vêtements et des pierres,
je ne veux plus rien voir, ni boutiques, ni jardins,
ni marchandises, ni ascenseurs, ni monocles...
Il y a des oiseaux jaune soufre, et d'affreux boyaux
suspendus aux montants de portes de maisons, des maisons odieuses,
il y a des dentiers oubliés dans des cafetières,
il y a des miroirs qui doivent avoir pleuré de honte et d'horreur,
partout il y a des parapluies, et des cordons ombilicaux, et du poison.
Je vais et porte ma résignation, mes yeux, mes souliers,
ma rage, mon oubli
à travers les bureaux et les magasins orthopédiques,
à travers les arrière-cours où du linge pend d'un fil de fer :
là des essuie-mains, des caleçons et des chemises pleurent
leurs lentes larmes de crasse[1].

Il est tant de choses qu'on ne peut oublier et que cette voix nous énumère calmement, tant de peines et tant d'estampilles, de parachutes et de baisers, de monnaies et de larmes, de guitares et de clés... Elle pénètre jusqu'au cœur des choses et jusqu'au visage de la mort, reflue et nous précipite vers « un pigeon mort, bagué » et vers « une planète de roses transpercées ».

Ces poèmes sont parfaitement étrangers à la plastique rigide du sonnet ; on y chercherait en vain cet idéal formel tout statique qui, en Allemagne, depuis toujours, fut regardé comme le propre des littératures « romanes ». C'est de la poésie *in statu nascendi*, je veux dire que dans le produit poétique on voit se refléter constamment le mécanisme de sa création, sous la forme d'une recherche continuelle qui consiste à sonder, à fouiller la langue pétrifiée et devenue stérile :

Ce n'est pas le pas du jour qui s'en va vers un autre jour,
une bouteille solitaire qui parcourt les mers,
et une salle à manger où quelqu'un apporte des roses,
une salle à manger, laissée là

1. Dans « *Walking around* », *Residencia en la tierra* II, 2. Santiago, 1947.

comme une arête : ce dont je parle, c'est
un verre brisé, le rideau, le sol
d'une pièce désertée : une rivière la traverse
et emporte les pierres. C'est une maison
debout sur les racines de la pluie,
une maison à deux étages avec des fenêtres réglementaires,
une maison que le lierre fidèle étouffe.
Je vais à travers le soir, j'entre,
rassasié de boue et de mort,
je charrie avec moi la terre et ses racines
et son ventre énorme où à côté du froment
dorment des cadavres,
des métaux et des éléphants effondrés.
Mais surtout il y a là une horrible
salle à manger, horriblement déserte,
et les cruches sont ébréchées,
et le vinaigre coule sous les chaises,
un rayon de lune hésitant, et toutes sortes
d'obscurités ; et je cherche à tâtons
en moi-même une comparaison :
peut-être est-ce une boutique au milieu de la mer
et de l'eau saumâtre qui dégoutte de draps pourris.
Mais il n'y a rien là qu'une salle à manger déserte,
et tout autour s'étendent des surfaces planes,
des fabriques noyées, du bois flottant,
je suis le seul à le savoir et personne d'autre,
parce que je suis sombre et que je marche,
que je connais la terre et que je suis sombre[2].

Dans le mouvement syntaxique et logique qui leur est propre,
ces lignes communiquent au lecteur l'inquiétude dont elles parlent
et l'inaccessibilité du but vers lequel elles tâtonnent ; les ténèbres
où elles échouent et se perdent, c'est la poésie elle-même. Donc pas
d'obscurité abstraite, et pas non plus d'inconnaissable ; mais bien les
ténèbres de la terre, ce qu'il y a de plus quotidien et de plus familier,

---

2. Dans « *Melancolica en las familias* », *Residencia en la tierra,* II, 2, loc. cit.

ce que chacun trouve sur son chemin et que seul cependant le poète connaît « et personne d'autre ».

Sans cesse les premières œuvres de Neruda parlent de boue, de choses pourries, usées, élimées, brisées. *El roto,* c'est la métaphore qui est au cœur de cette poésie. Le mot est d'abord simplement le participe du verbe *romper,* briser ; pourtant il a une signification plus particulière. Le dictionnaire donne les sens suivants : qui est en deux morceaux, cassé, déguenillé, négligé ; au Chili, il est, comme substantif, l'équivalent de prolétaire ; en Argentine et au Pérou, ce sens s'applique d'une manière injurieuse à tous les habitants du Chili en général. Ce qui caractérise Neruda, c'est que, dans la métaphore qui est au cœur de sa poésie, l'aspect provincial et l'aspect universel coïncident. Car cette poésie ne recherche pas la boue et les gravats comme mets de *haut goût*[3], constituant ce piment esthétique que Baudelaire a découvert pour l'art moderne. Ce sont là pour elle les marques les plus visibles de l'organisation de l'être humain en général, et non pas seulement de l'organisation sociale. Le temps, la douleur et la mort ne sont que des modes, des manifestations générales de la souillure et de l'usure dont tout ce qui existe est atteint, qui constitue même peut-être la substance du monde.

> Si vous me demandez où j'ai été,
> je vous dirai : Écoutez-moi.
> Je vous parlerai de la surface de la terre qu'assombrissent les
>   pierres,
> du fleuve qui sans cesse se perd en lui-même :
> je connais seulement ce que gâtent les oiseaux,
> la mer que j'ai laissée derrière moi, ou ma sœur en pleurs.
> À quoi bon tous ces pays ? À quoi bon ces jours
> qui suivent les jours ? Pourquoi une nuit noire grandit-elle
> dans ma bouche ? Pourquoi des morts ?
> Si vous me demandez d'où je viens, il faudra que je tienne conseil
> avec de vieilles choses,
> avec un outil débordant d'amertume,
> avec de grands animaux souvent laissés à l'abandon,

---

3. En français dans le texte.

et avec mon cœur en souci.

Ce qui s'est passé là, ce ne sont pas des souvenirs,
ce n'est pas une colombe jaune qui dort dans l'oubli,
ce sont des visages pleins de larmes,
des doigts dans un gosier,
et ce qui tombe des feuilles goutte à goutte :
les ténèbres d'un jour écoulé,
d'un jour rassasié de notre triste sang[4].

Esthétiquement, une telle attitude aboutit à la négation absolue de toute *poésie pure*[5] ; et en fait, dans un de ses rares écrits théoriques, l'avant-propos à la revue madrilène *Caballo verde* (1935), Neruda en déduit pour la poésie, d'une façon parfaitement logique, une série d'exigences dont la source est justement l'idée d'impureté :

« Il est bon, à certaines heures du jour ou de la nuit, de s'absorber dans le spectacle des objets immobiles : des roues qui ont transporté de grandes charges de fruits ou de pierres sur de longs espaces, des espaces poussiéreux ; des sacs, dans les commerces de charbon ; des tonneaux, des corbeilles, les manches et les poignées des outils du charpentier. Ils peuvent servir de leçon au poète torturé. La terre et la main des hommes ont laissé sur eux leurs traces, il lui suffit de les déchiffrer. La surface de ces objets, usée, polie par le frottement, est enveloppée d'une aura qui a souvent quelque chose de tragique et saisit toujours le cœur. Celui qui ne les dédaigne pas et s'abandonne à leur champ de gravitation se rapproche de la réalité de ce monde.

« Ils portent la marque de la nature impure, mêlée, de l'espèce humaine, la marque de la structure des matériaux, de leur emploi et de leur chômage, des traces de pieds et de doigts, ils gardent l'odeur persistante de la présence humaine, qui les sature et les imprègne du dedans et du dehors.

» Ainsi doit se présenter la poésie que nous cherchons : ravagée par le travail des mains comme par un acide, pénétrée de sueur et de fumée, une poésie qui sente l'urine et le lis blanc, une poésie où

---

4. Dans « *Non hay olvido (Sonata)* », *Residencia en la tierra,* II, 6, loc. cit.
5. En français dans le texte.

toutes les opérations de l'activité humaine, permises ou interdites, aient laissé leurs traces.

» Une poésie impure comme un vêtement, comme un corps, où se voient des taches de nourriture, une poésie qui connaisse les pratiques de la honte et de la turpitude, les rêves, les observations, les rides, les nuits d'insomnie, les pressentiments ; les explosions de haine et d'amour ; les animaux, les idylles, les secousses ; les négations, les idéologies, les affirmations, les doutes, les feuilles d'impôts.

» Les saintes prescriptions du madrigal ; les lois du toucher, de l'odorat, du goût, de la vue et de l'ouïe ; le désir de justice ; le désir sexuel ; le bruit de la mer ; sans viser à exclure quoi que ce soit, sans viser à approuver quoi que ce soit ; pénétrer les choses dans un acte d'amour effréné, et voici le produit poétique : souillé par les pigeons et les empreintes digitales, constellé de traces de dents et de gel, peut-être grignoté par la sueur et l'habitude, jusqu'à ce qu'il ait atteint le tendre poli d'un outil manié sans relâche, la douceur infiniment résistante du bois frotté par l'usage, du fer orgueilleux. Même la fleur, le blé et l'eau se distinguent par cette qualité de toucher, cette consistance singulière.

» Et n'oublions jamais la mélancolie, la sentimentalité fatiguée d'avoir servi, les fruits des forces merveilleuses et oubliées qui résident en l'homme, fruits impurs et parfaits rejetés par l'aveuglement des gens de lettres : le clair de lune, le cygne au crépuscule, "cœur, ô mon cœur" : c'est là sans aucun doute une poésie élémentaire et inévitable. Avoir peur de manquer de goût, c'est se condamner à la froideur[6]. »

---

6. « *Sobre una poesia sin pureza* ». Dans *Las furias y las penas y otros poemos,* Santiago, 1947. Un poème posthume et inédit de Brecht, publié d'après ses manuscrits, montre l'étroite parenté des deux poètes :

> *De tous les objets, les plus chers*
> *sont pour moi ceux qui ont servi.*
> *Les vases de cuivre bosselés aux rebords aplatis*
> *les couteaux et les fourchettes dont les manches de bois*
> *se sont usés sous de nombreuses mains : de telles formes*
> *me semblaient les plus nobles. De même autour des vieilles maisons les*
> *dalles de pierre*
> *que de nombreux pieds ont foulées et polies*
> *et entre lesquelles poussent des touffes d'herbe,*

Voilà un programme aussi éloigné que possible de tout calcul, de tout gag et de tout poncif — y compris les poncifs d'une avant-garde qui a fait son temps ; un programme de la multiplicité. Non seulement en ce sens que la poésie de Neruda entraîne dans son cours, avec la force des éléments, tout ce qu'elle trouve sur son chemin ; multiplicité aussi dans la forme du vers. Neruda dédaigne la technique de la mosaïque ; il ne s'est jamais livré au jeu de puzzle du montage, à la manière d'Ezra Pound. Le disparate n'est pas assemblé, découpure contre découpure, en une sorte de collage, mais énuméré avec une nonchalance qui sent ses origines indiennes[7]. Les poèmes de Neruda s'adressent toujours à l'oreille d'un auditeur, jamais aux yeux d'un lecteur. Un mode poétique aussi vieux que le monde, et que l'esthétique classique a toujours ignoré, retrouve ici ses droits : celui du ton. Ce n'est pas une loi métrique, mais le ton qui détermine le rythme de ces textes. Il change sans cesse, même à l'intérieur du poème ; constatation, proposition, parenthèse, récit, évocation, question, invocation, litanie, voix qui doute et médite, songe et transperce, se plaint, exige, cherche : identique à elle-même dans une métamorphose perpétuelle. Parfois le ton est presque majestueux, sublime, solennel comme dans les chants de Saint-John Perse ; mais, refusant de se laisser corrompre ou déconcerter, il relève avec la même force, dans la strophe suivante, le détail banal, le lacet de soulier, le balai, le papier peint. Un humour féroce, bien éloigné des calculs qui visent à l'esprit, se loge dans les articulations des poèmes qui passent brusquement d'un ton à un autre. Voici le début de la grande *Ode à Federico García Lorca* :

Si je pouvais hurler de peur dans une maison solitaire,
si je pouvais m'arracher les yeux et les dévorer,
je le ferais pour ta voix d'oranger endeuillé,
et pour tes vers qui viennent au jour avec des cris.

voilà d'heureux objets.
Devenus utiles à beaucoup
souvent modifiés, ils améliorent leur forme et deviennent précieux
parce que souvent appréciés...

(*Von allen Werken. Gedichte III* [De tous les objets. Poèmes], Francfort, 1961).
    7. Ce point a été étudié en détail par Leo Spitzer dans son livre *La enumeración caótica en la poesía moderna*, Buenos Aires, 1945.

> Car c'est pour l'amour de toi que les hôpitaux se colorent de bleu,
> et que les escaliers foisonnent, et les quartiers du port,
> et que des ailes poussent aux anges blessés,
> et que les poissons perdent leurs écailles dans leur lit nuptial,
> et que les hérissons montent au ciel :
> et à cause de toi que les échoppes des tailleurs,
> couvertes d'une sueur noire, s'emplissent de cuillères et de sang
> et avalent de vieux rubans et se tuent de baisers
> et s'habillent tout de blanc8.

Et au milieu des plaintes déchirantes du poème *Walking around* on trouve les lignes suivantes :

> À vrai dire, ce serait exquis
> d'effrayer un notaire en brandissant un lis
> ou, d'une chiquenaude, de tuer une nonne.
> Ce serait magnifique
> de courir par les rues avec un couteau vert
> et d'emplir l'air de cris jusqu'à mourir de froid9.

Plus d'une chose a profité à cette poésie complexe. Le souffle de Whitman, le puissant soufflet d'une poétique nouvelle dont la métrique ne connaît pas l'asthme, gonfle et remue toute son œuvre. Il faudrait nommer Maïakovski, le plus explosif des modernes russes ; la gélatine onirique de Lautréamont et ses développements surréalistes. Les Espagnols du siècle d'or, Quevedo et Góngora, sont aux sources de l'œuvre. L'interminable mélopée des romanceros du vieux et du nouveau monde retentit à travers les poèmes de Neruda, les chants des bergers et des chaudronniers, des tziganes et des bandits sont transposés ici, loin de tout folklore romantique. La liturgie, qui a coloré le sang de la langue espagnole, projette son ombre sur l'œuvre de Neruda ; y prend sa part enfin, sourdement, le résidu puissant de l'héritage indien. On sait, par la peinture mexicaine moderne, avec quelle force les peuples souverains de ce continent, éteints et avilis,

---

8. « *Oda a Federico Garcia Lorca* ». Dans *Residencia en la tierra* II, 5, loc. cit.
9. Loc. cit.

survivent dans l'art. Le sang indien de Neruda n'a jamais cessé de faire entendre sa voix.

II

En 1953, Pablo Neruda, s'étant vu attribuer le prix Staline, remplit de son nom les colonnes de la presse américaine et européenne. Le cas Neruda, qu'il nous faut exposer ici, est cependant plus ancien : aussi ancien que le poète Neruda. L'attribution du prix soviétique de littérature n'a fait que l'entériner. Aussi est-il nécessaire d'accorder à la vie de cet homme une certaine attention.

Pendant les troubles de 1920, qui font époque dans la vie politique du Chili, les étudiants insurgés criaient dans les rues de la capitale le texte d'un tract constitué par le poème d'un jeune provincial de dix-sept ans à peine. L'auteur, né tout à fait au sud de la république, dans le district araucan de Cantín, fils d'un petit employé de chemin de fer, s'appelait Néftali Reyes Basualto, avait pris le nom d'un auteur tchèque à demi oublié, Neruda, et faisait ses études de philosophie et de littérature. Quelques années plus tard, en 1923, son volume de poèmes *Crepusculario* était salué par la critique du continent ibéro-américain comme une œuvre d'importance.

En 1927, cette publication lui valut d'être nommé consul du Chili à Rangoon. L'habitude de confier des missions diplomatiques au poète, qui n'a plus de place dans la société moderne, nous fait l'effet d'appartenir à la féerie. Elle se vérifie pourtant couramment dans le monde ibérique. C'est ainsi, pour ne citer qu'un exemple, qu'Octavio Paz, le poète le plus important du Mexique d'aujourd'hui, est conseiller d'ambassade à New-Delhi (après Paris) ; on pourrait rappeler au surplus que deux grands poètes européens, Paul Claudel et Saint-John Perse, occupaient également des fonctions dans la diplomatie. Visiblement, la poésie jouit dans plus d'un pays d'une considération qui ne se borne pas à l'attribution de prix d'encouragement ; on y estime que le pays est mieux représenté par un homme qui possède magistralement sa langue que par un fonctionnaire de métier.

Neruda a écrit en Birmanie les premiers poèmes de son œuvre maîtresse, *Residencia en la tierra*. En 1928, il partit comme consul pour Ceylan ; vinrent ensuite des nominations à Singapour, Djakarta et Buenos Aires. Son envoi en Espagne représente un tournant décisif. Federico García Lorca, Miguel Hernández et Rafael Alberti entrent dans son cercle d'idées et d'amitiés. Les poètes d'inspiration révolutionnaire se rencontrent côte à côte dans les colonnes du périodique *Caballo verde por la poesía*. Lorsque la guerre civile éclate, en 1936, il ne saurait y avoir de doute sur le parti que prendra Neruda. Il porte l'Espagne dans son cœur, et c'est ce titre, *España en el corazón,* que porte le livre qu'il publie en 1937 pour les soldats républicains, dans des conditions qui ne sont pas sans rappeler celles que connut la poésie de la Résistance française pendant la Seconde Guerre mondiale. Il reste, à côté des images que Picasso a données de Guernica, des poèmes de César Vallejo et du roman de Hemingway, le témoignage artistique essentiel sur la tragédie espagnole.

À partir de cet instant, le pas qui le mène de la *poésie impure*[10] à la *poésie engagée*[11] est franchi. Comme pour une grande partie des intellectuels européens, l'Espagne a été pour Neruda le tournant. Il manie désormais le vers comme une carabine. Ce n'est pas sans mal qu'il prend cette décision. Il sent la nécessité de se justifier. Il le fait dans le poème *Quelques explications* (1936) :

> Tu demanderas : Et où est le lilas ?
> Et la métaphysique couverte de pavots ?
> Et la pluie qui souvent tambourine
> ses mots et les emplit
> de vide et d'oiseaux ?
> Je veux te dire maintenant tout ce qui m'arrive.
> Je vivais dans un quartier
> de Madrid où il y avait des cloches,
> des horloges, des arbres.
> De là on pouvait
> voir le visage aride de la Castille
> pareil à un océan de cuir…
> Un vacarme assourdi

10. En français dans le texte.
11. En français dans le texte.

de pieds et de mains emplissait les rues,
des mesures, des litres, l'âcre essence
de la vie, du poisson entassé,
un enchevêtrement de toits avec un soleil froid,
où la flèche est prise de lassitude,
le fol et tendre ivoire des pommes de terre,
les tomates qui ne cessent de descendre à la mer.
Et un matin des flammes jaillirent de partout,
et un matin des feux ardents montèrent
de la terre...

Généraux
traîtres :
voyez ma maison morte,
voyez mon Espagne déchirée :
cependant de chaque maison morte jaillit du métal brûlant
au lieu de fleurs,
de chaque trou en Espagne
jaillit l'Espagne,
de chaque enfant assassiné pousse un fusil qui a des yeux,
de chaque crime naissent des balles
qui un jour trouveront
la place de votre cœur.
Vous demandez pourquoi sa poésie
ne nous parle pas du rêve, des feuilles,
des grands volcans de sa patrie ?
Venez voir le sang dans les rues,
venez voir
le sang dans les rues,
venez donc voir le sang
dans les rues[12] !

Dans les années qui suivent, Neruda devient définitivement le compagnon de lutte des Aragon et des Ehrenburg. On peut marquer brièvement les étapes extérieures de cette route : 1937, organisation de

---

12. « *Explico algunas cosas* », *Españ en el corazón,* Madrid, 1937.

la fuite massive d'émigrants espagnols vers le Chili ; 1943, élection, comme sénateur, au parlement chilien, avec l'apport des voix du parti communiste chilien ; quelques mois plus tard, entrée au parti ; 1948 : un coup d'État l'oblige à prendre la fuite en toute hâte. Il se cache à l'intérieur du pays et, en un an, toujours traqué par la police politique, y écrit le *Canto general ;* 1949 : il fait surface à Paris, bientôt après est l'hôte de l'Union soviétique, de la Chine rouge et de l'Inde. Il apparaît aux jeux mondiaux de la jeunesse à Berlin-est en 1951. Suivent d'autres longs voyages, au cours desquels il tient le rôle de personnage représentatif du communisme mondial. Revenu au Chili, il vit au milieu de ses coquillages et de ses livres, figure légendaire et force politique de dimension continentale, dans l'Isla Negra. Pendant les dernières années de l'ère stalinienne, on voit sortir de sa plume un torrent de lyrisme partisan, de tirades polémiques et d'hymnes non exempts de platitude, toujours animés du reflet de son génie passé, prenant sans cesse plus d'étendue, mais diminuant de densité, jusqu'à ce qu'il tombe au niveau officiel des bardes albanais ou est-allemands. « Hommes de Staline ! », lit-on dans un texte de 1952,

> Hommes de Staline ! Nous portons ce nom avec fierté.
> Hommes de Staline ! C'est la seule hiérarchie de notre temps !
> Travailleurs, pêcheurs, musiciens de Staline !
> Médecins, salpêtriers, poètes de Staline !
> Savants, étudiants et paysans de Staline !
> Ouvriers, employés et femmes de Staline !
> Salut à vous en ce jour ! Toute lumière n'est pas morte
> ni n'est morte toute flamme,
> mais on doit voir s'accroître encore
> la lumière, le pain, la flamme et l'espérance
> de l'invincible époque stalinienne[13] !

Un chapitre du livre où se trouvent ces lignes a pour titre *Le miel de la Hongrie.* Le sang dans les rues de Budapest, Neruda ne l'a pas vu.

---

13. Dans *Las uvas y el viento,* VI, (Les grappes et le vent), Buenos Aires, 1954.

III

Voilà, tel qu'il se reflète dans les événements de sa vie, le cas Neruda. Étant donné l'importance du poète auquel nous avons affaire, il n'est permis ni de passer ce cas sous silence, ni de le minimiser. Comment se présente-t-il ? Comment un tel homme a-t-il pu se mutiler ainsi lui-même ? Les raisons courantes, celles qui viennent tout de suite à l'esprit dans notre partie du monde, sont à écarter d'emblée. Neruda n'a jamais connu physiquement la terreur stalinienne ; ce qu'il a fait, il l'a fait librement. Aucune commission de contrôle n'avait la possibilité de lui forcer la main. Le soupçon d'opportunisme est également à rejeter. Une brillante carrière diplomatique attendait le poète chilien, pour peu qu'il consentît à faire preuve de prudence et de calcul. Son adhésion au communisme n'allait pas sans dangers ; loin de lui procurer d'emblée une vie facile, elle lui a demandé beaucoup de courage et de sacrifices. Une troisième explication, qui a vite fait de se présenter à l'esprit en pareil cas, se révèle également sans valeur : pour Neruda, le communisme n'a jamais eu l'attrait d'un système clos de croyance. Ni l'esprit de la théorie marxiste, ni l'aura quasi religieuse dont savaient s'entourer les dogmes staliniens ne furent pour Neruda ce qui fit pencher la balance. Il est trop peu porté à croire pour faire un converti, et trop peu intellectuel pour succomber à la séduction de la doctrine.

Les motifs de Neruda sont à la fois plus simples et plus complexes, donc, de toute façon, plus riches d'enseignements que ceux de la plupart des poètes partisans : simples en ce qui concerne les motifs politiques, complexes pour ce qui est des motifs artistiques de son attitude.

D'abord il serait bon, étant donné l'ignorance invétérée qui se pare si volontiers chez nous des insignes de l'Occident, de rappeler quelques faits simples, qui ont leur importance dans le cas présent. Le communisme, même du temps de Staline, alors qu'on le définissait à Moscou comme une doctrine universelle et obligatoire dans le monde entier, n'a jamais présenté une parfaite unité. L'idée qu'une visite à Kottbus suffit pour comprendre ses variantes asiatiques, africaines ou sud-américaines est à vrai dire fort répandue, mais absolument fausse. Une promenade dans les rues de Santiago du Chili, ou un coup d'œil sur les statistiques concernant la répartition courante du revenu national dans ce pays est ici plus utile que tous les discours idéologiques. Ce qu'on appelle la question sociale n'est pas, dans un pays comme le Chili, un simple slogan électoral, mais, à la lettre, une réalité sanglante. Les capitalistes étrangers et les « trois cents familles » disposent de la part du lion, qu'il s'agisse des terres productives ou du produit social : on l'indique comme étant de 70 à 80 %. La législation relative à l'instruction publique et à l'assistance sociale n'existe guère que sur le papier. La machine démocratique fonctionne avec l'huile de l'oligarchie. Le nombre et la misère des *rotos,* des déshérités, dans une des plus riches parties du monde, sont impossibles à se représenter. Il est clair qu'en Amérique du Sud le communisme a d'autres possibilités et d'autres méthodes, mais aussi d'autres mobiles et d'autres adhérents que dans les pays très industrialisés de l'ouest et du nord de l'Europe, avec leur revenu plus ou moins largement nivelé et la diminution continue de toute indigence criante. Par ses origines déjà, par le lieu et la date de sa naissance, Neruda est donc presque prédestiné au communisme. Il s'était de tout temps rangé du côté des *rotos.* La guerre d'Espagne n'a fait que déclencher sa prise de position politique, elle ne l'a pas causée.

Ce qui donne cependant à ce cas valeur d'exemple, c'est le drame d'ordre artistique qui se joue sur ce fond d'une clarté brutale. Les événements de Cuba ont montré combien est répandue parmi les intellectuels sud-américains la tendance au communisme. Le problème que pose le cas Neruda dépasse ce fait général. La clé s'en trouve tout simplement dans la situation sociale de la poésie moderne. Cette situation nous est bien connue. Elle condamne le poète à choisir entre son public et sa poésie. Dans un cas comme dans l'autre, il s'écarte d'une condition fondamentale de son travail. Neruda n'a jamais réussi à échapper à cette alternative ; on peut dire qu'elle est devenue sa fatalité, parce qu'elle le dépassait. Il a d'abord tenté d'échapper pour ainsi dire de vive force au dilemme. C'est ce que montrent ses invectives contre la littérature bourgeoise :

> Que faisiez-vous alors, vous les Gidiens,
> vous, les intellectualistes, les Rilkéens,

vous qui assombrissez l'existence, hommes faux, bateleurs
existentialistes, fleurs de pavot
surréalistes, qui ne vous enflammez
qu'au contact des tombes,
cadavres à la mode, qui « européisez »,
du capitalisme[14].

Exemple de la tendance, si répandue chez les intellectuels, à
dénoncer l'intelligence. C'est la vieille histoire : marxistes vulgaires
et authentiques réactionnaires creusent d'un commun accord la fosse
qu'ils destinent à l'art « dégénéré ». On pourrait s'en tenir à cette
citation révélatrice, si elle n'était si clairement empreinte d'un caractère
défensif. Neruda y vitupère moins le présent des autres que son propre
passé ; dans ce débat sans issue contre son œuvre antérieure, il va
jusqu'à se citer lui-même : la fleur de pavot a été l'un des symboles
dominants de sa poésie, et, en ce qui concerne l'« assombrissement »
de l'existence, il trouve dans les deux volumes de *Residencia en la
tierra,* et de façon magnifique, son expression poétique. Cet abandon
de son œuvre passée demande une justification continuelle. Les injures
n'y suffisent pas. Un pas, de plus, et c'est le passage suivant où Neruda
ne cherche plus à éluder l'aspect autobiographique du problème :

Quand j'écrivais des vers d'amour, qui partout
s'épanouissaient dans mon œuvre, et que je voulais mourir de
       tristesse,
errant, abandonné, rongeant des alphabets, alors
on me disait : « Comme tu es grand, ô Théocrite ! »
Je ne suis pas un Théocrite…
Je parcourus les galeries des mines de salpêtre,
pour voir comment vivent les autres hommes.
Et quand j'en ressortis, les mains tachées de boue et de douleur,
je les levai vers le ciel… et dis : « Je ne prends pas part au crime. »
Ils toussotèrent, leur irritation fut grande, ils refusèrent de me saluer,
cessèrent de m'appeler Théocrite et s'en furent
me calomnier et lancer toute la police à mes trousses,

---

14. Dans *Canto general,* V.

afin de me faire incarcérer, parce que je ne me souciais plus exclusivement de questions métaphysiques[15].

Brecht ne s'est pas exprimé autrement. Le parallèle avec le célèbre « Entretien sur les arbres » est évident, et les poèmes *Mauvaise époque pour le lyrisme* (Schlechte Zeiten für Lyrik) et *Chassé pour de justes raisons* (Verjagt aus gutem Grund) traduisent le même dilemme, avec infiniment plus de force et de profondeur, il est vrai, que les vers où s'explique Neruda. Seulement Brecht, grâce à sa ruse innée, à la force de sa dialectique, à son impénétrable sagesse, sut se sauver du naufrage. À côté de lui, Neruda fait l'effet d'un maladroit, souvent même d'un butor, mais aussi d'un homme sans défense, d'un naïf. Presque candide nous apparaît l'idée qui a finalement déterminé son choix et dont, en tant qu'artiste, il a été victime : l'idée d'une poésie qui serait le pain spirituel de tous les hommes, même des pauvres et des gens incultes, l'idée d'une poésie considérée comme un ferment d'universelle fraternité. Dans ce rêve s'amalgament des traits romantiques et marxistes — n'oublions pas que le marxisme classique est un produit de la pensée romantique ! — c'est ce rêve que cherche à réaliser toute l'œuvre ultérieure de Neruda, comme s'il était au pouvoir d'un seul homme de retourner d'un jour à l'autre l'histoire, vieille de deux mille ans, d'un art qui a été fait pour le petit nombre.

« Nous écrivons pour les gens simples », disait Neruda dans un discours sur *L'obscurité et la clarté en poésie,* prononcé devant le Congrès pour la culture à Santiago, en 1953, « pour des gens si modestes que très, très souvent ils ne savent pas lire. Mais la poésie existait sur la terre avant qu'on sût lire et imprimer. Aussi savons-nous que la poésie est comme le pain et que tous doivent y avoir part, savants et paysans également, et toute notre immense, merveilleuse, extraordinaire famille des peuples. »

Ce n'est pas la situation politique où était alors sa patrie, ce n'est pas même l'agression fasciste contre l'Espagne républicaine, mais bien une telle conception de la nature de la poésie qui a été le mobile profond de la décision de Neruda. Ajoutons que c'était une

---

15. Loc. cit., XII, *Lettre à Miguel Otero Silva.*

décision paradoxale. Paradoxale, parce que l'extrême raccourci, la « distanciation » et la déformation de la langue étaient les éléments fondamentaux de la poétique que s'était forgée Neruda. Leur négation aboutit à couper les racines historiques dont se nourrit sa poésie, à en abolir l'histoire d'un trait de plume. C'est là, naturellement, chose impossible et, par une cruelle ironie, cette tentative, véritable suicide, d'anéantir de ses propres mains les conditions historiques et sociales propres à la littérature, à laquelle le marxisme a conduit Neruda, peut se réfuter par la réflexion marxiste la plus simple. Elle apparaît comme une triste donquichotterie. L'auteur en a le pressentiment devant les difficultés qu'il rencontre. Dans le discours cité il conclut : « J'ai dû faire un grand effort sur moi-même pour sacrifier l'obscurité à la clarté, car l'obscurité du langage est devenue chez nous le privilège d'une caste littéraire... En ces jours de persécution, je luttais contre l'obscurité en moi-même et dans mon livre, pendant que celui-ci prenait forme ; mais je ne crois pas être sorti vainqueur de ce combat. J'ai décidé de devenir, dans mes nouveaux poèmes, toujours plus simple, chaque jour plus simple. »

Le livre auquel fait allusion Neruda est le *Canto general*[16]. Le *Chant général* est un poème de plus de dix mille lignes, une Énéide du continent Sud-américain, qui commence par une brillante cosmogonie, rappelle le grand passé indien, relate le drame sanglant de la conquête et clef de voûte et sens de tout le poème, la libération du pays, délivré des colons ses maîtres, dont naturellement les *gringos,* les impérialistes du dollar et exploiteurs nord-américains, apparaissent comme les successeurs. L'œuvre s'achève sur des hymnes à Staline, au parti communiste et à la révolution qui approche.

Ce poème n'a guère d'analogue dans la poésie moderne. Par l'ambition, le format et le souffle, il se rapproche de l'*Anabase* de Saint-John Perse, des *Pisan Cantos* d'Ezra Pound et du *Paterson* de William Carlos Williams. La comparaison ne peut se rapporter qu'aux dimensions du *Chant général*. L'ouvrage, comme poème didactique, s'inspire d'Empédocle et de Lucrèce ; comme épopée, c'est un retour anachronique aux formes antiques ; comme hymne patriotique, il est plein de réminiscences de Whitman ; comme ouvrage historique,

16. Santiago du Chili, 1950.

c'est un essai d'histoire universelle poétique ; c'est en outre une épopée géographique, un catalogue généalogique, un requiem a la mémoire des ancêtres et amis du poète ; enfin une somme lyrique de tous les ouvrages précédents de Neruda ; un pamphlet politique ; un oratorio révolutionnaire dans l'esprit de Maïakovski. On ne peut juger ce livre sans porter en même temps un jugement sur le cas Neruda. Cas à deux faces et paradoxal, jugement à deux faces et paradoxal. Une œuvre magistrale, où le génie de l'auteur triomphe de ses entêtements idéologiques, de ses gauches desseins, de sa platitude délibérée, véritable trahison ; il y a là des passages qui ne le cèdent en rien aux poèmes de la *Residencia,* bien mieux, qui, enrichis de substance historique et mythologique, portés au rouge et durcis par un travail de plusieurs années, brillent d'un éclat métallique. Des parties manquées, là où le poète a prétendu nous imposer ses conclusions, des conclusions comme celles auxquelles on aboutit dans les congrès, mais que ne connaît pas la poésie. De là de longues pages où sont célébrés dans un style raboteux les rapports de représentants de syndicats, les réalisations de plans quadriennaux, ou même les crimes de l'époque stalinienne, et qui, par leur phraséologie, rappellent les aboiements d'une prose strictement alignée.

Clarté ? La clarté obtenue là au prix de l'intégrité poétique est celle d'affiches totalitaires : des affirmations simplistes, qui ne connaissent que camarades et sous-hommes, et dont l'histoire nous a suffisamment enseigné l'horreur. Ainsi, l'erreur de croire que la poésie est un instrument de la politique coûte beaucoup plus cher à un homme courageux que ne coûte à des milliers de lâches l'illusion vraiment trop facile qu'il existe une poésie apolitique. Et s'il en a été victime, du moins Pablo Neruda a-t-il vu le dilemme, cause de son échec.

Quant au poète qui sortira de l'impasse, qui ne trahira ni la poésie pour ses auditeurs, ni ses auditeurs pour la poésie, et qui ne fera pas de la poésie la servante de la politique, mais de la politique la servante de la poésie, c'est-à-dire la servante de l'homme, ce poète-là, nous devrons l'attendre peut-être longtemps encore, et peut-être en vain.

POÉSIE ET POLITIQUE

Voici un cauchemar aussi vieux que l'Occident : ce que peuvent ou ne peuvent pas écrire les poètes, c'est la raison d'État qui en décide. Il faut sauvegarder les bonnes mœurs et la décence. Les dieux sont toujours bons. Sur les hommes d'État et les grands, il n'est permis de rien dire publiquement qui soit défavorable. Il faut en toutes circonstances célébrer les héros. Les forfaits des hommes au pouvoir ne sont pas un sujet pour la poésie, mais un sujet pour commissions opérant à huis clos. On ne doit pas faire courir de dangers à la jeunesse ! Donc pas de peintures de passions déchaînées hormis celles que l'État autorise. L'ironie est inadmissible. Il ne faut pas efféminer les mœurs. Les poètes sont des menteurs nés, aussi sont-ils affectés à la section de la propagande. La commission de contrôle n'indique pas seulement les sujets à traiter, elle décide également des formes à admettre, du ton que l'on attend. On veut l'harmonie à tout prix, « donc du bien dit, du bien sonnant, du bien séant et du bien mesuré », bref, rien que du positif. Les gens nuisibles sont exilés ou liquidés, leurs œuvres interdites, censurées, mutilées.

Ce sont ces maximes familières, formulées il y a plus de deux mille ans dans un petit État des Balkans, qui sont à l'origine de nos discussions européennes sur les rapports de la poésie et de la politique[1]. Depuis, ces maximes se sont répandues dans le monde entier. Avec l'effrayante régularité d'un marteau-pilon, elles font retentir à travers l'histoire leur bruit sourd, monotone, brutal. Elles ne demandent pas ce qu'est la poésie ; le poème est pour elles, un simple moyen

---

1. Platon, *La République,* en particulier 377-401 et 595-608.

d'action sur ceux qui subissent le pouvoir, un moyen que le pouvoir peut utiliser à son gré, selon ses intérêts. De là le caractère vivace de ces principes. Ce qu'ils veulent faire de la poésie, ils le sont eux-mêmes : des instruments de la force. Et c'est pourquoi on se les passe de main en main, comme des massues, tout au long de l'histoire ; ils sont fongibles, faciles à détacher de la philosophie dans le bois de laquelle ils sont taillés. Ils ne servent pas seulement au platonisme pour rosser Eschyle et Homère, mais à tous les pouvoirs politiques. Le christianisme, la féodalité, la monarchie absolue, le capitalisme, le fascisme, le communisme, tous ont adapté à leurs besoins la doctrine de Platon, et même dans les pays les plus libres, il ne se passe pas de mois, à l'heure actuelle, qu'on ne fasse, conformément au précepte de Platon, le procès de la poésie, pour sacrilège, dérèglement des mœurs, ou mise en péril de l'État. En vérité, depuis l'époque de Platon, le procès n'a cessé d'être pendant, et la diversité des œuvres incriminées montre qu'il a été ouvert non pas contre telle ou telle œuvre particulière, mais contre la poésie en général. Il ne fait que traîner, d'un cas à un autre cas, d'une instance à une autre instance. Rien n'indique qu'il approche de sa fin. Sans cesse les mêmes propos s'échangent entre l'accusation et la défense, sans cesse on plaide devant des tribunaux et des commissions incompétents. C'est un souci de légitime défense, donc une triste nécessité, qui commande de s'en prendre à ces procédés. Réfuter pour la millième fois les thèses platoniciennes, tombées depuis longtemps au rebut et descendues au niveau des éditoriaux, que ce soient ceux du *Rheinischer Merkur* ou ceux du *Neues Deutschland,* c'est une tâche suprêmement ennuyeuse. Poésie et politique, ce fut et c'est, en Allemagne particulièrement, un sujet toujours déplaisant, parfois sanglant, que brouillent le ressentiment et la servilité, la suspicion et la mauvaise conscience.

Nous avons d'autant moins le droit de laisser dormir la question. Il semble plutôt qu'il soit temps de filtrer ces conceptions empoisonnées et d'engager ces vieux problèmes dans des voies nouvelles. La légitime défense ne suffit pas. Contredire les sbires qui la persécutent n'explique toujours pas ce que doivent être les rapports de la poésie avec la politique. Peut-être serait-il plus utile d'interroger là-dessus non pas seulement ses accusateurs et ses défenseurs, mais la poésie elle-même, car elle est toujours plus éloquente que ses avocats. Plus le sujet est obscur, plus la méthode d'enquête doit être limpide. Contentons-nous donc provisoirement des données les plus simples, prenons une vue superficielle du problème, et discutons de ce qui saute aux yeux : la poésie politique. Il faut d'abord explorer précisément le domaine où la poésie ne se refuse pas d'emblée aux simplifications platoniciennes et à toutes celles qui ont suivi, où elle affiche son caractère politique.

Tout comme le pouvoir politique, la poésie, à ses débuts, se prétend d'origine divine. La racine commune à l'un et à l'autre est le mythe. Les plus anciens poèmes perpétuent le souvenir des dieux et des héros. L'idée de leur immortalité a sa source obscure dans le culte des morts. Seule la poésie est capable de les sauver de l'oubli en projetant sur eux les rayons de la gloire. Celle-ci est une invention des Grecs. C'est seulement chez les Romains que le singulier pouvoir de la poésie d'éterniser ce qui est périssable prit un caractère politique. Avec Virgile et Horace commence l'histoire de la poésie en tant qu'affirmation politique véritable : dès lors, les souverains, pour obtenir que leurs contemporains s'inclinent devant leur autorité, s'efforcent de s'assurer de la postérité. À cette fin, ils doivent utiliser les services des poètes. Ainsi se constitue un genre propre de poésie politique qui, comme institution littéraire, a tenu bon jusqu'à nos jours, à savoir ce qu'on appelle l'éloge des souverains. C'est une chose remarquable, et qui n'est sans doute pas due au hasard, qu'une enquête approfondie sur ce point nous fasse encore complètement défaut. Nous nous en tiendrons ici à quelques indications sur l'histoire de ce genre. La théorie de la littérature chez les anciens est, comme on le sait, un dérivé de la rhétorique. L'éloge y occupe depuis l'hellénisme une position centrale. Il n'y est pas, conformément à la pratique des rhéteurs professionnels, tiré de sources mythiques ou du vieil art de l'hymne religieux, mais de l'enseignement public des sophistes, donc, pour l'essentiel, de l'oraison funèbre et de l'éloquence judiciaire. « Il a pris une importance politique sous l'empire. Les éloges, en latin et en grec, des souverains étaient une tâche essentielle des sophistes. L'éloge des souverains (βασιλιχὸς λόγος) fut introduit alors comme genre particulier[2]. »

2. Ceci et ce qui suit, d'après Ernst Robert Curtius, *Europäische Literatur und lateinisches Mittelalter* (La Littérature européenne et le Moyen Âge latin), Berne, 1948. Voir en particulier les chap. 8 et 9.

Cela ne fut pas sans conséquences pour la poésie. Au IIe siècle après Jésus-Christ, les choses en vinrent au point qu'Hermogène de Tarse, l'un des principaux théoriciens de la rhétorique, put en donner une définition sous le nom de panégyrique. La technique de l'éloge des souverains fut élaborée en un système scolaire de « topoi » (lieux communs), dont on peut, nous le verrons, suivre la trace sans grande difficulté jusqu'au XXe siècle. Les traités de rhétorique transmirent la tradition du panégyrique au Moyen Âge. Le genre se répandit dans toute l'Europe, s'associa aux conceptions féodales et se maintint dans les cours jusqu'au seuil de la présente époque : aujourd'hui encore il existe en Angleterre et en Suède une charge de poète de cour.

Quels sont les rapports de la poésie avec la politique ? Il est évident qu'un coup d'œil sur l'histoire de l'éloge des souverains (et de son contraire, à vrai dire beaucoup plus rare, l'admonestation aux souverains) doit être plein d'enseignements pour quiconque se pose cette question ; car quelque forme que puissent prendre ces rapports, ici ils sont poussés à l'extrême, ici ils apparaissent dans les textes de manière explicite, concrète et à découvert.

Les plus anciens poèmes politiques en langue allemande, les « Sprüche » (poèmes gnomiques) de Walther von der Vogelweide, en sont un exemple classique. En vingt ans à peine, l'auteur a servi trois empereurs, d'abord le Hohenstaufen Philippe, puis le Guelfe Otto, finalement le Hohenstaufen Frédéric II. Ce double changement de loyalisme politique ne semble pas l'avoir gêné : sans effort de conscience apparent, Walther von der Vogelweide célèbre chaque fois le prince vainqueur. Il ne dissimule pas le moins du monde que ses hommages sont dictés par l'opportunité ; bien au contraire, il parle ouvertement de ce rapport de cause à effet.

> Comment pourrais-je aimer celui qui me fait du mal ?
> Je dois toujours préférer celui qui me fait du bien,

lit-on dans le *Friedrichston* (Chant en l'honneur de Frédéric)[3]. En d'autres termes : je louerai celui qui saura me payer de retour de la façon qui convient. Il ne faut pas prendre cette franchise pour de

---

3. Lachmann, 26, 10.

la naïveté ; c'est une tactique savamment calculée. « Montre-toi généreux ! » — même les strophes où il mendie avec le moins de formes ne s'expliquent pas entièrement par la dépendance matérielle du poète à l'égard du souverain qu'il loue[4]. Leur manque de pudeur, leur sans-gêne, la bonne conscience dont elles témoignent, tout ce qui précisément en elles produit sur nous une impression pénible ou paraît incompréhensible, est caractéristique. Il n'y faut pas voir seulement un lien institutionnel de la société féodale, celui qui unit suzerain et vassal en une dépendance réciproque, reposant sur l'échange des services. La note de menace, pour ne pas dire de chantage, de certaines strophes signifie plus encore : à savoir que le poète, en dépit de sa dépendance matérielle, n'était nullement désarmé politiquement. Si le prince avait un fief à donner, le poète, lui, disposait de la gloire — ou du déshonneur des propos malveillants, dont le poids n'était pas aisé à porter. Le souverain était réduit à rechercher ses suffrages, non par vanité, mais pour des raisons politiques, tout comme si son pouvoir avait besoin d'être authentifié par la poésie. Autant le proverbe est incontestable qui dit que l'artiste ne peut se passer de pain, autant il est insuffisant pour faire comprendre la très ancienne organisation du mécénat, institué par les souverains en faveur des beaux-arts, mais surtout de la poésie, et traditionnellement maintenu. Il ne doit nullement son existence à une prédilection particulière qu'ils auraient éprouvée pour les poètes : le geste du mécène relève toujours du pieux mensonge, quand il a un caractère officiel. Ce n'est pas le sens artistique ou la générosité des princes qui en constitue la vraie nature : il sert en dernière analyse à protéger le protecteur contre son protégé, contre la menace de son pouvoir, issu de la poésie elle-même. La société féodale en a toujours gardé le vague sentiment : on le retrouve même dans le rabâchage le plus vide du panégyrique, dans le fatras des strophes dédicatoires les plus serviles. Ce sentiment trouve finalement son expression dans un mot mémorable qui date de la fin de l'époque féodale. Le comte de Gneisenau écrivait alors au chef de sa maison, un certain Frédéric Guillaume, qui lui avait rendu un

4. Loc. cit., 17, 6. Pour la suite, voir surtout 19,17 ; 17,11 ; 31,23 ; 26,23 ; 26,33 ; 28,1 ; 28,31.

placet en remarquant qu'il était « bon en tant que poésie » : « C'est sur la poésie que repose la sûreté des trônes. »

Bientôt, c'en fut fait de cette sûreté. L'ironie historique de cette phrase demeura ignorée de son auteur comme de son destinataire. Elle réside en ce qu'elle fut énoncée alors qu'il était trop tard. La poésie devait montrer désormais l'envers de ce pouvoir de soutien qu'elle avait prouvé depuis Virgile — cet envers qui avait toujours inspiré de la défiance et une peur secrète à ses patrons. Ce pouvoir de soutien fait donc place à celui qui brise et qui renverse, l'affirmation fait place à la critique. La crise du panégyrique et son agonie permettent de constater ce tournant.

Goethe n'a pas entièrement renoncé à pratiquer la poésie de cour traditionnelle. Il s'y est soumis comme à une tâche à laquelle il ne pouvait se dérober. Les strophes pleines de zèle, flatteuses et froides, qu'il a adressées à des têtes couronnées (par exemple, à l'empereur et à l'impératrice d'Autriche), ne trahissent aucune émotion, si ce n'est un secret mépris. Goethe n'en a admis aucune dans la dernière édition de ses œuvres. Elles sont le produit d'un pacte qui ne comportait aucun engagement public ni même politique, et elles avaient très précisément pour objet de préserver son existence privée et de la libérer des liens de la société féodale. Les panégyriques de Goethe (sauf quand ils prennent leur source dans son amitié pour le jeune Charles-Auguste) sont fort ambigus et laissent déjà pressentir les arrière-pensées olympiennes des œuvres posthumes :

> Hélas ! on ne peut plus guère penser et dire la vérité
> Sans porter de furieuses atteintes à l'État, aux dieux et aux mœurs[5]

Les derniers vers, appartenant authentiquement à la poésie, qui présentent les caractères du panégyrique furent écrits en Allemagne, précisément à l'époque où le comte de Gneisenau cherchait vainement à attirer l'attention de son souverain sur l'importance politique de

---

5. Époque des *Venezianische Epigramme* (Épigrammes vénitiennes). Ed. Artemis, 11, 177, Zürich, 1950.

la poésie pour l'*ancien régime*[6]. Ils sont de Heinrich von Kleist. Le poème *À François Ier, empereur d'Autriche,* de 1809, réunit une fois encore, et pour la dernière fois, les vertus les plus pures de ce genre, tout en le transcendant :

> Ô maître, sauveur du monde.
> Tu barres la route à l'esprit du mal ;
> Et comme le fils de la terre odorante
> Ne tombait que pour se relever plus vigoureux,
> Tu t'attaques de nouveau à lui !
>
> Ce dessein ne vient pas d'une poitrine humaine,
> Pas même de la tienne ;
> Il est né de la lumière éternelle,
> Un dieu l'a versé dans ton cœur,
>
> Un dieu qu'émeut notre détresse.
> Courage ! Au creux de quelque roche
> Pousse pour toi un bloc de marbre ;
> Quand même tu devrais tomber au combat,
> Un autre achèverait ta tâche,
> Et les lauriers seraient pour toi[7].

Le poème fait largement usage des accessoires et procédés dont dispose la rhétorique du panégyrique : il présente marbre et lauriers comme les insignes de la gloire, ne recule pas devant l'obligatoire comparaison mythologique (ici avec Antée) et fait du prince auquel il s'adresse une sorte de messie, de l'apparition duquel dépend non le salut de quelques petits États européens, mais en même temps celui du monde. Il est encore un autre lieu commun très ancien que Kleist semble reprendre dans ce poème : le pouvoir est dû, comme la poésie, à l'inspiration ; l'un et l'autre sont de même origine, à savoir la grâce divine. Mais le dieu dont il est ici question n'a rien de commun avec

---

6. En français dans le texte.
7. *Sämtliche Werke und Briefe* (Œuvres et correspondance complètes), édition Helmut Sembdner, tome I, 28, Munich, 1961.

les anciens dieux. Le poème passe son nom sous silence. Il n'est autre que le dieu de l'histoire. Le souverain, en effet, n'apparaît plus en tant que personne ; aucun vers ne fait allusion à ses ancêtres, à sa vie, à sa personnalité. Qui est François Ier ? Le poète l'ignore ; la chose est indifférente. Car le souverain n'est plus un César, son secret ne réside plus en sa personne : il n'est rien de plus que le représentant de l'histoire, l'exécuteur des desseins de l'esprit universel. Après sa chute, « un autre achèvera sa tâche », quels que soient son nom et sa dynastie. Le poème de Kleist est une épode. Celle-ci parfait l'éloge des souverains et en même temps le réduit à néant. Vingt-cinq ans plus tard, Georg Büchner écrit dans le *Landbote* (Messager) : « Le prince est la tête de la sangsue qui rampe sur votre peau. »

C'en est fait du panégyrique dans la littérature allemande. Le reste n'est que farce ou bassesse. Ce reste est considérable. Innombrables sont ceux qui ont cherché, au cours des cent cinquante dernières années, à prolonger ce genre défunt. Ils l'ont fait au prix de leur qualité d'écrivains. Depuis Kleist, tout poème en l'honneur d'un souverain se retourne contre son auteur et le livre à la dérision ou au mépris. Une victime, parmi beaucoup, de cette mésaventure, et peut-être la plus innocente, fut Fontane qui, peu avant la fin du siècle, écrivait *Où Bismarck doit être enterré.*

> Qu'il repose non dans une cathédrale ou un caveau princier,
> Mais en plein air
> Dehors, au flanc d'une montagne,
> Ou, mieux encore, au plus profond d'une forêt ;
> Widukind l'invite à venir le rejoindre :
> « C'était un Saxon, donc il m'appartient,
> C'est dans la forêt saxonne qu'il doit avoir sa tombe. »
>
> Le corps tombe en poussière, la pierre tombe en poussière,
> Mais la forêt saxonne, elle, ne périt pas ;
> Et quand, dans trois mille ans,
> Des étrangers viendront à passer dans ces lieux
> Et verront, abrité des rayons du soleil,
> Le cœur de la forêt revêtu d'un épais réseau de lierre
> Et s'étonneront devant ce beau spectacle et seront tout à la joie,

Quelqu'un ordonnera : « Ne faites pas de bruit.
Quelque part sous cette terre, Bismarck repose[8]. »

L'humour involontaire de ces strophes, qui, dans le « quelque part » du dernier vers, prend carrément les proportions d'un effet comique non prévu par l'auteur, démontre l'impossibilité catastrophique de ce que Fontane, de bonne foi, certes, s'est proposé de faire : écrire un panégyrique moderne. Moins honorables sont des tentatives faites ultérieurement pour renouveler le genre. Devant elles, l'ironie est réduite au silence ; si elles ont quelque chose d'effrayant, c'est qu'on y voit sombrer en quelque sorte toutes les facultés intellectuelles et morales de leurs auteurs. Les exemples ne manquent pas. À côté des hymnes à Hitler des Gaiser, Seidel et Carossa, on peut ranger sans plus de commentaires un échantillon tel que le suivant :

Lorsque, en ce jours du deux mars,
Les battements de son cœur se firent plus faibles et toujours plus
     lointains,
Il y eut de nouveau un silence, ce fut une lamentation,
Et tous les siens craignirent pour la vie de Staline.

Et quand il exhala son dernier souffle,
La colombe s'arrêta dans son vol
Et déposa un rameau d'olivier tout en or.
Tous les peuples entonnèrent des chants à voix basse.

C'est le nom de Staline que porte le nouvel âge.
Lénine, Staline représentent une infinité de bonheur.
Accompagnez Staline devant le Mur Rouge.
Élevez vos cœurs, dans cette grande affliction.

Voyez ! La colombe tournoie au-dessus du tombeau de Staline,
Car Staline veut dire liberté, Staline veut dire paix.

8. Écrit le 31 juillet 1898. Cité d'après l'édition jubilaire, tome I, Berlin, 1919.

Et toute gloire en ce monde pontera le nom de Staline.
Chantons celui qui vivra éternellement[9].

Ce texte n'est pas cité pour le dégoût qu'il peut inspirer ; l'auteur,
un certain Becher, est sans importance pour notre propos. Le texte
n'est intéressant qu'à titre de symptôme. Il répond très exactement
aux prescriptions platoniciennes : « Quant aux actes de Cronos et à
ce qu'il endura à son tour de son fils, même si c'était la vérité, il ne
faudrait pas, selon moi, aller avec une pareille légèreté les débiter
à des êtres jeunes et dépourvus de jugement, mais bien plutôt les
passer complètement sous silence… Nous ne voulons donc pas laisser
croire ou raconter que tel héros a pris sur lui de commettre un acte
de scélératesse ou d'impiété ; nous voulons contraindre les poètes à
expliquer que ces actes ne sont pas le fait de ces hommes, au lieu de
dire que les héros ne sont en rien meilleurs que les hommes… Il ne
faut admettre dans l'État en fait de poésie que les hymnes aux dieux
et les chants de louanges en l'honneur des hommes supérieurs[10]. » Le
texte de Becher suit, en second lieu, avec non moins de soin et une
exactitude qui va jusqu'au ridicule, les préceptes de la vieille rhétorique
concernant le panégyrique : les clichés dont il est composé ont tous
sans exception servi et resservi au cours de deux mille ans de pratique.
Rameau d'olivier, colombe, immortalité, « tous les peuples » : une
manière d'exalter la personne à louer (depuis le début du Moyen Âge)
consiste à faire savoir que tous les hommes participent à l'admiration,
à la joie, à l'affliction relatives à sa personne… On ose affirmer que
« tous les peuples, tous les pays, tous les temps chantent et chanteront
un tel »… Le schéma « le globe entier le chante » devint un inusable
lieu commun. Les poètes carolingiens l'appliquent fréquemment à
Charlemagne[11]. Le soin servile avec lequel Becher, probablement

9. Cité d'après *Die Zeit* du 9 février 1962. – Plus d'un critique a élevé des doutes
sur l'existence des poèmes de Gerd Gaiser et de Hans Carossa en l'honneur de Hitler.
Le poème de Gaiser *Der Führer* se trouve dans son premier recueil, *Reiter am Himmel*
(Chevalier du Ciel), paru en 1941 ; le texte de Carossa figure dans un « vade-mecum
du haut commandement de la Wehrmacht (section Intérieur). Pour l'anniversaire du
Führer, 1941. Cahier 37 » ; l'ouvrage a pour titre *Dem Führer. Worte deutscher Dichter*
(Au Führer. Paroles de poètes allemands).
10. *La République,* 378 a ; 391 c d ; 607 a.
11. Curtius, loc. cit., p. 169 et suiv.

sans y penser, a démarqué des hagiographes et des grammairiens de troisième ordre du Moyen Âge latin est quelque chose d'ahurissant. Le scandale que constitue l'existence même de cette production de Becher ne peut s'expliquer par là. Ce n'est pas une question de technique. Aucun procédé d'art ne saurait sauver ce texte, ni le fait de renoncer aux comparaisons niaises et aux métaphores mensongères et pompeuses, ni aucune ressource de syntaxe. Ce qui est odieux, ce ne sont pas les bourdes, c'est l'existence même de ces lignes.

Pourquoi ? C'est la question que nous voulons approfondir, car elle est fondamentale. Jamais encore on ne lui a donné toute son importance, qu'il se soit agi de la poser ou d'y répondre, et la raison en est probablement qu'il n'est besoin d'aucun effort critique pour en finir avec des productions de cette sorte, qui ne nous est que trop connue. Elles se jugent elles-mêmes. On est tenté d'en rester là et de s'épargner le soin de justifier ce jugement. Mais quand on tente cette justification, elle passe régulièrement à côté du but. Le vrai scandale ne réside pas en effet là où on le suppose habituellement : il ne réside ni dans la personne de celui qui loue ni dans celle de celui qui est loué.

Le recours aux façons de penser et aux mobiles de l'auteur, méthode qui, dans les dernières décennies, s'est introduite partout où il est question des rapports de la poésie avec la politique, ne saurait expliquer un phénomène tel que la fin du panégyrique. Ce recours a besoin lui-même d'être expliqué. Que nous ayons pris l'habitude de demander si un écrivain est politiquement « sûr » ou même « tolérable » est certes compréhensible, étant donné les expériences que nous avons faites avec notre littérature ; pourtant, il apparaît par la terminologie de telles questions, qu'elles menacent d'infecter la critique du poison totalitaire de ses pires ennemis.

Les indications concernant l'appartenance à un parti, les déclarations de dévouement et les fonctions officielles de certains auteurs fournissent à la critique des indices, rien de plus. Elles ne suffisent pas pour juger. Pas un seul poème de Benn, pas une seule phrase de Heidegger ne doit être contestée par ce moyen-là. Cette constatation n'excuse pas le moindre acte de barbarie. On ne la fait pas pour soustraire à la critique les thuriféraires de Hitler ou de Staline. Il s'agit au contraire de les livrer les premiers à une critique qui ne se donne pas la tâche trop facile. C'est renoncer à tout esprit critique que de s'en tenir à demander les motifs qui, par exemple, ont poussé Becher à écrire son hymne à Staline. Qu'il l'ait écrit par sottise ou par opportunisme, librement ou parce qu'on a fait pression sur lui, tout cela est parfaitement indifférent. Même chose pour les sentiments que nourrissait Becher : conviction naïve ou clignement d'yeux cynique, laborieux aveuglement ou charlatanerie d'augure, peu importe. Panégyrique et poésie sont inconciliables : le principe vaut pour Fontane aussi bien que pour Becher, il est donc indépendant de la personnalité de l'auteur qui y contrevient, pour quelque raison ou considération que ce soit.

Indépendant non seulement de l'auteur, mais aussi de l'objet de l'éloge. Là encore, toute explication tourne court qui s'en tient à la personne de celui qui est loué. Ce ne sont pas les crimes de Staline qui disqualifient le texte de Becher ; il suffit qu'il s'adresse à un homme qui détient le pouvoir. La comparaison avec l'élucubration anodine de Fontane est, à cet égard également, riche d'enseignements. Le poème ne peut plus s'adresser à aucun homme d'État, quelque jugement que nous portions sur lui. Une poésie qui s'adresserait à Adenauer est tout aussi inconcevable, elle se renierait tout autant elle-même que si elle chantait Hitler, Kennedy ou de Gaulle. Il s'agit là d'un phénomène qu'il ne faut pas penser en termes d'idéologie ou de morale. La preuve n'en est pas seulement qu'aucun auteur de quelque importance n'a procédé de son propre mouvement à une telle tentative. Elle se tire *a contrario* : en même temps que la possibilité du panégyrique poétique, c'est la possibilité de la diatribe qui s'est perdue. Heine, déjà, en a fait l'expérience[12]. Il n'est pas une seule œuvre d'authentique poésie qui conserve le nom de Hitler. Même Brecht a échoué dans sa tentative de le vitupérer en vers, de même qu'il a échoué dans le poème *Die Erziehung der Hirse* (La Culture du millet), où intervient le nom de Staline, et dans une *Kantate zu Lenins Todestag* (Cantate pour l'anniversaire de la mort de Lénine)[13].

---

12. Par exemple dans les ironiques *Lobgesänge auf König Ludwig* (Chants de louange en l'honneur du roi Louis) (1841) ; le vers tombe dans la médiocrité de cabaret, voire dans la plaisanterie d'estaminet, dès qu'intervient le nom d'un homme au pouvoir.
13. Le nom de Hitler n'apparaît que dans deux poèmes de Brecht, le *Lied vom Anstreicher Hitler* (Chanson du peintre en bâtiment Hitler) et les *Hitler-Chorälen*

Cet échec est entièrement de nature politique. Si la poésie répugne à l'éloge et à la diatribe concernant les hommes au pouvoir, ce n'est pas une obligation générale où elle serait de s'en tenir à l'abstraction. Ce n'est pas le fait qu'ils sont désignés nommément qui ôte toute valeur aux poèmes en l'honneur de Hitler ou de Staline ; la poésie ne rejette pas les noms de personnes en général, mais seulement ceux des hommes au pouvoir. Sur toute autre personne privée, il est possible d'écrire des poèmes, aujourd'hui comme par le passé : sur une femme, sur un ami, sur un chauffeur de taxi, sur un marchand de légumes. Il ne manque pas, dans la poésie moderne, de textes importants qui s'adressent à des personnes : Lorca a pleuré dans un oratorio le torero Ignacio Sanchez Mejias, Supervielle a écrit une ode à Lautréamont et Auden un mémorial pour William Butler Yeats ; la langue de la poésie ne se refuse à aucun de ces noms, ils trouvent tous place dans le texte sans le faire éclater[14].

Que nous ont appris ces réflexions ? La fin du panégyrique en poésie, donc d'un phénomène éminemment politique, s'oppose à toute explication par la politique, la psychologie ou la sociologie. Il s'agit d'un état de choses objectif : le langage poétique se refuse à quiconque veut l'utiliser pour transmettre le nom des hommes au pouvoir. La raison de ce refus ne réside pas hors de la poésie, mais en elle-même. Nous avons atteint là un point décisif, et nous pouvons abandonner l'exemple du panégyrique : nous ne l'avons utilisé qu'en guise de ciseau pour briser la gangue sous laquelle sont cachés les liens de la poésie et de la politique, et ce qui les sépare.

L'exemple nous l'apprend : l'aspect politique de la poésie doit lui être immanent. Aucune déduction faite du dehors ne peut le révéler. C'est la condamnation des doctrines littéraires marxistes, telles qu'elles ont été comprises jusqu'à ce jour. Leurs tentatives pour isoler le contenu politique d'une œuvre poétique font penser à

(Chants choraux pour Hitler). Tous les deux sont de 1933. Plus tard, Brecht a systématiquement biffé le nom et lui a substitué des circonlocutions comme « le tambour » ou le « peintre en bâtiment » (par exemple, loc. cit. IV, p. 10 sq. 16, 100, etc.). Il ne s'agit nullement ici d'un simple détail de forme. Les attaques les plus efficaces de Brecht contre le fascisme évitent toute allusion à Hitler. — Les deux poèmes relatifs à Lénine se trouvent loc. cit. IV, p. 59 sq. et p. 91 sqq. — *La Culture du millet*, Berlin, 1951.

14. Les poèmes en question se trouvent dans le *Museum der modernen Poesie* (Musée de la poésie moderne), Francfort, 1960.

l'investissement d'une place forte. Elles enveloppent le poème du dehors ; plus il a de force, moins il se laisse réduire. De quelle classe sociale l'auteur est-il issu ? Comment a-t-il rempli son bulletin de vote ? Quelle note méritent ses déclarations idéologiques ? Qui l'a payé ? Pour quel public a-t-il écrit ? A-t-il vécu dans des châteaux ou des masures ? Avait-il pour amis des millionnaires ou des ouvriers des chantiers navals ? En faveur de quoi s'est-il « engagé », et contre quoi ? Questions justifiées, questions fort intéressantes et qu'on néglige volontiers, instructives, utiles — seulement elles ne vont pas au fond des choses. Elles n'en veulent rien connaître. La critique littéraire, une fois devenue sociologie de la littérature, cesse de voir son objet, n'en perçoit que ce qui lui est extérieur et, par le choix même de ses critères, renonce avant même de le formuler, à porter un jugement sur la qualité des œuvres dont elle s'occupe. De là sa préférence pour les classiques ; avec eux, elle s'épargne la tâche pénible de s'interroger sur le rang de l'œuvre à laquelle elle s'attaque. C'est ainsi que la critique marxiste a toujours repris à son compte, sans discussion, les jugements du canon littéraire bourgeois, se contentant d'en modifier le fonctionnement. Le revers de ces « soins donnés au patrimoine » est l'incertitude désastreuse qui en résulte quand il s'agit de la production actuelle. Marx ne s'est prononcé en détail que sur un seul roman contemporain : c'était *les Mystères de Paris,* roman populaire d'Eugène Sue[15]. La théorie du réalisme développée par Engels a pour point de départ la discussion d'un roman-feuilleton anglais depuis longtemps oublié[16]. Ce que Marx et Engels ont à dire sur la tragédie part du drame de Ferdinand Lassalle *Franz von Sickingen ;* sur l'œuvre de Büchner, parue dans la même décennie, pas un mot[17]. C'est sans plus de choix que, cent ans plus tard, Georg Lukács en use avec la production contemporaine : sur l'échiquier de sa théorie du réalisme, il joue intrépidement Romain Rolland et

15. Dans *Die heilige Familie* (La Sainte famille), chap. V et VIII. Francfort, 1845.
16. Projet d'une lettre à Margret Harkness, dans *Uber Kunst und Literatur,* de Karl Marx et Friedrich Engels (Sur l'art et la littérature), Berlin, 1949.
17. *Ibid.* Sur *Marx, Engels et les poètes* (Marx, Engels und die Dichter) voir le livre de Peter Demetz qui porte ce titre et qui contient également un chapitre détaillé sur Lukács (Stuttgart, 1959).

Theodore Dreiser contre Proust, Joyce, Kafka et Faulkner, sans que lui vienne le moindre soupçon qu'une telle partie, où de simples pions sont opposés à des rois et à des reines, peut ridiculiser le challenger[18]. Par bonheur, ni Marx ni Lukács ne se sont prononcés sur la poésie ; à propos de ce qui nous a été ainsi épargné, on ne peut faire que des hypothèses. Tandis que la sociologie littéraire orthodoxe peut en effet encore, tant bien que mal, trouver accès au cœur d'un roman ou d'un drame par le pont aux ânes de l'action, la poésie exclut d'avance de telles approches. Nul autre accès que celui qui passe par le langage n'est possible. Et c'est pourquoi Lukács ignore la poésie.

Une telle étroitesse de vues fait le jeu de cette esthétique bourgeoise qui voudrait dénier tout aspect social à la poésie. Les champions de l'intériorité sont tous d'esprit réactionnaire. Ils voudraient séparer nettement la politique, considérée comme une spécialité réservée tout au plus aux hommes du métier, de tout autre activité humaine. Ils conseillent à la poésie de s'en tenir aux formes qu'ils lui assignent, donc aux hautes aspirations et aux valeurs éternelles. Cette abstention a pour récompense la promesse d'avoir cours en tout temps. Derrière ces ronflantes prédictions se cache un mépris pour la poésie non moindre que celui du marxisme courant. La quarantaine politique qu'on lui impose au nom des valeurs éternelles sert en effet elle-même des desseins politiques : là même où son caractère social est nié, on entend que la poésie les serve sous main, comme décor, comme paravent, comme cadre d'éternité. Des deux côtés on est d'accord. Weidlé et Lukács, par exemple, sont d'accord pour penser que la poésie en tant que telle, et en particulier la poésie moderne, est une trouble-fête qui vient bouleverser les plans des uns comme des autres, parce qu'elle n'est la servante de personne.

La confusion des idées est générale, presque totale. En quête d'ennemis et d'alliés, on met en coupe réglée les journaux intimes et les correspondances, les opinions et la vie des poètes. Qu'ils se soient aussi occupés de poésie devient *quantité négligeable*[19]. Voici quelques exemples de cette désolante confusion.

---

18. Georg Lukács, *Wider den missverstandenen Realismus* (Contre le réalisme mal compris), Hambourg, 1958.
19. En français dans le texte.

Depuis qu'il est possible de parler chez nous d'une critique littéraire progressiste, celle-ci a toujours tenu le romantisme allemand pour une filiale de la réaction[20]. Elle a entendu dire qu'il y avait parmi les romantiques des propriétaires terriens et des antisémites ; mais elle n'a pas entendu dire que de Novalis et de Brentano, ces fils politiquement irresponsables de la bourgeoisie allemande, est sortie une révolution poétique avec laquelle commence l'art moderne, et sans laquelle ce qu'ont écrit Trakl et Brecht, Heym et Stadler, Benn et Arp, ce qu'ont écrit Apollinaire et Eluard, Lorca et Neruda, Essenine et Mandelstamm, Eliot et Thomas, serait absolument inconcevable. Elle s'est contentée de faire subir au romantisme un interrogatoire idéologique, de le dénoncer comme un mouvement contre-révolutionnaire et de livrer du même coup au nationalisme, plus tard au fascisme, un élément indispensable, puissant, de la tradition moderne. En revanche, elle a mis de bonnes notes, comme à des écrivains progressistes, aux Herwegh, Freiligrath et Weerth, donc à une poésie des plus médiocres, à une poésie d'épigones. Les conséquences s'en font sentir aujourd'hui encore dans le lyrisme doré sur tranche, prétendument révolutionnaire, qui fleurit à Dresde et à Leipzig.

Inversement, un critique de la droite allemande, qui prend le climat intellectuel de paresse, principalement préoccupé de digestion, qui est celui de la République fédérale (il l'appelle « postrévolutionnaire », donnant à entendre par là que la notion de révolution se borne pour lui à l'hitlérisme) — qui, donc, prend ce climat pour un état général du monde, bref, un critique bourgeois cherche en 1961 à revendiquer pour son camp qui s'effrite Baudelaire et Eliot, présentés comme d'honnêtes conservateurs, en faisant valoir contre des œuvres subversives certaines vues réactionnaires de leurs auteurs. Certes, Baudelaire a écrit dans son journal cette phrase atroce : « Belle conspiration à organiser pour l'extermination de la Race Juive[21] ». Cette phrase fait-elle des

---

20. Deux grandes exceptions : Benjamin et Adorno. La thèse écrite à ses débuts par Benjamin sur *La Notion de critique d'art dans le romantisme allemand* (Der Begriff der Kunstkritik in der deutschen Romantik – Schriften II, Francfort, 1955) et l'article d'Adorno *À la mémoire d'Eichendorff* (Zum Gedächtnis Eichendorffs – Noten zur Literatur I, Francfort, 1958) pourraient servir de base à une conception vraie de la poésie romantique.

21. *Journaux intimes. Mon cœur mis à nu.* LXXXIII.

Fleurs du Mal un sermonnaire SS ? Certes, T. S. Eliot s'est rallié à la monarchie et à l'Église anglicane. *The waste land* devient-il pour cela un plaidoyer édifiant pour une littérature d'avant-hier ? Des opinions peuvent-elles mettre à la chaîne la révolte poétique de ces vers ? À vrai dire, aux yeux de ceux qui se sont constitués eux-mêmes les gardiens des idéologies, les opinions, depuis l'époque de Platon, ont toujours été plus importantes que le contenu social objectif de la poésie, lequel ne doit être cherché nulle part ailleurs que dans le langage de cette poésie. Le découvrir suppose, il est vrai, de l'oreille.

Dans de telles conditions, la notion de poésie politique devient si suspecte qu'elle en est inutilisable. Chacun croit savoir ce qu'elle signifie. À y regarder de plus près, on la trouve, presque sans exception, appliquée à des textes qui servent à des fins d'agitation ou de représentation. Mais ce que l'exemple du panégyrique a montré vaut pour eux. On peut généraliser cette constatation et l'étendre à tout ce qui est chants belliqueux et chansons de marche, vers d'affiches et hymnes, chants choraux de propagande et manifestes versifiés, quel que soit l'homme et quelle que soit la cause auxquels ils doivent profiter. Ou bien ils ne peuvent servir les desseins de ceux qui les ont commandés, ou bien ils n'ont rien à voir avec la poésie. Au vingtième siècle, on n'a écrit aucun hymne national qui soit d'authentique poésie : il est impossible d'en écrire. La tentative tombe sous le coup du ridicule. Si l'on ne veut pas le croire, que l'on compare deux tentatives datant du passé allemand le plus récent :

> Ressuscités d'entre nos ruines
> Et tournés vers l'avenir,
> Nous voulons te servir,
> Allemagne, patrie unie[22].

Ainsi s'exprime l'hymne national de la République démocratique allemande, produit en 1950 par Johannes R. Becher. Pour la République fédérale, d'autre part, Rudolf Alexander Schröder a ébauché un hymne auquel le chef de l'État d'alors a préféré, il est vrai, un texte qui a fait ses

---

22. *Auswahl in sechs Bänden* (Choix en six volumes), I, Berlin, 1959.

preuves et n'a pas cessé d'être actuel, celui de Fallersleben. Schröder proposait au début des années cinquante les vers suivants :

> Pays de l'amour, patrie,
> Sol sacré qui portes
> Ceux qui dans l'amour et la souffrance ont uni
> Le cœur au cœur, la main à la main :
> Comme nous t'appartenons librement
> Et jurons de n'être qu'à toi,
> Enlace-nous de tes liens pacifiques,
> Pays de l'amour, patrie[23] !

En dépit de la différence idéologique qui sépare les deux auteurs, leurs poèmes sont interchangeables. Phraséologie, prosodie et vocabulaire sont identiques. Dans l'un et l'autre cas, il est difficile de parler de poèmes politiques, car ces hymnes n'ont pas plus de rapport avec la poésie que n'importe quelle formule publicitaire de l'industrie de la margarine. Ils remplissent leur mission politique : par le recours au mensonge. Citons en regard un poème de Brecht, *Der Radwechsel* (Le changement de roue) :

> Je suis assis au revers du fossé.
> Le chauffeur change la roue.
> Je n'aime guère le pays d'où je viens.
> Je n'aime guère le pays où je vais.
> Qu'est-ce qui fait que je regarde ce changement de roue
> Avec impatience[24] ?

Poème politique ? Le simple fait de poser la question montre combien cette notion est vaine. On change une roue. Six vers où il n'est plus question de patrie ni d'aucun régime ; six vers sur lesquels bute le zèle des critiques tatillons, spécialistes de l'idéologie. Eux aussi, ils voient le *changement de roue* avec impatience, car le poème ne se laisse pas monnayer au profit de leurs desseins. Il ne leur dit

---

23. *Fülle des Daseins* (Plénitude de l'existence), p. 106, Francfort, 1958.
24. *Ausgewählte Gedichte* (Poèmes choisis), p. 49. Francfort, 1960.

rien ; il en dit trop long pour cela. Il a été écrit au cours de l'été 1953. Poème politique ou non ? C'est une querelle de mots. Si politique signifie participation à l'organisation sociale que les hommes se donnent dans l'histoire, *Le changement de roue,* comme tout poème qui vaut la peine qu'on en parle, est d'essence politique. Si politique signifie utilisation du pouvoir pour la réalisation des desseins de ceux qui le détiennent, alors le texte de Brecht, alors la poésie n'ont rien à faire avec elle. Le poème exprime à la perfection que la politique ne saurait disposer de lui : c'est là son contenu politique.

Ainsi la chose est entendue : de brillantes thèses linéaires ne sauraient épuiser un sujet si obscur. À voir les choses dans leur ensemble, et non à partir de tel texte particulier visant tel ou tel poème, nous avons à notre disposition, sur les rapports de la poésie et de la politique, peu de propositions qui soient simples. Il faut y insister, non qu'elles soient neuves, mais parce que, bien connues, elles sont à tout instant oubliées : la poésie et la politique ne sont pas des « domaines », mais des processus historiques, l'un se déroulant dans le milieu du langage, l'autre dans celui du pouvoir. Tous deux sont également en liaison directe avec l'histoire. La critique littéraire conçue comme sociologie méconnaît que c'est le langage qui fait le caractère social de la poésie, et non son implication dans les luttes politiques. L'esthétique littéraire bourgeoise méconnaît ou dissimule que la poésie est d'essence sociale. De là, le caractère grossier et inutilisable des réponses que les deux écoles ont proposées à la question des rapports du processus poétique avec le processus politique : totale indépendance ici, et là totale dépendance. D'un côté, le calendrier du parti, de l'autre, l'intemporel. La question importante n'est pas examinée, n'est pas même posée. Pour ce qui reste à dire, nous sommes réduits aux conjectures et aux postulats. Aucune science ne vient à leur secours.

« À cause du mauvais temps, la révolution allemande s'est produite dans le domaine de la musique[25] ». Ce mot cruel de Tucholsky, à recommander instamment comme épigraphe aux historiens de notre histoire politique, en dit plus qu'il ne semble à première vue ; plus peut-être que son auteur ne pensait. Les révolutions ne se font pas

---

25. *Gesammelte Werke* (Œuvres complètes), III, 656. Hambourg, 1961.

seulement en politique. « Ceux qui ont la charge de l'État doivent veiller avant tout à ce qu'il ne se fasse en musique aucune innovation contraire à nos ordonnances, et faire tout leur possible au contraire pour maintenir celles-ci... Il faut craindre en effet d'introduire du nouveau dans les modes musicaux : c'est mettre tout en péril, parce que nulle part on ne modifie les lois de la musique sans modifier en même temps les dispositions civiles les plus importantes... C'est donc ici que les gardiens doivent édifier leur poste de garde : par la musique cet esprit révolutionnaire s'insinue très facilement et sans qu'on le remarque, comme s'il n'était que jeu et que rien de mal n'en dût sortir. Mais il n'en sort rien d'autre sinon que, se fixant peu à peu, il pénètre graduellement les mœurs et les habitudes, puis, de là, s'étant renforcé, passe jusque dans les affaires qui se traitent de citoyen à citoyen, et de ces affaires arrive ensuite jusqu'aux lois et à la constitution politique avec une grande insolence et un grand manque de retenue, en attendant qu'il finisse, dans la vie publique et dans la vie privée, par tout mettre sens dessus dessous[26]. » Aucun ennemi de la poésie n'a décrit ses effets avec plus de pénétration que Platon : effets imprévisibles, et que nul, pas même le prophète, n'est capable de calculer, comme ceux d'un élément qui ne se présente qu'à l'état de traces ou ceux de minuscules spores qui se sont répandues. Les avertissements de Platon voient plus loin que toute la science littéraire des origines à nos jours : ils concernent non des opinions et des contenus manifestement politiques, mais le cœur même du processus poétique, qui menace d'échapper au contrôle des gardiens. Les conséquences politiques de ce processus ne sont nulle part plus dangereuses que là où elles ne servent nullement de norme au travail poétique.

Les disciples totalitaires de Platon ont, en dépit de leur barbare ignorance, fait preuve d'un plus sûr instinct devant ce rapport de cause à effet que les esthéticiens de profession ; leurs commissions littéraires n'ont pas seulement interdit, comme dangereux pour l'État, les tendances et le fond même des ouvrages, mais bien, au sens platonicien, leur « forme » et leur « ton », donc des déviations

---

26. *La République,* 424 a-e. Conformément à la conception grecque, Platon entend par « musique » ce que nous appellerions le rythme et la forme métrique, ainsi que l'intonation et l'enchaînement du poème. Cela ressort aussi du contexte : voir en particulier 398c-401a.

concernant le langage poétique lui-même ; il y a quelques années encore, le bureau politique d'un petit État de l'Europe centrale a fait à un poète le macabre honneur de le contraindre à modifier la ponctuation qu'il avait choisie pour son texte : au nom de la raison d'État, il lui a été enjoint de rétablir les points et les virgules qu'il avait omis. On aurait tort d'en rire. L'incident, si minime qu'il paraisse, montre ce qui est littéralement vrai et que pourtant on ne voit pas, bien qu'il en soit question à chaque coin de rue de la vie culturelle : la poésie enferme en elle-même des forces conservatrices et réformistes, révolutionnaires et réactionnaires. Que signifient ces mots si on les rapporte au processus poétique ? Pour qu'ils soient autre chose que du bavardage, pour qu'ils gagnent en précision, il faudrait, bien sûr, faire appel non à des réactions idéologiques, mais aux œuvres, non à des opinions, mais au langage. Plus d'un gentilhomme campagnard, fidèle sujet de son roi, apparaîtrait alors comme un révolutionnaire, plus d'un jacobin en politique comme un obscurantiste en poésie. Il est à présumer que le mouvement révolutionnaire de la poésie se développe plutôt dans de silencieuses et anonymes demeures particulières que dans les congrès où des bardes tonitruants annoncent la révolution mondiale dans un style d'éleveurs de lapins qui se mêleraient d'écrire.

Une idée plus approfondie de ce qui lie la poésie à la politique et de ce qui les sépare ne saurait s'appuyer sur des preuves, et l'on ne peut y parvenir sans prendre des risques, c'est-à-dire sans recourir à l'hypothèse et au postulat. Trois thèses sur l'évolution du processus poétique et sur le rapport qui existe entre cette évolution et l'évolution politique doivent, pour finir, être proposées et proclamées.

I. En vertu de son droit d'aînesse, la poésie doit se montrer plus tenacement incorruptible que jamais devant le pouvoir, quel qu'il soit. Depuis un siècle apparaît toujours plus clairement ce qui distingue son évolution de l'évolution politique. Plus forte est la pression à laquelle elle se voit exposée, plus énergique est l'expression qu'elle donne à cette différence. Sa mission politique est de se refuser à toute mission politique et de parler pour tous, même là où elle ne parle de personne, où elle parle d'un arbre, d'une pierre, de ce qui n'est pas. Cette mission est la plus malaisée. Aucune n'est plus facile à oublier. Personne n'est là pour demander des comptes ; tout au contraire, on loue celui qui la trahit pour servir les intérêts des hommes au pouvoir.

Mais en matière de poésie, il n'y a pas de circonstances atténuantes. La poésie qui se vend, que ce soit par erreur ou par bassesse d'âme, est condamnée à mort. On ne fait pas de quartier.

II. Le pouvoir, dépouillé de son manteau mythique, ne peut plus se réconcilier avec la poésie. Ce qu'on nommait jadis inspiration s'appelle désormais esprit critique : l'esprit critique devient la féconde inquiétude du processus poétique. Aux yeux du pouvoir qui, en dehors de lui-même, ne peut reconnaître aucune ἀρχή, la poésie est anarchique ; intolérable, parce que le pouvoir ne peut disposer d'elle ; subversive, du seul fait qu'elle existe. Elle convainc de mensonge, par sa seule présence, déclarations gouvernementales et propagande, manifestes et banderoles. Son œuvre critique est toute pareille à celle de l'enfant du conte. Pour voir que l'empereur ne porte aucun vêtement, aucun « engagement » n'est nécessaire. Il suffit qu'un seul vers brise la clameur inarticulée des applaudissements.

III. La poésie nous transmet l'avenir. En face de ce qui est présentement en place, elle rappelle ce qui va de soi et qui n'est pas réalisé. Francis Ponge a remarqué que ses poèmes étaient écrits comme au lendemain de la révolution triomphante. Cela vaut pour toute poésie. La poésie est anticipation, fût-ce sous la forme du doute, du refus, de la négation. Non qu'elle parle de l'avenir, mais elle parle comme si l'avenir était possible, comme si l'on pouvait parler librement parmi les hommes qui ne sont pas libres, comme si aliénation et silence forcé n'existaient pas (bien que l'homme contraint au silence ne puisse exprimer ce silence et que l'homme aliéné ne puisse confier son aliénation). Une telle anticipation aboutirait au mensonge, si elle n'était en même temps lucidité critique ; une telle lucidité, si elle n'était au même instant anticipation, aboutirait à l'impuissance. Tant est menacé et étroit le chemin de la poésie, et tant est mince — pas plus grande que la nôtre, plus claire cependant — la chance qui lui reste.

POSTFACE

Le grand historien de l'art Aby Warburg aurait dit un jour à ses élèves : « C'est dans les détails[1] qu'il faut chercher Dieu ». Je n'irai pas si loin. Cependant, il me paraît souhaitable de voir les choses de plus près et de ne pas craindre la résistance qu'oppose le fait particulier. Sur le beau et le vrai, sur l'humanisme ou sur l'image que notre temps se fait de l'homme, bref, sur les grandes vues générales et les vastes arrière-plans, on nous a trop souvent et trop hâtivement fait des cours. Moins anodines me semblent les réalités qui se dressent au premier plan. Peut-être est-ce pour cette raison qu'on n'aime pas les voir. La localisation en étant trop facile, les montrer du doigt passe pour malséant. Et pourtant c'est seulement à leur contact que se forment les méthodes d'observation qui vont au fond des choses et qu'on peut transposer dans l'observation de l'ensemble. Mais les détails, qui seuls permettent de considérer d'un œil critique cet ensemble, sont disparates et ne se rangent dans aucun système établi.

C'est pourquoi je soutiens que la position critique ne se divise pas. Elle n'est pas animée d'un désir de victoire ou d'agression. La critique, telle qu'on cherche à la pratiquer ici, ne veut pas se débarrasser de son objet ou le liquider, mais le soumettre à un examen second. Ce sont des réformes, et non une révolution, qu'elle a en vue. Elle voudrait venir en aide à la ruse historique de la conscience. Puisse le lecteur agréer dans cet esprit l'aide critique que lui apporte ce livre et en faire son profit.

H.M.E.
Tjöme, Norvège, avril 1962.

---

1. Le titre original du présent ouvrage, rappelons-le, est *Détails*. (*N.d.T.*).

SOURCES

LE LANGAGE DU « SPIEGEL ». Émission : Radiodiffusion de l'Allemagne du Sud. Reproductions partielles : *Spiegel* du 6 mars 1957 et *Texte und Zeichen* (Textes et signes), cahier 12 (1957).

UN MONDE EN PETITS MORCEAUX. Émission : Radiodiffusion hessoise. Paru dans *Neue deutsche Hefte* (Nouveaux cahiers allemands), cahiers 57-59 (1959).

UNE THÉORIE DU TOURISME. Émission : Radiodiffusion de l'Allemagne du nord. Paru dans *Merkur* (Mercure), cahier 126 (1958).

LA SATIRE OU L'ENFANT MONSTRUEUX. Paru dans *Merkur,* cahier 125 (1958).

WILHELM MEISTER, VERSION POUR TAMBOUR. Paru dans *Frankfurter Hefte* (Cahiers francfortois), cahiers 11/1959 et 12/1961.

LA GRANDE EXCEPTION. Paru dans *Frankfurter Hefte,* cahier 12/1959.

LE LANGAGE UNIVERSEL DE LA POÉSIE MODERNE. Introduction au *Museum der modernen Poesie* (Musée de la poésie moderne), Francfort, 1960.

WILLIAM CARLOS WILLIAMS. *Émission :* Radiodiffusion de l'Allemagne du sud et radiodiffusion hessoise. Paru dans *W.C.W. Poèmes,* Francfort, 1962.

LES APORIES DE L'AVANT-GARDE. Émission : Radiodiffusion de l'Allemagne du Nord.

LE CAS PABLO NERUDA. Paru dans *Texte und Zeichen,* cahier 3/1955.

POÉSIE ET POLITIQUE. Émission : Radiodiffusion hessoise.

TABLE DES MATIÈRES

III

IV

Ce volume,
le vingt-troisième
de la collection « le goût des idées »,
publié aux Éditions Les Belles Lettres,
a été achevé d'imprimer
en avril 2012
sur les presses
de la Nouvelle Imprimerie Laballery
58500 Clamecy

Dépôt légal : mai 2012
N° d'édition : 7425 - N° d'impression : 204157
Imprimé en France

HANS MAGNUS
ENZENSBERGER